本书得到国家自然科学基金项目资助（项目号72071180）。

决策智能与应用

叶 枫 王路遥 著

中国财经出版传媒集团
中国财政经济出版社

图书在版编目（CIP）数据

决策智能与应用／叶枫，王路遥著．--北京：中国财政经济出版社，2020.10

ISBN 978－7－5095－9972－3

Ⅰ.①决…　Ⅱ.①叶…②王…　Ⅲ.①智能技术－应用－决策学　Ⅳ.①C934-39

中国版本图书馆 CIP 数据核字（2020）第 152202 号

责任编辑：彭　波　　　责任印制：史大鹏
封面设计：卜建辰　　　责任校对：李　丽

中国财政经济出版社 出版

URL：http：//www.cfeph.cn

E－mail：cfeph@cfeph.cn

社址：北京市海淀区阜成路甲 28 号　邮政编码：100142

营销中心电话：010－88191522

天猫网店：中国财政经济出版社旗舰店

网址：https：//zgczjjcbs.tmall.com

北京财经印刷厂印刷　各地新华书店经销

成品尺寸：170mm×240mm　16 开　21.75 印张　383 000 字

2020 年 10 月第 1 版　2020 年 10 月北京第 1 次印刷

定价：88.00 元

ISBN 978－7－5095－9972－3

（图书出现印装问题，本社负责调换，电话：010－88190548）

本社质量投诉电话：010－88190744

打击盗版举报热线：010－88191661　QQ：2242791300

前　言

决策贯穿于管理的整个阶段。其包括选择行动策略，制订实施计划，方案的组织、控制等，可以说决策是管理的核心功能。经济的全球化使市场竞争愈发激烈，在互联网环境下，消费者可供选择的机会大幅增加，消费习惯出现理性化的趋势，开始追求个性化、多样性的产品和服务。企业为了适应新形势的变化，必须以更快的速度和更有效的方式进行决策。如何利用智能化手段辅助决策者进行科学决策，成为智能化理论、方法与应用的重要研究方向。

本书介绍了决策智能化的相关理论和方法，包括决策支持系统、数据仓库与数据挖掘、大数据、人工智能以及物流供应链、物联网等，同时给出了相关理论方法的应用案例，比较全面地梳理了不同场景下决策的智能化解决方案。

尽管本书介绍的一些理论与方法是目前比较热门的，但是以决策智能化这个思路去整理还是第一次，从该视角去学习和研究决策智能化问题能够给人一种新的思路。对于相关专业的本科生、研究生和研究人员在这方面知识的学习具有一定的参考价值，可以作为相关专业的研究生或本科生的参考教材。

本书是作者团队在总结多年决策智能化方面研究成果的基础上完成的，直接参与编写工作的人员有王路遥、汪苏晴、林好青、周俊博、林正品、武志国、张翔、朱彩霞、潘洁洁等。在本书的内容中参考了不少相关研究领域专家们的研究成果，在此对引用到的论文作者们表示衷心感谢！

本书还存在不少缺点和问题，希望广大读者能够通过邮件联系我们，对我们进行批评指正。

目　录

第一章

决策支持系统

第一节

决策支持系统的概念

一、概念

决策支持系统（decision support system，DSS），是基于信息技术为手段，应用管理科学、运筹学、行为科学、计算机科学及相关学科的理论和方法，针对半结构化和非结构化的决策问题，通过提供背景材料、协助明确问题、改善模型，列出可能的解决方案，进行分析比较，帮助管理者在互动信息系统中做出正确的决策。决策支持系统通过与决策者的人机对话，帮助决策者选择决策问题的有效解决方案，并通过模型计算解决方案的可能结果，为决策者做出最终决策提供科学依据。

二、发展历程

决策支持系统的发展经历了四个阶段：从20世纪60～70年代是萌芽发展阶段；20世纪80年代是快速发展的时期，决策支持系统的研究进入了快速发展阶段；20世纪90年代，新技术的引进促进了决策支持系统的优化和改造；进入21世纪以来，中国经济进入了一个稳定发展的时期，决策支持系统的发展更加注重应用实效。

（一）萌芽发展期

20世纪60年代，Simon提出了以其名字命名的决策模型，分情报、设计、选择3个不同阶段，并根据决策解决问题的不同，把组织的决策行为划分为程序化决策和非程序化决策两种类型，奠定了决策支持系统的理论基础。

20世纪70年代中期，第一次提出了“决策支持系统”这个词，由此形成了一个新的决策支持系统的学科。研究并开发了一些具有代表性的决策支持系统，例如，证券管理的Profolio Management，用于投资者对客户证券投资进行的决策支持；广告决策的Brandaid，比较适合推销和定价；还有Project，适用于支持企业短期规划；等等。

20世纪70年代末，决策支持系统大多由数据库、模型库以及人机交互三个部件构成，被称为初级决策支持系统。

（二）快速发展期

20世纪80年代初期、中期出现了群体决策支持系统和分布式决策支持系统。群体决策支持系统主要是为了弥补之前决策支持系统对多人决策支持的不足，为多人协同决策提供了可能。对于分布式决策支持系统来说，它着重强调的功能是决策者与决策支持系统的物理位置可以分布在不同的区域，利用大型主机为多个远程用户终端提供服务。

20世纪80年代末，人们开始研究人工神经元网络、机器学习等技术，这些技术的研究与开发同时也提供了一种学习和获取知识的新途径，在综合专家系统定性分析与决策支持系统定量分析优点的基础上，逐步形成了智能决策支持系统，它从成形以来就是相关领域内的研究热点，受关注度颇高，这一点得益于它不仅能更好地解决半结构化的决策问题和复杂的逻辑问题，而且弥补了过去决策支持系统在处理复杂决策问题时所存在的不足。

（三）优化发展期

20世纪90年代初，伴随着数据挖掘、数据仓库和联机分析处理三大技术的出现，为决策支持系统新的发展方向提供了思路，通过与这三大技术的巧妙结合，出现了一系列新的决策支持系统，与传统的决策支持系统（利用模型和知识辅助决策）相比，在从数据当中获取知识和信息方面，以及系统的可操作性方面，新的决策支持系统呈现出更大的优势。

20世纪90年代中期出现了综合决策支持系统。其注重各种决策支持系统及其技术的融合，并且将新决策支持系统与传统决策支持系统相结合形成综合决策支持系统。

到了20世纪90年代末期，以Web为基础的决策支持系统的出现得益于这个时代人机交互方式的改变，从此用户不再需要另外安装软件，而是可以直接使用浏览器或者服务器模式，不仅便利，还可以享受到新模式提供的远程服务。

（四）稳定发展期

21 世纪至今，决策支持系统的发展趋于稳定，在以前研究的基础上更加注重应用性的开发，以及与管理信息系统的结合。2002 年出现了基于 SOA（面向服务的体系结构）的决策支持系统。研究者以模块化、服务化的思想设计决策支持系统应用或对已有的决策支持系统进行改造。

三、典型决策支持系统介绍

在决策支持系统发展历程中比较重要的一些类型有：最初的群体决策支持系统、逐渐完善的分布式决策支持系统、更为先进的智能决策支持系统和 I3DSS 以及综合决策支持系统等。

（一）群体决策支持系统（GDSS）

群体决策是数个决策者针对复杂性问题或者大型问题，在共同的环境和一定的目标之下相互联系、相互制约，并通过协商，寻求各方面都满意的决策结果。群体决策的成员可以分散在较远的地方，分布式计算机网络可以方便地将决策成员连接起来，通过 GDSS 辅助群体决策。分布式人工智能成果在 GDSS 中得到了有效的应用。

GDSS 有多种应用类型。最常见的是远程会议系统，它是由两个及以上决策室通过可视化通信设备连接起来，在视频会议系统加 GDSS 系统的基础上开展群体决策。在决策室中，每一位决策者有独立的终端，在终端上运行 GDSS，GDSS 既可以内嵌视频会议系统，也可以有投影设备支持。群体决策支持系统的组织者需要主持调解和平衡各个决策者的决策意见。GDSS 会提供相关的数据分析结果，并以图形、图像等方式展示出来。这种形式把相对遥远的决策室联系起来，通过计算机网络、电子黑板、电话网络等设备，实现实时通讯，大屏幕显示。让与会人员有一种同处一室的感觉，达到群体共同决策的效果。

（二）分布式决策支持系统（DDSS）

由于大量管理决策活动都需要集中方式进行，而一些大中型企业分布在全国甚至全球各地，要帮助这些企业进行辅助决策，自然想到了分布式决策支持系统。

DDSS 要求在计算机网络的每个节点上，最少包含一个决策支持系统，以便于实现辅助决策。而且，这些节点可以分布在多个物理链路上，但是应能够同时进行信息处理。显然 DDSS 是由软件、硬件结合的产物，不仅仅是软件系统。

（三）智能决策支持系统（IDSS）

IDSS 系统，是结合定量模型分析求解和人工智能技术的定性推理相结合、具有不确定推理的优势，通过人机交互，利用人们在解决问题中的习惯经验和知识，为半结构化及非结构化的决策问题提供相应的决策支持。

近年来，人工智能在定性推理（qualitative reasoning，QR）技术、粗糙集理论（rough sets theory，RST）、证据理论（evidence theory，DST）等方面取得了大量研究成果，这些理论与方法被应用于决策领域，形成了一套新的智能决策方法。这些方法影响着 IDSS 的体系结构，并且对决策支持系统的概念产生了变化。人机对话部件与人工智能的结合，大大地提高了计算机的理解能力，使人机交互更加人性化。

（四）I3DSS

I3DSS 系统主要是针对决策者、辅助整个决策过程的一种功能架构。随着 DSS 进入区域性经济、社会进展策略研究、大型企业生产规划决策等方面的决策活动，这时就需要考虑整体的经济活动和各种不确定因素，使决策支持的环境变得复杂。尤其是在与政府相关的应用领域里，决策活动更容易受到影响，有社会、政治、文化等方面的因素影响，但是这里面可供使用的信息太少，不精确也不完善。这些都给 DSS 系统的研究、开发和实际应用造成很大的困难。一个智能的、交互式的、集成化的决策支持系统应能够较好地解决这方面问题。

智能化是指遇到复杂的决策问题而不能使用定量方式进行分析时，可以借助知识工程和专家系统中的知识和思想去处理决策问题。

集成化是指在进行决策支持时，按照问题的解决思路，将相关步骤按照一定关系集合起来。

交互式是指遇到半结构化或非结构化决策问题时，通过与决策者进行友好的交互，以明确问题、寻找决策者满意的结果，以及对结果进行综合评价。

（五）综合决策支持系统

综合决策支持系统是将数据仓库、OLAP、数据挖掘、模型库等部件有机地结合起来，形成更高层次整合的决策支持系统。

综合决策支持系统的结构包括 3 个主要部分：一是模型库系统和数据库系统的相互结合，这是决策支持的根基；二是数据仓库、OLAP，从数据仓库中提取有价值的数据；三是专家系统和数据挖掘相互结合，通过数据挖掘从数据库、数据仓库中发现知识，将知识转化为规则知识或案例知识，融入专家系统的知识库以后，要实现辅助决策的作用，需要运用知识推理。

四、决策支持系统的理论基础

决策支持系统的理论及其技术的发展与许多学科相关，涉及计算机的软硬件、信息论、管理科学、运筹学、行为科学、人工智能等领域，这些学科的相互交叉构成了它的理论基础。决策支持系统技术又是一门开放的技术，一般而言，只要是面向计算机并且能给管理人员提供决策支持的技术，都能将它转换成为决策支持系统的技术。

1. 计算机技术。决策支持系统作为一个重要的计算机应用领域，需要以计算机技术作为理论支持，而计算机软、硬件是 DSS 开发的制约因素。软件发展的一个方向是让编程能够面向非计算机程序人员，一些领域专家能够通过简易的脚本语言实现数据分析模型的构建，为决策支持系统的深度应用打下了很好的基础。此外，还有各种模型和统计分析的软件包、数据抽取系统以及数据和模型的描述语言纷纷面世，使 DSS 可以方便灵活地选择相关的第三方插件“植入”系统中。

2. 信息论。信息论是通过信息的观点，把系统看作借助于信息的获取、传送、加工、处理而实现的研究方法。DSS 实质上是一类信息处理系统，而这些信息主要是半结构化或非结构化的，处理起来有相当大的难度。当人们开始接触 DSS 时，也许看不到信息论与它有什么关系，但是按最终结果来看，决策支持系统的相关概念和理论还是需要信息论的分析方法来得出结论，如决策支持系统在运行中的通信、控制、反馈等概念，都是出自信息论的。

3. 人工智能。由计算机表示并模拟人类的智能活动（如识别、判断、理解、学习、规划和问题求解等）的人工智能技术，给决策支持系统的发展注入了新活力。将人工智能，如专家系统、逻辑推理和模糊推理、自然语言的处理、神经网络技术、自学习控制、遗传算法等与决策支持系统进行有机的结合，就是智能决策支持系统。

4. 管理科学与运筹学。管理科学是综合运用统计学中的基本原理，通过建立数学模型并进行计算机仿真，从而给管理者提供科学决策依据的一门基础科学。运筹学则是通过应用数学方法，如数学规划、决策论、排队论等，在一定的约束条件下，合理配置人力、物力、财力等资源，使实际系统有效运行的一门学科。运筹学还能够预测发展趋势、优选可行方案或制定行动规划等。尽管管理学与运筹学针对的主要是结构化的问题，但决策支持系统的开发和研究仍离不开管理学和运筹学所提供的模型。

第二节 决策支持系统数据库

一、数据库系统的概念

数据库系统是由数据库管理系统、数据库、用户和计算机系统组成的高度组织的整体。数据库是以有组织的方式存储在一起的数据集合。数据库管理系统（DBMS）是用来创建、管理和维护数据库软件的，位于用户和操作系统之间，对数据库进行统一管理。DBMS 可以定义数据存储结构，提供数据操作机制，维护数据库的安全性、完整性和可靠性。它所具备的功能，主要包括以下几个方面。

1. 数据定义功能。DBMS 提供数据定义语言，用户可以很方便地通过它定义数据库中的数据对象。

2. 数据操纵功能。DBMS 还具有提供数据操纵语言的功能，用户通过利用 DML 操作数据，完成对数据库的基本操作，如查询、插入、删除和修改等。

3. 数据库的运行管理。数据库的建立、运行和维护的过程，全都由数据库管理系统进行统一管理和控制，以此来确保数据的安全、完整，保障多个用户可以同时使用数据，还有意外发生故障后的系统恢复。例如，数据的完整性检查功能保证用户输入的数据应满足相应的约束条件；数据库的安全保护功能，用户只有被赋予权限后，才可以访问数据库中的数据；数据库的并发控制功能，则可以保证多个用户能同时访问数据库的数据；数据库故障恢复功能，是其运行出现故障时，可以很方便地进行数据库恢复，保证数据库安全地运行。

4. 提供方便、有效地存取数据库信息的接口和工具。编程人员可通过编程语言与数据库之间的接口进行数据库应用程序的开发。数据库管理员（database administrator，DBA）可通过提供的工具对数据库进行管理。数据库管理员是维护和管理数据库的专门人员。

5. 数据库的建立和维护功能。数据库功能如下：一是初始数据的输入、转换功能；二是的转储、恢复功能；三是重组织功能；四是性能监控、分析功能等。这些功能一般需要运用一些程序来完成。

二、决策支持系统数据库系统的特点

DSS 中数据的主要用途是支持决策过程，它与管理信息系统的数据库有所不同，除了需要来自组织内部的信息系统数据库外，还需要来自外部的与决策相关的数据，以及用于支持模型运行的数据。因此，在设计决策支持系统数据库时，需要重点考虑以下问题。

1. 面向决策支持过程组织和管理的数据。DSS 数据库需要满足各种层次、各种类型、不同决策者的决策过程对数据的要求。数据库管理系统应能根据决策活动的需要，把有关的数据面向决策过程组织起来。

2. 面向模型、模型生成来适用数据。DSS 总要用到 些模型，包括定量的和定性的。模型要想用于决策过程，就必须与所需要的数据匹配，因此需要先匹配模型的相关因素，面向对象数据库比较适合这类需求。

3. 数据描述方式要面向不同的决策者。DSS 的数据库要能够支持数据挖掘，要可以兼容数据仓库。对于以人工智能和大数据为基础的决策支持系统来说，可能需要采用 NoSQL 数据库。

三、决策支持系统数据库设计

（一）决策支持系统数据库概念设计

数据库的概念模型表示实体及其相互关系。在设计概念模型时，把力量集中在构造数据及数据元之间的关系上。其主要步骤是：

1. 数据分析。首先，系统分析员利用调查表格或类似的工具从各级管理部门得到所需的数据综合表；其次，调查企业数据为所有办公室使用、业务应用和数据处理应用的情况；最后，系统分析员根据调查表整理出相关数据流，并建立数据资源库。

2. 规范化过程。把数据元组合成表示实体及其关系的表的过程。规范化的第一步是将数据项变为二维表，这一步通常需要消除重复数据项的值，以便得到一致的文件；第二步是说明关键字，并把它们与数据项联系起来；第三步是有一部分数据项只与关键字有关，但可能独立存在的部分从第二范式关系中分离出来，称为“第三范式”。

（二）决策支持系统数据库逻辑设计

数据库逻辑设计的目的是设计一个反映现实世界的概念模型，寻求一种比较通用和有效的方法，使数据的逻辑设计过程符合人们的一般思维，便于工程化，逐步进行设计。它主要分为三个阶段和七个步骤。

第一阶段：收集和分析用户要求。

- 分析用户要求。
- 确定系统边界。
- 分析系统内部结构。

第二阶段：用 E－R 方法建立概念性的模型。

- 建立局部 E－R 模型。
- 将局部 E－R 模型综合成总体 E－R 模型。

第三阶段：数据库模式设计。

- 将总体 E－R 模型转换成模式。
- 优化模式。

（三）决策支持系统数据库物理设计

数据库的物理设计就是如何利用现有的物理存储设备有效地存储数据。它的任务是使数据库的逻辑结构在实际的物理设备上得以实现，建立一个性能好的数据库。在进行数据库的物理设计时，应考虑以下三个方面的问题：第一，存储空间的分配；第二，数据的存储表示；第三，存储结构的选择。

第三节 知识库与知识表示

一、知识库的定义

（一）知识库的定义

知识库有两种含义：一种是指专家系统设计所应用的规则集合，包含与规则相关的事实及数据，它们的全体构成知识库，这种知识库是与具体的专家系统有关，不存在知识库的共享问题；另一种是指具有咨询性质的知识库，这种知识库是共享的，不是一家所独有的。

（二）知识的分类

1. 事实。事实是指人类对客观事物属性的值或状态的描述。这种知识一般不包含任何变量，可以用一个值为真的命题陈述或一种状态的描述来表达。例如，今天天气很热，我今年35岁，等等，都是表达一个事实。

2. 规则。规则指可以分为前提（条件）和结论两个部分，用来表达因果关系的知识，它的一般形式为：如果A则B。其中，A表示前提条件，B表示结论或应采取的动作。

由于一条规则的结论可能是另一规则的前提条件，因此人们可以用这类知识根据三段论推理形成一条推理链。

3. 规律。上述的规则知识一般还可以分为不带变量的规则和带变量的规则两种。我们把带变量的规则称为规律，规律中的变量一旦被实例化为一个具体的值，则规律就变成一条具体的不带变量的规则。因此规律是比规则反映现实更深刻的一种知识。

（三）知识库的特点

1. 知识库中的知识之所以能构成有结构的、方便利用的组织形式，是因为借助其自身的各种特征，有背景方面的、应用领域方面的、属性方面的和使用方面的，因此知识库一般是模块化的。

2. 知识库里还有一种特殊形式的知识，称为可信度，它属于多个层次，如果针对一些问题、规则、策略以及有关事实，全都能用可信度表示，这样的话增广知识库就成形了。因为经过数据库处理的一切都是“确定型”的，所以在数据库中没有不确定性度量。

3. 知识库中另有一特殊部分，被称为典型方法库，如果必须或肯定要解决一些问题，就可以直接储存在该方法库中，但是在使用时，将仅限于选用其中的某一种方法。

二、知识表示

（一）知识表示的定义

知识表示是指把知识与其客体中的知识因子相联系，使人们更方便地识别理解知识。知识表示是知识组织的基础和前提，因此所有的知识组织方法都需要建立在知识表示的基础上。

（二）一阶谓词逻辑的知识表示

1. 一阶谓词逻辑的定义、特点。

一阶谓词逻辑又称一阶谓词演算，是传统数理逻辑中的概念，之后随着人工智能的发展，成为一种重要的知识表示方法，它的基础是数理逻辑，是一种表达人类思维活动规律的最精准的形式语言。

一阶谓语逻辑是一种形式语言系统，用数理逻辑的方法来研究推理的规律，就是所谓的条件与结论之间的关系，它的特点是：自然性，谓词逻辑比较接近于自然语言，人们很容易理解和接受它表示的问题，用它表示的知识也相对比较容易转换为计算机的内部形式，易于模块化，方便添加、删除和修改知识，使用它表示问题进行推理（归结推理法或消除法）求解时，就要以此为基础。

2. 一阶谓词逻辑知识表示的优缺点。

一阶谓词逻辑作为一种知识表示的方法，它本身有很多独特的优越性。一是它可以把一个原子命题分解成两个模块：个体词和谓词，符号简单，接近自然语言，表示的知识容易理解和模块化，更容易转换为计算机的内部形式，便于实现计算机推理的机械化和自动化。二是谓词逻辑系统小到可以只有简单符号和真、假值组成，大到可以加入谓词、量词甚至函数来扩充自己的表达能力。所以此表示方法易于对知识进行增加、删除、修改等维护和管理。三是谓词逻辑系统是二值逻辑系统，它有完整的理论基础、严格的形式定义和推理规则，能保证自然演绎推理和归结演绎推理的精确性以及知识在逻辑上的一致性。这一点是其他表示方法所不具备的。

当然用一阶谓词逻辑进行知识表示也存在一些缺点。第一，知识表示范围的局限性。谓词逻辑是二值逻辑，只能表示精确性的知识，不能表示不精确、模糊性的知识，而这些知识又是客观的、大量存在的。另外，谓词逻辑难以表示启发性知识及元知识。所以谓词逻辑表示知识体现出来的最大缺陷就是表达的知识不够丰富。第二，产生组合爆炸的概率较大。目前解决该问题比较有效的方法是可以定义一个过程或启发式控制策略来选取合适的规则。第三，效率低。由于谓词逻辑的推理完全以形式化方式进行，知识的语义和推理的过程截然分开，抛弃了知识中的大量信息，使推理过程冗长、工作效率降低。

3. 一阶谓词逻辑知识表示实例。

所谓知识表示实际上就是一种用来描述知识的数据结构。一阶谓词逻辑实际上是一个高度形式化的系统，也是最精确地表达人类思维活动的符号语言。这种符号语言比较接近人类的自然语言，可以很方便地储存到计算机中，做精确处理，因此它是人工智能领域内最早表示知识的一种逻辑系统，谓词逻辑不但适合于用与/或（“∧”和“∨”连接起来的公式）表示事物的状态、属性、概念等事实性知识，而且还可以用蕴涵式（P→Q）来表示事物间确定的因果关系，即规则。

举例：

（1）用谓语逻辑表示以下知识：张三是管理系的一名学生，张三和李四是同班同学，凡是管理系的学生都喜欢推理。

解：使用谓词公式表示知识时，第一步要定义谓词，指出谓词所表示的确切含义。例如定义谓词：GS(x)，表示 x 是管理系的学生，CM(x,y)表示 x 和 y 是同班同学，L(x,z)表示 x 喜欢 z。此时，可用谓词公式将上述知识表示为：

GS(Zhang San),CM(Zhang San,Li SI),[∀x[GS(x)→L(x,reasoning)]]

（2）假设在一个房间里，c 处有一个机器人，在 a 与 b 处各有一张桌子，另外，b 桌还有一个盒子，如果想使机器人从 c 处出发，把 b 处的盒子拿到 a 处的桌子上，再返回 c 处，请运用一阶谓词逻辑来描述机器人的行动过程。

解：在该例子中，我们不仅要用谓词公式表示事物的状态、位置，而且还要用谓词公式表示动作。

首先，设谓词定义如下：Table(x)：x 是桌子，Empty(y)：y 手中是空的，At(y,z)：y 在 z 附近，Hold(y,w)：y 拿着 w，On(w,x)：w 在 x 的上面。

其次，本例中所涉及的个体定义为：x 的个人域是 a、b，y 的个体域是 Robot，z 的个体域是 a、b、c，w 的个体域是 Box。

再次，按照问题的描述，用谓词公示表示出问题的初始状态和目标状态。

问题的初始状态是：At(Robot,c)，Empty(Robot)，On(box,b)，Table(a)，Table(b)。

问题的目标状态是：At(Robot,c)，Empty(Robot)，On(box,a)，Table(a)，Table(b)。

最后，对此问题的求解，实际上是寻找一个由最初状态到最终状态的机器人的操作过程。操作过程一般分为先决条件和动作两部分，先决条件可以用谓词公式很容易表示，而动作要通过前后的状态变化来表示，指出动作执行后，从动作前的状态表中通过删除和增加谓词公式，就可以描述对应的动作。

机器人把积木块从 a 桌子拿到 b 桌子上，它要执行三个动作：Goto(u,v)：

从 u 处走到 v 处，Pickup(x)：在 x 处拿起盒子，Setdown(x)：在 x 处放下盒子。

这些操作可分别用条件与动作表示如下：

Goto(u,v)：条件 At(Robot,u)、动作：删除 At(Robot,u)，增加 At （Robot, v)。

Pickup(x)：条件 On(box,x)∧Table(x)∧At(Robot,x)∧Empty(Robot)、动作删除 Empty(Robot)∧On(box,x)，增加 Hold(Robot,box)。

Setdown(x)：条件 At(Robot,x)∧Table(x)∧Holds(Robot,box)、动作删除 Holds(Robot,box)，增加 Empty(Robot)∧On(box,x)。

（三）产生式规则的知识表示

产生式表示是逻辑学家 E. Post 在 20 世纪 40 年代提出来的，这种规则对符号串作替换运算，称为 Post 演算。

在产生式系统中，把知识分成两部分：一部分用事实来表示，类似于事务、事件以及内部关系的静态知识；另一部分则用产生式规则表示，它具体指推理和行为的过程。大多数情况下，产生式系统包括事实库、规则库和控制策略集三部分，其基本结构如图 1－1 所示。

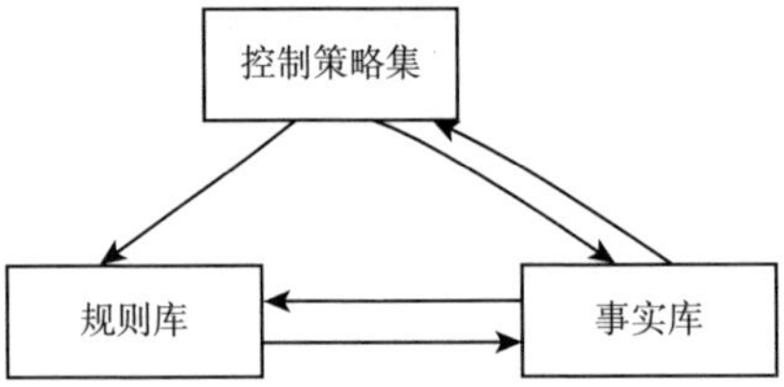

图 1－1　产生式系统的基本结构

这种知识表示方法历史悠久，并具有自然性、模块性、有效性和清晰性等优点，在很多领域得到广泛应用。MYCIN 就采用这种方式。

产生式规则表示法包含两个部分：IF 部分为前项，是前提条件；THEN 部分为后项，为操作结果或者结论。它的基本语法是：IF <前项>、THEN <后项>，对于一个规则，前项可以有多个，这些前项可以通过 AND、OR 关系组合。规则的后项也可以包含多个语句。如 <后项 1> <后项 2>…… <后项 n>。

（四）基于框架理论的知识表示

20 世纪 70 年代中期，Marvin Minsky 最早提出了框架的概念，他指出，框架是一种典型知识的数据结构，用来描述所论对象和概念的属性。每个框架的信息都不同，包括如何使用这个框架的信息，以及如何处理期望数据不符合要求等意外的信息。

框架主要描述的是固定的静态对象。一个框架由若干个槽（slot）组成，槽用于描述属性；一个槽由若干个侧面组成，侧面用于描述相应属性的一个方面。槽和侧面的属性值分别称为槽值和侧面值。一个侧面可以有一个或多个侧面值。框架实质上是一个层次的嵌套链接表。

框架表示法是典型的结构化表示方法，它最大的特点是能表示知识的内部结构关系和知识之间的联系。继承性是框架表示法的另一个重要特性，它既可以保证知识的简洁准确，也能保证知识的一致性。缺点则是不善于表示过程性的知识。

框架的一般表示形式如图 1－2 所示。

<框架名>	
槽名 1　侧面名 1	值 1，值 2，…值 p_1
侧面名 2	值 1，值 2，…值 p_2
……	……
侧面名 m1	值 1，值 2，…值 p_{m1}
槽名 2　侧面名 1	值 1，值 2，…值 q_1
侧面名 2	值 1，值 2，…值 q_2
……	……
侧面名 m2	值 1，值 2，…值 q_{m2}
槽名 n　侧面名 1	值 1，值 2，…值 r_1
侧面名 2	值 1，值 2，…值 r_2
……	……
侧面名 mn	值 1，值 2，…值 r_{mn}
约束：　约束条件 1	
约束条件 2	

图 1－2　框架的一般表示形式

三、基于面向对象的知识表示

（一）面向对象的基本原理

面向对象技术的基本出发点是：客观物质世界由各种“对象”组成，所有事物都是对象；相对简单的对象可以以某种方式组合成复杂的对象，甚至整个世界都可能是个巨复杂的对象。

在面向对象系统中，对象既包括描述该对象性质的数据，也包括作用于数据的行为（方法）。因此，一个对象把属性和方法封装成一个整体，许多不同的对象可能有很相似的方法和属性，类就是对这组相似对象的共同描述。类所包含的方法和属性体现了一组对象的共同特性；类是一个模板，用于生成该类型的对象，即类的实例化。一个类可多次实例化，生成多个对象。还可以从已有的类中抽取它们的共同特性，构成层次更高的类，使用自上而下的抽象方法，逐级抽取共同特性，形成不同等级的类，把最通用的方法和数据放在最高层，使之能够被相关的子类使用。通过继承的方式子类可以重用父类的方法和属性，子类、父类之间的继承关系构成面向对象系统规范的类等级结构，从而使公共特性能够共享，继而提高了重用性。

在面向对象系统中，对象之间的相互作用是依靠消息来传递的。发送消息的对象不需要知道接收消息的对象是如何对请求予以响应的，这种响应是接收消息对象内部方法的动作结果。由于对象的方法及属性被“封装”在相应对象类的定义之中，因此消息只是对象连接外部世界的管道，而对象内部的数据只能内部操纵，这种消息的传递机制使各个对象之间界限分明。不同的对象收到同一消息可产生完全不同的结果，即多态性。

（二）面向对象特性

面向对象技术有如下主要特征：

1. 对象可以是物理体或逻辑体的抽象。世界上任何事物都可看作对象，对象是事物的抽象称呼。

2. 对象包含属性（数据）。其也包含作用于属性上的方法（操作），对象将属性和方法封装成一个整体。

3. 具有共同的方法及属性的对象可以抽象成类。面向对象技术的一个重要特性是把一组对象的共同特性加以抽象并存储在一个类中。

4. 作用于对象的方法封装于该对象的类之中。

5. 对象之间的相互作用依靠消息传递机制来实现。

6. 类可以有子类，同样也可以有父类，形成层次结构。

（三）面向对象的知识表示

面向对象表示法实际上是一种混合知识表示形式，它是按面向对象的设计原则把多种单一的表示方法组合到一起形成的。类、子类和实例形成一个层次结构，其中子类可以从父类继承属性。这种层次结构和继承机制支持知识的表示，知识可以在一定级别上组织，类可以通过子类连接。对象类的形式定义如下：

Class <类名>[：<超类名>]

[实例变量表]

[Structure <对象静态结构描述>]

[Method <对象方法定义>]

[Restraint <限制条件>]

End[<类名>]

XML 是一种元语言，它允许用户自由定义标签。因此，XML 具有良好的可扩展性，从而得到广泛应用。许多本体语言如 RDF（S）、DAML、OWL 等，都是基于 XML 发展而来的。因为 XML 能用来标记不同的字段（field），所以搜索就会变得越来越简单。内容被 XML 从格式中解放出来，材料也能重复利用。此外，XML 还能处理各种数据，包括文本、图像和声音，用户可以自行扩展以处理任何特殊类型的数据。

第四节

DSS 在不同领域的应用

决策支持系统的应用领域非常广泛，在电子政务、企业应用、健康医疗以及电子军务等领域均有涉及。下面介绍的是在市场营销领域、医疗领域和企业管理领域的几个应用案例。

一、市场营销领域

现代企业经营决策支持系统涵盖了企业经营过程的各个方面，包括营销决策、采购决策、生产决策以及全面预算等，其中会用到许多决策方法和决策模型，以辅助企业快速科学地决策。该案例系统由五个决策支持子系统组成，分别为营销决策支持子系统、市场需求预测子系统、物料采购决策支持子系统、生产决策支持子系统以及全面预算支持子系统。

营销决策支持子系统在现代企业经营决策支持系统中占据重要地位，与其他子系统有着紧密的联系，销售管理信息系统的销售信息、市场需求预测子系统的市场预测结果、全面预算支持子系统得出的成本信息，都是营销决策支持子系统的基本数据来源。营销决策支持子系统基于这些信息进行营销决策，生成符合企业目标的营销计划。后将营销计划传递给生产决策支持子系统，反馈给销售管理信息系统，并将营销过程中的营销成本数据告知全面预算支持子系统。

营销决策支持子系统有三大功能模块：基础数据处理、营销决策、营销计划制定。其中，基础数据处理是系统的输入模块，用于从异地数据库中抽取和汇总营销决策所需的数据。营销决策是营销决策支持子系统的核心模块，又可细分为四个子模块：第一，市场反应模型构建模块是系统决策的基础和首要步骤，系统根据基础数据和用户输入进行曲线拟合，直观地表现营销因素与市场反应之间的数量关系；第二，营销优化决策模块基于市场反应模型，根据营销目标确定优化的营销投入；第三，营销竞争决策是一个可选的模块，当系统能够获取完备的竞争信息时，将运用博弈论原理建立矩阵对策，并求出均衡结果；第四，营销组合决策模块根据一定的多因素交互作用模型，进行价格因素和非价格因素（如广告、质量）的组合决策。营销计划制定模块是系统的输出模块，对营销决策模块中决策结果进行汇总和修正，形成详细和完整的营销计划，并提供给其他子系统。

营销决策支持子系统主要有以下作用：第一，确定目标市场，按照系统和调研的情报结果，分析系统提供的数据信息，这个系统会对企业现状、市场趋势、产品的定位、产品的生命周期以及价值的实现方式进行针对性的研究。营销决策支持子系统利用层次分析法对市场进行细分，并分析企业在整个市场中的优劣势、机会与威胁（即 SWOT 分析法），最终确定企业的目标市场。第二，进行市场分析及预测。市场分析与预测是营销决策支持子系统的重要功能之一，有利于提升企业内部管理效率、掌握市场方向、优化整合资源以及促进自身发展。第三，确定产品价格与分销渠道。市场营销决策支持子系统通过数据管理层分析公司产品的市场需求及竞争产品的市场价格，能够实现良好的产品组合，科学地确定产品定价与产品的分销渠道。

营销决策支持子系统涵盖了多种营销因素（如价格、广告、质量、销售渠道、售后服务等），每一营销因素都有各自的决策模型，且涉及不同营销因素的组合决策。这就要求企业根据时代的发展改变自身的经营理念和营销方式，探索新的营销模式，进一步解决企业市场营销决策难的问题。利用数据仓库技术对数据进行总结、查询以及多维分析是企业营销模式升级的动力来源。在此基础上的数据挖掘能够在大量的数据中发现有用的知识，能够自动分析出数据之间的相互联系并对数据进行分类，从而预测消费者未来的行为。因此利用数据挖掘技术对复杂的网站流量数据和网络交易数据进行分析，按照客户生活形态变量及交易习惯分析客户所属的细分市场，按产品属性将产品分类，配合细分市场与商品类别的关系，正确预测不同细分市场的顾客喜好的商品，根据预期对商品采购概率的大小，向顾客主动推荐产品选购清单，从而做出正确的营销决策，是企业商务智能永恒的主题。

在市场营销领域，决策支持系统可以提供准确完整的决策信息及可行方案，从而提高营销决策效率，同时也有利于完善整个营销体系，促进企业的健康发展。

二、医疗领域

在我国医疗体制改革不断深入的背景下，医疗信息化的战略重点也开始向临床数据分析转移，如何有效提高临床诊疗过程质量和医疗服务质量成为社会各界关注的重点。随着物联网、云计算等技术的快速发展，数据容量出现爆发式增长。大数据的价值正在不断地被挖掘出来。

针对医院业务体系和实际业务流程，可将医院决策支持系统分为以下业务类型：医保分析、财务分析、药品分析、医疗质量、人力资源、资产物流、日常管理、综合绩效、资料中心等。

医院统计信息对现代医院管理决策的支持如下所述。

1. 支持医院的诊疗决策。医院的诊疗对象是患者，医院管理者可以通过门急诊、病房、医技科室的统计报表，了解患者的数量、来源、转归等情况。通过纵、横向对比，了解患者的就医需求，了解常见病、易发病与季节性疾病，可以有针对性地调度医疗资源。例如，通过门急诊人次、出院人次的统计信息，可制定门诊与病房排名前十的疾病谱，掌握不同时期患者的就医倾向，甚至可以用于预测和指导医院药品和耗材的采购与供应。

2. 支持医院的运行决策。各项医疗统计指标可以反映医疗效率和医疗质量。而如何对有限资源进行合理有效配置是医院和医疗服务系统中普遍存在的问题。最常见的是有限数量的床位。一些知名大医院的床位都非常紧缺，从而导致严重的调度延迟和队列长度增加。要解决这些问题，需要在充分了解医院的内部职能、业务和护理水平的基础上，有效地规划和调度有限的资源。此外，医院管理者应了解每个科室的操作行为和部门间关系，以减少等待时间并增加对患者的及时护理。同时，每月、每季度、每年度进行各项医疗指标的同期对比与分析，可以清楚地反映医院的运行与发展动态，为医院管理者提供有效的决策支持。

3. 支持医院的绩效考核。2019 年，国务院办公厅印发的《关于加强三级公立医院绩效考核工作的意见》，主要是为了推动三级公立医院的规模转变，使其从规模扩张型转变为质量效益型，从粗放的行政化管理模式转向全方位的绩效管理模式，加快公立医院的综合改革政策落地见效。

三、企业管理领域

企业管理是对企业的生产经营活动进行计划、组织、协调、沟通和控制等一系列活动的总称，是社会化大生产的客观要求。企业管理是尽可能综合利用企业的人力、物力、财力、信息等资源，实现多、快、好、省的目标，取得最大的效用，即投入产出效率。在企业管理过程中，数据的获取会受到决策环境变化的影响。所以企业应当重视数据的价值，改善数据资源的利用率，并深入发掘数据中的隐藏价值，从而提高企业管理决策的质量，通过提升经营效率而获取更高的经济效益。

随着企业信息化的发展，已经出现了许多类型的企业信息系统，这些系统积累了大量的数据资源。但由于没有统一的规划和管理，各系统数据相对分散、独立，没有进行有效的集成和综合利用。因此，建设一体化的决策支持平台对于提升企业管理水平具有非常重要的意义。企业决策支持系统首先面对的就是销售与市场的决策支持，提供市场行情的分析展示，这些数据要能够自动采集企业外部市场行情相关数据，如煤炭在各港口的储量、价格，周边煤矿的媒质、坑口价等，并分析趋势走向；其次是企业经营现状的集中监控，从各生产控制类系统和生产执行类系统中取得生产数据，从经营管理类系统中获取成本、价格、收入、利润等经营数据，并进行多维度、多形式，自上而下、从整体到局部、从宏观到微观的分析展示，以便于决策者对企业经营现状全局掌控；最后通过数学模型对企业的产品结构、销售流向进行最优方案的测算，达到决策者事前预测、事中监控、事后分析的效果，进而做出正确决策的目的。

产品服务系统（PSS）根据客户的需求正确定制服务，重新设计提供服务的方式。帮助公司从其服务组合中创造附加价值，其中有效的服务交付过程至关重要。交付的方式、时间会受到所提供服务阶段的方式影响。在进行市场战略要素分析时，设计与实现面向产销一体化的决策支持平台，该平台在综合考虑销售状况、人员信息、市场规模、库存现状等因素之后，以报表的形式将企业的业务数据展现出来，从而能够帮助企业制定出更加完善的产销一体化市场战略规划，使其在激烈的市场竞争中得以持续和长远发展。企业决策支持系统可以在发生任何意外事件时跟踪决策过程。通过事件监视和决策支持系统的交互，及时捕捉可能影响决策的事件。识别哪些是仍然有效的决策，哪些是需要重新分析的决策。企业决策支持系统的传统配置（收集组织的内部和外部信息，决策者参与决策过程）扩展为使用监视和管理系统处理事件，该系统监视内部和外部信息并促进引入不受监视的事件。

企业财务管理的决策支持也有了长足的进步，由于数据采集和信息传递结构的变化，数据的线性传递也被改变了，这种变化更有效地提升了企业管理的效率。财务决策支持系统分为6个模块：库存模块、采购模块、生产模块、销售模块、人力资源模块以及财务模块。在云计算技术的基础上，通过比较分析多种云服务模式，构建适用于公司财务决策支持系统的整体架构，从三个角度（自身、云服务商以及外部环境）提出一系列的保障措施，确保财务决策支持系统的稳健运行。

第五节 DSS的问题与发展

一、发展过程中遇到的问题

决策支持系统是通过运用数据、知识、模型和方法等库，用人机交互的方式协助决策者实施半结构化和非结构化决策的应用系统。自20世纪70年代提出DSS的概念以来，在医疗、军事、金融等行业得到了应用，但从企业层面看，还没有出现大范围应用，主要是因为其存在技术上的“瓶颈”。

1. 数据库语言和数值计算语言之间有一定的障碍。在DSS发展的早期，计算机语言对数据库操作的支持能力有限，尤其对于知识型数据的存储与计算能力相对较弱，主流的计算机语言不适合做知识推理这样的操作，这个问题一度构成了智能决策支持系统发展的最大障碍，导致基于专家系统的IDSS在火热过一阵子之后很快暗淡下去。

2. 多样化的数据在转换和处理的过程中存在困难。通过DSS的五个库进行辅助决策时，需要对来自不同数据源的数据进行实时清理以及转换。当面对多元化的数据来源时，清理数据的属性不太容易做到统一性、规范性，对冗余、错误和异常的数据不能很好地识别并消除。

3. 传统数据库技术下的储存能力和方式有限。大数据出现之前，传统的数据库技术属于结构化的数据查询语言，不能有效支持非结构化的数据，计算机语言在对非结构化数据的处理能力也相对较弱，导致高层次的数据分析无法在传统的计算机上实现。

4. 缺乏数据和应用领域相结合的复合型专业人才。在决策支持系统中，数据专家是根据数据的关联和逻辑关系进行分析和判断，领域专家则是提供经验和知识。目前，由于缺乏整合型人才，以及做决策的相关领导事务繁忙，对决策支持系统的了解程度不够。这导致 DSS 的效用远不如预期，是决策支持系统应用层面遇到的一大难题。

二、DSS 的发展

大数据为 DSS 的发展提供了新的发展机遇，在系统安全性、决策方式、系统定位、数据处理能力和信息检索能力等多个方面形成了新的发展态势。

1. DSS 由单向决策支持向企业 DSS 方向转变。相比于单向的 DSS，企业级的 DSS 对全局性事项进行预测时，实时性和准确性要求是非常高的。结构化和非结构化的实时数据和历史数据在大数据时代都可以被精确分析，尤其是那些具有隐藏性的数据，可以通过在线收集的方式进行即时性的分析，这样就可以为企业决策提供全局性支持。

2. 应用群体决策和社会化决策将变得更加普遍。随着信息技术的快速发展，DSS 的方向将会转向群体化、社会化。因为决策者可以想办法，将不同区域的专家邀请到同一个平台，对复杂的企业问题进行集体决策。同时，搜索引擎、电子商务网站也可以被运用到分析和结论研究中去，以便为定性决策提供重要的数据支持。

3. 数据质量将成为人们关注的焦点，数据分析功能将会变得异常强大。进入大数据时代，对于那些价值密度相对低的数据，数据质量的提升是 DSS 所面临的最大挑战。数据分析借助其强大的功能，可以把极具价值的信息和知识从大数据中筛选出来，从而驱动商业智能、可视化的发展。

4. 系统安全问题是决策支持系统必须面对的问题。DSS 的存储、处理以及加工能力在大数据时代将展示出全方位的信息，企业的竞争对手有可能盗用泄密的系统数据，这对企业发展存在严重的安全隐患。好在目前已经在国家层面制定了一系列的信息安全保护法案，从社会安全及行业安全的角度有了一定的制约措施。再结合一些高等级的安全解决方案，还是可以对企业信息进行有效保护的。

参考文献

［1］梁罗希，吴江．决策支持系统发展综述及展望［J］．计算机科学，2016，43（10）：27－32.

［2］李欣苗．决策支持系统［M］．北京：清华大学出版社，2012.

［3］刘素姣．一阶谓词逻辑在人工智能中的应用［D］．河南大学，2004.

［4］谭大海，刘兴勇．面向对象分析与设计［J］．科技信息，2014（10）：160－165.

［5］杨艳．基于临床指南的临床决策支持系统的设计与实现［D］．浙江工业大学，2009.

［6］周钧．基于本体的临床医学案例知识库研究［D］．浙江工业大学，2012.

［7］Chen，JN. Research and Design of Decision Supported System of Marketing Management for Small Enterprises. ［C］. 2015 Internationalconference on intelligent transportation，big data and smart city（Icitbs），2015.

［8］Gao，LQ. Study on Marketing Decision Support System Based－on Multi－Agent System. ［J］. Information－an international interdisciplinary journal，2012.

［9］周玮祎．面向产销一体化的决策支持平台设计与实现［J］．软件导刊，2019，18（5）.

［10］陈峰，刘斌．浅析现代企业发展中信息系统的应用［J］．中国新通信，2018，20（9）：106.

［11］周敏．集团公司基于云计算的会计决策支持系统构建［J］．财会通讯，2018（19）：118－122.

［12］胡文俊，邓虹．大数据时代对企业经营决策的影响分析［J］．商业经济研究，2016（7）：80－82.

［13］顾润龙．大数据时代决策支持系统新发展［J］．网络安全技术与应用，2019（6）：53－54.

第二章

物流与供应链管理

第一节 物　流

一、物流概述

（一）物流定义

20 世纪 30 年代，物流的概念开始在美国形成，其原本的意思为“实物分配”或“货物配送”。1963 年，物流概念被引入日本，早期被译为“物的流通”，20 世纪 70 年代以后，日本的“物流”渐渐取代了“物的流通”。日文资料中对“Logistics”这个单词的翻译为“物流”，中国也正是从这里引入了“物流”一词。

物流是物品从供应地向接收地的流动过程，包括运输、储存、装卸、搬运、包装、流通加工、配送、信息处理等基本功能的有机结合。这一过程既通过运输或搬运来完成实物的空间位置变化，又通过储存保管来调节供需双方在时间节奏方面的差异，还可通过流通加工来改变实物物理或化学性质。总体目标是在尽可能低的总成本条件下实现既定顾客服务水平。

我国国家标准（GB/T18354－2001）中的物流定义为：物流是指物品从供应地向接收地的实体流动过程，根据实际需要，将运输、储存、装卸、搬运、包装、流通加工、配送、信息处理等基本功能有机结合，形成完整的供应链，为用户提供多功能、一体化的综合服务。

（二）物流的分类

根据不同的分类标准，可将物流按以下方式分类：

1. 根据物流的范畴划分。社会物流，也被称为大物流或者宏观物流，是以整个社会为背景的，涵盖商品整个流通过程物流活动的一种物流，并最终实现商品的所有权转移；企业物流，属于微观物流，包括企业内部供应、生产、销售、回收、废弃物等一系类物流活动，是具体的物流活动。

2. 根据作用领域不同划分。生产领域的物流。主要分为以下四个部分：一是采购原材料所产生的相应的物流活动；二是产生在原材料生产成半成品等各个工艺流程活动之间的生产物流；三是对部分剩余材料和可重复利用材料回收过程中所产生的回收物流；四是因处理废弃物而形成的废弃物物流。由此可见，在整个生产的活动过程中，生产领域的物流都始终贯穿其中。

流通领域的物流，主要指的是销售物流。对于买方而言，商品销售过程中所产生的商品包装、配送等物流活动以及售后服务等都是影响一个商品是否成功销售的关键，因此，为了更好地满足买方市场，为了销售物流的完整、有效地实现，企业往往需要提供后续一系列的物流活动，

3. 根据发展的历史进程划分。传统物流，主要在时间和空间上进行区分，包括商品的包装、运输、仓储、装卸等方面。综合物流：顾名思义，是一项包含各个物流过程的综合性物流，是对整个供应链的管理，不仅提供运输服务，还包括许多协调性工作，如对陆运、仓储部门等一些分销商的管理以及订单的采购、处理等内容。综合物流的更多精力放在供应链的管理上，不仅责任更大，管理也更加复杂，这也是其与传统物流的主要区别之处。现代物流，以客户需求为主要导向，尽可能地降低产品运输流通过程中的物流费用，相较于传统物流，现代物流包含的范围更广，通过运输、保管、配送等方式，实现原材料、半成品、成品或相关信息进行由商品的产地到商品的消费地的计划、实施和管理的全过程，高标准和高要求的现代物流已成为各国物流前进的方向。国际大型公司认为，现代物流主要有两个功能：掌控不同货物的流通质量；通过开发和通讯系统，建立商务联系，直接从客户处获取订单。

4. 根据提供服务的主体不同划分。代理物流，也叫第三方物流（third party logistcs，3PL），通过合同的方式，将部分或者全部的物流活动交予供应方、需求方以外的第三方去完成，以提供个性化服务。企业内部物流，即企业内部物资的流动，包括从原材料进厂、加工成零件、零件组装成部件、最后组装成成品再出厂的一系列物流活动。

5. 根据物流的流向不同划分。内向物流，即企业从市场采购的过程，是企业从生产资料供应商进货所引发的产品流动；外向物流：即企业将产品送达市场并与消费者完成交换的过程，是从企业到消费者之间的产品流动。

二、物流发展历程

（一）美国物流的发展

1. 物流观念的启蒙与产生的阶段（1901～1949 年）。

1901 年，Crowe 在《农产品流通产业委员会报告》中第一次论述了影响农产品流通的各种因素和费用，从理念上为物流观念的开始拉开了序幕。

1916 年，ArchShaw 在《经营问题的对策》一书中，初次论述了物流在流通战略中的作用。

1927 年，Borsodi 在《流通时代》一书中，第一次使用了 Logistics 一词来称呼物流。

2. 物流理论体系的形成阶段（1950～1978 年）。

1954 年，一篇名为《市场营销的另一半》的演讲中，提出战略化对物流管理、发展的观念，这是物流管理发展的里程碑，对于物流管理学的形成有着直接的影响。

1956 年，《物流中航空货运的作用》一书中，第一次引入了整体成本分析这一概念，指出了航空货运的运费成本虽然比其他货运方式高，但其关于货物的库存维持费用和仓库管理费用这一块则可能节约了成本，即从整体来看，选择航空货运反而是减少了成本，由此告诉人们不要只从运输这一块考虑物流费用，而因从整体考虑、全面看待，根据实际需求考虑合适的运输方式。

1961 年，《物流管理》一书问世，在该书中，人们对于物流系统以及整体成本的概念有了较为完整的认识，该书是世界上第一本对物流管理进行介绍的教科书，为物流管理成为一门学科奠定了基础。

1962 年，一篇名为《经济的黑暗大陆》的文章中，强调了流通以及流通过程中物流管理的重要性。

1963 年，美国物流管理协会成立。

1969 年，《物流的发展——现状与可能》一文全面分析了综合物流概念的过去、现状以及未来发展。

3. 物流理论的成熟与物流管理现代化的阶段（1978～1985 年）。

20 世纪 80 年代，美国相继出台的一系列物流改善政策，使美国物流业得到了发展。首先是 1977～1978 年《航空规制缓和法》的制定拉开了规制缓和的序幕，对货主和运输业产生了巨大影响。接着，1982 年《汽车运输法案》和《铁路法案》以及 1984 年《海运法案》推出，运输市场全面实现自由化。

在管理理论上，随着 MRP、MRPⅡ、MRPⅢ、DRP、DRPⅡ以及 just - in - time 等先进的管理方法和在物流管理中的运用，使人们认识到需要从流通生产的全过程把握物流管理。1984 年 Scharmann 在《哈佛商业评论》上发表了《物流再认识》一文，指出物流应该在战略意义上得到企业高层管理人员的充分重视。

4. 物流理论和实践的纵深化发展（1985 年至今）。

1985 年，Harris 和 James 发表了《市场营销与物流的再结合——历史与未来展望》的演讲，指出物流近代化的标志之一就是商流和物流的分离。

（二）日本物流的发展

1. 物流概念的导入和形成时期（1956～1964 年）。

1956 年日本从美国引入物流观念；1958 年对国内物流状况进行调查；1961～1963 年，将物流活动和管理译为 PD，即 Physical Distribution；1964 年，《物的流通新动向》中用“物的流通”取代 PD。

2. 物流现代化时期（1965～1973 年）。

1965 年 1 月，日本政府《中期 5 年计划》中强调要实现物流的现代化。在此后的一段时间，日本政府开始全国范围内开展高速道路网、港湾设施、流通聚积地等基础设施，各厂商业开始重视物流。同时，日本也积极推行物流联网系统，开发 VSP、配车系统等物流软件。

这一阶段的发展直到 1973 年第一次石油危机爆发。

3. 物流合理化时期（1974～1983 年）。

第一次石油危机后，日本进入减量生产时代，降低经营成本成为其重要任务。

1977 年日本运输省流通对策部公布了“物流成本算定统一基准”，对推动企业物流管理有深远影响。这一时期物流管理得到了飞跃发展，也使日本迅速成为物流管理的先进国家。

4. 物流纵深发展时期（1985 年至今）。

20 世纪 80 年代后，日本的生产经营发生了重大变革，消费需求差异化发展。

1997 年，日本政府制定了《综合物流施策大纲》，这是日本物流现代化、纵深发展的指针，对日本物流管理的发展具有重要意义。

（三）我国物流的发展

20 世纪 80 年代，我国引入了日本的物流概念，并从此开始了对物流的持续性研究。

20 世纪 80 年代初的《浅谈物资》一文，较为系统地讲述了物流的概念、物流的管理、物流的结构以及物理信息等。

1980 年成立中国物资经济学会，1984 年成立中国物流研究会，1995 年成立中国物资流通协会。经多次演变，2001 年 4 月变更为中国物流与采购联合会。经过多年的探索，目前已经形成了基于互联网的物流模式。

信息平台服务模式实现货车司机与货源的实时、高效的对接，该物流模式打破了传统物流信息不对称的劣势。通过整合线下运力与线上发货需求，运营方能够将全国货源信息与车源信息实现互联互通，提高了物流运行效率。同时也使司机更容易找到返程货源，降低了司机的成本、提高了收入。物流市场庞大，涵盖运输、仓储、货代、信息、金融、保险、车后市场等多个业务内容，平台运营类企业更容易促成该生态圈的尽快建立。

技术平台模式主要面向企业提供 TMS 技术服务（即运输管理系统，Transportation Management System 服务）及相关配套增值服务。该模式下，用户一旦使用该管理系统就很难转化至其他系统或平台，用户黏性相对较高。从企业端入手，货源也有所保障。但通过某一软件或系统改变现有业务流程，相当于改变用户的工作习惯，过程相对缓慢。该服务对于中小型企业适用，对于大型公司，无法满足其端口需求。

信息交易平台模式是信息平台的衍生模式，当货主与车主信息进行匹配后，下一步双方动作就是交易。由于整车交易价格过高以及信用评价机制尚未完全建立，该模式主要在同城货运、快递以及零单货运应用较广。该模式可以实现互联网物流“最后一公里”问题。

三、物流相关技术

（一）条码技术

条形码是一种自动识别技术，是一组由“条”“空”、数字组成的黑白相间的识别码。其中，光线发射率低的那些就是我们所说的“空”。“条”“空”相间的规则排列并配以相应的数字就是我们平时在不同领域中见到的条形码。每个产品都有唯一的条形码。工作人员持扫描枪扫描条形码，后台进行数据的转换就可以获得想要的信息。

条形码可以分为一维码、二维码、三维码，市场运用最广泛的是一维码，通过水平方向表达信息，信息容量为 30 个字符左右。扫描枪扫描条码时需要垂直扫描，如果条码被损坏就不能使用。一维码在一些领域的应用受到局限，而二维码具有一定的优越性，它是使用某些特定的几何形状并按照一定的规律组成一个正方形的图形，图形以黑白或彩色相间的小的图形组成，从表面上看很难判断其规律性，因此能够比较好地保护内部数据。二维码的读取使用相应的扫描设备对图形进行识别，由于能够通过智能手机识别二维码，因此二维码得到了广泛的应用。在军事、外交、公安等部门的证件管理，税务、海关报表和票据的管理以及通运输、商品流通以及货物运输管理、邮政包裹管理、工业生产的自动化管理等方面应用非常普遍。而三维码在二维码的基础上再增加了一个维度，具能够表示的数据也就更多。三维码可在各种需要保密及防伪等重要领域中应用，如对各种证件、文字资料、图标及照片等图形资料进行编码。解码时不但需要专用软件而且需要用户自己设定数据的进制，因此其他人很难破解此编码。一般应用于证件的防伪，如身份证、驾驶证、各种金融票据以及产品的防伪等，货币的防伪也采用该项技术，并且在海关安全、银行金库的保护中也得到了应用。

（二）RFID 技术

RFI（Radio Frequency Identification）就是射频识别技术，该种技术是一种无须接触就可以实现数据传输进行识别的技术。RFID 技术自 20 世纪 80 年代开始慢慢走向成熟，目前已被广泛使用。RFID 由三个部分组成，分别是天线、阅读器和标签。根据频率的不同，RFID 可以分为低频、高频、超高频、微波。低频的使用范围包括动物的追踪、门禁管理等。高频的使用范围包括物品追踪、智能卡和图书管理等。超高频使用范围包括集装箱运输以及单品级物品追踪。微波适用范围为人员的定位管理、运输行李的处理等。

在 RFID 系统中，电子标签和读写器之间的数据传输过射频信号的耦合将电子标签的数据传输给读写器。系统的基本工作流程如下：通过天线，一定频率的射频信号将被读写器发送出；电子标签进入特定的工作区域，标签内天线因为有了足够的电量从而使标签被激活；电子标签通过内置的天线将自身所携带的信息发出；电子标签发送过来的载波信号被读写器的天线接收到，并且，读写器天线把载波信号发送到读写器；读写器对所接收到的信号进行解码及解调，随后送到后台的应用系统进行相应的处理；应用系统判断电子标签是否合法，根据事先设置的内容区判断，并根据判断的结果决定是否要进行下一步的动作。

（三）GIS 技术

地理信息系统（Geographic Information System，GIS）是基于地理科学、计

算机技术、遥感技术和信息科学的一门学科，在计算机硬、软件系统支持下，对整个或部分地球表层（包括大气层）空间中的有关地理分布数据进行采集、储存、管理、运算、分析、显示和描述的技术系统。在决策支持系统中有不少应用。

GIS 可以分为以下五个部分：

人员，是 GIS 中最重要的组成部分。开发人员必须定义 GIS 中被执行的各种任务，开发处理程序。熟练的操作人员通常可以克服 GIS 软件功能的不足，但是相反的情况就不成立。最好的软件也无法弥补操作人员对 GIS 的一无所知带来的副作用。

数据，精确的可用的数据可以影响到查询和分析的结果。

硬件，硬件的性能影响到软件对数据的处理速度，满足用户的业务需求。

软件，不仅包含 GIS 软件，还包括各种数据库、绘图、统计、影像处理及其他程序。

过程，GIS 要求明确定义，一致的方法来生成正确的可验证的结果。

（四）GPS 技术

全球定位系统（Global Positioning System，GPS）是一种以空间卫星为基础的高精度无线电导航的定位系统，它在全球任何地方以及近地空间都能够提供准确的地理位置、车行速度以及精确的时间信息。自 GPS 自问世以来，就以其高精度、全天候、全球覆盖、方便灵活等特点吸引了众多用户。GPS 不仅是汽车的守护神，同时也是物流行业管理的智多星。随着物流业的快速发展，GPS 有着举足轻重的作用，成为继汽车市场后的第二大主要消费群体。美国从 20 世纪 70 年代开始研制 GPS，历时 20 年，耗资 200 亿美元，于 1994 年全面建成，GPS 是具有在海、陆、空进行全方位实时三维导航与定位功能的新一代卫星导航与定位系统。全球定位系统由空间部分（GPS 卫星）、地面监控部分和用户部分等三个部分组成。GPS 卫星可连续向用户播发用于进行导航定位的测距信号和导航电文，并接收来自地面监控系统的各种信息和命令以维持系统的正常运转。地面监控系统的主要功能是：跟踪 GPS 卫星，对其进行距离测量，确定卫星的运行轨道及卫星钟改正数，进行预报后，再按规定格式编制成导航电文，并通过注入站送往卫星。地面监控系统还能通过注入站向卫星发布各种指令、调整卫星的轨道及时钟读数、修复故障或启用备用件等。用户则用 GPS 接收机来测定从接收机至 GPS 卫星的距离，并根据卫星星历所给出的观测瞬间卫星在空间的位置等信息求出自己的三维位置、三维运动速度和钟差等参数。目前，美国正致力于进一步改善整个系统的功能，如通过卫星间的相互跟踪来确定卫星轨道，以减少对地面监控系统的依赖程度，增强系统的自主性。

第二节 供应链管理

一、供应链概述

供应链（Supply Chain）的概念是在20世纪80年代提出的。1985年，美国学者Poter在《竞争优势》一书中提出了价值链的概念，价值链将企业运营分解为战略性相关的许多活动。1992年Shank和Govindarajan所描述的价值链比Poter的范围更广一些，他们认为任何企业都应该将自身的价值链放入整个行业的价值链中去审视，"从最初的供应商所需的原材料直到最终产品送到用户的全过程"，同时企业必须对居于价值链相同或相近位置的竞争者进行充分的分析，并制定出能保证企业保持和增强竞争优势的合理战略。1996年James Womack和Daniel Jones的《精益思想》一书问世，精益生产方式由经验向理论转化，价值链概念进一步扩展为价值流。"所谓价值流是指从原材料转变为成品，并给它赋予价值的全部活动，包括从供应商处购买的原材料到达企业，企业将其加工为成品并交付客户的全过程，企业内以及企业与供应商、客户直接的信息沟通形成的信息流也是价值流的一部分。"1996年，Reiter在整合了上述价值链和价值流思想的基础上，首次提出了供应链的定义：即供应链是一个实体的网络，产品和服务通过这一网络传递到特定的顾客市场。

在《中华人民共和国国家标准物流术语》一书中，我国把供应链定义为"生产及流通过程中，涉及产品或服务提供给最终用户活动的上下游企业所形成的网链结构"。即我们通常所理解的产品和服务从最开始的源头企业到最终端的消费者之间所产生的物流、信息流和资金流的集合。

供应链是由各种实体构成的网络，网络上流动着物流、信息流和资金流。这些实体包括一些子公司、制造厂、仓库、外部供应商、运输公司、配送中心、零售商和用户。一个完整的供应链始于原材料的供应商，止于最终用户，如图2-1所示。

从图2-1可见，供应链是围绕核心企业，通过对物流、信息流、资金流的

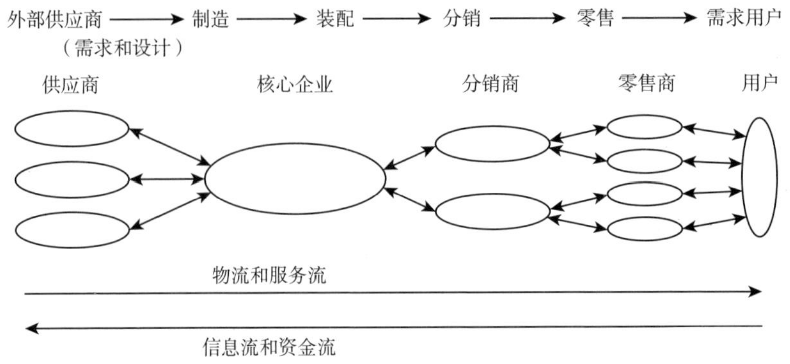

图 2－1　供应链流程

控制，从采购原材料开始，到制成中间产品以及最终产品，最后由销售网络把产品送到消费者手中，将供应商、制造商、分销商、零售商直至最终用户连成一个整体的功能网链结构模式。在这个网链结构里，每一个企业是这个网链上的一个节点，各节点企业之间，即上下游企业之间通过需求关系紧密联系在一起。供应链的特征有以下几点：

1. 面向市场顾客需求。市场需求的快速变化，导致企业的竞争从单个公司单打独斗的竞争格局向供应链管理格局变化。所以从供应链形成的初衷来看，就是面向市场顾客需求的。供应链传递的信息流、物流和资金流都是以顾客需求驱动的。不同的顾客需求，也会产生不同类型的供应链。

2. 层次性。供应链的每一个节点都由不同性质的企业来担当，它们在供应链中具有不同的层次和作用。最重要的企业称为“核心企业”，次重要的为“非核心主体企业”，其他的则称为“非主体企业”。核心企业在供应链中处于主导地位，它直接影响到供应链运作的绩效。非核心主体企业处于中间层次，而非主体企业则处于最弱层次，通常只具有响应的地位和作用。

3. 复杂性和交叉性。供应链是一个复杂的网链结构。每条供应链都由不同的企业组成，这些企业在供应链中具备不同的层次和地位，通常也分散在不同的区域，具有不同的利益目标、战略规划以及企业文化，在各节点的企业合作过程中，不可避免地会出现各种冲突和矛盾。这些都会增加供应链的复杂性。况且，在全球经济一体化的影响下，不是每条供应链都能完全独立存在的，而是会与多条供应链交织在一起。因此，供应链具有很强的复杂性和交叉性。

4. 动态性。由于供应链由多个节点企业共同组成，每个节点企业具有各自不同的地位，有其各自的利益目标，因此，供应链具有不稳定性，其成员之间的关系会发生变化，有新成员进入也会有老成员退出，所以说每条供应链都不是一成不变的，而是动态变化的。

（一）供应链的核心理念

1. 协同发展。供应链体现了企业内部和企业间资源的整合，供应和需求的高效率管理可以实现供应链一体化运作。协同发展理念应深入渗透供应链所有成员之中，供应链成员在关注自身供应需求之外，更要关注上下游企业的生产经营状况，做到及时的反馈与共享信息，解决存在的问题。供应商早期参与理论（early supplier involvement）切实地体现了供应链协同发展的理念。供应商参与制造商产品的初期设计，可以充分地明确制造商的需求，了解其企业文化及决策方案，更好地满足制造商的需求。同时，制造商可以进一步了解供应商的技术创新、质量控制、库存管理等方面的能力，从而为今后的合作制定相应的发展战略以及与供应链的不确定性。这种紧密的合作方式可以使彼此有更多的沟通和业务共享，极大地提高决策水平和绩效水平。

2. 系统运作。供应链包含物流、信息流和资金流，是一个有机的系统，为保证整个系统进行高效率的运作，可以合理地对系统进行建设，提高供应链中商品流通效率。信息技术的普及与应用，使供应链系统化的运作成为可能，其中 ERP（enterptise resourse planning）就是一个典型应用，ERP 作为一种先进的管理理念，综合考虑供应链各个环节，并实现企业的扁平化管理，有效地提高了供应链管理的效率。

3. 合作共赢。合作共赢不仅是经济全球化大势所趋，也是供应链发展的总体趋势。随着全球分工进一步细化、供应链上企业数量日益庞大，核心企业将不同合作伙伴的资源进行整合，有效地利用潜在的生产能力，外包自己的非核心业务，专注于自身核心竞争力的培养，在供应链的不同环节避免浪费，让更加专业的合作伙伴去完成这些业务。苹果在手机业务市场的成功归根结底是其供应链的成功。它不仅在生产领域筛选来自世界的硬件供应商，还通过一部手机整合了第三方应用服务背后的数百家软件商和其他服务公司，大大降低了独立开发软件、硬件的成本，同时也实现了与各合作伙伴的共赢。

4. 核心竞争力。市场竞争的加剧以及外部环境的愈加复杂，使企业必须狠抓技术和管理方式，降低成本，提高企业核心竞争力。供应链思想强调企业把主要精力放在关键业务上，外包非核心业务，提升自己的核心竞争力以获得更多的竞争优势。供应链的节点企业要想在供应链管理的环境下体现出竞争优势，就必须专注于提升自己的核心竞争力；同时企业间结成供应联盟关系，核心企业把非核心业务外包给其他更加专业的企业，可以更有效地提升整个供应链的核心竞争力。

5. 为客户服务。供应链的出发点即客户服务，满足客户的需求。供应链不断地集成各类资源，优化流程都是为了更好地满足最终客户的需求。所以企业首先要明确客户的需求才可以进行之后的计划、采购、生产等活动。而为了更准确、快速地满足客户的需求，供应链也更加强调终端客户的参与，甚至是产品和服务早期的设计当中。如今企业能否与客户形成有效的协作沟通，了解客户所需并及时提供服务是抢占市场先机的关键所在。

（二）供应链的基本分类

根据不同的划分标准，可以将供应链分为以下几种类型。

1. 内部供应链和外部供应链。根据供应链的范围不同，可以将供应链分为内部供应链和外部供应链。内部供应链是指企业内部产品生产和流通过程中所设计的采购部门、生产部门、仓储部门等组成的供需网络。外部供应链则是指企业外部的，与企业相关的产品生产和流通过程中涉及的原材料供应商、生产厂商、储运商、零售商以及最终消费者组成的供需网络。内部供应链和外部供应链的关系：两者共同组成了企业产品从原材料到成品再到消费者的完整供应链。可以说，内部供应链是外部供应链的缩小化。如对于制造厂商，其采购部门就可以看作外部供应链中的供应商。它们的区别只在于外部供应链范围大，涉及企业众多，企业间的协调更困难。

2. 稳定的供应链和动态的供应链。根据供应链存在的稳定性，可划分为稳定的和动态的供应链。基于相对稳定、单一的市场需求而组成的供应链稳定性较强，而基于相对频繁变化、复杂的需求而组成的供应链动态性较高。在实际管理运作中，需要根据不断变化的需求，相应地改变供应链的组成。

3. 平衡的供应链和倾斜的供应链。根据供应链容量与用户需求的关系，可以划分为平衡的供应链和倾斜的供应链。一个供应链具有一定的、相对稳定的设备容量和生产能力（所有节点企业能力的综合，包括供应商、制造商、运输商、分销商、零售商等），但用户需求处于不断变化的过程中，当供应链的容量能满足用户需求时，供应链处于平衡状态；而当市场变化加剧，造成供应链成本增加、库存增加、浪费增加等现象时，企业不是在最优状态下运作，供应链则处于倾斜状态。平衡的供应链可以实现各主要职能（采购/低采购成本、生产/规模效益、分销/低运输成本、市场/产品多样化和财务/资金运转快）之间的均衡。

4. 有效性供应链和反应性供应链。根据供应链的功能模式（物理功能、市场中介功能和客户需求功能）可以把供应链划分为两种：有效性供应链（efficient supply chain）和反应性供应链（responsive supply chain）。有效性供应链主要体现供应链的物理功能，即以最低的成本将原材料转化成零部件、半成品、产品，以及在供应链中的运输等；反应性供应链主要体现供应链的市场中介功能，即把产品分配到满足用户需求的市场，对未预知的需求做出快速反应等。

二、供应链管理概述

供应链管理SCM（supply chain management）就是对供应链进行管理的相关活动。与供应链一样，供应链管理也是一个开放性的概念。1996年，美国供应链协会将供应链管理定义为：SCM是为了向消费者提供最终的产品或服务，从供应链的供应商到顾客之间一切行为的努力。这里所说的供应链管理包含四个阶段：计划、采购、制造、配送。随着经济的发展，技术革新、管理方式的进步，供应链管理的概念也有了新的意义，所涉及的阶段也超出了上述四个阶段。

供应链管理是从原材料的源头供应商开始到最终用户之间所涉及的所有关键流程，深入供应链上各个环节，依照消费者需求，将合适的产品和状态、合适的质量和数量，在合适的时间送到合适的地点，实现总成本最小，从而实现最大的经济效益。也就是后来总结的6R理论。供应链管理是基于各企业专注于各自的核心竞争力，根据各自优势，将人力、物力、财力投入最能创造价值的节点上。供应链管理强调系统、整体、一体化。对供应链上的每个节点进行优化管理，以达到总体成本最小化、用户体验最优化，从而使供应链上的每个企业达到共赢。

我国《物流术语》将供应链管理定义为：利用计算机网络技术全面规划供应链中的商流、物流、信息流、资金流等，并进行计划、组织、协调与控制。

因此，供应链管理是指运用集成的管理思想和方法，以实现供应链整体高效率为目标，对整个供应链系统，包括从原材料阶段一直到最终产品交付用户这一过程中，与产品相关的物流、信息流、资金流、价值流及业务流所进行的计划、协调、组织、执行和控制等管理活动。

（一）供应链管理的发展阶段

自20世纪80年代以来，供应链管理的发展经历了三个阶段。

1. 萌芽阶段。供应链管理的萌芽阶段主要指20世纪80～90年代上半期，当时企业之间合作的目的是提高企业的竞争力或企业的效益，注重企业内部和外部的过程集成，企业管理者认识到供应链上各组成企业之间的合作非常重要。其研究主要集中在供应链的组成、多级库存、供应链的财务等方面。

2. 初步形成阶段。供应链管理的初步形成阶段在 20 世纪 90 年代上半期至后半期，供应链上各成员之间由于之前过多关注各自的竞争力及经济效益，经常存在利益冲突，这种利益冲突导致供应链管理的效率不高，并削弱了供应链的整体竞争力。面对这个问题，如何提高供应链的整体竞争力便受到了重视。这个时期在供应链实践方面取得了长足发展，但由于信息技术的相对滞后，信息不能完全共享成为供应链运营的最大障碍，如信息的不对称可能产生“牛鞭”效应等负面影响。

3. 建立合作伙伴关系阶段。随着信息技术的高速发展，信息的共享问题逐渐得到解决，这给供应链管理注入了活力，使供应链成员可以越过信息障碍，而更强调成员间的战略合作。20 世纪 90 年代后半期至今，供应链管理处于建立合作伙伴关系阶段。在此基础上，集成供应链、敏捷供应链、虚拟供应链理论模型的研究以及基于产品及电子商务的供应链模式的研究得到长足发展。

（二）供应链管理理念

1. 系统理念。供应链管理中所体现出的核心理念之一是系统理念，供应链管理是以核心企业为主的利益共同体，在整体利益优化的过程中，强调的是将供应链中的供应商、制造商、分销商、零售商以及消费者等看作是一个有机联系的整体，追求整个系统效率的提高，而不是将企业的活动孤立起来，单纯去分析单个企业的采购、生产和销售等活动和过程。当然，在整体优化的前提下，系统仍然强调企业自身的局部优化。

2. 合作共赢理念。供应链中的供应商、制造商、分销商与零售商之间在互信、互利及长期发展的基础上考虑如何将消费者的需求转化为所有参与者的集体行动。因此，供应链管理是建立在合作共赢的基础上，每个成员按照分工原则均在产品或者服务中承担一部分的活动，并且共享信息、相互合作、相互协调从而实现供应链整体利益最大化。

3. 技术理念。当前快速发展的互联网、大数据、人工智能、区块链等技术，为 SCM 打开了许多新的发展空间，也将促使供应链管理在理论研究和实际应用方面产生新的突破。

（三）我国供应链管理的现状及问题

尽管供应链管理的各种技术和方法在我国的一些先进企业中得到了初步的

应用，但总体而言，作为一种新的管理理念，供应链管理的运用在我国仍处于初级阶段，目前还面临着许多待解决的问题。

1. 目标利益不一致问题。当前我国的供应商、制造商、分销商与零售商之间还是处于各自为政的状态，企业之间以交易关系为主，更多考虑的是眼前利益，而缺乏从长远利益出发，这难免出现供应链伙伴之间为了自身的利益而牺牲他人利益的情况。

2. 观念问题。长期以来，一些服务型企业存在单独进货，制造业存在“大而全”“小而全”等思想，这些观念的存在不利于供应链管理思想和方法的应用。例如，受这种思想的影响，不少本不具备相应实力的企业却坚持要建成自己的物流配送中心。这不仅需要巨额的资金，而且还要大片土地和昂贵的软硬件设备，加之配送点又少，利用率低，难以达到预期的效果。

3. 贸易伙伴间的协作问题。多数企业推行的供应链管理仅停留在浅层意义的商务往来，合作伙伴互相不信任，从而难以对供应链中的各项活动实行有效的整合和协调。例如，采购商将供应商视为对手，总是想在成本上再压低一筹，榨取一些好处。采取这种行为的决策者忽视了供应链协作给双方带来的持久利益，不能进行供应链上的有效资源共享，更不能在面对共同客户市场时配合协调，难以达到双方预期的效用，供应链管理未能有效进行，也不能持久。

4. 技术及标准化问题。目前供应链管理中的支持技术包括条形码、EDI、RFID 等，但我国在供应链主要技术的开发、标准制定及技术应用上与国际水平尚存在一定的差距。在标准化方面做得还不够，缺乏统一的标准，近几年以顺丰、京东、菜鸟为代表的现代物流供应链管理模式取的了较大的成功。

5. 人才问题。人才是供应链管理能否获得长足发展的关键，供应链管理方面的高层次人才相对比较紧缺，由于供应链管理是一门交叉性学科，涉及诸多的高新技术，需要专门的技术人才，这方面的问题对供应链管理的发展形成一定阻碍。

（四）供应链管理在我国企业应用中的意义

1. 内部效益。

（1）实现供求的良好结合。供应链管理中，可以把供应商、制造商、分销商、零售商等紧密地联系在一起，并协调好各方的利益关系，缩短产品与信息沟通的渠道，使消费者的需求信息可以沿着供应链迅速地反馈给生产厂商，使生产厂商可以对产品的需求迅速做出反应，因此供应链管理可以有效地实现供需关系的匹配。

（2）降低库存成本和缺货损失。供应链中信息技术的使用使产品和市场的需求信息在供应链上顺畅传递，从而降低内部各环节的交易成本，减少库存量，缩短交货周期，减少缺货损失。

（3）供应链管理可增加企业利润。通过供应链上的信息共享，各环节成员互相之间掌握的信息更加充分，预测的精确度大幅提高，能够提前掌握市场的变化以及时做出反应，生产出市场上需要的产品，同时还可以缩短生产周期，提高顾客满意度。通过供应链成员之间在库存、运输上协作，实现供应链上的风险共担，从而降低成本、提高服务水平。由于组织边界的延伸和紧密的协作，会增加企业满足消费者需求和履行合同的能力，从而增加市场份额和收入，并且降低成本。因而，通过供应链管理，企业可以获得丰厚的回报，增加企业利润。

2. 外部效益。

（1）实现信息资源共享。在供应链管理中充分运用了现代信息技术，从而使供应链渠道得到优化，信息能够快速、准确地反馈，供应链中的企业能够实现信息和资源的共享。

（2）刺激消费需求。供应链管理中除了注重传统的储存、运输、流通加工等服务之外，为了提高对客户的响应程度，还需要增强市场调查与预测、采购及订单处理、配送及咨询等增值服务。这些服务的加强可以极大地缩短交货周期，加快配送速度，迅速地满足消费者的需求，从而提升企业的声誉，进一步扩大产品的市场占有率和消费群体。

（3）产生规模效益。在互联网和信息通信技术手段的不断发展，市场交易成本急剧降低，企业的竞争优势不再单纯地体现在如何减少交易成本上，而应该发展规模经济。供应链是一个整体，它把供应商、生产商、分销商、零售商等联系在一条链上，并对之优化，使相关企业形成一个联系紧密的网络整体，各个企业为了整体利益的最大化共同合作，协力缩短产销周期，减少库存，具有规模经济效应，使整个供应链对市场变化做出快速响应，大大提高了企业在市场中的竞争力。

三、常见供应链管理的方法

（一）快速响应（QR）

快速响应（quick response，QR）是供应链管理的主要方法之一。它并不是单纯的某种技术，而是一种全新的业务方式，是一种由技术支持的业务管理思想。一般说来，供应链管理中各个成员的共同目标包括：(1) 提高顾客服务水平，即提高能够在正确的时间、正确的地点用正确的商品来响应消费者需求的能力；(2) 降低供应链的总成本，增加零售商和厂商的销售额，从而提高零售商和厂商等供应链成员的盈利能力。

QR 是指在供应链中，供应商、制造商及零售商等为了实现共同的目标，建立战略协作伙伴关系，通过信息技术的运用对供应链中销售时点的信息以及订货补充的信息进行交换，从而达到减少原材料到销售点的时间（交货周期）和整个供应链上的库存，提高客户服务水平和企业竞争力的供应链管理方法。

（二）有效客户反应（ECR）

有效客户反应是 1993 年从美国的食品杂货业发展起来的一种供应链管理战略。ECR 欧洲执行董事会（Europe Executive Board）的定义，有效客户反应（efficient consumer response，ECR）是一种对批发商、制造商和零售商各自的经济活动进行整合，以达到消除系统中不必要的成本和费用，以最快、最好地实现消费者需求并给消费者带来更大利益的供应链管理战略。

第三节
物流供应链决策

一、物流设施决策

依据中华人民共和国国家标准《物流术语》，将从事物流活动的场所划分为仓库、配送中心、物流中心、物流园区等。虽然这几个术语具有不同的界定，但它们具有共同的特性，即都是从事物流服务的基础设施，因而将它们统称为物流设施。根据物流设施的经营方式和服务对象不同，可划分为公共物流设施和自有物流设施。公共物流设施面向社会提供物流服务；自有物流设施则是以自身企业为依托，主要承担企业内部的物流服务，在服务内容和服务范围具有较独特的特性。

在物流系统中，物流设施地址的选择，是物流系统优化的一个具有战略意义的问题。物流设施是整个网络系统的关键节点，是链接上游和下游的重要环节，起着承上启下的作用，并且这些大型设施的建设和运营需要耗费大量的资源。因此，设施的选址十分重要，科学、合理的设施选址可以有效地节约资源、降低物流成本，优化物流网络结构和空间布局，提高物流经济效益和社会效益，确保提供优质服务，是实现集约化经营、建立资源节约型物流至关重要的一步。

（一）设施选址问题的定性研究

设施选址的定性研究以影响设施选址合理性的因素分析为基础，包括土地利用、环境保护、资源分布、产业布局、交通区位、公共设施、市场经营等各个方面的因素，通过综合分析，建立设施选址的评价指标体系，采用层次分析法、模糊综合评判法对各个备选方案进行评价，最后寻求最优地址。

定性研究能够从比较全面的角度出发，考虑各种相关因素，对设施选址进行决策。但是，由于定性方法在实施过程中的主观性较强，大量的主观判断易造成评价偏差。

（二）设施选址问题的定量研究

设施选址问题的定量研究主要是依据物流费用或物流成本最低的原则，建立数学模型，通过模型求解获得最佳选址方案，根据考虑的影响费用因素的建议与复杂程度，形成多种类型的选址模型，但总体上可以概括为连续模型与离散模型两类。

1. 设施选址连续模型。连续模型认为设施的地点可在平面上取任一点，较为典型的研究方法是重心法。重心法是一种简单的模拟方法。该方法将物流系统中的需求点和资源点看成是分布在某一平面范围内的物体系统，将各点的需求量和资源量分别看成是物体的重量，将物体系统的中心作为物流网点的最佳设置点，利用求物体系统重心的方法来确定物流网点的位置。

人们一般认为，对单一设施选址，重心法是一种有效的选址方法。有学者对重心法进行了研究分析，认为重心法选址存在明显缺陷，其原因为：在重心法中，使用了物理学中的力矩概念，力矩是一个矢量，但物流系统中的运输费用不是矢量，用重心法求出的重坐标不是最佳的地址。另外，重心法是一种连续的模型，往往求得的解不具有可操作性。重心法将运输费用作为唯一的影响因素，忽略其他的重要因素，并且将运输路线简化为直线，与实际情况差距较大。

2. 设施选址离散模型。离散模型则认为设施的地点是有限的几个可行点中的最优地点。代表性模型有：Kuehn – Hamburger 模型、Baumol – Wolfe 模型、Blson 模型。Kuehn – Hamburger 模型是多个物流设施选址的典型方法。在模型中考虑了运达费、发送费、仓库管理费、可变费用、仄悲损失费等多项费用，其目标是费用之和最小。模型常用的解法有混合整数规划问题的分支定界法。

Huehn – Hamburger 模型考虑了多个结构化因素的影响：供货点到物流设施的运输费用、物流设施到用户的运输费用、物流设施固定费用及运营管理的可变费用、设施的个数、容量限制。模型更加贴近实际，但也有其不足之处，模型没有考虑物流设施像建设费用这样的固定资产所产生的固定费用。另外，当供货点、物流设施备选点、客户数量较多的情况下，其计算量非常庞大。

（三）设施选址问题的定性与定量相结合的研究

定性研究和定量研究具有一定的优势和互补性，两者结合的研究也取得了一定的进展。有学者提出了重心法和层次分析法相结合的两阶段选址方法。采用重心法寻找一组物流中心方案，并用层次分析法对方案的综合因素进行比较，得出方案综合指标的评价顺序。另有其他学者基于物流设施选址原则和影响因素，建立了物流中心选址指标体系，并对定性和定量指标的评价结果进行重新综合，得出了物流中心选址的最佳方案。

定性与定量相结合的研究方法，可以得出较为综合的满意解，具有一定可操作性。

二、库存决策

在供应链上，从供应商到零售商，每个节点企业都拥有库存，因而对应地形成了一条库存链，如图 2 – 2 所示。

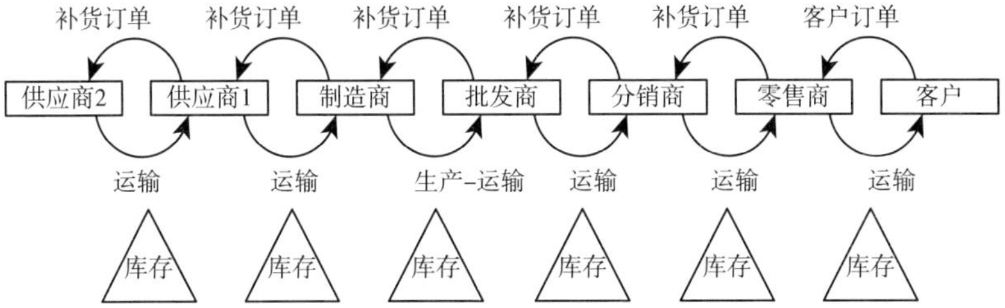

图 2 – 2　库存链示意图

在库存链中，各节点企业所拥有的库存不仅影响自身的成本和产品成本竞争力，还会增加上下游企业的成本，甚至影响整个供应链的整体成本和竞争优势。因此，理想的供应链库存管理应该基于供应链中各企业的战略合作，从库存链的角度重视信息共享、利益的合理分配和风险分担。

库存决策是指企业科学合理地确定商品库存（即储备）数量的活动。其目的是在保证完成生产销售任务的前提下，减少企业的资金占用和存货消耗。商业企业和工业企业有不同的库存决策。商业企业库存决策的内容主要是确定待售商品的储量：一是科学预测商品的销售；二是科学合理地确定每次购买商品的数量。其中，每次采购数量的确定是商业企业进行库存决策的关键。每次采购的数量必须是一个经济批次，即某一商品的采购成本和仓储成本之和的总成本最低时的采购批次。计算公式为：经济批量大小 =2 × 某商品年采购量 × 一次性采购成本/单位材料储存成本。工业企业库存决策的内容较为复杂，包括物资储备、半成品储备和成品储备的确定。材料储备的确定需要根据企业的生产任务和材料消耗定额进行。关键还在于确定其购买的经济总量。半成品储备的确定需要根据企业生产整件的任务和各种半成品储备的匹配来确定。在确定产成品储备金金额时，既要尽量减少产成品资金的使用，又要以最低的保险金额保证半成品的库存，防止销售受到短缺甚至失去销售市场的影响。

（一）库存决策过程

库存决策的过程包括发现库存中存在的问题，确定库存决策的目标，确定库存决策效果的评估标准，制订库存决策方案，分析评估每一库存决策方案的“净效益”，选择决策方案并通过实验验证决策方案。

发现（分析）库存存在的问题是指库存的实际效果与库存决策者认为应达到的效果之间的差距，表现为库存目标属性维度的坐标值与应达到的坐标值之间的差距。

库存决策目标是一个多维目标，是一个可以在目标属性维度量化的目标，如商品的进货价格、库存成本、订货成本、缺货成本、缺货率、库存服务水平等。企业不同部门的库存管理目标是不同的。库存管理的主要目标是使库存投资最小化，为用户提供最高水平的服务。下一个层次的常见库存目标是最低的单位成本、高库存周转率和良好的供应商关系。除了保持供应的持续外，这些目标是非常不一致的，甚至是相互冲突的。企业各职能部门的库存管理目标如表 2 – 1 所示。

表 2－1 企业不同部门库存管理目标

部门	部门职能	库存目标	理由	库存量
采购部	购入物质	采购成本最低	批量采购能够降低单位采购成本	高
销售部	销售商品	优质客户服务	缺货或种类不全丧失销售量	高
财务部	提供现金	资金的有效利用	筹集资金需要支付利息	低
库管部	保管物品	保管工作量小	仓库有限、库管人员有限	低

库存决策评价准则就是库存决策者的目的、理想、意图、愿望科学的、定性与定量的表述，它是以后评价和选择库存决策方案优劣的基本依据。拟订库存决策方案是指运用相关科学或技术，结合决策系统环境，参照评价准则提出实现库存决策目标的方案。

分析评估库存决策方案是评价拟订库存决策方案的可行性，评估实施库存决策方案对决策系统的影响，评估方法可以利用物理模型和数学模型，如可行性分析技术、决策技术。库存决策方案选择是指按照库存决策评价准则，从众多的可行性方案中选择出“最佳”库存决策方案的过程，库存试验验证是指对选择的“最佳”库存决策方案进行检验的过程，检验方法有局部检验法和计算机模拟方法。

（二）库存决策系统功能

库存决策系统的建立为决策者提供了方便、科学的决策支持，在获得有效决策指标的基础上，进行了人机交互，最终获得了令人满意的决策方案。库存决策系统应具有数据管理、模型管理和系统维护的功能。

1. 数据管理功能。主要包括原始数据的导入导出模块、数据分析模块与数据预测模块。

原始数据的导入导出模块，主要是通过一定格式的文件将系统外部所需的数据导入库存决策支持系统中，或者通过一定格式将数据库中所需的数据导出系统外部；数据分析模块是系统库存决策的基础，主要功能是分析系统中的数据；数据预测模块对原始数据进行汇总和分析，以总结数据的未来发展方向和趋势。

2. 模型管理功能。模型管理功能包括模型选择、模型计算与灵敏度分析等三项。模型选择模块为用户提供输入商品的采购量、销售的系统参数以及将要预测的参数等功能，输入模块由系统自动选择该组参数所适合使用的模型或用户自己选择所需要的模型，之后进行模型的计算。模型计算模块主要包括单条数据简单计算与成批数据的大量计算。单条数据简单计算指用户通过条件查询将符合自己设置详细条件的数据调出进行计算；成批数据大量计算是指根据用户自己的个人需要将所适合的大类条件的数据进行成批的计算。灵敏度分析模块有三种标准：梯度分析、相对误差分析和灵敏度分析判断。这三种标准主要是用于判断计算模型的准确程度，用户可以根据所计算出来的结果判断自己所选择的模型计算的结果是否准确。

3. 报表输出与系统维护功能。库存决策支持系统最后会将所完成的工作都生成库存决策支持方案。由于决策过程中涉及的商品种类非常多，数据量也很大，甚至一种商品也有多个决策方案。因此，用户可以根据自己的需要，按商品的大类、子类别或其他查询名称进行查询。系统将根据用户需求查询和显示相关的原始数据、分析数据和决策结果，并显示或打印数据。系统维护功能主要是对系统的数据库和模型进行维护，对系统中的一些判断标准和上下限参数进行维护。

三、供应链运输决策

运输是指使用某些设备和工具将物品从一个地方运输到另一个地方的物流活动。它包括一系列操作，如集货、分配、搬运、中转、装入、卸下、分散。必要时，它还包括产品的短期库存，以便将供应商和需求者在一定距离上进行空间连接。

供应链中物流运输决策机制就是一个有效利用供应链系统的各种共享信息，各节点的伙伴企业进行群体决策以保证供应链中各物流运输环节决策合理化的方式。该决策机制应该是基于 Internet 或 Intranet 的群体决策模式。

运输是企业物流管理过程中的关键决策问题，涉及物流运营中的时间控制和成本控制等多个方面。在做出有关运输问题的决策时，企业必须考虑多个目标，取得适当的平衡，并提出最终解决方案。这种平衡是基于对信息的掌握和使用适当的判断方法而得出的。一般企业物流人员很难对其有效性（即实现多个目标的程度）进行深入考虑。

（一）供应链运输决策的目的

供应链中物流运输决策的目的是从整个供应链总体目标出发，运用系统理论、决策理论和系统工程的原理和方法，利用各种运输方式的优点以及运筹学等定量方法建立模型，选择和规划合理的运输路线和运输工具，以最优的成本，在恰当的时间、恰当的地点，将良好的质量、合适的产品，送到合适的顾客手中，进行最经济（费用最少）和最有效（时间和距离最少）的运输计划，组织好物质和产品的运输活动，实现供应链中各物流环节的合理衔接，并取得最佳经济效益的决策。

（二）供应链运输决策参与者及关系

运输决策的制定要求供应链中各个节点企业的共同合作，主要受发货商、收货人、承运商、政府和消费者五大方面影响。整个运输过程可相应分成两个阶段：在上游运输阶段，供应商扮演发货商的角色，而制造商是收货人；在下游运输阶段，制造商扮演发货商的角色，相应的仓库、物流中心、零售商和大批量消费者是收货人。如果企业没有拥有自己的运输工具，必须委托第三方物流企业进行运输，那么，第三方物流企业便是承运商。五个决策参与者之间的关系如图 2－3 所示。

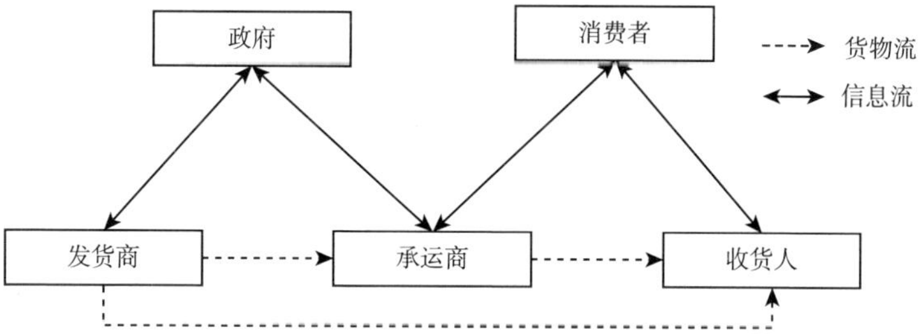

图 2－3 决策参与者之间的关系

（三）运输价格决策

就运输企业而言，运输价格决策方法大致归纳起来主要包括以下几类：（1）服务合同定价法。服务合同定价是企业的非标准产品或无市场价格资料可供参考时，只能以实际作业成本为基础协商定价，并签入合同的一种定价方法。常见的合同定价有：固定价格合同、成本加成合同、成本加固定费用合同、奖励合同。（2）需求导向定价法。需求导向定价法，即根据市场需求强度来确定物流产品的价格，不是仅仅考虑成本，而是要关注市场需求的强度和客户的价值观，根据目标市场客户所能接受的价格水平定价。常见的需求导向定价法有：习惯定价法、理解价值定价法、区分需求定价法、比较定价法。（3）竞争导向定价法。竞争导向定价法是根据同一市场或类似市场上竞争对手的物流运输价格来制定本企业物流运输价格。常见的竞争导向定价法有：随行就市定价法、低于竞争者的价格定价、高于竞争者的价格定价、投标定价法、变动成本定价法。(4) 关系定价策略。“双赢”是关系定价的基本理念，其中包括随行就市定价法、低于竞争者的价格定价、高于竞争者的价格定价、投标定价法、变动成本定价法。

(四) 物流运输路线优化决策

运输优化是按照物资的自然流向，从物流系统的总体目标出发，运用系统理论和系统工程原理和方法，充分利用各种运输方式的优点，以运筹学等数量方法建立模型与图表选择和规划合理的运输线路，以最短的路径、最少的环节、最快的速度和最少的费用，组织好物质产品的运输活动、避免不合理运输情况和次优化的出现，它直接决定着物资物流的效率与效果。要实现运输网络优化，有以下几种物流运输路线优化决策模型。

1. 物流运输的优化模型。供应链物流网络运输优化模型求解方法很多，要具体问题具体分析。对于“物资运输网络优化模型”，若没有运量限制，可以将产销不平衡问题化成产销平衡问题，然后用表上作业法（如西北角法、闭回路法、位势法等）进行求解，也可以用单位罚金法、霍萨克法等算法进行求解；如果供应点和需求点数目不多还可以用 Excel Solver 进行电子建模求解；而对于“成品运输优化模型”，可以用图上作业法、最小费用最大流的网络作业法等求解，由于该模型涉及的节点数量较多，线路比较复杂，求解这一类问题首先要根据已知条件写出数学模型，之后编写程序或是利用专门的软件进行计算机求解，如在教学、科研和工业界广泛使用的解决数学规划问题的软件包 LINDO (Linear, Interactive and Discrete Optimizer)。

2. 图上作业法。作业法就是利用商品产地和销地的地理分布和交通路线示意图，采用科学的规划方法，制订商品合理运输方案，以求得商品运输最小吨公里的方法。图上作业法适用于交通路线为线状、圈状，而且对产销地点的数量没有严格限制的情况。

四、配送决策

配送是指在合理范围内，根据用户要求，对物品进行拣选、加工、包装、分割、组配等作业，并以合理的方式按时送达指定地点的物流活动。包含配和送两部分，其实施的条件主要有：稳定的资源保证、充足的资金、齐备的配送手段、高效的信息系统和高素质的职工队伍。

（一）配送网络

1. 直接配送的网络系统。

直接配送网络是指在制造商和客户之间不存在配送的定位设施点，具有运输过程易控制、单位运费低等优点，它具有下列特点：（1）可以有效地解决由于预测失误等因素造成的"牛鞭"效应，广泛应用于生产制造型企业的货物运输。（2）它能够有效降低产品库存，实现延迟客户定制服务。对于基于订单生产的企业来说，等集中处理过顾客的订单后再批量生产产品，可以集中库存产品加工为各种组件，这样就可以有效降低产成品的库存水平。（3）使产品库存集中化。现代企业面临着顾客需求难以预测而且定制化程度较高的情况，企业可以集中处理所有的用户订单，这种情况下企业的直接配送网络系统会带来很高的利益。企业采用直接配送网络系统的特点如表 2－2 所示。

表 2－2　企业采用直接配送网络系统的特点

成本因素与服务水平	特点
库存成本	采取直接配送方式，库存成本比较低
运输成本	不易采取集中运输方式，零担多，运输成本高
顾客响应时间	比较长的顾客响应时间
产品多样性	配送可使市场保持良好的产品多样性
订单跟踪能力	较差
退货处理能力	由于企业生产地不唯一，退货处理能力较差
信息系统成本	要完善的决策支持系统，信息系统成本较高

2. 多级中转的配送网络系统。

多级中转的网络配送系统相对于直接配送的网络系统要复杂得多，根据其特点和适用的范围、行业，还分成很多种：（1）带有整合中心的多级中转网络系统。这种模式与直接配送的网络系统相比，是在生产地增加了一个产品整合中心，即企业在收到客户的订货信息后，先将货物发至整合中心，再由整合中心来负责货物的配送。（2）复杂的多级中转的配送网络系统。这种系统是企业中带有多级的设施定位点，同时包含多种配送路径。对于接近企业生产地的集货点，客户可以根据自己的需求提出货物的整合或拆分。这种系统的特点如表 2－3 所示。

表 2 – 3　　带有多级的定位设施节点和多种配送路径系统的特点

成本因素与服务水平	特点
库存成本	较高
运输成本	最低
顾客响应时间	非常短
产品多样性	较差，受限于库存成本
订单跟踪能力	很好
退货处理能力	因为具有大量库存，所以退货处理能力很好
信息系统成本	不需要大量投资

3. 带有运输枢纽的多级中转网络系统。

这种系统设置一个中间库存点，负责产品的订单收集和配送，枢纽节点集中库存的物流配送网络系统特点如表 2 – 4 所示。

表 2 – 4　　带有运输枢纽的多级中转网络系统的特点

成本因素与服务水平	特点
库存成本	比企业直接配送网络系统高
运输成本	运输成本比企业直接配送网络系统低
顾客响应时间	比企业直接配送网络系统短
产品多样性	产品多样性普通，比企业直接配送网络系统低
订单跟踪能力	比企业直接配送网络系统好
退货处理能力	比企业直接配送网络系统好
信息系统成本	比企业直接配送网络系统高

（二）车辆路径问题

Dantzig 和 Ramser（1959）首次研究了车辆路径的优化问题，在卡车配送汽油的应用背景下，采用了基于线性规划模型求解近似最优解。之后的学者又进一步研究了带时间窗的车辆路径问题（VRP with Windows，VRPTW）。在对 VRP 及其变形问题和 VRPTW 问题所作的综述中，Bodin 等（1983）和 Solomon 等（1988）提出，实际生产中许多问题都可以归结为 VRPTW 来处理，如一些服务性行业像坐飞机、火车及公共汽车的调度、钢铁厂编制热轧制计划问题实际上就是 VRPTW 问题。Berbeglia 等（2007）对多种类型的车辆路径问题进行分类研究。

在现实世界中，由于大量不确定因素的存在，这些不确定的信息可以是顾客的需求时间、顾客量及其需求量、车辆在顾客点的服务时间、车辆的行驶时间等因素的一种或是几种。随着时间的推移，在车辆驶出车库执行配送服务的过程中才能获取确切的信息。在构造车辆路径计划之前，决策者很难获得全部信息。

常规的 VRP 问题可以描述为下列优化目标和约束：

$$\min\left[Z = \sum_{k=1}^{K}\left(\sum_{i=1}^{n_k} d_{r_k^{i-1}r_k^i} + d_{r_k^{nk}0}\right)\cdot \operatorname{sgn}(n_k)\right]$$

$$\operatorname{sgn}(n_k) = \begin{cases} 0, n_k \geqslant 1 \\ 1, \text{其他} \end{cases} \tag{2-1}$$

约束条件：

（1）各路线上的所有客户点需求量之和不能超过汽车载重量：

$$\sum_{i=1}^{n_k} q_{r_k^i} \leqslant Q_{k, n_k \neq 0} \tag{2-2}$$

（2）在拟订汽车每次配送的最大行驶距离的情况下，每条配送路径的总长度不超过该距离：

$$\sum_{i=1}^{n_k} d_{r_k^{i-1}r_k^i} + d_{r_k^{nk}0} \leqslant D_{k, n_k \neq 0} \tag{2-3}$$

（3）每个客户点的配送必须而且只能由一辆车来完成：$R_{k1} \cap R_{K2} = \Phi$，$k1 \neq k2$，

$$\bigcup_{k=1}^{K} R_K = \{1, 2, \cdots, L\} \tag{2-4}$$

（4）所有配送路线需遍历所有客户点：

$$0 \leqslant n_k \leqslant L$$

$$\sum_{k=1}^{K} n_k = L \tag{2-5}$$

五、装箱决策

装箱即把货物装进集装箱的作业。其包括对箱体的检查、配载、装载、加固捆扎、填塞、理货及加封等业务。装箱工作必须根据定舱清单事先制订分箱积载计划，准备好加固材料，考虑好方便卸货。装进箱子的货物重量分布必须平衡，不同包装的货类不能混装。海关监管和可能被查验的货物要装在箱门附近。货物装完要检查，要求不能有一件货物处于松动状态。

装箱问题通常可以用大物体和小物品的几何组合来描述：大物体定义为空的，需要被小物品填充。它最关注的是在装箱过程中通过改善物品的布置方式，达到获得最大利益的目的。从工程的角度看，装箱过程的目标一般是最大化使用原料，即使是很小的布局改善也可能节省出很多原料，减少生产成本，这对于大规模生产商具有十分重要的意义。

装箱问题的研究主要起源于20世纪60年代，最初是针对切割库存提出的。切割与装箱有着十分紧密的联系，并没有明确的界限。Dyckhoff从原料和空间的对偶性角度，强调了切割与装箱之间较强的响应关系，从这个意义上讲，切割问题可以被视为放置小物品填充大物体的空间。反之，装箱问题也可以被视为切割大物体为小物品。

在整个工业及其他行业发展过程中，如木材生产、钢铁生产、玻璃生产等，运输扮演着重要的角色，故复杂的装箱问题不断出现和发展。例如，在一维装箱问题的基础上，出现了二维以及多维装箱问题。装箱问题研究中的最大难点是布局，与被装物品的形状、大小及其他特点有关，这些都是装箱问题的约束条件，在求解过程中比较难处理。

装箱问题按照不同的属性具有不同的问题，至今对装箱问题的研究大致分类如图2-4所示。

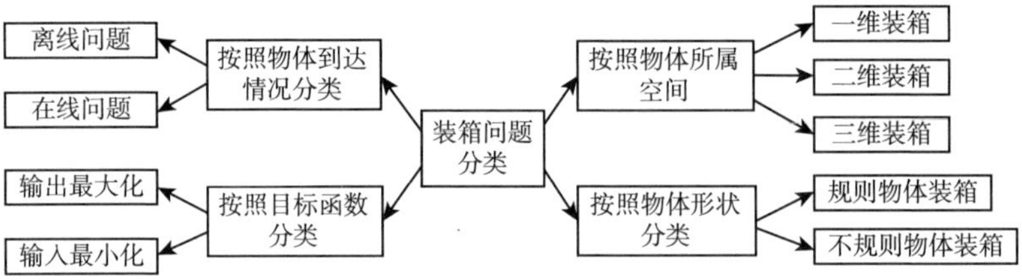

图2-4　装箱问题分类概括

（一）一维装箱问题及算法

1. 一维装箱问题。

一维装箱问题通常是用物品的重量或大小来刻画的，可以用以下数字语言描述：给定n个物品集合$L=\{a_1, a_2, \cdots, a_n\}$，假设每个物品$a_i(1\leqslant i\leqslant n)$的重量或大小为$w(a_i)\in(a,1]$，$B_1$，$B_2\cdots$是无数个单位箱子，并且要求每个物品$a_i$只能放到一个箱子里，约束条件是每个箱子里的数字和不能超过1，则目标最小化所用箱子个数，用0~1整数性规划描述为：

$$\min z = \sum_{i=1}^{n} y_i$$

$$\text{s.t.} \begin{cases} \sum_{j=1}^{n} w(a_j) x_{ij} \leqslant y_i, i = 1,2,\cdots,n \\ \sum_{i=1}^{n} x_{ij} = 1, j = 1,2,\cdots,n \end{cases} \quad (2-6)$$

$y_i = 0$ 或 $1, i = 1,2,\cdots,n$

$x_{ij} = 0$ 或 $1, i,j = 1,2,\cdots,n$

其中，有：

$$y_i = \begin{cases} 1，第\ i\ 个箱子被使用； \\ 0，否则， \end{cases}$$

$$x_{ij} = \begin{cases} 1，第\ j\ 个物品放到第\ i\ 个箱子里； \\ 0，否则\ i，j=1，2，\cdots，n。 \end{cases}$$

一维装箱问题是经典的 NP－难题，现已有很多经典的研究成果。一维装箱问题发展至今，其研究已经相对比较成熟。

2. 一维装箱问题算法。

通常称求解装箱问题的算法为装箱算法。求解一维装箱问题的近似算法比较多，其中最经典的有：其次适配（next fit，NF）算法、最佳适配（first fit，FF）算法、最佳适配（best fit，BF）算法、最坏（worst fit，WF）算法。

（1）其次适配法 NF：这是最简单的一维装箱算法。依次对 L 中的物品进行处理，从物品 a_1 开始，将其放置到箱子 B_1 里。假设现在要进行装箱的物品是 a_i，另 B_j 表示指标最高的非空箱子，如果 a_i 适合装在箱子 B_j 中［即 B_j 剩余空间大于或等于 $w(a_i)$］则把物品 a_2 放入箱子 B_j 中，否则就放入新的箱子 B_{j+1}。显然这是一个较快的算法，只需线性时间。但是其次适配算法的性能较差。于是研究者们通过改善物品 a_i 的放置策略对其次适配算法进行改进分别得到 FF 算法、BF 算法和 WF 算法。

（2）首次适配算法 FF：它按顺序依次处理物品，即首先把物品 a_1 放入箱子 B_1 中，再考虑物品 a_i，若能放入 B_1 中，则放入 B_1，否则打开一个新的箱子 B_2。然后按照相同的方法依序处理各物品，在处理物品 a_i 时，假设已使用的箱子是 B_1，B_2，…，B_t，将物品 a_i 放到所有能够放下 a_i 的指标最小的箱子中，只有当所有已使用的箱子都不能放下物品 a_i 时，才打开一个新的箱子，并把物品 a_i 放入新箱子中。其上界最初是 Ullman 给出的，并且证明了无论在任何情况下都有：

$$FF \leqslant 1.7 \times OPT + 3 \quad (2-7)$$

其中，FF 与 OPT 分别表示利用 FF 算法与最优化算法所需要的箱子个数。将近 40 年后，Dòsa 证明了如果最优算法需要 OPT 个箱子，则 FF 最多需要 1.7 × OPT 个箱子，即 FF 的绝对近似比为 1.7，并且通过实际算例证实了这一点。

（3）最佳适配算法 BF：它按顺序依次处理物品，即首先把物品 a_1 放入箱子 B_1 中，再考虑物品 a_2，若能放入 B_1 中，则放入 B_1，否则打开一个新的箱子 B_2，然后按照相同的方法依序处理各物品，在处理物品 a_i 时，假设已使用的箱子是 B_1，B_2，…，B_t，将物品 a_i 放入所有能够放下 a_i 且放置后的剩余高度最小（已装在物品大小之和最大的）而指标最小的箱子中，只有当所有非空箱子都不能放下物品 a_i 时，才打开一个新的箱子，并把物品放入新箱子中。

（4）最坏适配算法 WF：它按顺序依次处理物品，即首先把物品 a_1 放入箱子 B_1 中，再考虑物品 a_2，若能放入 B_1 中，则放入 B_1，否则打开一个新的箱子 B_2，然后按照相同的方法依序处理各物品，在处理物品 a_i 时，假设已使用的箱子是 B_1，B_2，…，B_t，将物品 a_i 放到所有能够放下 a_i 且放置后的剩余高度最大（已装在物品大小之和最小的）而指标最小的箱子中，只有当所有已使用的箱子都不能放下物品 a_i 时，才打开一个新的箱子，并把物品放入新箱子中。

另外，一些常用的算法包括有界空间（bounded space algorithm，BSA）算法、降序首次适配（first fit decreasing，FFD）算法、降序最佳适配（best fit decreasing，BFD）算法、降序重构首次适配（refind first - fit decreasing，RFFD）算法、降序改善首次适配（modified first - fit decreasing，MFFD）算法、X 分组适配（group - X - fit grouped，GXFD）等。

以上算法总体又分为在线算法与离线算法。在线算法与离线算法是与在线问题和离线问题相对应的。即如果近似装箱算法依序处理每个输入物品，在不知道后续物品任何信息的情况下，立即给出当前物品的装箱方案，则称这样的近似装箱算法为在线（on line）装箱算法；而在知道所有物品信息的前提下，同时对所有物品进行处理后给出装箱方案，此类算法为离线（off line）装箱算法。

（二）二维装箱问题及算法

1. 二维装箱问题。

二维装箱问题关注的是有限对象的两个指定维度，即设有 n 个矩形物品，对于每个矩形物品 $i \in I \dot{=} \{1, \cdots, n\}$，另外其宽为 w_i，高为 h_i，它考虑的是按照正交方向对这些物品进行装箱，目标是空间使用最少，约束条件是矩形物品不能重叠。按照装箱对象不同，二维装箱问题可以划分为以下两类：

（1）有宽为 W、高为 H 的无限个相同限制容量的箱子，将矩形物品配置到这些箱子里，目标是最小化箱子使用个数，这类问题可以建模为二维箱子装箱问题（2 – dimensional bin – packing problem，2SBP），后面简称为 2BP。

（2）一个宽度为 W，高度无限的条形板，将矩形物品配置到条形板上，目标是最小化条形板的高度，这类问题可以建模为二维条形板装箱问题（2 – dimensional strip – packing problem，2DSP），以下简称为 2SP。

二维装箱问题在实际生活中有着广泛的应用，如原料切割问题、飞机装箱问题、背包装箱问题、工业布局问题（主要包括木材行业、玻璃行业以及造纸行业）、广告投放问题等。找到二维装箱问题的有效算法可以节省资源，减少生产成本，对人们的生活产生重大影响，对人类社会起到积极的推动作用。而且求解二维装箱问题的近似算法也可以应用到求解三维装箱问题，所以研究二维装箱问题具有重要的理论意义和应用价值。

2. 二维装箱问题算法。

目前根据不同问题类型和规模，研究者们已经提出了很多求解二维装箱问题的算法。如果 $w_i = W(i = 1, \cdots, n)$，二维装箱问题转化为一维装箱问题（1BP），因此有些求解二维装箱问题的算法是通过将二维装箱问题转为一维问题得到的。针对约束较少，相对简单的装箱问题，相关研究者试图提出确定性算法，但是由于装箱问题具有 NP – 难题性质，一般很难利用确定型算法找到最优解，故研究者们相继提出能够快速找到装箱问题的解的启发式算法。

（1）确定型算法。求解装箱问题的确定型算法是指通过有限次迭代或布局尝试能够找到装箱问题的最优解或得到最优装箱方式。关于二维装箱问题的确定型算法，最常用的分别是枚举算法、分支定界算法及分支 – 定价算法。

（2）一般启发式算法。一般启发式算法在求解二维装箱问题中取得了很多重要的成果。

（3）现代启发式算法。现代启发式算法是求解较难组合优化问题的常用算法。如遗传算法、模拟退火算法、禁忌搜索算法都已成功用于求解二维装箱问题。

参考文献

[1] 刘凯，张建华，张流畅，等. 基于 ESI 高被引论文的物流领域研究态势分析 [J]. 才智，2018 (15)：192 – 195. DOI：10.3969/j.issn.1673 – 0208.2018.15.171.

[2] 李晓东. 天水华阳公司多元化战略优化研究 [D]. 兰州交通大学，2019.

[3] 杨路明，吴颖．现代物流的发展及其信息化探索［C］．//中国优选法统筹法与经济数学研究会．中国管理科学，2003：398－402.

[4] 陈珏伊．基于供应链的电力物资物流配送系统的构建——以贵阳供电局为例［D］．贵州：贵州大学，2009. DOI：10.7666/d.D213666.

[5] 梁燕君．发达国家如何推动物流产业发展［A］．//中国包装联合会．中国塑料包装工业高新技术与绿色包装论坛暨中国包装联合会塑料制品包装委员会八届三次年会论文集［C］．2013：485－486.

[6] 柳絮．没有硝烟的战场之发现第三“利润”［J］．中外食品工业信息，2002（12）：52－57.

[7] 杨轶．中石化长岭分公司供应物流管理模式设计［D］．湖南：中南大学，2005. DOI：10.7666/d.y992568.

[8] 王慧婷，郭志达．“互联网＋”下物流企业联盟构建的结构模式［J］．商场现代化，2018（17）：50－51.

[9] 胡雪慧．RFID技术与条码技术比较分析［J］．现代商贸工业，2018（36）：188－189. DOI：10.19311/j.cnki.1672－3198.2018.36.098.

[10] 吴梦．大数据助力“E农险”发展［N］．新民晚报，2017－02－15.

[11] 牛春峰．弹道环境下的陀螺/GPS组合姿态测量方法研究［D］．江苏：南京理工大学，2012. DOI：10.7666/d.Y2275827.

[12] 王伟．供应链概念的起源和发展研究［J］．中国市场，2015（2）：76－78.

[13] 史林霞．多Agent技术在供应链管理中的应用研究［D］．武汉理工大学，2008.

[14] 张龙飞．XY公司供应链管理优化研究［D］．扬州大学，2019.

[15] 杨红．我国制造业供应链管理的挑战和机遇分析［J］．商场现代化，2018（19）：10－11.

[16] 张仁堂，谷端银．我国现代果品物流发展中电子商务模式的研究［C］．//中国园艺学会%山东省园艺学会%山东农业大学．园艺学进展（第七辑）．2006：851－855.

[17] 黄梦醒，潘泉，张洪才．供应链管理研究综述［A］．陕西省科协．中国科协第五届青年学术年会——陕西卫星会议论文集［C］.2005：310－315.

[18] 刘冰．考虑缺货损失成本的供应链收入共享契约协调研究［D］．辽宁：东北大学，2007. DOI：10.7666/d.y1842330.

[19] 刘鹏飞．供应商管理库存的理论基础研究［J］．长沙理工大学学报

（社会科学版），2011，26（4）：64－69. DOI：10.3969/j. issn. 1672－934X. 2011. 04. 013.

［20］刘大伟．供应链管理能力对我国石油行业上市公司绩效影响的研究［D］．山东：中国石油大学（华东），2012. DOI：10.7666/d. y2071509.

［21］刘敬青．物流设施选址研究的评述及展望［J］．中国储运，2007（3）：58－60.

［22］曾德彬．家电物流视角下的物流关键技术集成应用研究［D］．四川：电子科技大学，2009. DOI：10.7666/d. D310534.

［23］汤锦松．从决策理论探讨会计信息系统库存决策功能模块开发［A］．中国会计学会．中国会计学会第六届全国会计信息化年会论文集［C］．2007：716－724.

［24］向盛斌．物流系统中的运输决策［J］．物流技术，2001（3）：25－26.

［25］李娜．供应链中生产配送问题集成建模及优化方法研究［D］．天津大学，2013.

［26］邓裕琳．基于供应链环境的供应商管理库存（VMI）研究［D］．对外经济贸易大学，2014.

［27］刘明明，童小娇，戴或虹．装箱问题的算法及最新进展［J］．计算数学，2016，38（3）：257－280.

［28］Yuliang，Yan Dong and Martin Dresner，Supply Chain Learning and Spilloversin Vendor Managed Inventory，2012.

［29］M. Boudia，C. Prins. A memetic algorithm with dynamic population management for an integrated production－distribution problem. European Journal of Operational Rrsearch. 2010（195）：703－715.

［30］Dantrakul，Sittipong，Applied p－median and p－center algorihms for facility location problems［J］．Expert Systems With Applications，2014，41（8）：3596－3604.

［31］Min Zhang，Reliable facility location problem considering facility failure scenarios［J］．Kybernetes，2012，41（10）：1440.

［32］YUN L，WANG X，FAN H，et al. A reliable facility location design model with site－dependent disruption in the imperfect information context［J］．PLOS ONE，2017，12（5）：e0177104.

第三章

数据仓库与数据挖掘

第一节

数据仓库概述

一、数据仓库的概念

数据仓库概念的最初提出者是比尔·恩门（Bill Inmon），他被称为数据仓库之父。比尔·恩门在数据库技术管理与设计领域经验丰富，同时他也是“企业信息工厂”和“政府信息工厂”的创始人。

在比尔·恩门写过的书籍中，最著名的就是《建立数据仓库》（Building the Data Warehouse），这本数据仓库的经典读物深受广大读者喜爱，发行了50多万册。该书使比尔·恩门获得了“数据仓库之父”的荣誉。此外，由于比尔·恩门在世界范围内的知名度，他受到了许多名列《财富》1000排行榜的公司邀请，作为顾问为这些公司给出数据仓库设计和数据库管理等方面的建议。

比尔·恩门在他的著作《建立数据仓库》中给出了数据仓库的精确定义：数据仓库是在企业管理和决策中面向主题的、集成的、与时间相关的、不可修改的数据集合。不同于其他的数据库应用程序，数据仓库更像是一个集成、处理和分析分布在整个企业中业务数据的过程。这一定义已成为业内最广为引用的说法。

二、数据仓库技术的产生与发展

1. 第一阶段：萌芽。数据仓库概念最早是在20世纪70年代被提出的，麻省理工学院的研究员努力研究一种更为优化的结构体系，该结构体系将业务处理系统和分析系统分为两个部分，即将业务处理和分析处理分为不同的层次，并根据各自的特点采用不同的体系结构设计原则。他们认为这两种处理信息的方法十分重要，并且这两种方法是完全不同的，因此，在进行架构设计时必须采取两种不同的方法。然而由于当时处理信息的能力有限，这项研究最后只停留在理论层面。

2. 第二阶段：探索。20 世纪 80 年代中后期，美国数字设备公司在麻省理工学院研究员的研究基础上，建立了 TA2（Technical Architecture 2）规范，该规范定义了分析系统数据的获取、访问、目录和用户服务四个主要组成部分。这是系统架构的一次重大转变。在此规范中，系统架构第一次被明确提出、分析和应用到实践。

3. 第三阶段：雏形。1988 年，VITAL 规范（Virtually Integrated Technical Architecture Life cycle）被首次提出。此概念的提出是由于 IBM 需要解决企业的集成问题。VITAL 规范定义了 85 种信息仓库组件，其中包括图形化界面、面向对象的组件以及局域网等组件。在雏形阶段，基本将数据仓库分析系统的基本原理、技术框架和主要原理确立，并初步形成了数据仓库。

4. 第四阶段：确立。1991 年，比尔·恩门首次出版了《建立数据仓库》，该书的出版是数据仓库概念正式确立的重要标志。通过这本书，他还为读者提供了如何建立数据仓库的指导和基本原则。数据仓库概念确立后，在数据仓库的实现方法、实现路径和体系结构等方面并没有得到一致的结论。在 1994 年左右，绝大多数公司实施数据仓库都得到了失败的结果，这促进了数据集市概念的提出，并在后来得到广泛使用，Ralph Kimball 就是其中的主要代表人物。数据集市在前期获得了很大的成功，因为它只是数据仓库的一部分，实现的难度降低很多，可以满足企业集团部分业务部门的迫切需求。然而，随着数据集市数量的不断增加，这种体系结构逐渐暴露了它所存在的缺陷。在企业内部各自单独建立的数据集市常常使用不同的构建标准和原则，使多个数据集市之间的数据发生混淆和不一致的情况。解决这一问题的唯一途径是遵循最原始的数据仓库的设计规则。1998 年，Inmon 提出了一种新的 BI 架构企业信息工厂（Corporation Information Factory，CIF），该架构可以通过采用不同的组件来满足不同级别以及不同架构的各种不同的业务需求。

三、数据仓库的特点

1. 数据仓库的数据是面向主题的。

数据仓库中的数据是面向主题的，而传统数据库的数据组织则是面向应用的。那么主题是什么呢？主题是一个抽象的概念，在企业信息系统中，它包含数据分类、数据综合以及数据分析。就逻辑的角度而言，主题是与企业的某个宏观分析领域有关的分析对象。面向主题的数据组织是指对被分析对象数据更高层次的完整和一致的描述，并且可以完整、统一地描述每个分析对象所涉及的企业数据以及它们之间的关系。所谓高层次，是指按照主题，以数据组织的方式，对数据进行更高层次的抽象。

2. 数据仓库的数据是集成的。

数据仓库的数据源于原始分散的数据库数据。操作型数据与决策支持系统中的分析型数据区别很大。首先，数据仓库中每个主题的源数据在分散的数据库中有很多重复和不一致之处，并且来自不同在线系统的数据将会通过不同的应用程序逻辑绑定在一起。其次，从原数据库系统中无法直接获得数据仓库中的综合数据，数据必须事先进行统一和集成才能进入数据仓库。数据的统一和集成是数据仓库建设中最复杂、最重要的一步。要完成此步骤，应先统一源数据中存在的所有矛盾，如各字段的名称相同但是含义不同、名称不同含义相同、单位不统一以及字长不一致等问题。最后，要综合计算数据，数据综合的工作既可以在提取原有数据时进行，也可以在数据进入数据仓库之后进行。

3. 数据仓库的数据是不可更新的。

企业在借助数据仓库进行企业决策分析的过程中，主要的操作是数据查询，很少涉及数据修改等操作。数据仓库中的数据反映了长期的历史数据，不同时间点的数据库快照集合以及从这些快照派生的数据，用于统计、组合和重组，而不是在线处理。数据库中经过统一集成的数据不断输入数据仓库中，一旦存储的数据超过了数据仓库的存储期限，数据会从数据仓库中被删除。由于数据仓库的数据规模往往比较大，这就需要通过使用各种复杂的索引技术来不断提升数据查询的速度；同时，由于数据仓库使用者往往是企业的高层管理者，他们通常会对数据查询效率和界面友好性提出很高的要求。

4. 数据仓库的数据是随时间不断变化的。

数据仓库中的数据不可更新，这意味着用户不使用数据仓库进行分析和处理以执行数据更新操作。但是，这并不意味着从数据统一和输入数据仓库的集成开始到删除结束，所有数据仓库数据在整个数据生命周期中都是完全不变的。

数据仓库的第四个特征是其会随着时间的变化而不断产生变化。此特征可以在以下三个方面进行体现：

（1）数据仓库中的数据随着时间增加而增加。数据仓库系统不断捕获 OLTP 数据库中变化的数据，并将其作为新数据添加到数据仓库中。换句话说，它会连续生成 OLTP 数据库的快照信息，并在统一集成后将其添加到数据仓库中；然而，对于没有发生更改的数据库快照，如果捕捉到了新的变化信息，则只生成和添加新的数据库快照，对于原始数据库快照则不进行修改。

（2）随着时间的推移，数据仓库中的旧数据将逐渐删除。也就是数据仓库中的数据具有存储期限。当存储空间超过指定的期限时，过期的数据将从数据仓库中被删除。只是数据仓库中的数据期限比操作环境中的数据期限长很多。在操作环境中，数据一般只能保存 60 ~ 90 天，而在数据仓库中，则需要很长的数据周期（如 5 ~ 10 年）才能满足决策支持系统对趋势分析的要求。

（3）数据仓库中有很多与时间相关的综合数据，因此通常需要定期对数据进行采样或根据时间段对数据进行整合。随着时间的变化，这些数据会不断地进行重组。因此，数据仓库的数据应标有历史时间，并且在其数据特征中应包含时间项。

四、OLTP 与 OLAP

（一）概述

数据处理可以分为联机事务处理 OLTP（On – Line Transaction Processing）以及联机分析处理 OLAP（On – Line Analytical Processing）。OLTP 是传统的关系型数据库的主要应用，用于诸如机票预订之类的基本日常事务；OLAP 是数据仓库系统的主要应用，它专注于决策支持系统的复杂分析操作，并且可以为用户提供更清晰直观的查询结果。

OLTP 专注于数据库内存的效率以及内存中各种索引的命令速率、并发操作和绑定变量；OLAP 则强调数据分析、磁盘 I/O、SQL 执行时长、分区等（见表 3 – 1）。

表 3 – 1　　OLTP 与 OLAP 的对比

	OLTP	OLAP
面向用户	操作人员，底层管理人员	决策人员，高级管理人员
功能	日常事务	分析决策
DB 设计	面向应用	面向主题
数据	当前的、新的、细节的、二维的、离散的	历史的、聚集的、多维集成的、统一的
存取	上百条数据	百万级数据
时间要求	实时性	无需实时数据
主要应用	数据库	数据仓库

（二）OLTP

联机事务处理（OLTP），是一个高度事务性的系统。另外，OLTP 还是一个专注于小查询和小交易的高度可用的在线系统，一般用其每秒执行的 Transaction 以及 Execute SQL 的数量来评估其系统性能。

OLTP 系统中的主要“瓶颈”是磁盘子系统和 CPU。OLTP 设计和优化方法是常用的 b 树索引和缓存技术，它决定了许多语句不需要从磁盘子系统获取数据。此外，最好在使用索引时使用更简单的语句，创建更稳定的执行计划，并确保使用绑定变量、表关联、分布式事务以及分区、并行化和位图索引来减少语句解析。由于高并发性，因此批量处理中快速提交了批处理更新，以避免阻塞。数据块在 OLTP 系统中经常更改，并且 SQL 语句的提交非常频繁，因此尽可能将数据块保留在内存中。对于 SQL，应尽可能使用变量绑定技术来实现 SQL 重用，减少物理 I / O 和重复的 SQL 解析，从而提高数据库性能。

（三）OLAP

OLAP，即联机分析处理。OLAP 是数据仓库的核心。在 OLAP 中，由于语句在执行和读取大量数据时可能会花费大量的时间，因此，其语句的执行量不用作评估标准。在这样的系统中，评估标准通常是带宽，即磁盘子系统的吞吐量，如流量可以达到多少 MB/S。

分区技术在 OLAP 系统中的重要性主要体现在数据库管理上，数据库负载可以通过分区交换来实现。例如，可以通过备份分区表空间来实现备份，通过删除分区来删除数据，使用分区技术对系统性能的影响主要体现在它可以提高当只扫描单个分区时某些大表的扫描速度。此外，如果分区与并行性结合起来，则可以对整个表进行快速扫描。总之，分区主要的功能是使管理更为方便，但并不能确保查询性能的提升。引入分区，有时会带来性能的提升，但有时会起到反作用。

目前有很多实现 OLAP 的方法，根据不同的存储数据的方式可分为三类：ROLAP、MOLAP 以及 HOLAP。

（1）ROLAP 表示基于关系数据库的 OLAP 实现（Relational OLAP）。以关系数据库为核心，用关系型结构来表示多维数据以及存储多维数据。ROLAP 将多维数据库的多维结构划分为两种类型：一种是事实表，用于存储数据并记录维度关键字；另一种是维度表，维度表是用来保存维度层次结构以及成员类别等描述性数据的，也就是说，每个维度都至少使用一张表来储存维度层次结构、成员类别信息。维度表和事实表通过主关键字和外部关键字链接在一起，以形成“星形模式”。对于层次维度，可以分为多个表，以避免冗余数据对存储空间造成过度占用，此方法被称为“雪花模式”，对星型模式进行了扩展。雪花模式的特征在于，将详细数据保留在关系数据库的事实表中，并将聚合后的数据存储在关系数据库中。但是这种方式查询效率很低，一般情况下不建议使用。

（2）MOLAP 表示基于多维数据组织（Multidimension OLAP）的 OLAP 实现。MOLAP 的数据存储方式为使用多维数组进行数据存储，即以多维数据组织为核心。在存储过程中，多维数据将形成“多维立方体晶体（cube）”的结构。生成多维数据报表的主要技术包括 MOLAP 中“多维数据集”的“上钻”“下钻”“旋转”以及“切片”。详细的数据和聚合的数据储存在多维数据集中是它所具有的特点，以空间换效率使查询的效率很高，但是需要大量的时间空间来生成多维数据集。

（3）HOLAP 表示基于混合数据组织的 OLAP 实现（Hybrid OLAP）。例如，低层架构是关系型的，高层架构为多维矩阵型，采用这种方式使其更具有灵活性。HOLAP 的特点是将细节的数据储存在关系型数据库的事实表中，将聚合数据保存在多维立方晶体中，需要更多的时间进行聚合操作，时间比 ROLAP 更久，并且在查询效率方面也高于 ROLAP，但低于 MOLAP。

在各种不同的综合数据组织方法中，有两种常见的 OLAPS：一种是基于多维数据库的 MOLAP，另一种则是基于关系数据库的 ROLAP。MOLAP 以多维方式进行数据组织以及数据存储，而 ROLAP 则直接模拟多维数据，其采用的是现有的关系数据库技术。在数据仓库应用中，OLAP 通常既可以作为数据仓库应用的前端工具，也可以与数据挖掘工具和统计分析工具一起使用，提升决策分析的效率。

（四）总结

联机分析处理（OLAP）的特点是数据量大，数据操纵语言（DML）少，需要使用数据仓库模板。联机事务处理（OLTP）的特点是数据量少，数据操纵语言使用频繁，需要处理大量并行事务。

第二节 数据仓库的技术

一、数据获取

（一）数据源

数据仓库本身不“产生”任何数据，也不需要“消费”任何数据。数据来自外部，对外部应用程序开放，这就是为什么数据仓库被称为“仓库”而不是“工厂”。数据仓库系统的重要基础是数据源，数据源是整个系统数据的源泉。数据源的来源通常为企业内部信息以及外部信息。企业内部信息包括存储在关系数据库管理系统中的业务数据以及各种文档数据。企业外部信息主要包括各种法律法规、市场信息、竞争对手信息等。

（二）元数据

解释和定义业务数据本身以及其运行环境的的数据称为元数据（meta data）。元数据是对数据进行描述的数据。元数据通常表示为对象的描述，如对数据库、表、列、列属性的类型、约束和格式等，以及主键/外部键关联等描述。特别是目前普遍存在的应用异构性与分布性，统一的元数据可以作为更重要的因素。

根据其作用，元数据可以分为两类：技术元数据和业务元数据。其中，技术元数据在向数据仓库设计人员和管理人员提供数据以进行日常数据仓库管理和开发方面发挥着作用。这些数据包括数据源信息、数据转换的描述、数据仓库中对象和数据结构的定义、数据清理和数据更新规则、源数据到目标数据的映射、数据备份历史记录、用户访问权限、数据导入历史记录、信息发布历史记录等；而业务元数据从业务的角度描述了数据仓库中的数据，其中包括业务主题的描述，包含的数据、查询、报表等。

元数据提供了一个用于访问数据仓库的信息目录，该目录全面描述了仓库中有哪些数据、怎样获取这些数据以及如何对这些数据进行访问。这是数据仓库运行和维护的中心，通过这个信息目录，用户可以及时了解和访问数据，数据仓库服务器可以存储和更新数据。

“信息孤岛”是许多企业对于应用现状的总结，而信息的相关性可以合理地通过元数据来进行有效的描述。元数据对于 ETL（Extract - Transform - Load）的集中表现包括以下这些方面：对数据源的位置以及属性进行定义、对从源数据到目标数据的对应规则的建立、业务逻辑的确定以及在加载数据之前进行其他必要的准备等，它通常贯穿整个数据仓库项目，并且，如果想要快速实现 ETL，必须尽可能地参照元数据来进行 ETL。

元数据通常有两种存储方式：一种是基于数据集来进行元数据的存储。在这种存储方式中，任何数据集都有其对应的元数据文件，每个元数据文件也都包含相应数据集的元数据内容。另一种是基于数据库进行存储，即元数据数据库。在这种存储方式中，元数据文件由若干项组成，每个项代表元数据的一个要素，每个记录代表数据集的元数据内容。上述每种存储方法都有其自身的优缺点，第一种存储方式的优点是：在调用数据的同时，相应的元数据在进行传输时将会作为单独的文件。与数据库相比，它具有很强的独立性，可以在检索元数据时通过使用数据库来实现，也可以将元数据文件保持在运行状态并将其传输到其他数据库系统。缺点是：如果每个数据集对应一个元数据文档，则大型数据库中将存储大量的元数据文件，这不容易管理。在第二种存储模式下，元数据数据库中只有一个元数据文件，易于管理，可以通过在文件中添加或删除相应的记录条目来添加或删除数据集。当用户获取数据集的元数据时，实际得到的只是关系表格数据的一条记录。因此，要求这种特定形式的数据与用户系统兼容，也就是说，可以由用户系统读取。因而建议使用元数据库的方式。

提供统一的数据结构和业务规则是创建元数据存储库的主要优势，这使企业内的多个数据集市更易于有机集成。目前，一些企业在业务过程中更倾向于建立多个数据集市，而不是建立一个集中的数据仓库，这时可以考虑在建立数据仓库（或数据集市）之前，先建立一个用于描述数据和应用集成的元数据数据库服务，做好前期数据仓库的支持工作，对后续的开发和维护有很大帮助。元数据数据库不仅保证了数据仓库数据的准确性以及一致性，同时也为企业提供了开展数据质量管理的基础。

（三）数据清洗

构建数据仓库的核心是建模，是整个数据仓库的生命线。所谓的 ETL（Extract Transform Load）就是从数据源提取、转换和加载到目标数据库或数据仓库的过程。

数据抽取工作的步骤包括以下几个方面：提取、转换、清洗和加载。提取过程是指操作型数据库搜集指定数据；转换过程是指将数据转换为指定格式并进行清理以确保数据的质量；加载过程表示将转换过后满足指定格式的数据加载到数据仓库中。数据仓库会周期不断地从源数据库提取清洗好了的数据，也被称为“目标系统”（见图 3－1）。

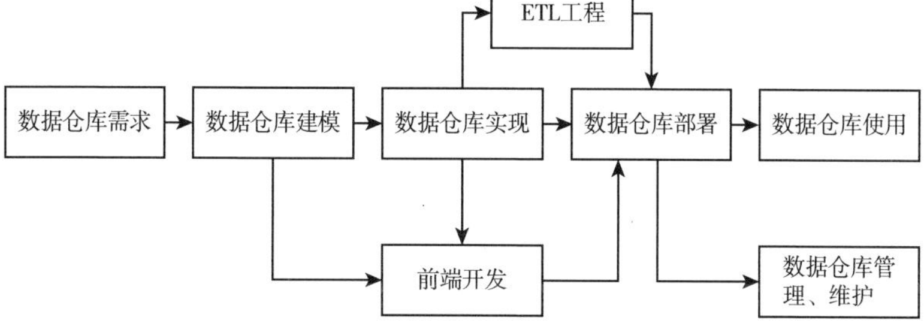

图 3－1 数据仓库创建过程

实现 ETL 转换过程包括以下几个方面：

1. 空值处理。它可以捕获字段的空值，将其加载或替换为其他数据，然后根据该字段的空值将其加载到其他目标数据库。

2. 规范数据格式。可以约束并定义字段格式，还可以根据需求自定义数据源中数据的加载格式，如时间、数值、字符等。

3. 拆分数据。根据业务需求的不同，可以将字段进行拆分，例如，主叫号 67 * * * 233 - 0571，可以分解为区号和电话号码。

4. 验证数据正确性。数据验证可以通过查找和拆分功能来完成。例如，主叫号 67 * * * 233 - 0571，在区域代码和电话号码分解之后，可利用查找功能返回主叫网关或交换机记载的主叫地区，进行数据验证。

5. 数据替换。对于因业务因素，可以替换无效数据和丢失的数据。

6. Lookup。若要查找丢失的数据，可以使用 Lookup 来实现子查询并返回其他方法获得的丢失的字段，以确保加载主键的唯一记录。

7. 建立 ETL 过程的主外键约束。对无依赖性的非法数据，可替换或导出到错误数据文件中，保证主键唯一记录的加载。

以往的数据仓库项目经验表明，数据仓库项目中 ETL 的设计和实现通常占项目总工作量的 40% ~60%，而数据仓库项目通常会存在二次需求的问题。客户在项目的实施以及使用过程中都可能会提出新的业务需求。在满足新业务需求的过程中，前端业务模型的任何更改都将涉及 ETL 设计。因此，对于整个数据仓库项目，选择 ETL 工具至关重要。ETL 工具的典型代表包括：Datastage、Informatica powercenter、ODI、Oracle OWB（oracle warehouse builder）、Microsoft DTS、Kettle、Beeload、DataSprider、Talend 、Spark 等。开源工具包括 eclipse 的 etl 插件：CloverETL 和 Octupus。

ETL 的工作似乎并不复杂，尤其是当数据量很小并且没有转换逻辑时，自己开发似乎非常具有成本效益。不像主流 ETL 工具价格昂贵，并且重新开发仅需要人工成本，这使控制成本变得更加容易。在自己开发的情况下，也比较容易控制程序系统的性能。

在自主开发 ETL 程序时，有人用 C 语言编写，有人用存储过程开发，有人用多种语言混合开发。具体采用什么开发方式要根据具体的需求来确定。

企业数据仓库的构建基于现有的企业业务系统，该系统已经积累了大量的业务数据。数据仓库不是一个静态的概念。信息只有在及时交付给需要它的用户时才有用且有意义，以便他们可以做出改善业务运营的决策。数据仓库的基本任务是组织、汇总和安排信息，并及时将其提供给相应的经理和决策者。因此，数据仓库的建设不仅是一个项目，而且是一个过程。

二、数据存储

（一）数据集市（data marts）

数据集市，也称为部门数据或主题区域（subject area），是出于特定应用范围或目的而与数据仓库分离的数据的一部分。在数据仓库实施过程中，往往可以从部门的数据集市开始，然后由多个数据集市组成一个完整的数据仓库。应该注意的是，当再次实现不同的数据集市时，具有相同含义的字段定义必须保持一致，以便将来在实现数据仓库时不会出现大问题。

（二）数据仓库管理

数据仓库管理包括：安全和特权管理；跟踪数据的更新；管理和更新元数据；数据质量检查；审核和报告数据仓库的使用情况以及状态；复制、分割和分发数据；删除数据；备份和恢复数据；存储管理等。

在大数据时代，数据仓库比以往任何时候都重要。Hadoop 平台下的 Hive 和 Spark 平台下的 Spark - SQL 是各自生态系统中最流行的支持工具，其实质是开源的分布式数据仓库。中国知名的互联网公司，如阿里和腾讯，许多数据引擎都基于数据仓库，包括数据分析引擎、数据挖掘引擎、推荐引擎、可视化引擎等。许多从业者认为，开发成本应更多地集中在数据仓库层，并增加对数据建设的投资。

（三）数据访问

数据仓库通常需要为前端应用程序提供对数据仓库的直接访问，也称为 BI（Business Intelligence）应用程序。这些应用程序有数据查询和报表工具、应用程序开发工具、联机分析处理工具（OLAP）、管理信息系统工具（EIS）等。

数据仓库建立后，用户可以编写 SQL 语句来访问和分析数据。但是，为每个查询编写 SQL 语句太麻烦了，而且用于分析维度建模数据的 SQL 代码套路相对固定。

在这种情况下，OLAP 不允许访问中央数据库。一方面，中央数据库使用标准化建模，而 OLAP 仅支持对维度建模数据的分析；另一方面，不允许高层开发人员访问标准化数据仓库的中央数据库。在维度建模的数据仓库中，OLAP 不仅可以直接从数据仓库中提取数据进行分析，还可以对构建体系结构的数据集市进行分析。

信息发布系统可以将数据仓库中的数据以及其他有关的数据发送到不同的地方或用户。解决多用户访问的最有效方法是基于 Web 的信息发布系统。

第三节 数据仓库的开发

数据仓库系统是解决问题的一个过程，而不是现成产品可以直接购买。不同的企业具有不同的数据仓库。企业人员通常不知道如何建立和使用数据仓库在决策支持中发挥作用，而数据仓库公司的人员则不知道要建立哪些决策主题以及从数据源中提取哪些数据。这需要双方相互沟通，共同协商来进行数据仓库的开发，因此这是一个不断往复发展的过程。开发数据仓库的过程包括以下步骤：

1. 启动工程。建立数据仓库项目开发目标，制订工程计划。该计划包括数据范围、供应商、技术设备、资源、技能、团队成员培训、职责、方法、工程跟踪和详细的工程进度安排等。

2. 建立技术环境。选择软件和硬件资源来实现数据仓库，包括开发平台、数据库管理系统、网络通信、开发工具、终端访问工具、建立服务级别目标（关于可用性、负载、维护和查询性能）等。

3. 确定数据建模的主题。根据决策需求，确定主题，选择数据源，设计数据仓库数据组织的逻辑结构。

4. 设计数据仓库中的数据库。根据用户需求，针对用户请求的主题，开发数据仓库中数据的物理存储结构，即设计多维数据结构的事实表和维度表。

5. 数据转换程序。实现从源系统中进行数据抽取、数据清理、数据一致性格式化、综合数据、装载数据等过程的设计和编码。

6. 管理元数据。定义元数据，即表示、定义数据的含义及系统各组成部件之间的关系。元数据包括关键字、属性、数据描述、源数据结构、物理数据结构、映射及转换规则、综合算法、安全要求、缺省值、代码、变化及数据时限等。

7. 开发用于用户决策的数据分析工具。除了通用的检索功能外，数据仓库的数据应用程序还可以完成通用的数据表示和分析、建立结构化的决策支持查询、实现数据分析功能以及通过分析工具满足决策支持需求。这包括 C/S 工具、优化查询工具、统计分析工具、OLAP 工具及数据挖掘工具等。

8. 管理数据仓库环境。与其他系统一样，数据仓库也需要进行系统的管理。管理的内容主要包括管理决策支持工具、质量检查，并定期更新数据以使数据仓库正常运行。

第四节

数据仓库中的数据模型

一、范式建模

范式建模（third normal form，3NF）是一个构建数据模型常用的方法，关系模型可以从第一范式无损地分解到第五范式。目前，在关系数据库中的模型设计普遍采用第三范式，通过实体关系来描述业务。符合第三范式的关系条件有三个：

1. 数据库表中不同的列不能有相同的名字，也就是数据表中每个属性名是唯一的；

2. 数据库表中的每个实例或行必须是唯一的且可被区分；

3. 数据库表中不存在部分函数依赖或传递函数依赖于候选键的非主属性，否则要对数据表进行分解。

范式建模的特点包括：需要对企业业务和数据有全面的了解；实施周期很长；建模人员的能力要求很高。

数据仓库之父 Inmon 提出的范式模型，在有些文章里面也称为实体模型或者 ER 模型，从范式理论上来说，它符合范式建模的概念。它与 OLTP 系统中的 3NF 的区别在于，数据仓库中的 3NF 并不是针对特定业务流程的实体对象关系的抽象，而是从企业角度出发的面向主题的抽象。它更多地用于数据管理的集成和一致性。

二、维度模型

维度模型是 Ralph Kimball 所倡导的，他是数据仓库领域的一位大师，他的 *The DataWarehouse Toolkit - The Complete Guide to Dimensona Modeling*，中文名《数据仓库工具箱》，是数据仓库工程领域最流行的数据仓库建模经典之作。

根据这本书所说的，维度建模基于分析和决策的需求，构建的数据模型可满足分析需求。因此，它着重于用户如何更快地完成分析需求，以及如何对大型复杂查询具有更好的响应性能。在 BI 查询方面，如果规范化模型过于复杂，用户则可能会难以理解和记录这些模型的使用，而维度建模就解决了模式过于复杂的问题。

事实表和维度表是维度模型中十分重要的两个概念。

1. 事实表：数据仓库会包含一个及以上的事实数据表。事实数据表通常包含大量的行，并且可能包含如商品销售所产生的业务数据。事实数据表中的每一行包括具有可加性的数值型度量值以及与维度表相连接的外键。在事实数据表中会包含数字数据，这也是事实数据表的一个重要特点。为了给相关单位在进行数据分析时提供其所需的历史数据，可以将这些数字信息进行汇总。此外，事实数据表中还会包含索引，这些索引包含相关维度表的主键，并且在事实数据表中作为外键。维度表则包含记录事实的特征。在事实数据表中不存在描述性的信息，也不会包含前面提到的除数值型度量值及事实表中对应维度表主键的索引字段之外的其他数据。

事实表中包含两种“度量值”：可以累积的度量值和不可以累积的度量值。那些可累计的度量值是最有用的，并且累积的数字具有一定的意义，通过这些可累积的度量值，用户可以使用这些汇总信息来进行相应的分析。例如，用户可以在事实表中汇总某个商店中某种商品在特定时间段内的销售情况。非累积的度量值也可以用于事实数据表，但此类非累积的度量值的汇总结果通常不具有意义。例如，当测量建筑物中不同位置的空气湿度时，将建筑物中其他所有不同位置的空气湿度直接相加是不具有意义的，但是可以求出空气湿度的均值，在这种情况下，求均值是具有现实意义的。

通常，事实表与一个或多个纬度表关联，用户可以在利用事实表创建多维数据集时使用一个或多个维度表。

2. 维度表：可以将维度表当作是一个窗口，以供用户进行数据分析。其中包含事实数据表中事实记录的功能，有些功能指定事实数据表数据的汇总方式，有些用来提供描述性信息，为分析人员提供有用的信息。维度表包含有助于集成数据功能的层次结构。例如，包含用户信息的维度表通常包含层次结构，该层次结构将产品划分为几个类别，如食品、饮料、非消费品等，每个类别再细分若干次，直到达到每个产品的最低级别。

维度表中的每个表都包含独立于其他维度表的事实特征，例如，用户维度表包含有关用户特征的数据。

总而言之，事实表就是所要关注的事务，而维度表是观察事务的角度。

根据事实数据表与维度表的关系，可将模型分为星形模型、雪花模型以及星座模型。星形模型是维度模型的典型代表，在某些特殊情况下将使用雪花模型和星座模型。

星形模型：在星形模型中，所有维度表都以事实表为中心，像星星一样直接连接到事实表，这也是星形模型名称的由来。星形模型具有直观的数据组织和高执行效率的特点。由于在数据集市的构建过程中对已有数据进行了预处理，如按维度进行汇总和排序，降低了数据量，因此执行效率相对较高（见图 3－2）。

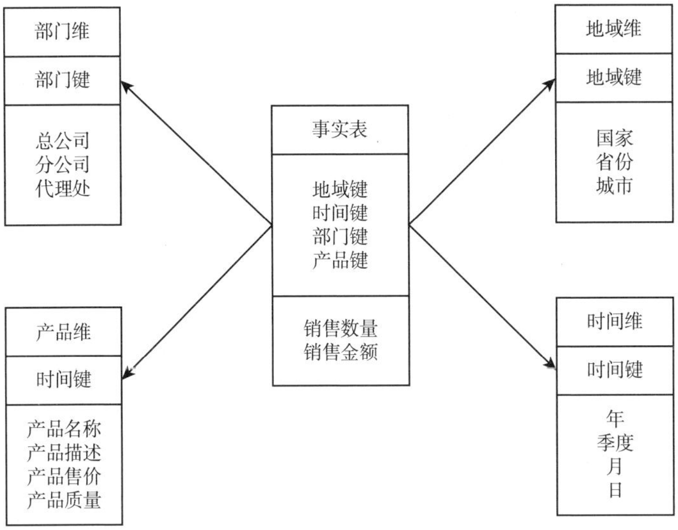

图 3－2　星形模型

雪花模型：雪花模型的维度表可以拥有其他维度表，也就是说可以存在不是直接连接在事实数据表上的维度表，而是连接在其他的维度表上。虽然这种模型相比星形模型更为规范，但是由于这种模型需要更高的维护成本，并且不太容易理解，而且需要关联多层维表，在性能方面比星形模型要低，所以在实际工作中会更多使用到星形模型（见图 3－3）。

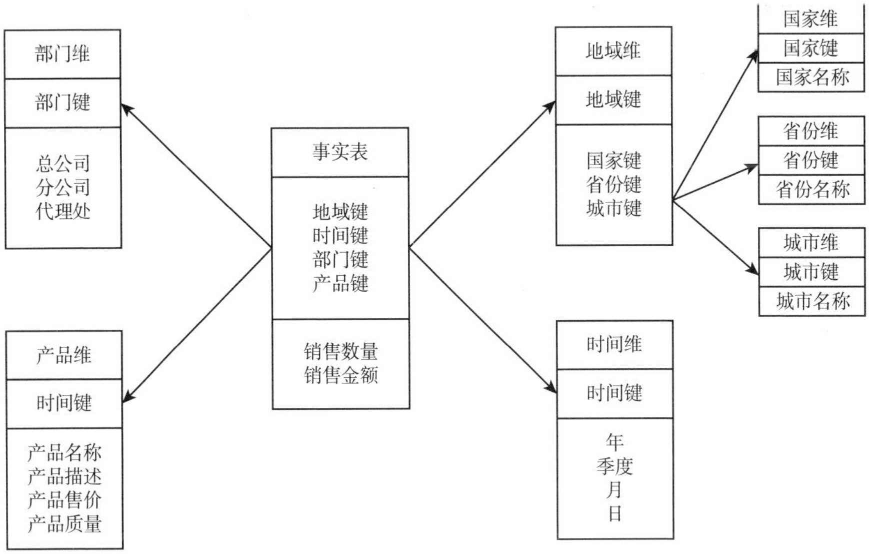

图 3－3　雪花模型

星座模型：星座模型是星形模型的扩展，在星形模型中，只具有一张事实数据表，而在星座模型中则会存在多张事实数据表，并且事实数据表之间共享维度信息。一般而言，可以通过构造一致性维度来构造星座模型。例如，相同主题的明细表和汇总表之间共享维度，而不同主题的事实表则可以在维度上相互补充以形成共享维度（见图3－4）。

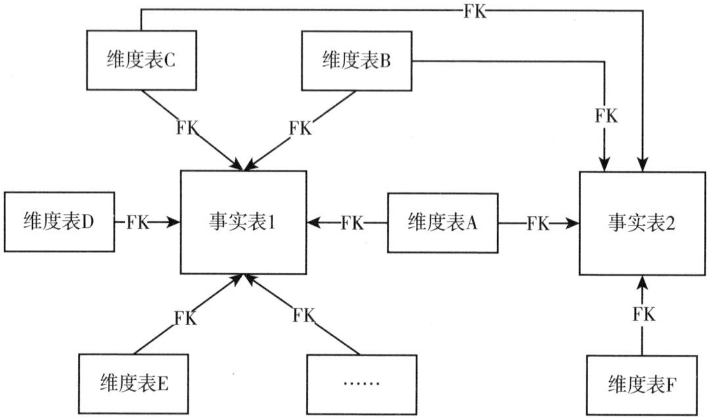

图3－4　雪花模型

三、Data Vault 模型

Data Vault是丹·林斯泰特（Dan linstedt）发起创建的一套完整的数据仓库理论，关于数据模型设计有一章专门进行介绍。丹·林斯泰特将Data Vault模型定义为：Data Vault是面向细节的，可追踪历史的一组有连接关系的规范化的表的集合。这些表可以支持一个或多个业务功能，它是一种综合了第三范式（3NF）和星形模型优点的建模方法。Data Vault的设计理念是满足企业对需求的灵活性、可扩展性、一致性和适应性的要求，它是一种专为企业级数据仓库量身定制的建模方法。

Data Vault通常可以分为中心体、链接体和附属体三种类型。它主要由：Hub（中心表）、Link（链接表）和Satellite（卫星表）三个重要的组件组成。

Hub（中心表）：中心表是一个数据表，用于记录一些经常使用的业务实体键值，如员工ID、商品ID、供应商ID、流水号等。表内包括几个关键要素：代理主键（surrorgate key），一些操作性质的组件，如发票号等，即hub表的主键；业务实体主键（business key），用于记录业务键值；装载时间戳（load data/time stamp），业务键值的记录时间，也可以理解成ETL进行日加载的时间；数据源（record source），记录业务键值的源用来跟踪数据，也可以说是追踪的原系统，如ERP。

Link（链接表）：通过存储相关业务实体间中心表的 SK（surrorgate key），来记录一对多、多对多的关系，表示的是多个业务键的关系，如订单与客户之间的关系、员工与企业的雇佣关系等。其包括以下几个关键要素：代理主键（surrorgate key），即 Link 表的主键；代理键之间的映射关系；装载时间戳（load data/time stamp），ETL 进行日加载的时间；数据源（record source），记录该业务关系的来源，便于追踪数据。

卫星表：业务实体的属性信息会随时间变化而变化，具有时效性，因此，卫星表必须具有可记录实体属性的历史变化的能力，新的属性信息或者变化的各种粒度的数据将会储存在卫星表中。

第五节

数据挖掘

数据挖掘，也称为数据库知识发现（knowledge discover in database，KDD），是中国人工智能和机器人数据库挖掘领域的热门话题。所谓人工智能数据库的挖掘是一种泛指从人工智能数据库的大量数据中准确地揭示和挖掘出隐含的、未知的并且具有潜在应用价值的人工智能信息的非平凡研究过程。

一、数据挖掘的定义

（一）技术上的定义及含义

数据挖掘是一个的过程，该过程提取人们事先不知道的隐藏信息和知识，从大量的、不完整的、有噪声的、模糊的和随机的实际发生的和应用数据中提取具有潜在价值的信息和知识。这个定义包括几个含义：发现的数据源必须真实，庞大且有噪声的；发现的知识必须是企业和用户感兴趣的信息和知识；用户所发现的信息和知识必须要可广泛接受、可理解、可运用；并不要求这些知识是放之四海皆准的，仅要求支持特定的问题。

原始数据的源可以是结构化的，如关系数据库中的数据，也可以是半结构化的，如以文本、图形和图像形式分布的数据；甚至可以是各种分布在电脑和网络上的异构数据。发现知识的数据挖掘方法可以仅仅是系统数学的，也可以是非数学的；甚至可以是演绎、分析和归纳的方法。这种方法被广泛应用于信息管理、查询结果优化、决策支持等领域，还可以用于管理和维护数据本身。因此，数据挖掘实际上是一种跨学科技术。它提高了从低级简单数据查询到高级数据挖掘知识对数据的理解和应用，从而为决策提供了支持。

（二）商业角度的定义

简而言之，数据挖掘本身就是一类深层次的商业数据分析技术和方法。深层次的数据收集和分析在世界上有很多年的发展历史，在过去，研究者主要是为了商业和科学的研究来进行数据收集以及数据分析。但是由于过去技术的限制，海量数据及复杂数据的收集和分析受到很大的限制。随着各行各业的发展，在商业数据领域不断产生大量的业务数据。仅仅由于商业的运作就已经产生了大量的数据，企业还需要对数据进行搜集和分析。因此，分析这些业务数据不再仅仅是单纯为了商业研究的需要，更主要的是为商业的决策人员提供真正有价值的数据和信息，进而获得商业利润。但所有的企业都面临一个共同的问题，那就是：由于这些企业的数据量非常大，而其中真正有价值的数据和信息却很少，因此从大量的商业数据中经过深层次收集和分析，获得有利于商业运作、提高竞争力的数据和信息，就好像从矿石中淘金一样，数据挖掘也因此而得名。

因此，数据挖掘分析方法和模型可以被简单地定义为：按照企业既定的业务经营发展战略目标，对大量的应用型业务数据挖掘及其模型进行综合性分析，用于发现隐匿的、未知的或用数据无法进行验证的企业数据的内部规律，并进一步将其作为模型应用的有效的企业数据挖掘分析方法。

二、数据挖掘的方法及工具

（一）数据挖掘方法

数据挖掘分析方法包括数据分类、回归数据分析、聚类、关联规则分析、特征、长度偏差类型数据采集分析、web 页面数据挖掘等，它们从不同的技术角度对各种类型的数据结构进行分析挖掘。

1. 分类。分类的目的是通过找出数据库中一组数据项和对象的共同属性和特点，并按照其分类的模式将其他数据项划分为不同的属性和分类，其工作目的主要是通过建立一个分类的模型，将数据库中的数据项映射并分类为模型的给定数据类别。并且可以通过此模型了解客户的属性及分类，进行客户的共同属性和特征分析、客户满意度分析、客户消费和购买行为趋势预测等，例如，一个新型汽车的零售商将其客户按照对于新型汽车的喜好将其划分成不同的属性和类别，便于零售商的营销人员更有针对性地发放新型汽车的广告以及销售手册到企业和客户手中。这些企业或客户收到的广告或者销售手册更符合他们的需求，更容易了解到符合自己需求的产品信息，增加了他们购买产品的可能性，从而大大增加了汽车零售商的商机。

2. 回归分析。传统的回归数据分析方法是根据事务分析数据库中变量或属性的值在一定时间上的相关依赖特征，产生一个将事务分析数据项的属性值映射到一个序列的实值预测变量的回归函数，发现实值预测变量或实值属性间的依赖关系，其主要应用研究的问题包括事务分析数据对序列的销售趋势预测特征，以及事务分析数据间的相关依赖关系等。并且可以广泛应用于企业市场营销的各个方面，如对客户的获取、保持，预防客户流失，产品生命周期分析，销售增长趋势预测及开展有针对性的市场促销宣传活动等。

3. 聚类。聚类分析是根据一组客户数据的相似性和差异性将其分为几类。聚类分析的目的是使属于同一类别的客户数据之间的相似度尽可能大，不同类别客户数据间的相似性尽可能小。其应用范围涉及对客户消费群体的分类、客户消费背景的分析、客户购买行为趋势预测、市场细分等。

4. 关联规则。描述数据库中数据项之间关系的规则称为关联规则。由于事务中某些项的出现，其他项可能会因为这些项的出现而出现在同一事务中，即数据之间隐藏的关联或相互关系。通过对企业数据库中的海量数据进行数据挖掘，可以在客户关系管理中找到有趣的关联并找出影响营销效果的关键因素。它可以为决策支持提供参考，如产品定位、定价和定制客户群体、客户寻求、细分以及维护、市场营销、风险评估等。

5. 特征分析。数据特征分析是从数据库系统中的一组数据中自动提取出关于这些数据的特征式，这些数据的特征式直接表达了该数据集的总体结构和特征。如果企业营销技术人员通过对客户流失关键因素的特征提取，则可以轻松得到导致这些客户突发性流失的一系列关键原因和主要特征，有效地控制和预防这些客户的突发性流失。

6. Web 挖掘。可分为 Web 内容挖掘以及 Web 使用记录挖掘。利用对 Web 的海量数据进行分析，收集政治、科技、供求、金融、市场等信息，分析数据，找出对企业有重大或潜在影响的外部环境信息和内部业务信息，并根据分析结果，找出企业管理过程中的各种问题以及可能导致危机的前兆，从而识别、分析、评估和解决危机。

（二）常用数据挖掘工具

1. R 语言。R 编程语言及其统计分析工具，它可以在各种 UNIX 平台、Windows 和 MacOS 上编译并运行。R 语言提供了各种各样的统计信息和图形技术，并且具有高度的可扩展性。R 语言的优势之一是可以轻松制作出精心设计的具有出版质量的图表，包括需要时的数学符号和公式。

R 语言统计分析软件的命令行界面之一就是开源的命令行界面，通过开发者编写命令行脚本来实现和调用统计分析的功能。如果开发者缺乏脚本编程的技能，则完全可以直接使用这种图形界面（见图 3 –5）。

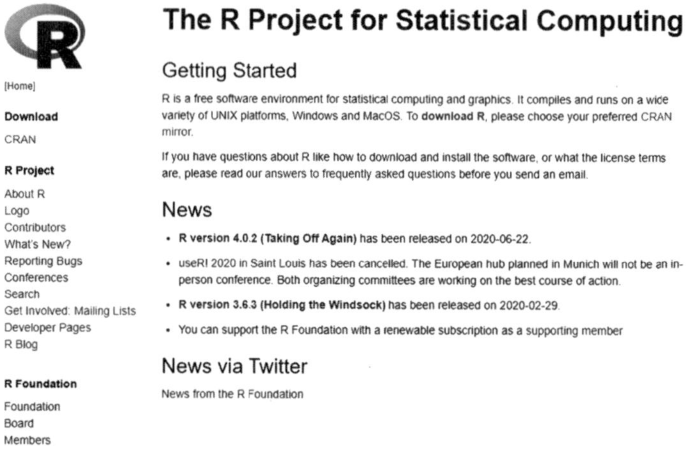

图 3 –5　R 语言网站主页

2. NLTK。NLTK 是构建 Python 程序以使用人类语言数据的领先平台（见图 3 –6）。它为 50 多种语料库和词汇资源（如 WordNet）提供了易于使用的界面，还提供了一套用于分类、标记化、词干、标记、解析和语义推理的文本处理库，用于工业级 NLP 库的包装器。NLTK 可用于 Windows，Mac OS X 和 Linux。最重要的是，NLTK 是一个免费的、开源的、社区驱动的项目，被称为“使用 Python 进行计算语言教学和研究的绝佳工具”，以及“使用自然语言的出色库”。

3. Weka。Weka 是经过实践检验的开源机器学习软件，可以通过图形用户界面、标准终端应用程序或 Java API 进行访问。它被广泛用于教学、研究和工业应用，包含用于标准机器学习任务的大量内置工具，并且可以透明地访问 scikit – learn、R 和 Deeplearning4j 等知名工具箱。

此外，可以利用 Weka 进行深度学习。Weka Deeplearning4j 是针对 Weka 的深度学习软件包。深度神经网络（包括卷积网络和递归网络）可以直接从 Weka 的图形用户界面中进行训练，从而为图像和文本分类等任务提供最新的方法（见图 3 –7）。

4. RapidMiner。RapidMiner 提供了图形化界面，采用类似 Windows 资源管

```
>>> from nltk.corpus import treebank
>>> t = treebank.parsed_sents('wsj_0001.mrg')[0]
>>> t.draw()
```

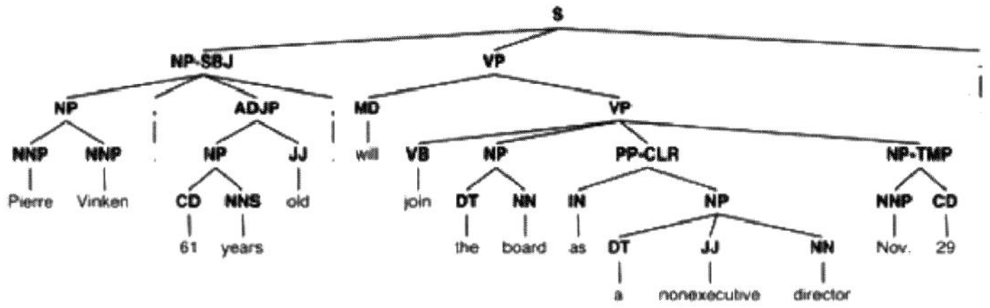

图 3－6　利用 NLTK 显示一个分析树

资料来源：https：//www. nltk. org/.

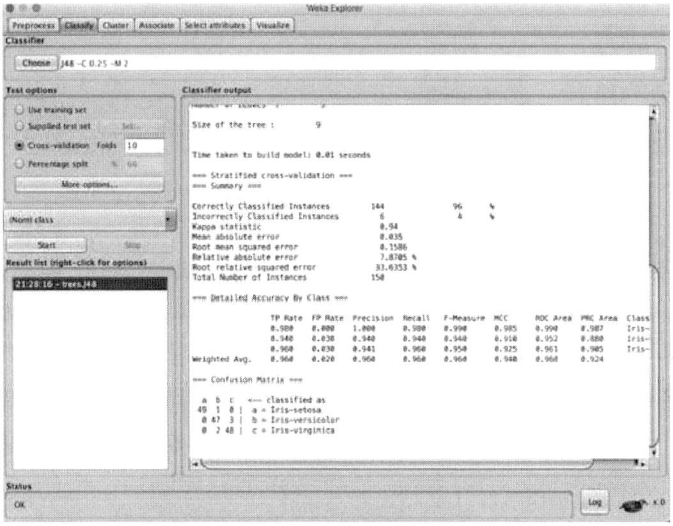

图 3－7　Weka 数据分析界面

资料来源：http：//www. cs. waikato. ac. nz/ml/weka/.

理器中的树状结构来组织分析组件，树上每个节点表示不同的运算符（operator）。YALE 中提供了大量的运算符，包括数据处理、变换、探索、建模、评估等各个环节。YALE 是用 Java 开发的，基于 Weka 来构建，也就是说它可以调用 Weka 中的各种分析组件。

该工具是用 Java 语言编写的，通过基于模板的框架提供先进的分析技术。其最大的好处就是：用户无须写任何代码。它是作为一个服务提供，而不是一款本地软件。值得一提的是，该工具在数据挖掘工具榜上位列榜首。

另外，除了数据挖掘外，RapidMiner 还提供如数据预处理和可视化、预测分析和统计建模、评估和部署等功能。更厉害的是它还提供来自 Weka 和 R 脚本的学习方案、模型和算法。

RapidMiner 分布在 AGPL 开源许可下，可以从 SourceForge 上下载。SourceForge 是一个开发者进行开发管理的集中式场所，大量开源项目在此落户，其中就包括维基百科使用的 MediaWiki（见图 3－8）。

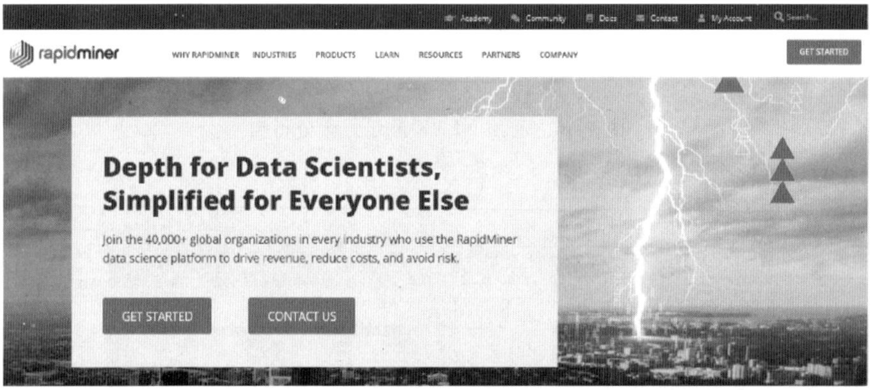

图 3－8　RapidMiner 官网主页

5. KNIME。KNIME 是基于 Eclipse 开发环境精心开发的数据挖掘工具。无须安装，方便使用。与 YALE 一样，KNIME 也是用 Java 开发的，可以扩展使用 Weka 中的挖掘算法。与 YALE 不同的是，KNIME 采用类似数据流（data flow）的方式建立分析挖掘流程，挖掘流程由一系列功能节点（node）组成，每个节点有输入/输出端口（port），用于接收数据或模型、导出结果。

KNIME 中每个节点都带有交通信号灯，用于指示该节点的状态（未连接、未配置、缺乏输入数据时为红灯；准备执行为黄灯；执行完毕后为绿灯）。在 KNIME 中有个特色功能——HiLite，允许用户在节点结果中标记感兴趣的记录，并进一步展开后续探索。

数据处理主要分为三个组成部分：数据提取、转换和数据加载。而这三者 KNIME 都可以做到。KNIME 提供了一个完全图形化的数据用户界面，以便对研究者的数据节点进行综合处理。其本质上是一个完全开源的数据分析、报告和数据综合处理平台，同时还通过独特的模块化数据处理和流水型数据处理概念，集成了各种基于深度学习的数据分析组件和工具进行数据挖掘，因而受到了商业智能和财务数据分析的广泛注意（见图 3－9）。

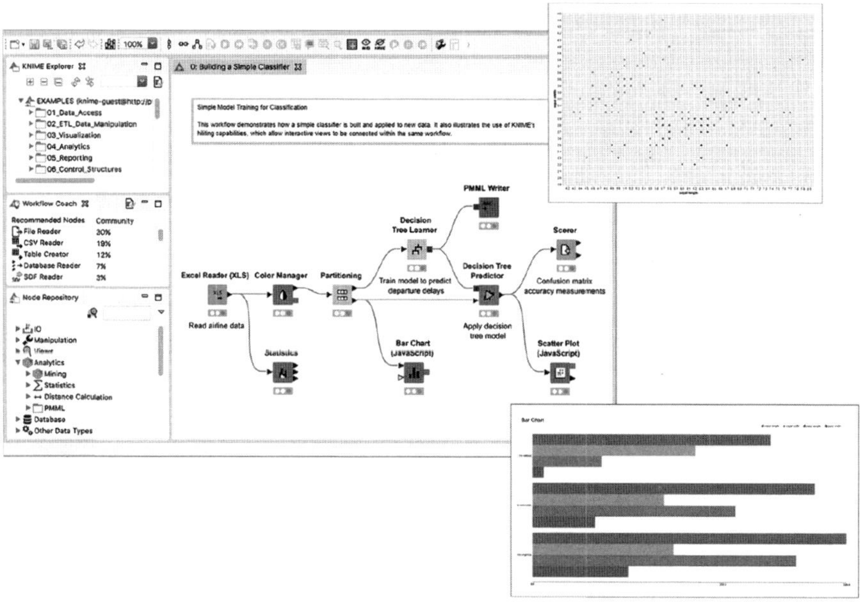

图 3－9　KNIME 分析平台界面

资料来源：https：//www. knime. com/.

6. IBM SPSS Modeler。IBM SPSS Modeler 是领先的视觉数据科学和机器学习解决方案。通过加快数据科学家的操作任务，它可以帮助企业缩短实现价值的时间并达到预期的结果。全球领先的组织依靠 IBM 进行数据准备和发现、预测分析、模型管理和部署以及机器学习，以通过数据资产获利。SPSS Modeler 使组织可以立即使用完整算法和模型以充分利用数据资产并用于一些相关的应用程序。

此软件的主要特点包括：（1）支持多种数据源。可以从平面文件、电子表格、主要关系数据库、IBM Planning Analytics 和 Hadoop 中读取数据。（2）自动数据准备。SPSS Modeler 会自动将数据转换为最佳格式，以进行最准确的预测建模。只需单击几下即可分析数据，识别修复程序，筛选出字段并导出新属性。（3）易于模型部署。从 Scikit 学习和 Tensorflow 到 SPSS Modeler，从最流行的机器学习框架中保存和部署模型：包括 Watson Studio Desktop 或适用于 Python 的任何 IDE 中的笔记本和 Modeler Flows。（4）强大的图形引擎。使用 Watson Studio Desktop 强大的图形引擎。智能图表推荐器可从数十种选项中为数据迅速找到理想的图表。（5）视觉分析流。SPSS Modeler 提供了直观的图形界面，以帮助可视化数据挖掘过程中的每个步骤。目前，分析师和业务用户可以轻松地在流程中添加专业知识和业务知识。（6）自动化建模。SPSS Modeler 可以测试多种建模方法，比较结果并选择在一次运行中要部署的模型，可以根据模型性能快速选择性能最佳的算法。（7）机器学习方法和算法。SPSS Modeler 支持决策树、神经网络和回归模型，可以利用 ARMA、ARIMA 和指数平滑功能。带有预测因子和异常值检测的传递函数；受益于集成和层次模型；支持向量机和时间因果建模；并采用时间序列和空间 AR 进行时空预测。生成式对抗网络（GAN）和强化功能还可以促进深度学习（见图 3－10）。

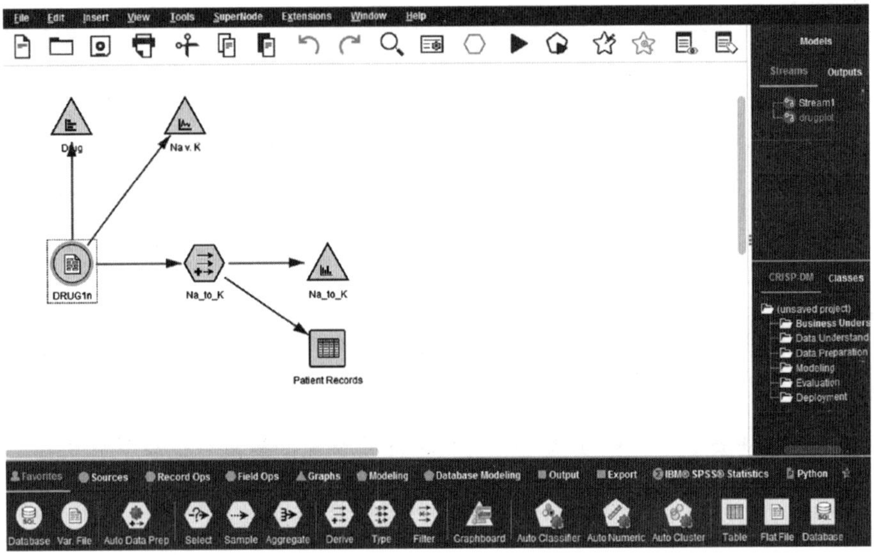

图 3－10　IBM SPSS Modeler 主界面

资料来源：https：//www. ibm. com/support/knowledgecenter/SS3RA7_sub/modeler_tutorial_ddita/clementine/clem_starting. html.

第六节

数据仓库与数据挖掘实例

一、软件介绍

（一）SQL Server 简介

Microsoft SQL Server 是由微软开发的一个关系数据库管理系统。作为数据库服务器，其主要功能是根据其他软件应用程序的请求来存储和检索数据，这些软件可以在同一台计算机上运行，也可以在网络（包括 Internet）上的其他计算机或智能设备上运行。

微软针对不同的受众群体，针对从小型单机应用程序到具有许多并发用户的大型面向 Internet 的应用程序，销售至少十二种不同版本的 Microsoft SQL Server。

（二）Visual Studio

视觉工作室（Microsoft Visual Studio，VS 或 MSVS）是微软公司的开发工具包系列产品。VS 是一个基本上完整的开发工具集，包括整个软件生命周期所需的大多数工具，如 UML 工具、代码、控制工具、集成开发环境（IDE）等。开发适用于 Android、IOS、Mac、Windows、Web 和云的应用。所写的目标代码适用于微软支持的所有平台。

（三）Analysis Service

Analysis Services 是用于决策支持和业务分析的分析数据引擎（Vertipaq）。它为商业报表和客户端应用程序（如 Power BI、Excel、Reporting Services 报表和其他数据可视化工具）提供企业级语义数据模型。

二、创建数据仓库的准备工作

（一）数据获取

本数据仓库的数据主要来自某五金外贸公司的进销存系统数据库。

（二）业务理解和数据理解

对业务进行建模。先分析几个业务场景：其中一个最典型的场景就是产品的销售，该公司的客户为国外的一些经销商客户。

一次产品的销售需要有以下几方成员的参与：购买者（经销商）、商品、购买时间、订单金额等。一个购买者可以发起多次购买动作，销售业务的总线矩阵如表 3－2 所示。

表 3－2　　销售业务的总线矩阵

	业务实体		
业务过程	购买者	商品	日期
销售			

（三）数据库导入源数据

数据导入过程由以下步骤组成：

1. 运行 SQL Server Business Intelligence Development Studio。选择连接服务器，如图 3 - 11 所示。

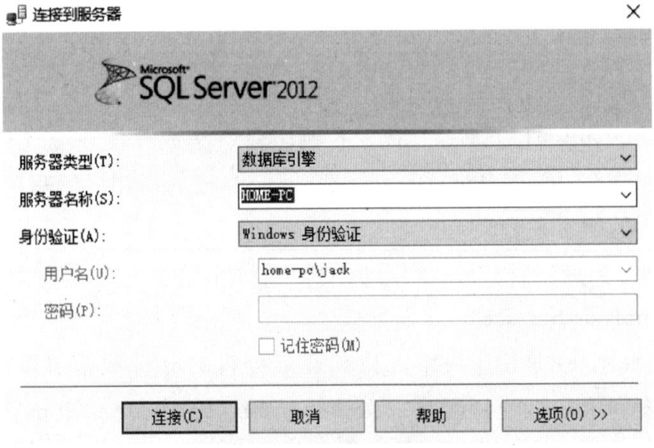

图 3 - 11　连接到服务器

2. 选择“文件”菜单，点击“新建”，再点击“项目”。在“新建项目”窗口中选择“Analysis Service 项目”，填写项目名称和解决方案名称，并将项目命名为“TradeDataAnalyze”，如图 3 - 12 所示。

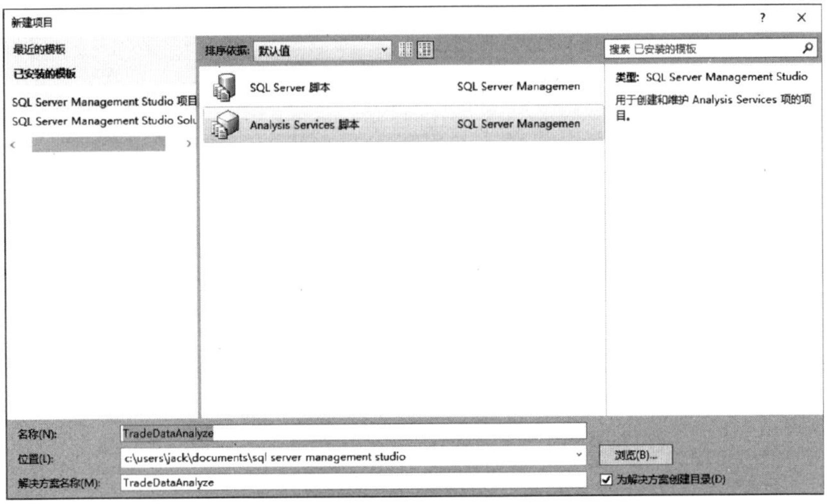

图 3 - 12　新建 Analysis Service 项目

3. 选择“项目”菜单，点击“SSIS 导入和导出向导”命令，在“选择数据源”窗口中的“数据源”下拉列表框中选择“Access 数据源”选项。选择项目文件的路径，并在对应路径中选择此项目文件夹中的文件。

4. 定义数据源。

（1）点击进入解决方案资源管理器，右键单击“数据源”，单击“新建数据源”，进入数据源向导界面。

（2）在“选择如何定义连接”页上，可以基于新连接、现有连接或以前定义的数据源对象来定义数据源。以前定义的数据源对象是当前项目中或当前解决方案的其他项目中的现有数据源定义。在本例中选择“基于现有连接或新连接创建数据源”，如图 3 – 13 所示。

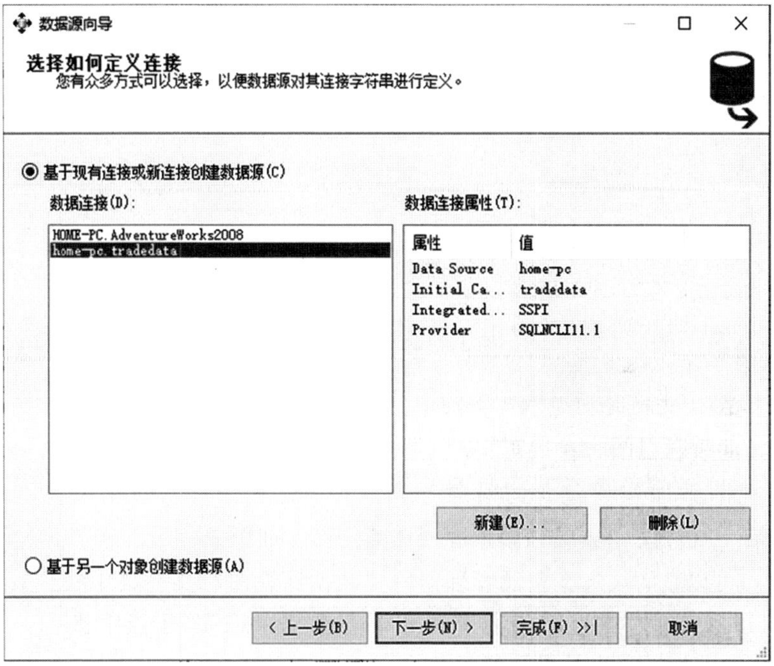

图 3 – 13　定义数据源

（3）在“数据源向导”的第三个页面中，选择“使用服务账户”连接到数据源。

（4）在“完成向导”页上，写出数据源的名称，本例中将数据源命名为 TradeData，单击“完成”以创建名为 TradeData 的新数据源。

5. 定义数据源视图。

（1）在解决方案资源管理器界面打开数据源视图向导。

(2) 在数据源视图向导的“选择数据源”页面，选择 TradeData 数据源，如图 3-14 所示。单击“下一步”，进入“选择表和视图”页面。

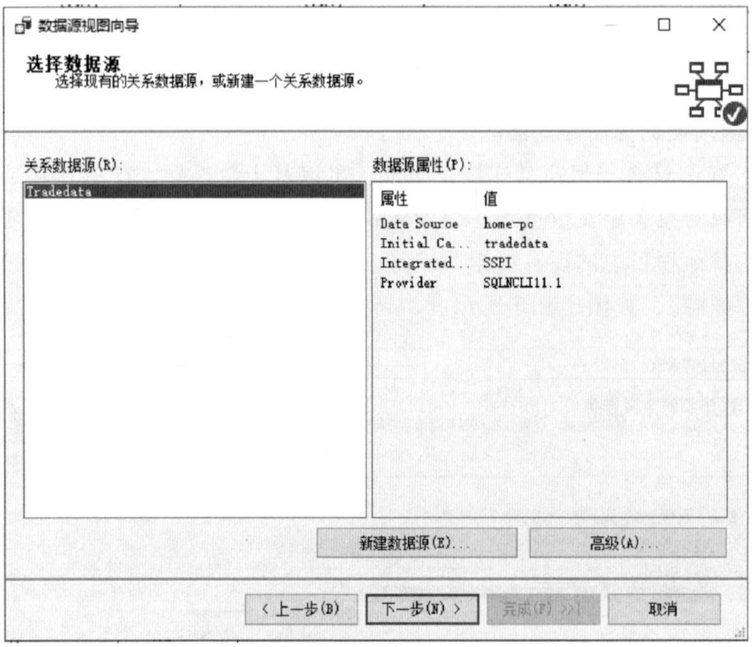

图 3-14 选择数据源

(3) 在“选择表和视图”页面中，可以从数据源中的可用对象列表中选择需要分析的表和视图。在“可用对象”列表中选择需要的表或视图，并将选中的表或视图添加到“包含的对象”列表中。然后，写出数据源视图的名称 TradeData，就可以“完成”数据源视图的定义，如图 3-15 所示。

(4) 可以在解决方案资源管理器的“数据源视图”文件夹中找到数据源视图 TradeData。数据源视图的内容可以在数据源视图设计器中进行修改。图 3-16 显示了数据源视图设计器中的 TradeData。

三、维度设计

(一) 销售日期维度设计

销售日期：日期维度的粒度级别通常为一天，需要专门生成；表中的时间范围根据业务需求决定，如表 3-3 所示。

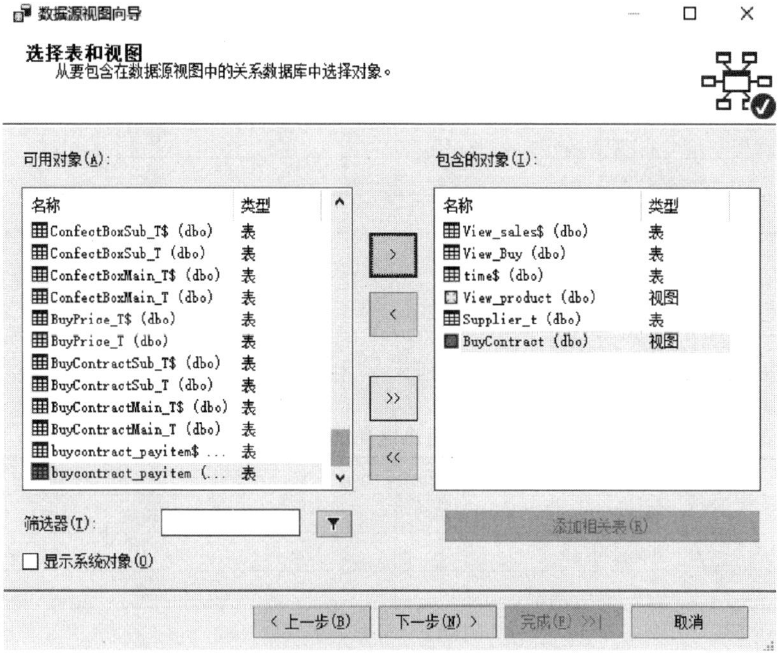

图 3－15　选择表和视图

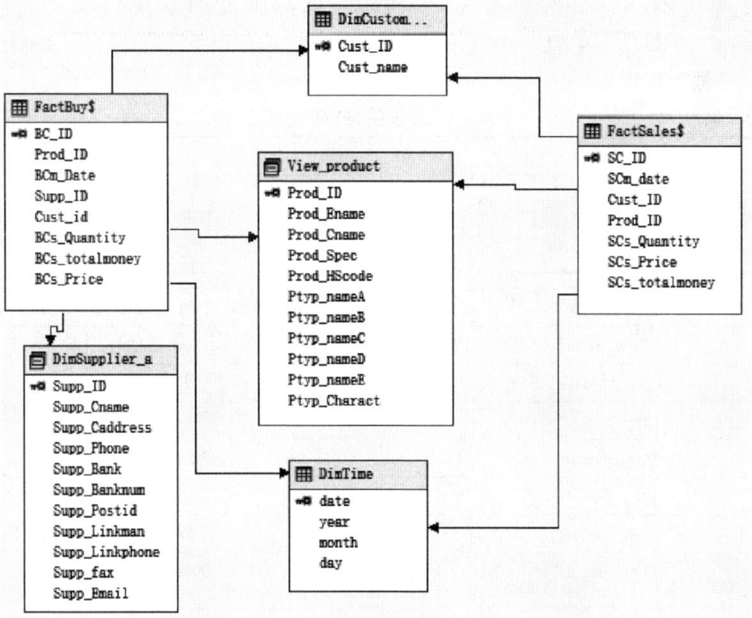

图 3－16　数据源视图

表 3－3　　销售日期维度表

DimTime	
属性名称	功能描述
Time_key	日期
Year	年
Month	月
Day	日

（二）用户维度设计

用户维度的创建情况如表 3－4 所示，用户维度的层次包括“用户名”。

表 3－4　　用户维度表

DimCustomer	
属性名称	功能描述
Cust_ID	用户 ID
Cust_name	用户名

（三）商品维度设计

商品维度的创建情况如表 3－5 所示，商品维度的层次包括“商品名称”“商品型号”“商品 HS 码”等。

表 3－5　　商品维度表

View_product	
属性名称	功能描述
Prod_ID	商品 ID
Prod_Ename	商品英文名
Prod_Cname	商品中文名
Prod_Spec	商品型号
Prod_HScode	商品 HS 码
Ptyp_nameA	商品类型名称 A
Ptyp_nameB	商品类型名称 B
Ptyp_nameC	商品类型名称 C
Ptyp_nameD	商品类型名称 D
Ptyp_nameE	商品类型名称 E
Ptyp_Charact	商品类型特征

（四）订单事实表设计

订单表的创建情况如表 3－6 所示。

表 3－6　　订单维度表

字段名称	说明
BC_ID	销售合同表 ID
SCm_date	销售合同日期
Cust_ID	顾客 ID
Prod_ID	商品 ID
SCs_Quantity	销售数量
SCs_Price	销售价格
SCs_totalmoney	销售总额

事实表是星形模型的核心，事实表中的每个行包括具有可加性的数值型的度量值以及与维度表相连接的外键。事实表通过键将各维表组织起来，便于用户进行查询。

销售事实表中包含销售合同、日期、顾客、商品等键值列，还包含销售数量、销售价格、销售总额三个度量值列，其目的是记录销售事实（见表 3－7）。此外，订购事实表除了包括订购合同、日期、顾客、供应商以及商品等键值列外，还包含销售数量、销售价格、销售总额三个度量值列，其目的是记录订购事实（见表 3－8）。

表 3－7　　销售事实表

Fact Sales			
	属性名称	来源	功能描述
键值列	SCm_date	FactSales 表	销售日期
	Cust_ID	DimCustomer 表	购买者编号
	Prod_ID	View_product 表	产品编号
度量值列	SCs_Quantity	FactSales 表	销售数量
	SCs_Price	FactSales 表	销售价格
	SCs_totalmoney	Fact Sales 表	销售总额

表 3－8 订购事实表

FactBuy			
	属性名称	来源	功能描述
键值列	SCm_date	FactBuy 表	购买日期
	Supp_ID	DimSupplier 表	供应商编号
	Cust_ID	DimCustomer 表	购买者编号
	Prod_ID	View_product 表	产品编号
度量值列	BCs_Quantity	FactBuy 表	购买数量
	BCs_Price	FactBuy 表	购买价格
	BCs_totalmoney	FactBuy 表	购买总额

四、创建多维数据集

Analysis Services 中的多维数据集包括两部分：（1）一个或多个度量值组，其数据来自关系数据源中的一个或多个事实表。通常情况下，每个事实表对应一个度量值组，度量值组包含一个或多个度量值（如销售额、成本、售出产品计数）；（2）多维数据集还包含一个或多个来自关系维度表的维度（如 Product 和 Time）。构建多维数据集时，需要指定希望使用的事实表和维度表。每个多维数据集必须至少包含一个事实表，用于确定该多维数据集的内容。构建多维数据集之前，必须基于维度表创建维度。

（一）确定多维数据模型

该多维数据模型主题为销售业绩；度量值包括：商品销售量、商品销售价格、商品销售额；维度包括：销售日期（年－月－日）、用户（用户名）、产品（产品属性）。

（二）使用向导创建多维数据集

1. 右键点击“多维数据集”，打开“多维数据集向导”，在“选择创建方法”中选择使用现有表。

2. 选择事实表（度量值表）和维度（代码表），选择度量值，系统自动提供可用度量值，选择所需的度量值，如图 3－17 所示。

3. 在“选择度量值”页面中，可以从度量值组表中选择特定的列作为度量值。默认情况下，会选中度量值组表中的所有列（键列除外），按照默认选择，下一步，如图 3－18 所示。

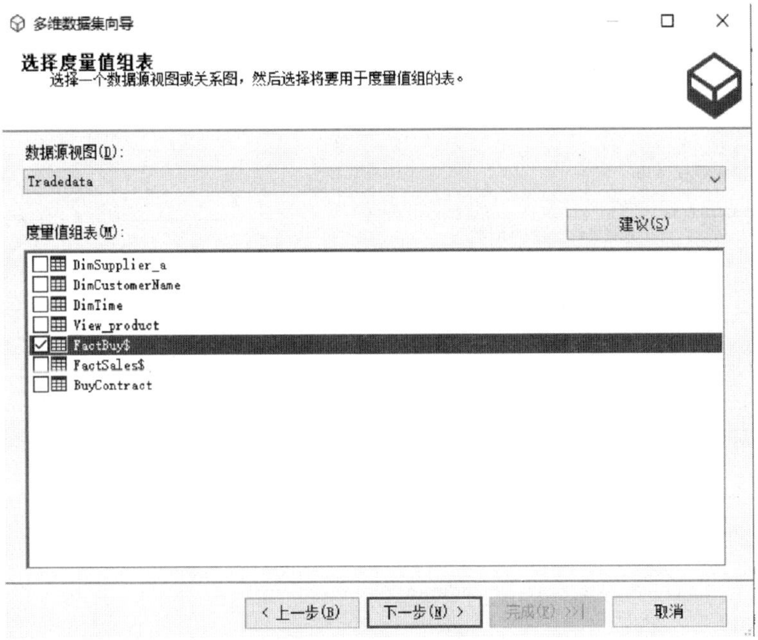

图 3－17 选择度量值组表

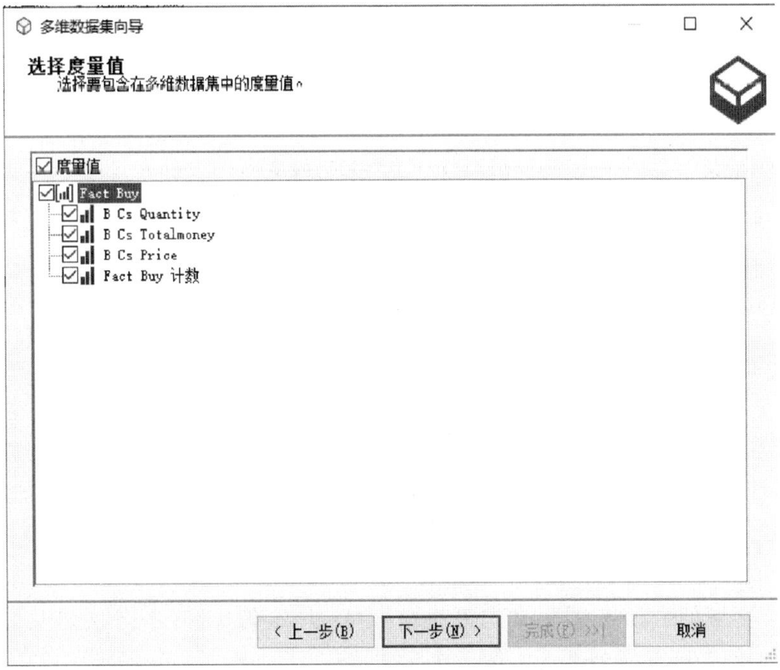

图 3－18 选择度量值

4. 在“选择现有维度”页面上，多维数据集向导将显示可能的维度及其特性。默认情况下，多维数据集向导在每个维度中包含键特性，键特性将在此页面上突出显示，如图3－19所示。

图3－19 选择现有维度

5. 按照默认名称，点击“完成”，结束多维数据集的创建。

6. 向导完成后，生成相应的维度，如图3－20所示。

五、部署

1. 在解决方案资源管理器中，右键单击项目名“Trade Data Analyze”，单击“属性”选项，进入“Trade Data Analyze属性页”对话框，并显示活动配置的属性。在此可以定义多个配置，每个配置可以具有不同的属性。

2. 在“Trade Data Analyze属性页”的树型目录里选择“部署”选项，并在“目标”区域的“服务器”文本框里输入Analysis Services服务器名及实例名，若省略实例名则部署到默认实例，然后“确定”，如图3－21所示，以完成配置属性的设置。

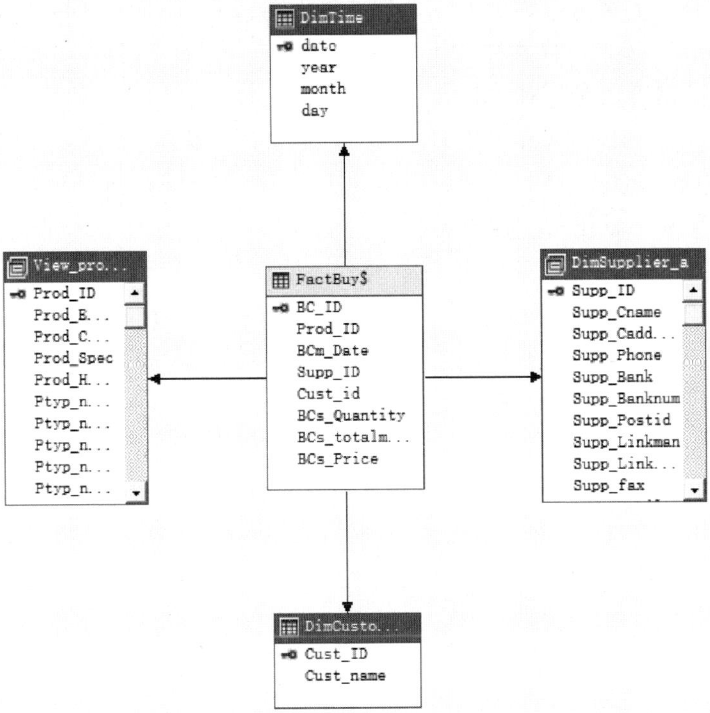

图 3－20　多维数据

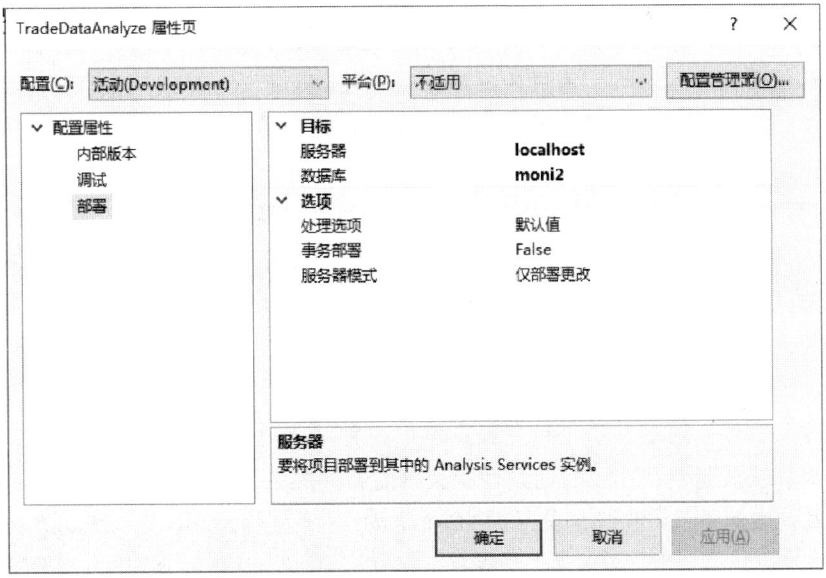

图 3－21　Trade Data Analyze 属性页

3. 在解决方案资源管理器中，右键单击项目名“Trade Data Analyze”，再单击“部署”选项，或者在“生成”菜单上单击“部署 Trade Data Analyze”，就可以在“部署进度”对话框中看到部署情况。

4. 单击“视图”菜单栏中的“输出”选项，可以查看部署是否成功。部署完 Trade Data Analyze 项目之后，启动 SQL Server Management Studio，在“连接到服务器”对话框里的“服务器类型”下拉列表框里选择“Analysis Services”选项，并写出部署的服务器名和实例名。连接后，在 SQL Server Management Studio 的“对象资源管理器”里，就可以看到部署的项目。

六、数据仓库中的数据挖掘

数据挖掘向导可用于定义结构并制定用于基于结构创建初始模型的算法和原型。具体过程包括：选择数据源类型、选择算法、选择数据源并且指定数据源表的用法，选择表中的列并且指定这些列的用法，对挖掘模型命名。接下来，不仅可以对模型进行处理和分析，还可以生成数据挖掘报表。

（一）关联规则挖掘技术

关联规则算法是在大量数据中挖掘项集之间的相关关系，购物篮分析是关联规则的一个典型应用。通过关联规则分析，我们可以在交易数据库中找到不同商品（项目）之间的关系，并发现客户购物习惯，如用户购买某种商品是否会对其他商品产生影响。通过挖掘结果应用于超市产品布局、电子商务网站导航安排、库存安排、产品分类、用户分类、相关产品推荐等。大家熟知的啤酒和尿布的故事就是关联规则的一个比较典型的案例。

用户在电子商务网站浏览商品时，通常都会被推送相关产品。某些推荐算法可能只是利用了分类的原理将相同类型的产品根据用户的浏览记录进行推荐，这是关联规则应用的一种较简单的方式。而关联规则算法是基于大量的数据，通过数据层面的挖掘来告诉你某些产品项存在关联，有可能这种关联关系是自身的，如鼠标和鼠标垫、钢笔和墨水。而有些相互关系是由外部因素形成的。前一种关系可以通过常识进行判断，但后一种关系就很难通过经验获得，而关联规则算法就是要找出不易通过经验获得的相关关系。

在此案例中，用到两张表，SalesContractMain_T 表与 SalesContractSub_T 表，前者为订单表，后者为订单明细表，两者通过 SCm_ID 进行关联，如图 3－22 所示。

1. 在解决方案资源管理器中，选择“挖掘结构”，单击右键，在弹出的菜

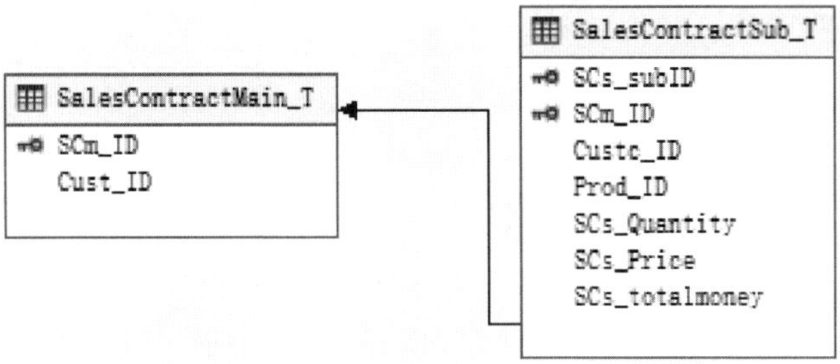

图 3－22　销售主表与附表

单中选择“新建挖掘结构”命令，弹出“数据挖掘向导”对话框，单击“下一步”按钮。

2. “选择定义方法”对话框，需要开发人员选择创建模型的源是来自一个关系源还是来自多维源，此处选择“从现有关系数据库或数据仓库”。

3. 在“选择数据挖掘技术”对话框中选择“Microsoft 关联规则”。

4. 勾选事例，继续下一步，如图 3－23 所示。

图 3－23　指定表类型

5. 配置好键和输入、输出预测列，如图 3－24 所示。

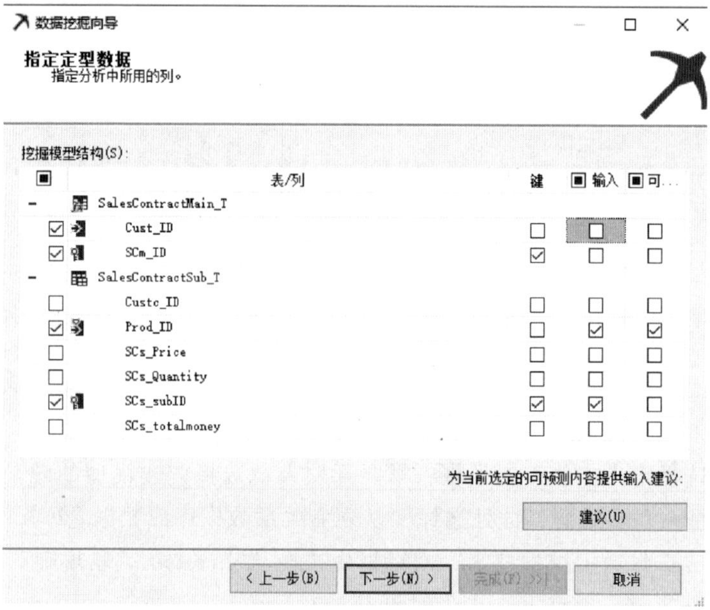

图 3－24　指定定型数据

6. 点击下一步，设置要测试的数据的百分比以及测试数据集中的最大事例数，如图 3－25 所示。

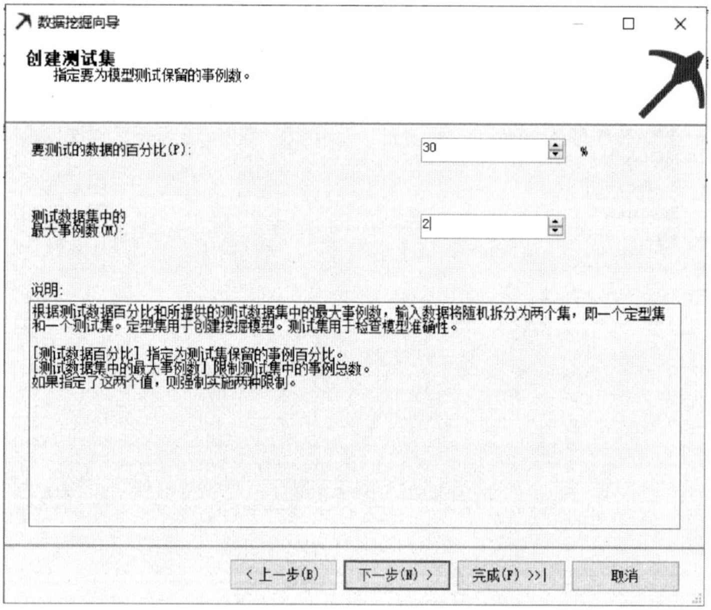

图 3－25　创建测试集

7. 点击下一步，进入数据挖掘模型结构，这里会显示出各个列的值类型和值状态，是连续值还是离散型，可以点击检测推断，如图 3－26 所示。

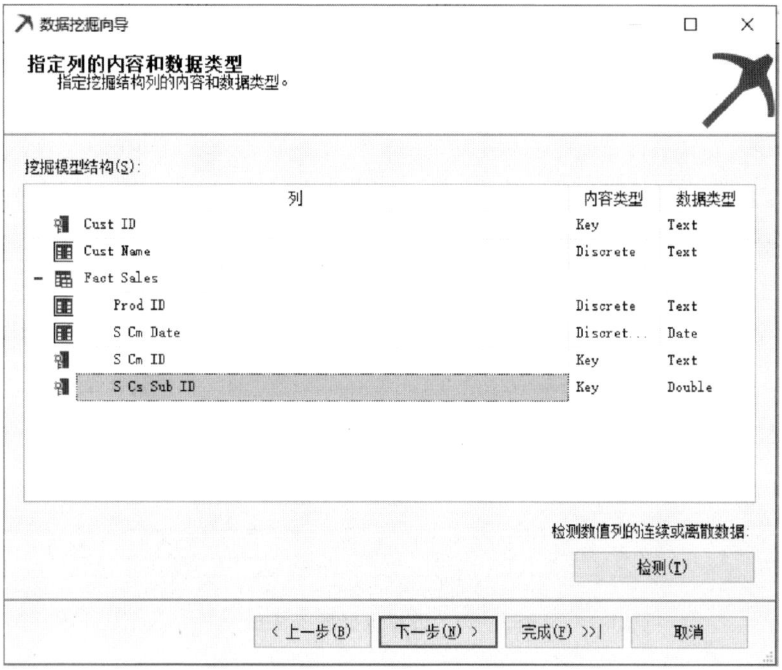

图 3－26　指定列的内容和数据类型

8. 点击“下一步”，输入该数据挖掘模型的名称，在“允许钻取（T）”选项中进行勾选，如图 3－27 所示。

9. 最后，Microsoft 关联规则数据挖掘模型建立完毕，如图 3－28 所示。

10. 结果分析。

部署该模型，然后运行查看结果。通过“挖掘模型查看器”对结果进行分析。Microsoft 在关联规则算法的结果中有三个面板：规则、项集和依赖关系网络，如图 3－29 所示。

（1）规则：上面有几个条件筛选项，第一个就是设置最小概率值；第二个是筛选规则，通过它可以找到相应的产品以便于查看；第三个是重要性参数，结果中的第二列为重要性列，最大行数为显示的行数。第一列概率的值就是按照概率从大到小排序显示产品产生关联的概率；第二列为重要性，表示该度量规则的有用性。重要性的值越高，规则越有用。设置该规则的目的是因为只使用概率有可能会产生误导，例如，当超市里有促销活动时，消费者均可免费获

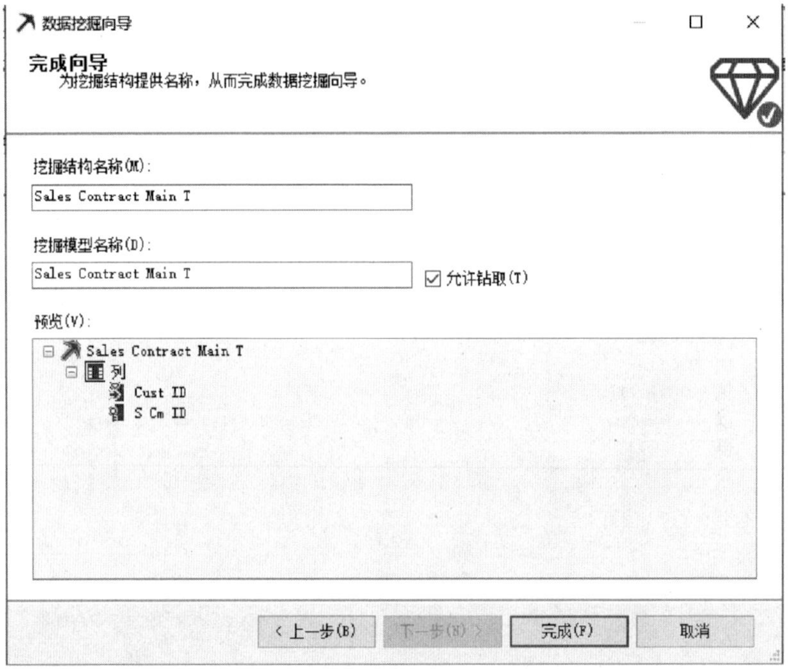

图 3－27　设置挖掘模型名称

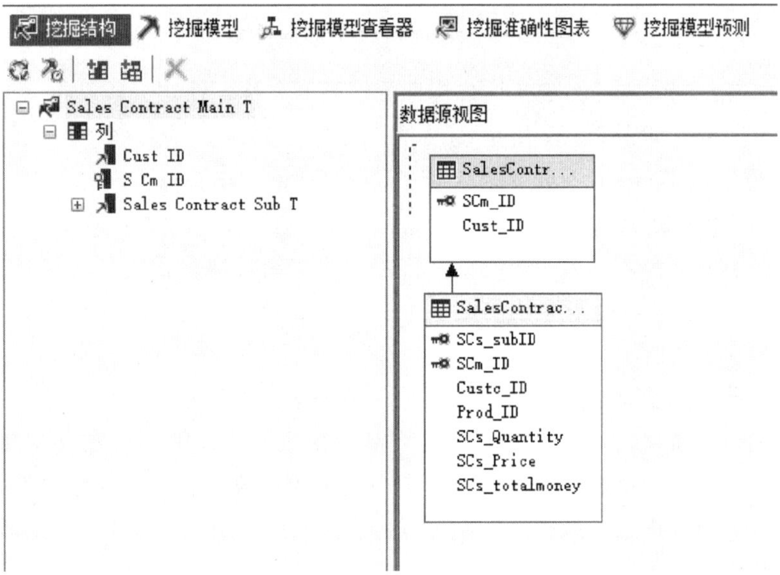

图 3－28　Microsoft 关联规则挖掘结构

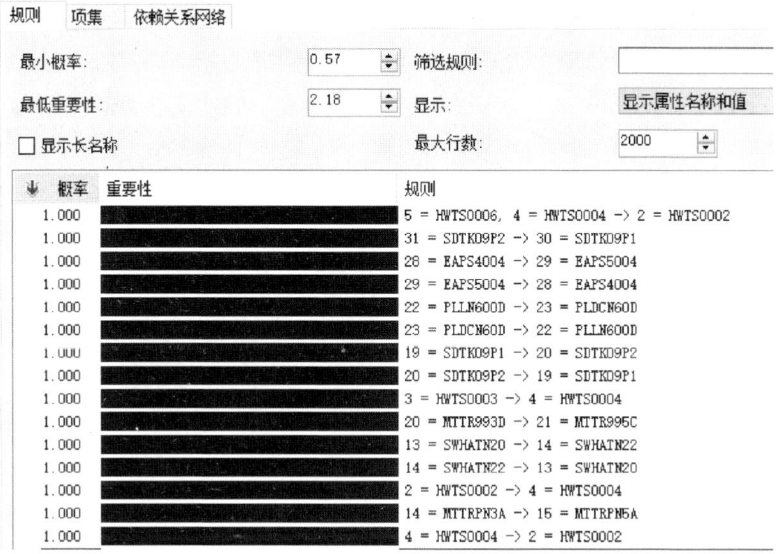

图 3－29　规则面板

得一样商品，根据概率而言，消费者购买这件物品的概率为 1，但这个规则是不准确的，因为此商品作为赠品，它的销售情况并没有与其他商品发生任何关联，此时该值是无意义的，因此出现的“重要性”列可以避免这种情况的发生；第三列即为挖掘出的结果项，前面为已有条件，“→”后面的即为推测的产品项。经过排序可以看到，图 3－30 中的第一条规则项即为关联规则最强的一种组合。也就是说，与 HWTS0006、HWTS004 关联关系最强的为 HWTS0002。

（2）项集：在图 3－31 中的筛选框中，最低支持数可在最低支持框中进行设置，最小的项集大小以及最大行数也可进行设置。下面的结果集显示数据集合中“支持”的事例集合个数、“大小”表示该规则中项集的个数，第三列表示详细的项集。

（3）依赖关系网络：用于分析各种产品之间的关联关系的强弱，可拖动左侧的滑动条然后进行分析。

（二）决策树算法挖掘技术

Microsoft 决策树算法是分类和回归算法，用于对离散和连续属性进行预测性建模。

对于离散属性，该算法可以对数据集中输入列之间的关系进行预测。它使用这些列的值（也称为状态）预测指定为可预测的列的状态。具体地说，该算

图 3 – 30　项集面板

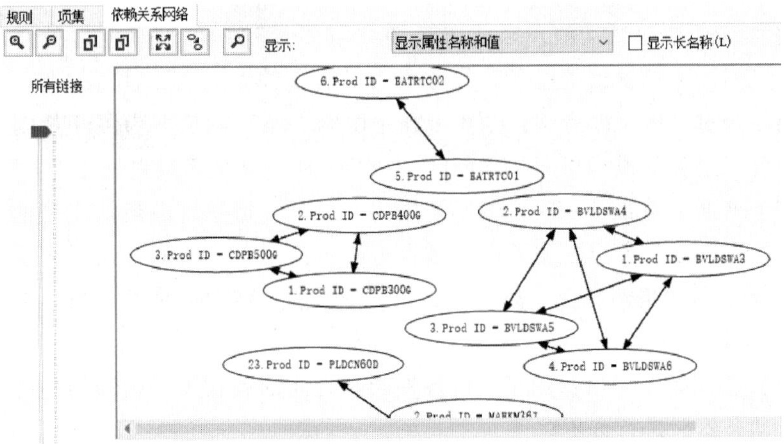

图 3 – 31　依赖关系网络

法标识与可预测列相关的输入列。对于连续属性，该算法使用线性回归确定决策树的拆分位置。

如果将多个列设置为可预测列，或输入数据中包含设置为可预测的嵌套表，则该算法将为每个可预测列生成一个单独的决策树。

在此案例中，分析用的表为订购表。通过此订购表分析供应商的特点，部分表格数据如表 3-9 所示。

表 3-9　订购表部分数据

BCs Price	BCs totalmoney	BCs Quantity	Cust id	Supp ID	Prod ID	BCm Date	BC ID	Supp Caddress
4.2	4536	1080	cusa02	JSLSQG	HMCLT16A	2003-05-12 00：00：00Z	SC0003270	江苏
2.8	8400	3000	cusa02	JSLSQG	HMCLT08A	2003-05-12 00：00：00Z	SC0003271	江苏
8.4	3360	400	cusa02	ZJHZYG	DRS6P003	2003-05-12 00：00：00Z	SC0003272	浙江
4.4	3520	800	cusa02	ZJYXZZ	KSHK13P1	2003-05-12 00：00：00Z	SC0003273	浙江
4	4800	1200	cusa02	HBCZJX	PLDCN80E	2003-05-12 00：00：00Z	SC0003274	河北
4.3	5160	1200	cusa02	HBCZJX	PLCM8012	2003-05-12 00：00：00Z	SC0003275	河北
3.9	2340	600	cusa02	HBCZJX	PLLN800E	2003-05-12 00：00：00Z	SC0003276	河北
3.8	2280	600	cusa02	ZJXSW2	PLBN600E	2003-05-12 00：00：00Z	SC0003277	浙江
4	2400	600	cusa02	ZJXSW2	PLLNN60A	2003-05-12 00：00：00Z	SC0003278	浙江

1. 在解决方案资源管理器中，选择“挖掘结构”，单击右键，在弹出的菜单中选择“新建挖掘结构”命令，弹出“数据挖掘向导”对话框，单击“下一步”按钮。

2. “选择定义方法”对话框，需要开发人员选择创建模型的源是来自一个关系源还是来自多维源，此处选择“从现有关系数据库或数据仓库”。

3. 在弹出的“选择数据挖掘技术”对话框中，选择 Microsoft 决策树算法。

4. 选择数据源。

5. 勾选事例，继续下一步，如图 3-32 所示。

6. 在“键列”勾选序号码，在“输入”列勾选，如图 3-33 所示。

7. 点击下一步，进入数据挖掘模型机构，这里面会显示出各个列里面的值类型和值状态，是连续值还是离散型，可以点击检测推断，如图 3-34 所示。

8. 点击下一步，设置要测试的数据的百分比以及测试数据集中的最大事例数，如图 3-35 所示。

9. 点击下一步，设置数据挖掘模型的名称，并将允许钻取明细勾选，如图 3-36 所示。

10. 最后，Microsoft 决策树数据挖掘模型建立完毕，如图 3-37 所示。

11. 数据挖掘模型查看器。数据挖掘模型查看器中呈现了挖掘出来的结果值。显示结果是一种树状结构图，从顶端依次展开。从图 3-38 中可以看到供应商地址主要是在浙江。

图 3-32　指定表类型

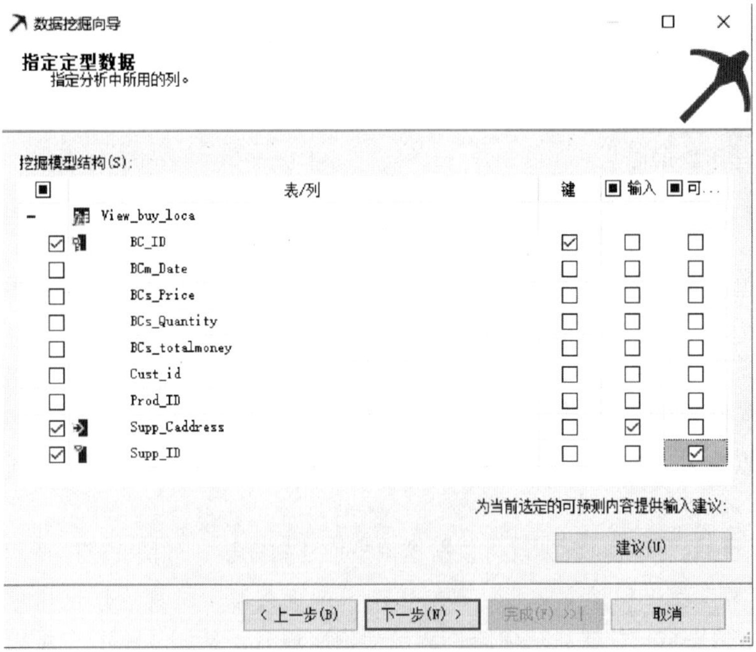

图 3-33　指定定型数据

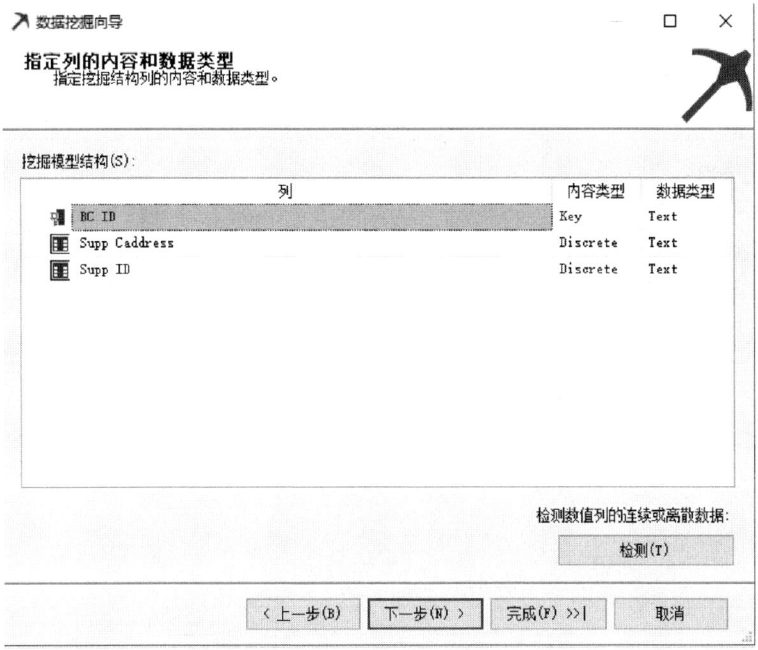

图 3－34　指定列的内容和数据类型

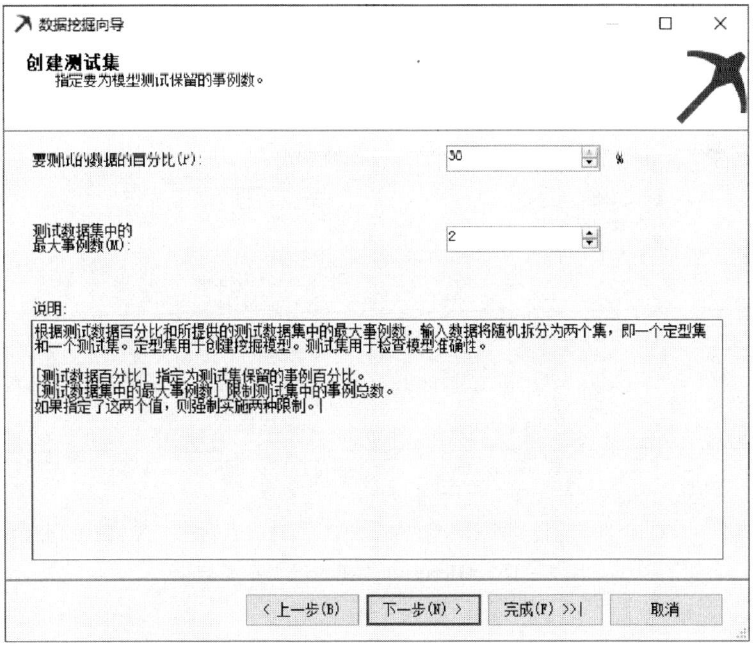

图 3－35　创建测试集

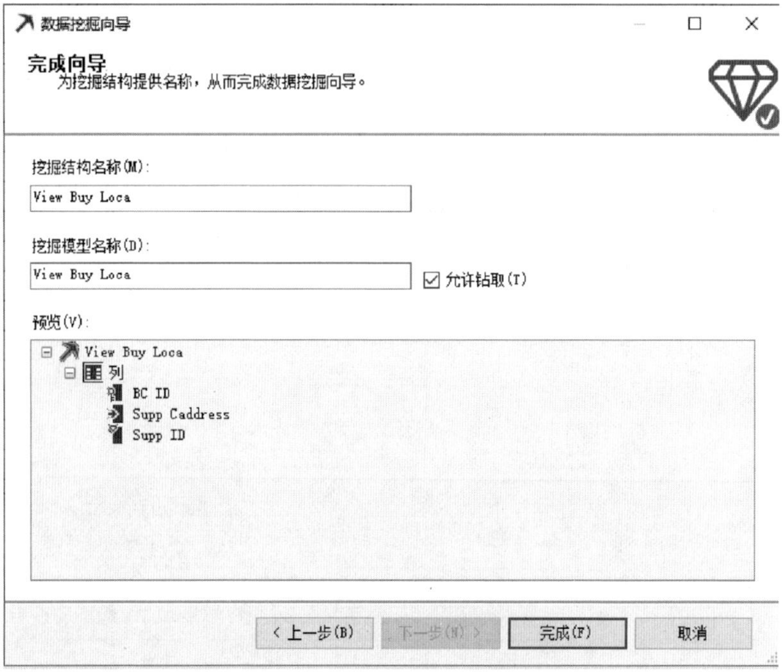

图 3-36　设置 Microsoft 决策树算法模型名称

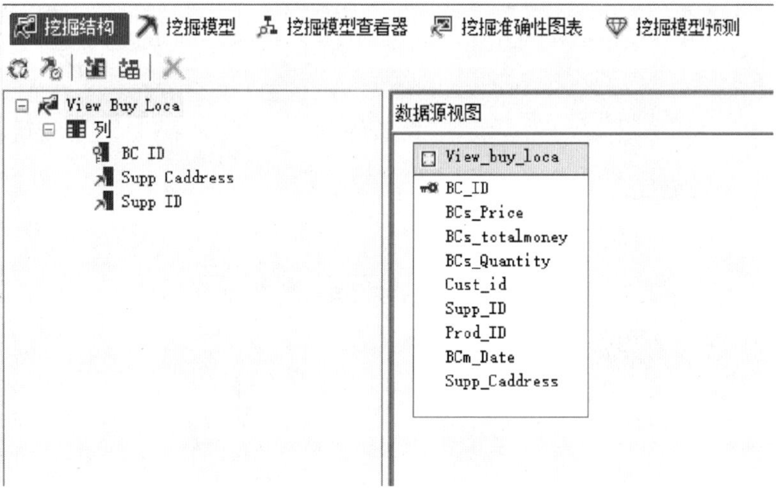

图 3-37　Microsoft 决策树数据挖掘结构

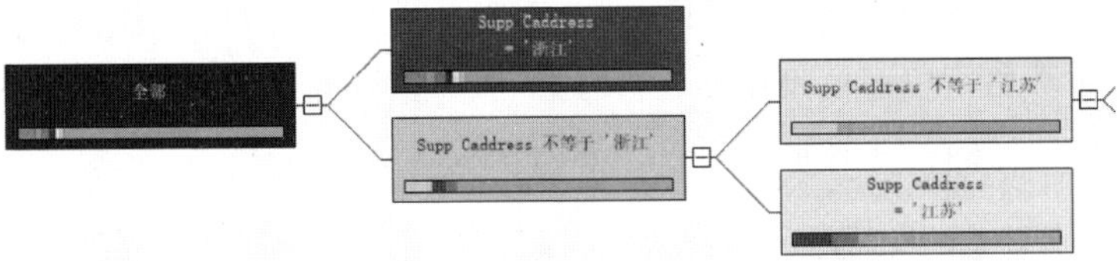

图 3－38　Microsoft 决策树数据挖掘结果

（三）聚类挖掘技术

Microsoft 聚类分析算法是一种"分段"或"聚类分析"算法，它遍历数据集中的事例，以将它们分组到包含相似特征的分类中。在浏览数据、标识数据中的异常及创建预测时，这些分组十分有用。

聚类分析算法不同于 Microsoft 决策树算法等其他数据挖掘算法，区别在于无需指定可预测列便能生成聚类分析模型。聚类分析算法严格地根据数据以及该算法所标识的分类中存在的关系定型。

由于在聚类挖掘过程中使用的表格是相同的，因而可以直接利用决策树算法的解决方案进行建模。具体建模以及分析过程如下：

1. 打开解决方案，进入"挖掘模型"模板，右键单击"结构"列，选择"新建挖掘模型"，如图 3－39 所示。

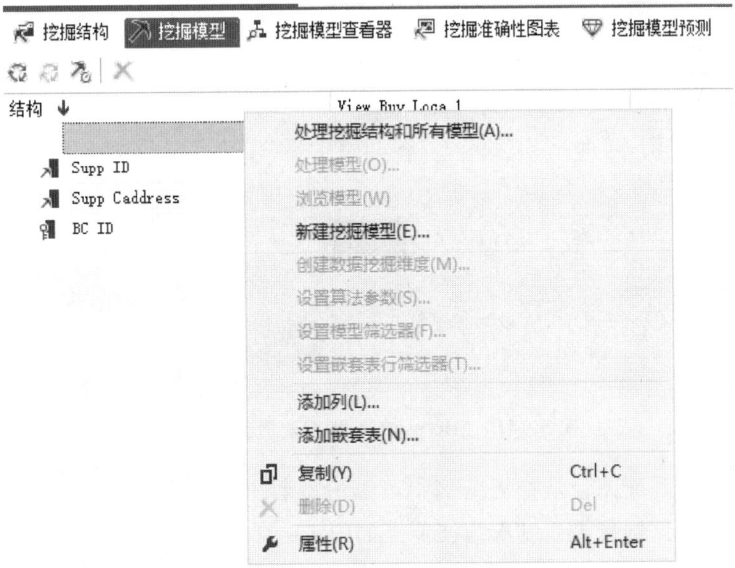

图 3－39　新建挖掘模型

2. 输入模型名称，并选择 Microsoft 聚类分析算法。点击确定，新建立的聚类分析就会增加在挖掘模型中，此处使用的主键与决策树一样，预测行为以及输入列也是一样的，并且可以更改，如图 3－40 所示。

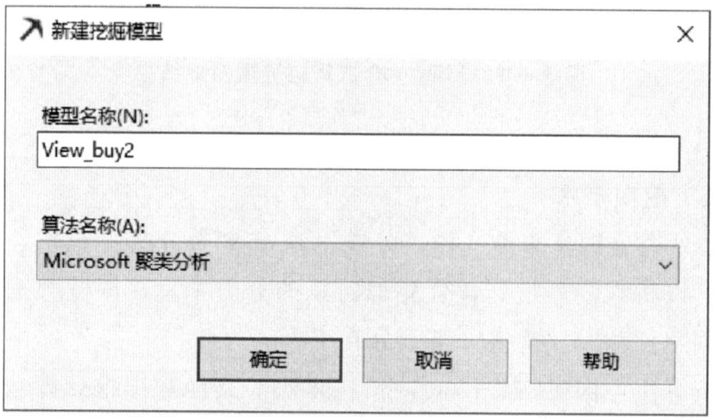

图 3－40　Microsoft 聚类分析算法命名

3. 部署处理该挖掘模型。在数据挖掘模型查看器界面查看分类关系图，颜色最深的分类表明此分类是来自上海的供应商的可能性最大，如图 3－41 所示。

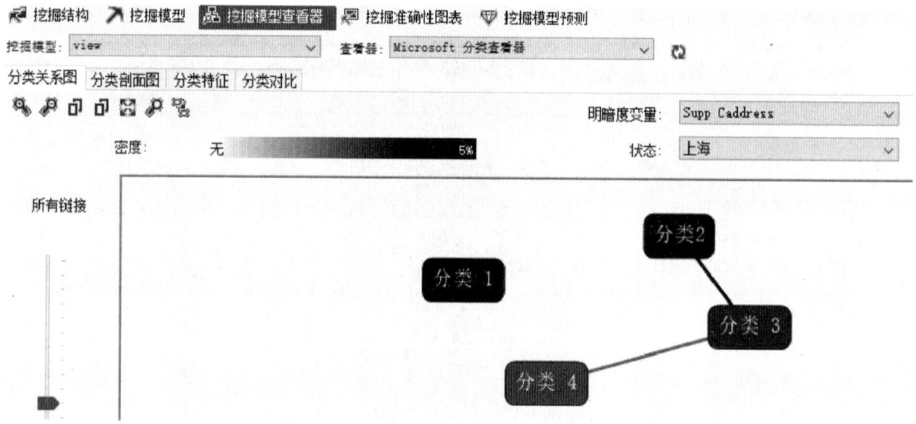

图 3－41　Microsoft 聚类算法模型查看器

点击分类剖面图，从挖掘图例中可以清楚看出供应商分布中，来自浙江的供应商所占的比例最大，其次为江苏，如图 3－42 所示。

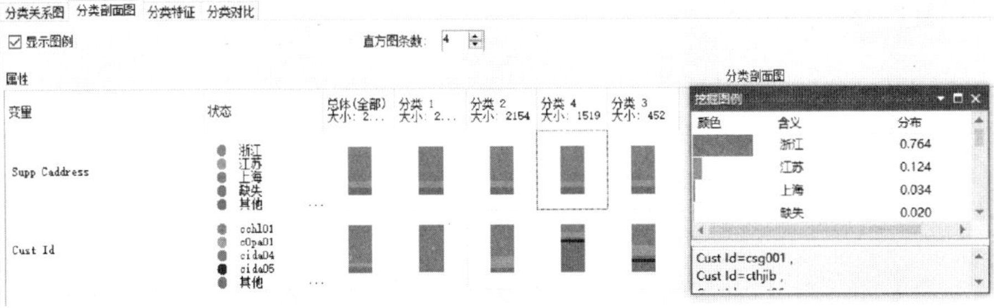

图 3－42　Microsoft 聚类算法模型分类剖面图

参考文献

[1] 孟欣. 实时数据仓库存取策略的研究 [D]. 南京邮电大学，2017.

[2] DVA. Data Vault Alliance [EB/OL]. https：//datavaultalliance. com/，2020－02－09.

[3] 孙朝继. S 电信公司客户价值管理方法研究 [D]. 四川：电子科技大学，2011. DOI：10.7666/d.D815068.

[4] R. R：The R Project for Statistical Computing [EB/OL]. http：//www. r－project. org，2020－01－01.

[5] NLTK. NLTK 3.5 documentation [EB/OL]. https：//www. nltk. org/，2020－01－01.

[6] WEKA. The workbench for machine learning [EB/OL]. https：//www. cs. waikato. ac. nz/ml/weka/，2020－07－15.

[7] rapidminer. Depth for Data Scientists，Simplified for Everyone Else [EB/OL]. https：//rapidminer. com/，2020－07－14.

[8] 张晨. 基于遗传算法的中厚板应力分析特征提取及缺陷预测 [D]. 东北大学，2016.

[9] KNIME. End to End Data Science [EB/OL]. https：//www. knime. com/，2020－04－05.

[10] IBM. IBM SPSS Modeler [EB/OL]. https：//www. ibm. com/products/spss－modeler，2020－06－07.

[11] Wikipedia. Microsoft SQL Server [EB/OL]. https：//en. wikipedia. org/wiki/Microsoft_SQL_Server，2020－05－24.

[12] Wikipedia. Microsoft Visual Studio [EB/OL]. https：//en. wikipedia. org/wiki/Microsoft_Visual_Studio，2020－07－14.

第四章

大数据与决策智能

第一节

大数据概述

一、背景

据国际信息技术咨询企业国际数据公司（IDC）的报告，全球数据存储容量将在2020年达到44ZB，到2030年达到2500ZB。目前，需要处理的数据量已经大大超过处理能力的上限，从而导致大量数据因无法或来不及处理，而处于未被利用、价值不明的状态，这些数据被称为“暗数据”。据国际商业机器公司（IBM）的研究报告估计，大多数企业只分析了它们所有数据的1%。随着市场整体的日渐成熟和新兴技术的不断融合发展，未来大数据市场将呈现稳步发展的趋势，增速维持在14%左右。

二、大数据的概念

（一）大数据是什么

根据维基（Wiki）百科的定义：大数据意指一个超大的、难以用现有常规的数据库管理技术和工具处理的数据集。IDC报告将大数据技术定义为：大数据技术描述了一种新一代技术和构架，用于以很经济的方式、以高速的捕获、发现和分析技术，从各种超大规模的数据中提取价值。

数据规模到底多大才叫大数据？“大数据”一词的重点不是在于数据规模的定义，而是指信息技术发展已经进入了一个新时代，行业数据爆炸性增长，传统计算技术已无法应对，面临巨大挑战，为此需要研究和寻找新的有效技术手段，以完成大数据的分析处理和价值发现。

（二）大数据的特征

大数据本身是一个比较抽象的概念，单从字面上看它表示数据规模的庞大。但是仅仅从数量上的庞大这一个特点还无法区分大数据和以往的“超大规模数据（very large data）”“海量数据（massive data）”等概念之间的区别。目前大数据还没有普遍认可的定义，一些定义基本是从大数据的特征出发，试图通过对这些特征的阐述和归纳给出定义。最具代表性的是3V定义，此定义表明大数据应该满足三个特征：规模性（volume）、多样性（variety）和高速性（velocity）。还有学者提出4V定义，即尝试在3V的基础上增加一个新的特性。关于第4个V的说法并不统一，IBM认为大数据应当具有真实性（veracity），而国际数据公司（International Data Corporation，IDC）认为大数据还应当具有价值性（value）。眼下在大数据定义问题上很难达成一个完全的共识，这点与云计算的概念刚提出时的情况是相似的。

（三）数据的发展阶段

在这个时代，每天不断产生海量的数据。数据的产生已经不受时间或地点的限制。自从采用数据库作为主要的数据管理方式以来，人类社会的数据生成方式经历了三个阶段，正是数据生成方式的巨大变化最终导致了大数据的产生。

1. 运营式系统阶段。数据库的出现大大降低了数据管理的复杂性。实际上数据库大多为运营系统所采用，作为运营系统的数据管理子系统，如超市、银行的交易记录系统、销售记录系统、医院病人的医疗记录等。人类社会数据量第1次大的飞跃正是在运营式系统开始广泛使用数据库开始的。这一阶段最重要的特点是：数据通常与某些业务活动一起生成并记录在数据库中，例如，超市销售的每一件商品都会在数据库中生成相应的销售记录，而产生这些数据的方式是被动的。

2. 用户生成内容阶段。人类社会数据量的第二次巨大飞跃是由于互联网的诞生。而在Web2.0时代真正的数据爆发产生了，而Web2.0最重要的标志就是用户生成内容（User Generated Content，UGC）。这类数据近几年一直呈现爆炸性的增长，主要原因有两个：首先是以博客、微博为代表的新型社交网络的出现和快速发展，使用户更积极地产生更多的数据；其次就是以智能手机、平板电脑为代表的新型移动设备的出现，这些易携带、全天候接入网络的移动设备使人们更方便地在互联网上表达自己的意见。在这个阶段，数据是以主动的方式生成的。

3. 感知式系统阶段。大数据的最终产生是由于人类数据量的第三次巨大飞跃。而感知式系统的发展和广泛使用导致了数据量的第三次巨大飞跃。随着科技的发展，人们已经能够制造出具有处理功能的超小型传感器，并开始将这些设备布置在社会的各个角落，通过这些设备监控整个社会的运行。这些设备会自动地、源源不断地产生新数据。

简单地说，数据生成经历了被动、主动和自动三个阶段。这些被动、主动和自动的数据共同构成了大数据的数据来源，而自动产生的数据是大数据产生的最根本原因。

数据收集的根本目的是根据需求从数据中提取有用的知识，并将其应用到具体的领域之中。正如Google的首席经济学家HalVarian所说，数据是广泛可用的，所缺乏的是从中提取出知识的能力。正是大数据的广泛存在使解决大数据问题具有挑战性，其广泛的应用也促使越来越多的人关注和研究大数据问题。

（四）从数据库到大数据

从数据库到大数据，看起来只是一个简单的技术发展，但经过仔细推敲，找到两者之间的本质区别并不困难。大数据的出现将不可避免地颠覆传统的数据管理模式。它将带来数据源，数据处理方法和数据思维方面的革命性变化。

如果想简单地将传统数据库和大数据进行比较，那么“池塘捕鱼”和“海洋捕鱼”就是一个很好的类比。“池塘捕鱼”代表了传统数据库时代的数据管理方式，而“大海捕鱼”则对应着大数据时代的数据管理方式，“鱼”指的是需要处理的数据。“捕鱼”环境条件的变化导致了“捕鱼”方法的根本性差异。这些差异主要体现在如下几个方面：

1. 数据规模。“池塘”和“大海”最明显的区别就是规模。“池塘”规模相对较小，即便是以前认为比较大的“池塘”，如VLDB（very large database），和“大海”XLDB（extremely large database）相比仍旧偏小。“池塘”的处理对象通常以MB为基本单位，而“大海”则常常以GB，甚至是TB、PB为基本处理单位。

2. 数据类型。在过去的“池塘”中，只有一种或几种数据，而这些数据主要是结构化数据。“海洋”中有多种数据，其中包括成千上万的结构化、半结构化和非结构化数据。其中半结构化和非结构化数据所占的份额正在增加。

3. 模式和数据的关系。传统数据库的模式和数据的关系都是先确定模式，然后才会生成数据。这就像选择合适的“池塘”并释放适合在“池塘”环境中生长的“鱼”一样。但是，在大数据时代，很多情况下很难预先确定模式。模式只有在数据出现之后才能确定，并且随着数据量的增长，这种模式不断发展。就像有少量的鱼，鱼的数量和种类也随着时间而增长。鱼的变化导致海洋成分和环境的变化。

4. 处理对象。在“池塘”中捕鱼，“鱼”只是捕捞的对象。而在“大海”中，“鱼”除了作为捕捞对象，还可以通过某些“鱼”的存在来判断其他种类的“鱼”的存在。换言之，传统数据库中的数据只作为处理对象。在大数据时代，数据应该作为一种资源来帮助解决许多其他领域的问题。

5. 处理工具。一种或少数几种渔网基本就可以进行对于“池塘”中的“鱼”的捕捞，也就是所谓的 One size fits all。但是在“大海”中，没有一种网可以捕到所有的鱼，也就是所谓的 No size fits all。

从“池塘”到“大海”不仅仅是规模的扩大。传统的数据库代表着数据工程（data engineering）的处理方法，在大数据时代，数据不仅是工程处理的对象，还需要采用新的数据思维方式。图灵奖获得者、著名数据库专家 Jim Gray 博士观察并总结：自古以来，人类在科学研究中经历了三种范式：实验、理论和计算。随着数据的不断增长和积累，传统的三种范式已经无法在科学研究中很好地发挥作用，特别是在一些新的研究领域，需要新的第四范式来指导新形势下的科学研究。基于这种考虑，Jim Gray 提出了一种新的数据探索型研究方法，他称其为科学研究的“第 4 种范式（thc fourth paradigm）”。

第 4 种范式的实质就是从以计算为中心转变到以数据处理为中心，也就是我们所说的数据思维。这种方式要求我们有从思维上的根本的转变。正如在前面提到的“捕鱼”，在大数据时代，数据不再仅仅是一个“捕捞”的对象，而应当看成一种基础资源，可以用来帮助解决其他领域的问题。计算社会科学（computational social science）是在特定的社会理论的指导下，根据特定的社会需求，收集、整理和分析数据足迹（data print），以便进行社会解释、监控、预测与规划的过程和活动。计算社会科学就是需要采用第 4 种范式指导的研究领域。Watts 在 *Nature* 杂志上的文章“*A twenty - first century science*”也指出，借助于社交网络和计算机分析技术，21 世纪的社会科学有可能实现定量化的研究，从而成为一门真正的自然科学。

三、大数据的处理流程

大数据的处理流程包括数据采集、数据存储、数据分析和数据应用等内容，其流程可以用图 4－1 表示。

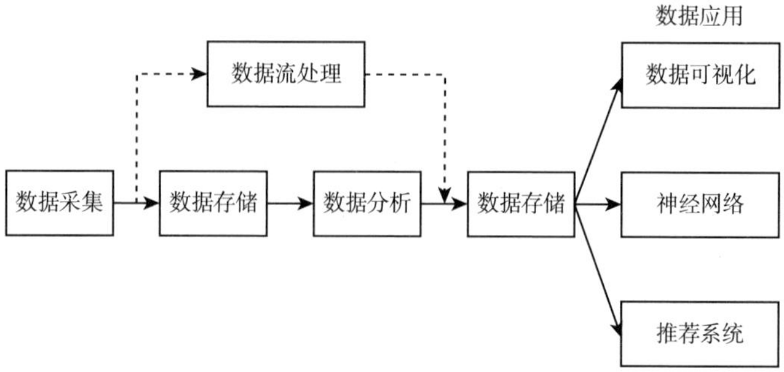

图 4－1　大数据处理流程

（一）数据采集

大数据并不是从天而降的，它需要从各种数据源去采集。从街道的监控设施、空气中的污染物，到卫星发射等每天都会产生高达 100 万 TB 的原始数据。同样，科学实验和模拟可以轻松地产生 PB 级的数据。

目前，中大型项目通常采用微服务架构进行分布式部署，数据采集需要在多台服务器上进行，且在数据采集的过程中不能影响正常业务的进行。基于该需求，衍生出了许多日志收集工具，如 Flume 、Kibana、Log stash 等，通过简单的配置就可以完成复杂的数据采集和数据聚合。

（二）数据存储

数据如何存储？最常见的存储方法是使用传统的关系数据库，如 My SQL、Oracle 等，它们的优点是可以快速存储结构化数据并支持随机访问。但大数据的数据结构通常是半结构化的（如日志数据），甚至是非结构化的（如视频和音频数据）。为了解决海量半结构化和非结构化数据的存储问题，衍生了 Hadoop 、HDFS 、KFS、GFS 等分布式文件系统，它们可以支持结构化、半结构和非结构化数据的存储，并可以通过增加机器的数量进行横向扩展。

分布式文件系统完美地解决了海量数据存储的问题，但是出色的数据存储系统需要同时考虑数据存储和访问。例如，用户希望能够随机访问数据，这是传统的关系数据库擅长的，而不是分布式文件系统擅长的。因此，用户希望拥有一种能够同时具有分布式文件系统和关系数据库优势的存储方案。基于此需求，就产生了 HBase、MongoDB。

（三）数据分析

大数据处理最重要的环节就是数据分析，数据分析通常分为两种：批处理和流处理。

批处理：对一段时间内海量的离线数据进行统一的处理，对应的处理框架有 Hadoop MapReduce、Spark、Flink 等。

流处理：对运动中的数据进行处理，即在接收数据的同时就对其进行处理，对应的处理框架有 Storm、Spark Streaming、Flink Streaming 等。

批处理和流处理具有自己的应用场景。如果时间不敏感或硬件资源有限，则可以使用批处理。如果时间敏感性和时效性要求较高，则可以使用流处理。随着服务器硬件价格的下降和对及时性需求的增加，流处理变得越来越普遍，如股票价格预测和电子商务运营数据分析等。

（四）数据应用

在应用层面，大数据包括数据可视化、神经网络、推荐系统等。

数据可视化是指以计算机图形或图像的直观方式将大数据分析预测结果显示给用户，并能与用户交互处理的过程。数据可视化技术有利于发现大量业务数据中隐藏的规律性信息，为管理决策提供支持。数据可视化可以大大提高大数据分析结果的直观性，便于用户理解和使用。因此，数据可视化是影响大数据可用性和可访问性的关键因素。

神经网络是一种模拟人脑大数据分析机制的计算方法，是目前大数据分析中最成功的方法。近年来，随着当代计算机计算能力的不断提升，基于神经网络的大数据分析方法取得了巨大成功，尤其是在各应用领域，如语音大数据分析、图像大数据分析、医学大数据分析等，引领了人工智能的发展。

大规模数据为进一步提高推荐系统的准确性提供了机遇。大数据环境下，推荐系统的个性化、普适性和高效性使其具有广阔的应用前景。典型案例包括电子商务推荐、基于位置推荐、新闻推荐、广告推荐、电影推荐等。

四、大数据典型的热点技术问题

（一）大数据存储管理和索引查询

大数据存储管理和索引查询的技术包括：大数据预处理技术、记录型大数据索引和查询技术、SQL/NoSQL 查询语言接口与技术、图数据表示和查询技术、混合式数据表示和存储管理模型、分布式数据库、大规模 RDF 语义数据库、分布式文件系统、HDFS 的优化等。典型研究问题包括：

1. 大数据索引和查询优化技术与系统研究。

问题：热度累积缓存的分层式非主键索引方法，HBase 只有主键上的索引机制，不支持非主键索引，这导致 HBase 的非主键数据查询效率低下，难以满足数据实时/准实时查询需求。

葛微提出了一种分层式 HBase 非主键索引查询模型和方法，包括基于 HBase 的持久性索引和基于内存的索引热点数据缓存方法。在内存索引缓存层中，提出一种高效的热度累积缓存替换策略，更大限度地降低了对 HBase 持久性存储层中索引表的磁盘访问开销。该方法不仅具有更高的缓存命中率和更快的查询响应时间，也表现出了良好的可扩展性。

2. 使用 Apache Spark 在 NoSQL 数据库上进行语义数据查询。

问题：RDF 形式的语义数据的快速增长要求管理和重用可伸缩的分布式存储和高效的查询处理引擎。为了克服本地 RDF 存储和传统关系数据库管理系统的局限性，并随着 RDF 数据集大小的指数增长而适当地扩展，已使用诸如 MapReduce 的 Hadoop 之类的大数据处理基础架构。Hadoop 的 MapReduce 编程范例方法已用于分布式数据管理，并且在可伸缩性方面效果很好，但是底层的计算模型，查询响应时间很慢。

Mahmudul Hassan 等提出了利用 NoSQL 数据库，如 HBase 和 Cassandra，用于存储大规模 RDF 数据和内存数据处理，以使用 Apache Spark 作为 SQL 查询执行 SPARQL 查询。他们提出了用于 HBase 和 Cassandra 集群的分布式 RDF 数据存储和查询方案的技术，并建立了基于 NoSQL 系统的 RDF 数据管理系统，该系统具有内存处理（Spark SQL），这有望在分布式环境中托管大量 RDF 数据集，并实现更快的交付查询响应。

3. 大规模 RDF 语义数据库。

大数据语义分析挖掘与知识图谱：大数据的语义分析和知识挖掘是未来大数据技术研究和应用的一个重要领域。现实世界 80% 的大数据是非结构化的媒体和自由文本，大数据的价值在于分析挖掘这些非结构化信息的深度价值，而这种分析挖掘就需要依靠语义分析和知识挖掘。

深度 Web 搜索（deep web search）将不再是基于简单关键词检索的网页聚合，而是基于精准化和智能化搜索的信息和知识的聚合。它可以分析用户的意图，以更准确、更智能的方式向用户提供信息。

资源描述框架（RDF）对于所谓的语义 Web 是一种重要的形式主义和语

言，这是因为存在一个非常广泛的 Web 实体家族可以自然地以图形形式建模。在这种情况下，RDF 图起着重要作用，因为它们被广泛用于现代 Web 应用程序和系统的环境中，包括新兴的社交网络环境。当在大（Web）数据上定义 RDF 图时，将导致所谓的大规模 RDF 图，该图将合理地填充下一代语义 Web。为了处理这种大数据，常用的开源计算框架为 MapReduce。Alfredo Cuzzocrea 提出了一种基于 MapReduce 的有效实现大型 RDF 图遍历的方法，该方法基于对 MapReduce 框架的分解和处理，用于访问（RDF）图的广度优先搜索（BFS）策略。

（二）Hadoop 性能优化和功能增强

Hadoop 系统性能优化的典型案例介绍：

1. Hadoop MapReduce 短作业执行性能优化。

问题：为了处理大规模数据集，Hadoop 的基本设计强调数据的高吞吐率。但是，在处理需要对短作业较高响应性能的查询应用程序时，Hadoop MapReduce 并行计算框架存在缺点。

解决方案：为了提高 Hadoop 对于短作业的执行效率，对原有的 Hadoop MapReduce 在以下三个方面进行优化：（1）通过优化初始的 setup 和 cleanup 任务的执行方式，成功缩短了作业初始化环境准备和作业结束环境清理的时间；（2）将第一个任务分配从“拉”模式更改为“推”模式；（3）改变了作业执行过程中 JobTracker 和 TaskTrackers 之间的控制消息通信，将其从现有的周期性心跳机制中分离出来，利用即时传递机制在 JobTracker 和 TaskTracker 之间设计实现了一种即时消息传递机制，抛弃原有的心跳通信机制，大大缩短了作业内任务的调度时间

实验结果：采用一种典型的基于 MapReduce 并行化的查询应用 BLAST，对优化工作进行了评估。对各种类型的 BLAST 作业的测试实验结果表明，与现有标准 Hadoop 相比，优化的 Hadoop 的平均性能提高了约 23%。

2. 基于 Hadoop 的资源管理与作业调度的研究。

问题：Hadoop 分布式平台是用于存储和并行计算的框架。目前，对 Hadoop 的研究主要集中在如何有效地管理资源和调度作业上，这对 Hadoop 平台的性能和资源利用有很大影响。随着用户需求的不断提高，现有的 Hadoop 调度算法开始出现一些缺陷，这将导致 Hadoop 的整体性能下降。因此，有必要针对现有 Hadoop 算法的缺点提出改进策略。

解决方案：针对 Hadoop 默认的 FIFO 调度算法缺乏灵活性和动态性的问题，

在现有的FIFO调度算法的基础上设计了一种改进的FIFO调度算法，以CPU利用率和内存余量为负载指标。改进的FIFO调度算法将实时CPU利用率和内存剩余率与相应的阈值进行比较，以确定是否继续分配任务。

实验结果：为了将改进后的FIFO调度算法与原始算法的性能进行比较，在Hadoop集群上对数据进行测试，并验证了改进后的FIFO调度算法的性能优于原始算法。

3. Hadoop中文件放置的作业感知优化。

问题：Hadoop是基于MapReduce模型的流行数据分析平台。在分析超大数据时，通常使用硬盘驱动器，并且可以通过提高I/O性能来优化Hadoop性能。硬盘驱动器具有不同的性能，具体取决于数据是放置在外部还是内部磁盘区域中。

解决方案：Makoto Nakagami等提出了一种使用作业特征的知识将数据放置在硬盘驱动器中的方法，从而提高了Hadoop的性能。集中且顺序访问存储设备的作业文件放置在外部磁盘轨道中，外部磁盘轨道的顺序访问速度高于内部轨道。临时文件和永久文件分别位于外部区域和内部区域。这样可以避免永久文件对最快区域的使用，从而可以重复使用最快区域。

实验结果：与不使用文件放置的常规情况相比，所提出的方法将Hadoop作业的性能提高了15.0%。所提出的方法也比先前提出的放置方法要好9.9%。

（三）并行计算模型和框架

并行计算模型和框架包括大规模图数据并行处理框架和系统，如Google的Pregel、微软的Trinity；定制式并行计算框架，如全内存集群计算（Bakerley Spark）大规模流式数据处理（Twitter Storm，Yahoo S4）、特定应用问题的定制式并行计算框架；以及混合式并行计算模型和框架，如MapReduce + CUDA并行计算框架的设计与优化、MapReduce + MPI和MapReduce + BSP并行计算框架设计优化等。

1. 大规模图数据并行处理框架和系统。

（1）Trinity Graph Engine。

从系统架构到编程模型，大规模的图形处理在各个层面都面临挑战。Trinity Graph Engine是一个开源的分布式内存数据处理引擎，其基础是强类型的内存键值存储和通用分布式计算引擎。Trinity是一个通用的图形处理引擎，特别强调实时的大规模图形查询处理。Trinity擅长处理大量内存对象和具有大型复杂模式的复杂数据。可以使用Trinity为许多现实生活中的大图（如Microsoft

Knowledge Graph 和 Microsoft Academic Graph）提供实时查询。Trinity 是一种称为 Trinity Memory Cloud 的分布式内存基础架构中的图形引擎。Trinity 不是针对特定类型的图形进行优化，而是作为一个通用的“图形引擎”来支持各种图形应用程序。Trinity 现在是微软在 GitHub 上的开源项目，我们可以使用 Trinity 来支持各种图形应用程序，包括知识图、学术图和社交网络。

（2）Google Knowledge Graph。

Google Knowledge Graph，基于搜索关键词语义理解和信息关联性的智能化搜索功能，可提供搜索对象相关的综合性和多样化信息（文字和媒体信息）。涉及多项综合性技术：一种深度搜索技术、语义分析理解、信息关联网络分析、多样化排名与推荐、基于图片内容的搜索。目前 Google Knowledge Graph 已经有 5 亿个信息“对象”包括 35 亿个属性和相互关系；但目前只支持英文，不支持中文。

除了谷歌的知识图谱外，也有一些其他公开可用的知识图，其中 DBpedia、YAGO 和 Freebase 是最著名的知识图。这些图通常是从半结构化知识（如 Wikipedia）构建的，或者是通过统计和语言方法相结合的方法从网络中收集的，如图 4－2 所示。

图 4－2　Google Knowledge Graph

2. MapReduce＋MIC（或 GPU，CPU）的混合式并行计算模型和框架研究。

在视频或图像内容分析应用中，面向大规模媒体数据分析处理时，单一的 MapReduce 构架和模型不足以胜任，需要采用 MapReduce 调度媒体片段或文件的处理，同时采用 MIC 或 GPU 对本地的数据密集型媒体处理进行并行化加速处理，需要在 MapReduce 模型和框架基础上开发对局部数据用 MIC 或 GPU 加速处理的编程接口和框架。

案例一：micMR：适用于 CPU－MIC 异构体系结构的高效 MapReduce 框架。

Wen 等学者提出了 micMR：一种用于 CPU－MIC 异构体系结构的有效 MapReduce 框架。micMR 主要提供以下新功能：第一，设计了两级拆分和 SIMD 友好映射，以利用 MIC 上的矢量处理单元。第二，开发异构流水线缩减以提高资源利用效率。第三，设计了一种用于访问的内存管理方案，核心价值在主机和 MIC 存储器中的有效配对。此外，包括负载平衡、SIMD 哈希和异步任务传输在内的优化技术旨在提高速度。不仅在具有 CPU 和 MIC 的单个节点中而且还在 CPU－MIC 异构集群中开发了 micMR。实验结果表明，与用于对称多处理系统的高性能 MapReduce 系统 Phoenix ++ 相比，micMR 分别快 8.4 倍和 45.8 倍，而在 CPU－MIC 集群中，则比 Hadoop 快 2.0 倍和 5.1 倍。

案例二：使用 Spark 进行迭代计算的 GPU 内存处理。

由于原始的 MapReduce 模型仅适用于并行批处理，因此许多后续研究都集中在提高模型的效率和性能上。Spark 通过提供内存处理功能来减少用于迭代计算任务的慢速磁盘 I/O，从而顺应了这些最新趋势之一。但是，由于其深层次的内存层次和主机到 GPU 的通信开销，使用图形处理单元（GPU）加速 Spark 的内存中处理更具有挑战性。

Sumin Hong 等学者提出了一种新的 GPU 加速 MapReduce 框架，该框架扩展了 Spark 的内存中处理，便于只在 GPU 内存中执行迭代计算。他们发现当前用于 GPU 计算的 Spark 系统的主要“瓶颈”是 Java 虚拟机上的数据通信，因此，提出了对当前 Spark 进行修改，以绕过昂贵的数据管理，将迭代任务卸载到 GPU。还提出了一种新的 GPU 内存处理和缓存框架，该框架通过延迟评估最大限度地减少了主机到 GPU 的通信，并在多个映射器执行中重用了 GPU 内存。拟议的系统采用基于消息传递接口（MPI）的数据同步进行工作人员之间的通信，以便可以有效地处理更复杂的迭代计算任务，如迭代数值求解器。他们通过大数据处理应用程序中的几个迭代计算任务证明了系统的性能，包括机器学习和科学计算，速度是传统 Spark 的 50 倍，是 GPU 加速 Spark 的 10 倍。

（四）并行化机器学习和数据挖掘算法

并行化机器学习和数据挖掘算法包括分类算法（classification）、聚类（clustering）、关联规则挖掘、参数估计（parameters estimation）、高维度数据降维（dimension reduction）、集成学习（ensemble learning）、图数据算法等。

1. 基于 MapReduce 的 K－Means 并行化算法。

算法伪代码：

k－means 的每一次迭代都可以分为以下 3 个步骤。

第一步，Map：对于每一个点，将其对应最近的聚类中心（见图 4－3）。

```
Algorithm 1. map (key, value)
Input: global variable centers, the offset key, the sample value
Output: <key', value' >pair, where the key' is the index of the closest center point and
value' is a string comprise of sample information

1.   construct the sample instance from value;
2.   minDis = Double. MAX_VALUE;
3.   index = -1;
4.   For i = 0 to centers. length do
         dis = ComputeDist (instance, centers [i]);
         If dis < minDis {
            minDis = dis;
            index = i;
         }
5.   End For
6.   Take index as key';
7.   Construct value' as a string comprise of the values of different dimensions;
8.   Output <key', value' >pair;
9.   End
```

图 4－3　map 部分伪代码

第二步，Combine：刚完成 map 的机器在本机上都分别完成同一个聚类的点的求和，减少 reduce 操作的通信量和计算量（见图 4－4）。

```
Algorithm 2. combine (key, V)
Input: key is the index of the cluster, V is the list of the samples assigned to the same cluster
Output: <key', value' >pair, where the key' is the index of the cluster, value' is a string comprised of
sum of the samplesin the same cluster and the sample number

1.   Initialize one array to record the sum of value of each dimensions of the samples contained in the same
     cluster, i. e. the samples in the list V;
2.   Initialize a counter num as 0 to record the sum of sample number in the same cluster;
3.   While (V. hasNext ()) {
         Construct the sample instance from V. next ();
         Add the values of different dimensions of instance to the array
         num ++;
4.   }
5.   Take key as key'
6.   Take index as key';
7.   Construct value' as a string comprised of the sum values of different dimensions and num;
8.   output <key', value' >pair;
9.   End
```

图 4－4　Combine

第三步，reduce：将同一聚类中心的中间数据再进行求和，得到新的聚类中心（见图4－5）。

```
Algorithm 3. reduce (key, V)
Input: key is the index of the cluster, V is the list of the partial sums from different host
Output: <key', value'> pair, where the key' is the index of the cluster, value' is a string representing the new center

1.  Initialize one array record the sum of value of each dimensions of the samples contained in the same
    cluster, e. g. the samples in the list V;
2.  Initialize a counter NUM as 0 to record the sum of sample number in the same cluster;
3.  While (V. has Next ( ) ) {
        Construct the sample instance from V. next ( ) ;
        Add the values of different dimensions of instance to the array
        NUM + = num;
4.  }
5.  Divide the entries of the array by NUM to get the new center's coordinates;
6.  Take key as key';
7.  Construct value' as a string comprise of the center's coordinates;
8.  output <key' , value'  > pair;
9.  End
```

图4－5 Reduce

近年来，k－means已安装到MapReduce框架中，因此，它已成为聚类非常大的数据集的有效解决方案。但是，k－means本质上不适合在MapReduce中执行。k均值的迭代性质无法在MapReduce中建模，因此，对于k均值的每次迭代，必须执行独立的MapReduce作业，这会导致较高的I/O开销，因为在每次迭代中都必须读取和写入整个数据集慢速磁盘。对此，Saeed Shahrivari等学者提出了一种基于MapReduce的单程解决方案，称为mrk－means，它使用了重新组合技术。与可用的基于MapReduce的k－means实现相反，mrk－means只需要读取一次数据集，因此速度要快几倍。mrk－means的时间复杂度是线性的，低于迭代k－means。由于使用了k－means++播种算法，mrk－means也会生成质量更高的群集。在由40台运行Hadoop框架的机器组成的集群上进行的实验中，与基于MapReduce和基于流的k－means变体相比，mrk－means显示出更快的执行时间和更高质量的集群结果。

2. 频繁项集挖掘并行化算法。

为了从大型数据集中提取有用的和新颖的模式/模型，使用数据挖掘技术似乎是不可避免的。频繁项集（模式）在许多试图从数据集中找到有趣模式的数据挖掘任务中起着至关重要的作用。但是，当计算能力和存储空间有限时，在大数据中挖掘常规项目集的常规方法会遇到巨大挑战。Rania Mkhinini Gahar 等学者针对此问题提出了一种有效的分布式频繁项集挖掘算法，称为 Parallel Char Max，该算法基于一种称为 Charm 的强大顺序算法，所提出的算法已使用 Map Reduce 框架实现。研究的实验部分与诸如 Mine With Rounds 和 HMBA 之类的著名算法相比，该算法的效率和性能比较好。

此外，Nian Liu 等学者提出了一种基于 Map Reduce 的 PrePost + 并行算法（称为并行算法 MR – PrePost + ）来挖掘频繁项集。在此并行化方法中，Reduce 任务执行一组独立的挖掘任务，从而消除了机器之间的数据依赖性和计算依赖性。实验结果表明，基于 MapReduce 的并行算法 MR – PrePost + 在运行时间上的性能优于 PFP，这是最频繁的项集挖掘并行算法之一。

（五）社会网络分析

社会网络分析（social network analysis，SNA）是用于研究行动者及其之间关系的一套规范和方法，是一种定量的群体交互行为研究方法。SNA 以数据挖掘为基础，采用可视化的图以及社会网络结构的形式表示。运用这种研究方法可以建立社会关系模型、发现社群内部行动者之间的各种社会关系。

社会网络分析包括社团发现（community detection），网络建模（network modeling），中心分析和影响力建模（centrality analysis and influence modeling），分类推荐（classification and recommendation），隐私安全等（privacy，spam and security）。

网络中的社团发现是现代网络科学中最受欢迎的主题之一。社区或群集通常是一组顶点，这些顶点相互连接的可能性高于与其他组的成员相连的顶点，尽管其他模式也是有可能的。网络的扩展和大量社交网站（SNS）的出现使用户能够轻松地在共享平台上互连。社交网络可通过由一组曲线图来表示的节点和边连接这些节点。节点代表个体/实体，边对应于它们之间的交互。具有相似品味，选择和喜好的人趋向于加入社交网络的趋势导致虚拟集群或社区的形成。这些社区的检测对于许多应用程序都是有益的，例如，在协作网络中找到一个共同的研究领域，找到一组志趣相投的用户进行市场营销和推荐，以及在生物网络中找到蛋白质相互作用网络等。

（六）Web 信息搜索和排名推荐

Web 信息搜索与数据挖掘的方法包括文档倒排索引（inverted document indexing），深度 Web 搜索（deep web search，精确化、智能化、综合化信息搜索），页面分类（document classification），页面聚类（document cluster），网页摘要（document automatic summarization），重复文档检测与过滤（duplicate document detection & filtering）等；排名与推荐系统的方法包括常规排名（ranking），多样性排名（diversified ranking），基于内容的推荐（content - based recommendation），基于标签的推荐（tag - based recommendation），协同过滤推荐（collaborative filtering recommendation）等。接下来主要介绍文档倒排索引以及 Page Rank 算法。

1. 文档倒排索引。如何为大量文档创建倒排索引以便提供全文检索索引是搜索引擎中最重要的一个问题，目的是加快查找速度。具体到搜索引擎中，索引更是扮演了非常重要的角色，面对海量的网页内容，利用倒排索引可以快速找到包含用户查询关键词的所有网页。

倒排索引是什么？倒排索引表如何建立？倒排索引表的作用是什么？在回答这些问题之前，先要了解一下“单词—文档矩阵”的概念。“单词—文档矩阵”是一种表达单词和文档之间所具有的包含关系的概念模型，模型如图 4 -6 所示。

单词—文档矩阵					
	文档 1	文档 2	文档 3	文档 4	文档 5
词汇 1	√			√	
词汇 2		√	√		
词汇 3				√	
词汇 4	√				√
词汇 5					
词汇 6			√		

图 4 -6　单词—文档矩阵

从纵向看，表示某文档包含哪些单词（如文档 1 包含单词 1 和单词 4）。

从横向看，表示某单词出现在哪些文档中（如单词 1 出现在文档 1 和文档 4 中）。

而搜索引擎的索引就是实现“单词—文档矩阵”的具体数据结构，如有倒排索引，后缀树等。其中，倒排索引是最佳的实现方式。总的来说，倒排索引就是一种实现“单词—文档矩阵”的数据结构，它常常用作搜索引擎的索引结构。

（1）倒排索引基本概念。

文档（document）：一般的搜索引擎处理对象是 Internet 网页，文档的概念更广泛，代表以文本形式存在的存储对象，与网页相比，它涵盖了更多的形式，如 Word、PDF、html、XML 等不同格式的文件都可以称之为文档。此外，文本消息、电子邮件、微博等也可以称为文档。

文档集合（document collection）：由若干文档构成的集合称为文档集合，如海量的互联网网页或者说大量的电子邮件都是文档集合的具体示例。

文档编号（document ID）：在搜索引擎中，文档集合中的每个文档都将获得一个唯一的内部编号，该编号将用作此文档的唯一标识，以便于内部处理。每个文档的内部编号称为“文档编号”。

单词编号（word ID）：类似于文档编号，唯一编号用于表示搜索引擎中的单词，而单词编号可用作单词的唯一表示形式。

倒排索引（inverted index）：倒排索引是实现“单词—文档矩阵”的一种具体存储形式，通过倒排索引，可以根据单词快速获取包含这个单词的文档列表。倒排索引主要由两个部分组成：“单词词典”和“倒排文件”。

单词词典（lexicon）：搜索引擎的常用索引单位是单词。单词词典是由出现在文档集中的所有单词组成的字符串集合。单词词典中的每个索引条目记录有关单词本身和指向“倒排列表”的指针的一些信息。

倒排列表（posting list）：倒排列表记载了出现过某个单词的所有文档的文档列表及单词在该文档中出现的位置信息，每条记录称为一个倒排项（posting）。根据倒排列表，即可获知哪些文档包含某个单词。

倒排文件（inverted file）：所有单词的倒排列表通常按顺序存储在磁盘上的文件中。该文件称为倒排文件，倒排文件是存储倒排索引的物理文件。

关于这些概念之间的关系，通过图 4-7 可以比较清晰地看出来。

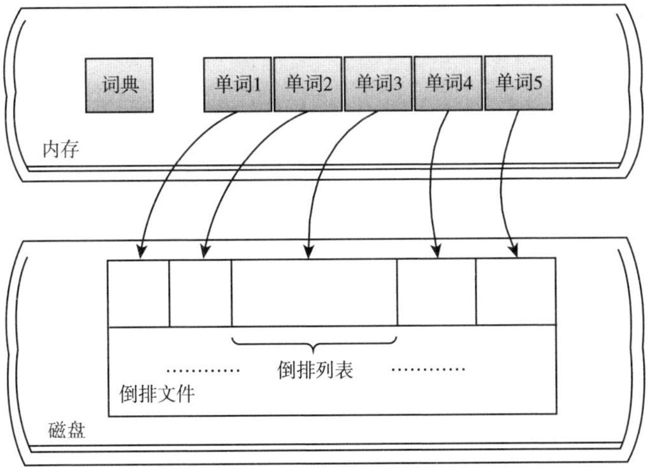

图 4-7　倒排索引基本概念示意图

（2）倒排索引简单实例。

倒排索引从逻辑结构和基本思路上来讲非常简单。下面我们通过具体实例来进行说明，使读者能够对倒排索引有一个宏观而直接的感受。

假设文档集合包含五个文档，每个文档内容如图 4－8 所示，在图中最左端一栏是每个文档对应的文档编号。我们的任务就是对这个文档集合建立倒排索引。

文档编号	文档内容
1	阿里巴巴创始人马云正式退休
2	阿里巴巴创始人马云宣布退休
3	阿里巴巴创始人马云宣布正式退休
4	阿里巴巴创始人马云生日当天宣布退休
5	阿里巴巴创始人马云称希望换个江湖

图 4－8　文档集合

中文和英文等语言不同，单词之间没有明确分隔符号，所以首先要用分词系统将文档自动切分成单词序列。这样每个文档就转换为由单词序列构成的数据流，为了系统后续处理方便，需要对每个不同的单词赋予唯一的单词编号，同时记录下哪些文档包含这个单词，在如此处理结束后，可以得到最简单的倒排索引。在图 4－9 中，“单词 ID”一栏记录了每个单词的单词编号，第二栏是对应的单词，第三栏即每个单词对应的倒排列表。如单词“阿里巴巴”，其单词编号为 1，倒排列表为｛1，2，3，4，5｝，说明文档集合中每个文档都包含这个单词。

单词 ID	单词	倒排列表（DocID）
1	阿里巴巴	1，2，3，4，5
2	创始人	1，2，3，4，5
3	马云	1，2，3，4，5
4	正式	1，3
5	退休	1，2，3，4
6	宣布	2，3，4
7	生日	4
8	当天	4
9	称	5
10	希望	5
11	换个	5
12	江湖	5

图 4－9　简单的倒排索引

之所以说如图 4－9 所示倒排索引是最简单的，是因为这个索引系统只记载了哪些文档包含某个单词，而事实上，索引系统还可以记录除此之外的更多信息。图 4－10 是一个相对复杂些的倒排索引，与图 4－9 的基本索引系统比，在单词对应的倒排列表中不仅记录了文档编号，还记载了单词频率信息（TF），即这个单词在某个文档中的出现次数，之所以要记录这个信息，是因为词频信息在搜索结果排序时，计算查询和文档相似度是很重要的一个计算因子，所以将其记录在倒排列表中，以方便后续排序时进行分值计算。在图 4－10 的例子里，“生日”的单词编号为 7，对应的倒排列表内容为：（4：1），其中的 4 代表文档编号为 4 的文档包含这个单词，数字 1 代表词频信息，即这个单词在 4 号文档中只出现过 1 次，其他单词对应的倒排列表所代表含义与此相同。

单词 ID	单词	倒排列表（DocID）
1	阿里巴巴	（1；1），（2；1），（3；1），（4；1），（5；1）
2	创始人	（1；1），（2；1），（3；1），（4；1），（5；1）
3	马云	（1；1），（2；1），（3；1），（4；1），（5；1）
4	正式	（1，1），（3，1）
5	退休	（1；1），（2；1），（3；1），（4；1）
6	宣布	（2；1），（3；1），（4；1）
7	生日	（4；1）
8	当天	（4；1）
9	称	（5；1）
10	希望	（5；1）
11	换个	（5；1）
12	江湖	（5；1）

图 4－10　带有单词频率信息的倒排索引

实用的倒排索引还可以记载更多的信息，如图 4－11 所示索引系统除了记录文档编号和单词频率信息外，额外记载了两类信息，即每个单词对应的“文档频率信息”以及在倒排列表中记录单词在某个文档出现的位置信息。

“文档频率信息”代表了在文档集合中有多少个文档包含某个单词，之所以要记录这个信息，其原因与单词频率信息一样，这个信息在搜索结果排序计算中是非常重要的一个因子。而单词在某个文档中出现的位置信息并非索引系统一定要记录的，在实际的索引系统里可以包含，也可以选择不包含这个信息，因为这个信息对于搜索系统来说并非必需的，位置信息只有在支持“短语查询”的时候才能够派上用场。

单词 ID	单词	文档频率	倒排列表（DocID）
1	阿里巴巴	5	(1; 1; < 1 >), (2; 1; < 1 >), (3; 1; < 1 >), (4; 1; < 1 >), (5; 1; < 1 >)
2	创始人	5	(1; 1; < 2 >), (2; 1; < 2 >), (3; 1; < 2 >), (4; 1; < 2 >), (5; 1; < 2 >)
3	马云	5	(1; 1; < 3 >), (2; 1; < 3 >), (3; 1; < 3 >), (4; 1; < 3 >), (5; 1; < 3 >)
4	正式	2	(1; 1; < 4 >), (3; 1; < 4 >)
5	退休	4	(1; 1; < 5 >), (2; 1; < 5 >), (3; 1; < 6 >), (4; 1; < 7 >)
6	宣布	3	(2; 1; < 4 >), (3; 1; < 4 >), (4; 1; < 6 >)
7	生日	1	(4; 1; < 4 >)
8	当天	1	(4; 1; < 5 >)
9	称	1	(5; 1; < 4 >)
10	希望	1	(5; 1; < 5 >)
11	换个	1	(5; 1; < 6 >)
12	江湖	1	(5; 1; < 7 >)

图 4－11　带有单词频率、文档频率和出现位置信息的倒排索引

以单词“正式”为例，其单词编号为4，文档频率为2，代表整个文档集合中有两个文档包含这个单词，对应的倒排列表为：{（1；1；< 4 >），（3；1；< 4 >）}，其含义为在文档1和文档3出现过这个单词，单词频率都为1，单词“正式”在两个文档中的出现位置都是4，即文档中第四个单词是“正式”。

图4－11所示倒排索引已经是一个非常完备的索引系统，实际搜索系统的索引结构基本如此，区别无非是采取哪些具体的数据结构来实现上述逻辑结构。

有了这个索引系统，搜索引擎可以很方便地响应用户的查询，如用户输入查询词“正式”，搜索系统查找倒排索引，从中可以读出包含这个单词的文档，这些文档就是提供给用户的搜索结果，而利用单词频率信息、文档频率信息即可以对这些候选搜索结果进行排序，计算文档和查询的相似性，按照相似性得分由高到低排序输出，此即为搜索系统的部分内部流程。

2. 网页排名图算法 PageRank。

（1）简介：PageRank 算法是一种链接分析算法，由 Google 提出并用于标识网页重要性。PageRank 算法基于两个假设：

假设1：入链数量假设。重要程度越高的网页的入链数量越多。

假设2：入链质量假设。高质量的网页为其链接的页面带去更多权重。

基于这两条假设，PageRank 算法为每个页面设置初始权重值，根据网页间的链接关系，在多轮迭代中更新每个网页的权重，直至各页面的权重值稳定。不考虑作弊的情况，我们通常将最终权重值越高的节点视为越可靠网页。

PageRank 算法原理：PageRank 算法的简化公式如下：

$$PR(u) = \sum_{v \in B_u} \frac{PR(v)}{L(v)} \tag{4-1}$$

其中，L(v)表示网页 v 的出链数量，PR(v)表示网页 v 的 PageRank 值，Bu 表示网页 u 的入链集合。从该公式不难看出，每个页面的 PageRank 值是由其所有入链网页的 PageRank 值累加得到。

（2）阻尼系数（damping factor）。PageRank 算法可以视为对网页跳转的模拟，当有些网页只有入链而没有出链时，则无法从这些网页跳转出去，使每个网页的 PageRank 值最终为 0。图 4－12 给出了这个问题的实例，网页 C 没有到其他页面的链接，随着算法的不断迭代，每个网页的权重值不断减少，最终收敛于 0。

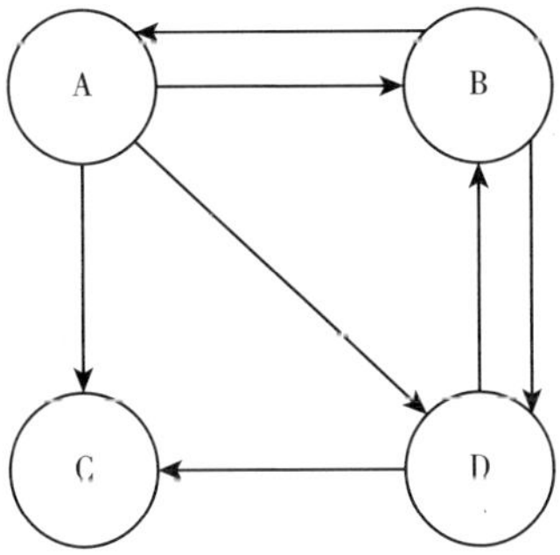

图 4－12　PageRank 算法实例

为了避免上述问题，在算法中引入阻尼系数 d，作为网页随机跳转的概率。PageRank 的计算公式也被修正为：

$$PR(u) = \frac{1-d}{N} + d \times \sum_{v \in B_u} \frac{PR(v)}{L(v)} \tag{4-2}$$

其中 d 为常数，一般取值为 0.85。

（七）媒体分析检索

媒体分析检索包括大规模图像检索（image retrieval）、大规模图像分类（image classification）、目标识别（object recognition）、视频异常行为检测（abnormal event detection）等技术。

1. 大规模图像检索并行化算法。基于 Internet 的信息中包含最多的就是图片。目前，通过计算机、照相机、手机和诸如 photoshops 之类的软件可以提供广泛的图像信息，这些图像是特定客户的私有图像。这些高级图片信息应以安全为最终目标，即客户端以外的其他人不应访问该图片信息。有一些领域利用基于内容的图像检索应用程序，处理大量的信息并为客户提供更精确的结果。该方法可以高效地从大型图像数据库中检索图像，以便根据给定的要求提供所需的输出，其中 Hadoop MapReduce 是一种常用的算法。其主要目的是利用并行处理的原理处理图像形式的大量数据。此方法称为“使用 Hadoop MapReduce 的基于内容的图像检索”。

2. 大规模图像分类。案例：基于资源感知的 MapReduce 的并行 SVM 用于大规模图像分类。

机器学习技术通过使用关键字自动对图像进行分类和注释来促进图像检索。其中，支持向量机（SVM）由于其通用性而被广泛使用。然而，特别是当训练数据集很大时，SVM 训练显然是一个计算密集型过程。Wenming Guo 等学者提出了 RASMO，这是一种基于资源感知的 MapReduce 与基于并行 SVM 的大规模图像分类算法，该算法将训练数据集划分为较小的子集，并使用计算机集群并行优化 SVM 训练。此外，设计了一种基于遗传算法的负载均衡方案，以优化异构计算环境中 RASMO 的性能。

3. 目标识别。案例：S. Noor 与 V. Uddin 两位学者提出了一种基于 MapReduce 的实现方法，该方法使用了从内向外和从外向内视图的高维图像流，并应用于基于 SIFT 的简单特征提取方法上，以提供一种快速准确的目标识别算法。在使用附加信息流时，可以提高目标识别精度，在使用更多硬件和并行化时，还可以提高速度，从而证明了该算法的性能。首先，使用了其他感知源由内而外的视觉来提高对象识别的精度。其次，使用并行处理技术 - MapReduce 提高计算速度。

（八）基于本体的语义分析与挖掘

基于本体的语义分析与挖掘的研究方向包括：本体语义数据库、大规模语义数据并行化查询分析技术、大规模语义融合与深度挖掘、大规模文本语义分析与挖掘、大规模媒体语义分析与挖掘等。

目前已有课题组做了相关研究，主要有以下五个层面的研究工作：大数据机器学习算法、大数据媒体内容分析、媒体关联语义挖掘、媒体大数据分布存储、并行化计算平台框架、媒体分析挖掘示范性等。

胡伟等学者在面向大数据的媒体内容分析与关联语义挖掘的研究中提出 Rainbow，其是一个动态分布和层次结构的可扩展且高效的 RDF 三重存储。Rainbow 的存储是分布式和分层的，并且将常用的 RDF 数据索引驻留在分布式内存中，以实现快速随机访问。基于对查询空间的统计分析，Rainbow 设计了一种适合其存储体系结构的混合索引方案。通过分析实际用户和综合基准查询，提出了一种混合索引方案，可以有效地存储和查询大规模 RDF 数据。除了采用分布式存储来保持数据持久性之外，还构建了分布式内存来存储经常使用的 RDF 数据索引以进行快速随机访问。Rainbow 是可动态扩展的，利用一致的哈希算法在分布式内存存储中对数据进行分区，这允许在需要时添加或删除内存存储资源，而无须完全重新分配索引，并且设计了一种容错机制，以确保 Rainbow 中成功的查询响应。

（九）大数据自然语言处理智能化应用

大数据自然语言处理智能化应用所包括的技术有机器翻译（machine translation），情感分析（sentiment analysis），舆情分析（public opinion analysis），命名实体抽取（naming entity extraction），智能输入（smart input），问答系统（QA）等。

1. 统计机器翻译并行化算法和系统。

Vicic 等学者介绍了在 MapReduce 模型中实现机器翻译系统的实验。使用嵌入在 MapReduce 编程模型中完全实现的翻译系统来进行经验评估。他们研究了两种机器翻译范例：基于浅传递规则的机器翻译和统计机器翻译。结果表明，该方法在不降低翻译输出质量的情况下提高了机器翻译系统的吞吐量。

2. 情感分析。

案例：使用语义相似性和 Hadoop MapReduce 进行情感分析。

情感分析或观点挖掘是从书面语言分析人们的观点、情感、评价、态度和情感的领域。近年来，它已成为科学研究的一个非常活跃的领域，尤其是随着 Facebook 和 Twitter 等社交网络的发展。

Madani 等学者提出了两种对推文进行分类的新方法（寻找推文中表达的感觉）：第一种根据消极、积极或中立的三类，第二种根据消极或积极的两类。第一种方法是计算要分类的推文与三个文档之间的语义相似度，其中每个文档代表一个类（包含代表一个类的单词）；在计算相似度之后，该推文采用的文档类别具有最大的语义相似性。第二种方法是通过提出一个新的公式来计算要分类的推文中每个单词与单词“正”和“负”之间的语义相似度。如果推文的数据集非常多，使用带有 Hadoop 框架和编程模型 MapReduce 以并行和分布式的方式进行分析，以解决分析的计算时间问题。实践证明，此方法给出的分类率、错误率、精密度、准确度和 F1 量度的水平具有良好的效果。

3. 舆情分析。

案例：基于 Hadoop 的网络舆情分析模型及其实现。

为了有效地进行网络舆情挖掘，Wang 等学者提出了一种基于 Hadoop 的网络舆情分析模型，该模型应用 HDFS 文件服务系统存储海量分布的网络数据，提供了容错性和可靠性保证。由于传统的 K－means 聚类方法在聚类过程中效率低下，无法有效地处理海量数据。该研究通过对话题热点的分析，获得一定时期内热点网络舆情信息，并通过实验验证了该方法的有效性。

（十）大数据可视化计算与分析

大数据的应用不仅仅需要对数据进行处理和分析，如何直观、有效地展示分析结果同样重要。数据可视化计算和分析在决策中起着重要作用。它也给可视化领域带来了新的机遇，代表了通过可视化手段解决大数据问题的创新思路。以实时或静态的形式可视化如此大量的数据是一个巨大的挑战。

可视化定义：利用人眼的感知能力对数据进行交互的可视表达以增强认知的技术，称为可视化。数据可视化的主要作用包括数据记录与表达、数据操作和数据分析三个方面，这也是可视化技术支持计算机辅助数据认知的三个基本阶段。数据可视化起源于图形学、计算机图形学、人工智能、科学可视化以及用户界面等领域的相互促进和发展，它利用计算机对抽象信息进行直观的表示，有助于增强认知能力以及快速检索信息，是当前计算机科学的一个重要研究方向。

数据可视化应该基于数据的特征（如时间信息和空间信息），找到合适的可视化方法如图表（chart）、图（diagram）和地图（map）等，以直观地显示数据，从而帮助人们理解数据并找出海量数据中包含的规则或信息。数据可视化是大数据生命周期管理的最后也是最重要的一步。

数据可视化系统的目的不是显示已知数据之间的规律，而是帮助用户通过认知数据发现数据的本质。

1. 大数据可视化的特征包括以下几个方面。

（1）直观。大数据可视化不仅具有视觉冲击，还要顾及用户日渐提升的可视化美学标准。设计师和艺术家们采用更具有创造性的方式将数据呈现出来，为用户提供更好的阅读体验和视觉感受。

(2) 交互性。数据的分享不再局限于静态的二维平面，而是变得更加多维化。根据自己的个性化需求，用户可以对大数据的分类进行相应的筛选和分析，对数据有更为直观的了解，同时用户与数据之间的互动也随之加强。

(3) 实时。当今人工智能和机器学习技术快速发展，图像领域对物体的检测与识别不仅可以知道图像中物体的种类，还能知道物体在图像中的具体位置和信息。相关应用领域包含监控、比赛运动员行动捕捉、人脸识别等。

2. 总体而言可视化实现过程包括以下几个方面。

(1) 数据搜集。实现大数据可视化并构建相应的数据图的基础是进行大量的数据搜集，根据要构建的数据图模型进行相应类型的数据搜集。为了确保数据的真实性和准确性，可以在官方或者权威网站获取数据，但是必须做到数据获取的合法性。

(2) 确定图表类型。数据所制作的图表类型要根据研究对象确定。每一种图表类型的决定，都有明确而迫切的需要。在已知的图表类型中进行选择时，首先要知道自己想要解决的究竟是什么问题。例如，开创了麻醉学和公共卫生医学先河的英国麻醉学家、流行病学家 John Snow 医生在没有电子地图的情况下，创造性地将数据和地图结合在一起，手绘并分析出了霍乱的来源。

(3) 绘制图表。使用相关软件，利用编程技术导入之前所搜集到的有效数据，从而进行图表的绘制。

五、我国大数据发展的态势

中国的数据体量规模预计在 2025 年增至 48.6ZB，约占全球互联网数据圈总体量的 27.8%，届时中国将成为全球最大的数据圈。近年来中国移动大数据应用领域技术发展产业化态势良好，一些知名的互联网信息服务公司已经建立了国际领先的大数据信息存储和分析处理的平台，并且进一步取得了国际先进的重要技术进步。中国移动大数据在支付、网络征信、电子商务等应用领域也在蓬勃发展。但是，目前大数据与互联网和实体市场经济的融合还远不够，行业移动大数据技术应用的覆盖广度和应用深度还存在较大的提升空间，生态系统也亟待进一步形成和完善。

随着我国政务系统信息化的发展和日益完善，大量与公众日常生活息息相关的大数据和政府数据开始发挥作用。各级政府利用这些数据资源，在支撑政府决策和提供便民服务方面做出了不少成绩，同时也促进了大数据事业的发展。2015 年 9 月，国务院办公厅发布《促进大数据发展行动纲要》，主要内容为坚持和推动“加快政府数据开放共享，推动资源整合，提升治理能力”。2017 年跨部门的政府数据和资源开放共享共用的政府治理格局已经初步形成；2018 年建成了一个由政府部门主导的政府数据共享和资源开放平台，打通了政府部门、企事业单位间的政府数据壁垒，并在部分公共服务领域成功开展了应用推广和试点；2020 年实现了政府信息化数据的普遍开放。随后，国务院陆续印发了系列政策文件，推进了政务信息管理系统资源的共享与管理、互联网 + 国家政务信息化服务系统试点、政务信息化服务“一网、一门、一次”改革等，推进了跨政府层级、跨地域、跨政府系统、跨部门、跨政府业务的国家政务信息管理系统的整合、互联、协同和数据共享，用公共政务大数据平台支撑“放管服”数据共享改革的落地，建设新型数字开放共享政府和建设智慧政府。

目前，我国公共政务领域的数据开放和共享已经取得了重要的进展和明显的效果。例如，2020 年 3 月浙江省推出的“最多跑一次”的改革，是加快推进政务供给侧一体化结构性的改革、优化电信运营商服务环境的一项重要改革举措。以浙江省衢州市不动产使用权交易中心为代表的案例，通过设立公共政务综合窗口和再造的业务流程，群众由原来需要跑国土、住建、税务 3 个窗口 8 次提交 3 套业务材料，变为只需要跑综合窗口 1 次提交 1 套材料，效率大幅提高。

在对科研技术创新投入方面，前期通过了国家重点科技创新计划在大规模集群内存计算、服务器、处理器芯片、基础设施软件等技术方面系统性地部署了一些重点研发项目和任务，成绩斐然。“十三五”期间在一些国家重点的研发项目和计划中实施了“云计算和大数据”重点专项。当前我国科技与创新 2030 大数据领域的重大项目正在紧锣密鼓地筹划、部署中。在对大数据内存计算、协处理芯片、分析方法等方面已经突破了一些关键技术，特别重要的是致力于打破“信息孤岛”的数据互操作技术和移动互联网大数据应用平台已经处于国际领先水平；在对大数据的存储、处理技术方面，研发了一些重要的产品，有效地促进和支撑了大数据的应用；国内众多互联网大数据公司所研发和推出的互联网大数据应用平台和信息服务，处理数据能力已经跻身于世界各个行业前列。

国家的大数据发展战略正式实施以来，地方人民政府纷纷积极响应联动、积极地谋划和布局。目前国家发改委已经组织建设 11 个省级国家重点大数据技术创新工程实验室，为加快推进大数据应用领域及其相关的技术创新和应用提供了支撑和相关技术服务。部署出台了促进我国大数据产业健康发展的政策指导意见实施政策、发展实施方案、专项扶持政策和规章制度等，使大数据的发展呈蓬勃之势。

然而，当前我国在应用大数据技术方面依然存在一些问题。

1. 我国大数据应用治理的体系长效机制尚待健全。首先，法律法规的实施滞后。目前，我国尚未颁布真正意义上的专业数据分析应用管理法规，只在少数相关的法律条文中有部分涉及数据分析应用管理、数据安全等相关法律规范的具体内容，难以满足大数据快速增长的需求。其次，共享应用资源开放的程度低。进一步推动我国大数据分析应用资源的共享和开放，将有利于打通不同部门和系统之间的数据壁垒，促进海量数据的流转，形成一个覆盖全面的专业化大数据应用资源，为大数据分析和应用的发展奠定基础。我国的网上政务审批数据共享和开放的进程，相对于《行动纲要》明确的共享开放时间和节点，已明显落后，且政务数据的质量安全隐患堪忧。不少国家和地方的公共政务数据与开放平台，仍然普遍存在数据开放标准不统一、数据不完整、不好用甚至数据不可持续利用等质量安全问题。当前政务数据共享与开放的意义重大，仍然需要坚持不懈地进行持续研究和推进。最后，安全隐患问题日益增多。近年来，数据安全和用户隐私数据信息泄露等安全事件频发，凸显出了大数据在信息化发展过程中面临的严峻机遇和挑战。在当前大数据发展环境下，数据在跨系统的采集、存储、跨境传输以及跨系统的流转、利用、交易和数据销毁等各个环节的全生命周期数据管理过程中，所有权与数据管理权分离，真假难辨，多系统、多环节的政务信息隐性数据留存，导致数据的跨境利用和跨系统的流转追踪难、控制难，数据确权和可信数据的销毁也更加困难。

2. 大数据核心技术薄弱。基础理论与算法核心技术的落后直接导致了我国电子信息产业核心技术长期存在“空心化”和“低端化”的问题。尽管我国在大数据应用领域已经取得较大进展，但是在基础理论、核心器件和算法、软件等核心技术层面，较之于美国等电子信息技术发达国家仍明显落后。在大数据的管理、处理系统与工具的应用方面，我国主要是依赖国外大数据开源社区的国际开源应用软件，然而，由于目前我国对大数据国际开源社区的国际影响力较弱，导致对于大数据核心技术与生态的发展缺乏自主可控的能力，成为制约和影响我国工业与大数据电子信息产业可持续发展和大数据国际化业务运营的重大安全隐患。

3. 大数据的融合与应用有待深化。当前我国的大数据与互联网和实体经济的融合不够深入，具体表现在：大数据基础设施的配置管理不到位，数据采集的难度大；实体经济缺乏有效的引导与保障的支撑，实体经济的数字化创新和转型缓慢；中小企业缺乏独立自主安全可控的工业数据资源互联共享的平台。

当前，工业大数据和互联网已经成为互联网时代经济发展的新支撑，然而仍存在不少突出的问题：一是政府热、企业冷，政府时有“项目式”“运动式”的推进，而中小企业由于没有看到直接、快捷的好处，接受度低；大数据基础设施的数字化应用率和连接互联网率偏低；大多数大企业仍然比较倾向于打造难以与外部信息系统交互的封闭信息系统，数字化创新和转型的市场驱动力和创新能力严重不足；国外厂商的一些大数据设备在我国仍然具有一定的垄断地位。

第二节 大数据技术平台与架构

一、大数据技术发展

（一）大数据处理技术的重要性

当前，全球拥有的信息计算数据规模和总量已经远远超过历史上任何一个时期，更为重要的是，数据量的增加已经呈现出逐年倍增的趋势，并且每个国家的应用所需要计算的数据量也大幅增加。

数据的技术种类繁多，在其文本编码方式、存储器和文件格式、应用环境特征等多个方面同时存在多层次、多方面的技术差异性，结构化、半结构化、非结构化数据并存，并且半结构化和非结构化数据占比不断增加。

在大数据的价值和可用性方面，数据规模增大到一定程度之后，分析大数据所产生的专业知识和价值也随之增大，这些知识对于推动我国社会经济的发展和科技进步具有重大价值。此外，大数据还呈现出功能个性化、不完备化、价值稀疏、交叉化和复用等基本特征。

（二）大数据处理技术发展的驱动力

1. 随着数据计算市场规模急剧扩大，传统的数据计算技术面临严重挑战。

中国移动一个省的电话用户通联记录（CDR）每月最高可达 0.5PB ~ 1PB，全国每月产生高达 7PB ~ 15PB 的数据，如此巨大的数据量已经使 Oracle 等传统数据库管理系统难以有效应对；其他系统的数据也是与日俱增，如南京市公安局 320 道路自行车监控数据云计算管理系统，数据量为三年 200 亿条、总量 120TB。

2. 传统的关系数据库技术已经难以胜任大数据的管理。

关系数据库的存储和处理能力已经难以满足大数据的存储和分析查询的需求。Oracle 的海量数据库集群存储系统 Exadata，为用户定制的集群数据库系统需要 2000 万元，存储 100TB 高性能的分布式数据；IBM 基于数据库 DB2 构建了定制的数据仓库和集群存储系统，每集群存储数据 60TB，价格 500 万元。这些用户定制的数据库和分布式关系数据库集群存储系统的价格过于昂贵，而且仍然难以满足大数据处理的要求，且难以进行扩展。

3. 现有数据处理能力大幅落后于数据增长速度。

磁盘网络存储数据容量的快速增长，快要超过磁盘存储数据访问延迟带宽和磁盘数据访问延迟。100TB 按两条数据线的顺序读一遍万元级的硬盘到底需要多少秒？用户访问数据的平均速率 128MB/秒，1TB/128MB 约 2.17 小时，100TB/128MB =217 小时 =9 天！即使用百万元高速磁盘阵列（800MB/秒），仍需 1.5 天！

4. 大数据并行处理没有通用和现成的解决方案。

对于传统的应用技术而言，云计算平台软件、虚拟化平台软件一般不需要自己开发，但行业的大规模海量数据采集和处理系统还没有一套现成和国际通用的数据处理软件，需要针对特定的行业应用和需求专门进行开发，涉及诸多数据并行化的算法、索引数据查询优化技术以及系统的软件设计和实现等。

5. 海量的数据中隐含着更准确的历史事实。

研究人员发现，大数据量可显著地提高使用机器训练学习模式匹配算法的速度和准确性；机器训练数据集越大，数据分类的精度越高；机器训练大数据集上的简单模式匹配算法有可能比其他小数据集上的复杂模式匹配算法能够产生更好的数据分析结果，因此机器训练数据量足够大时有可能通过使用简单但代价很小的简单模式匹配算法即可达到很好的机器学习数据分类精度。

二、大数据技术概述

大数据的批量计算处理工作形态大致分为批量数据计算（batch computing）和在大数据流式上的自动化批量计算（stream computing）两种。

（一）批量计算

1. 大数据批量计算技术。

大数据批量计算的技术框架广泛应用于实时和静态数据的离线批量计算和实时数据处理，框架开发和设计的初衷是为了更好地解决大规模非实时静态数据的计算问题，并更加关注整个大数据计算技术框架的数据吞吐量。MapReduce 的低成本、高可靠性和高可扩展性降低了大数据计算和分析的技术门槛，并已被广泛使用。在此基础上，设计和开发了许多批处理数据处理技术框架，并从系统编程模型、存储介质等方面不断提高批处理数据的效率和性能，使其能够适应更多的批量计算应用场景。

如图 4－13 所示，批量数据计算首先是进行静态数据的处理和存储，然后再对数据存储的各个静态数据节点进行集中的处理和计算。Hadoop 架构是典型的分布式大数据批量计算文件系统架构，由一个 DFS 分布式文件系统负责对静态数据处理和存储，并通过 MapReduce 将各个计算节点的逻辑和分配信息发送到各自的数据存储节点，然后进行动态数据的计算和分析。

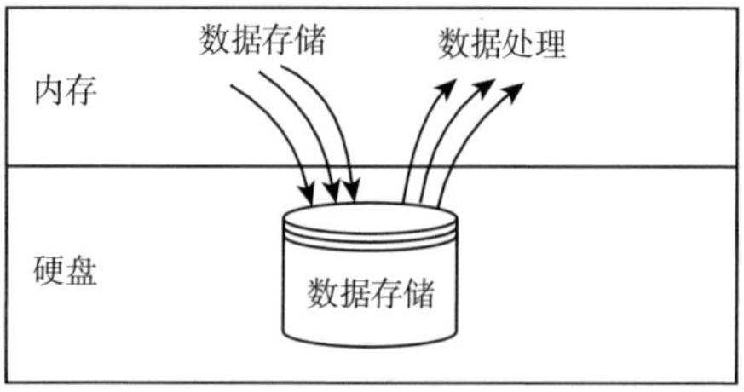

图 4－13　批量计算

（1）MapReduce 计算框架：MapReduce 计算框架主要是通过提供简单的编程语言接口，在一些大规模廉价的数据中心服务器上直接搭建大数据计算和 IO 处理能力强大的计算框架，并行度高、容错性好，其开源项目 Hadoop 已经形成完整的大数据分析生态系统，并在不断改进。在资源可持续扩展性管理方面，通过引入新的数据中心资源管理框架 YARN，减轻数据中心主节点的资源管理负载，集群性能和规模得以提高，资源的管理更加有效。任务调度资源管理方面，提出如公平调度、能力平衡调度、延迟平衡调度等多种任务调度器，更加关注主节点在数据中心内部的资源管理使用的公平性、执行任务环境的异构性和高吞吐的任务目标。另外，采用启发式的方法对节点进行了预测和调度，实时自动跟踪每个节点的负载变化，提供更优的任务执行序列和资源分配解决方案。容错性设计方面，MapReduce 框架本身已经支持对任务进行高级的容错，任务执行失败后会重新进行计算，但是对于任务中的 Master 节点的容错一直忽略，现有的一种解决容错方法是采用多平台备份的方式进行解决，通过网络共享平台存储备份同步的数据，采用多平台网络文件系统（NFS）或者 Zookeeper 的方式来支持共享存储。另外，MapReduce 已经添加了多平台支持，可以部署在图像处理单元（GPU）等高性能计算环境中。

（2）Dryad 计算框架：按照微软官方的定义，Dryad 引擎是一个通用的粗颗粒度的用于分布式计算和数据资源管理调度的引擎，这里所说的粗颗粒度，指的是针对批量应用数据进行批量化处理的批量应用数据处理模式，当然针对数据批量化处理的粒度可大可小。Dryad 是一个用于构建整个微软云计算的基础和设施的编程模型核心技术。这种编程模型的特点相比于传统的 MapReduce 更具一般性——用有向无环图（DAG）描述任务的执行，其中用户指定的程序是 DAG 图的节点，可通过文件、共享内存或者传输控制协议（TCP）通道来传递数据，任务相当于图的生成器，可以自动合成任何有向无环图，甚至在任务执行的每一个过程中这些合成的图也都可以发生变化，以更好地响应微软云计算执行过程中可能发生的各种事件。Dryad 在容错处理方面的支持良好，底层的分布式数据存储系统支持数据备份；在任务调度的应用方面，Dryad 的任务调度适用性更广，不仅可以适用于云计算，在单机多核和多处理器以及各种异构的集群，同样可以具有良好的容错处理性能；在系统的可扩展性和功能方面，可以直接伸缩于各种规模的数据处理集群和云计算处理平台，从传统的单机多核计算机扩展到由多台计算机处理器组成的数据处理集群，甚至可以拥有数千台异构计算机的分布式数据中心。Microsoft 借助 Dryad，在提高大数据处理性能方面也已经形成了完整的容错处理软件栈，部署了分布式数据存储容错处理系统 Cosmos，提供 Dryad LINQ 编程语言，使普通程序员可以轻易进行大规模的分布式计算。

（3）Spark 计算框架：Spark 计算框架是一种高效通用的弹性集合分布式计算框架，采用基于 DAG 图的编程模型，提供了丰富的分布式编程方法和接口。不同于 MapReduce 只能通过直接串联多个任务和阶段来实现复杂的应用，Spark 可以在 DAG 图中自动划分不同的任务和阶段，完成复杂任务和应用的设计和定义。在提高数据计算的效率和可靠性方面，Spark 将结果以及重复使用的数据缓存在内存中，减少了磁盘 IO 带来的开销，更适用于机器学习等需要迭代计算的算法；在数据的容错性方面，Spark 表现突出，数据以弹性分布式数据集（RDD）的形式存在，依靠 Lineage 的支持（记录 RDD 的演变），能够以操作本地集合的方式来操作分布式数据集。当 RDD 的部分分区数据丢失时，它可以通过 Lineage 获取足够的信息来重新运算和恢复丢失的数据分区。通过记录跟踪所有 RDD 的转换流程，可以保证 Spark 计算框架的容错性。资源管理及任务调度方面，Spark 借助 Mesos 或者 YARN 来进行集群资源的管理，部署在集群中使用。Spark 计算框架发展至今，已经在框架上形成了完整的资源管理软件，在 Spark 的上层，已经能够支持在分布式内存中进行快速数据分析的 Shark、流计算 Spark Streaming、机器学习算法库 Mllib、面向图计算的 Graph X 等。

（4）Graph Lab 计算框架：机器学习图计算框架 Graph Lab 的提出主要是为了有效解决集群中大规模机器学习图计算问题。相比于信息数据传递的接口（MPI），Graph Lab 计算框架提供了更简单的机器学习编程语言接口，抽象的图形结构和模型设计使用户不必过分关注服务器和进程间的数据通信。相比于 MapReduce 计算框架，Graph Lab 更适合处理各数据之间依赖程度强、数据与数据之间需要频繁计算和信息交互的场景。Graph Lab 提出的图计算理论和方法不仅解决了集群中图处理的扩展问题，也解决了单机系统中大规模的图计算问题，可形成完整的面向机器学习的并行计算框架。但是，对于大规模自然图的处理，Graph Lab 仍然存在负载极不均衡、可扩展性差等缺点，因而 Graph Lab 团队进一步提出了 Power Graph。Power Graph 并行的核心思想是根据边的规模对顶点进行分割并部署在不同的机器上，由于不需要将同一个节点对应的所有边的信息载入单机的内存中，因而消除了单机内存的约束。在系统的容错性方面，Power Graph 采用检查点技术，未来也可能考虑通过使用同一个节点的副本并行冗余处理技术大大提高系统的容错性，能够在最大限度地提高系统计算运行效率的同时完成快速的恢复。

2. 批量数据处理应用场景。

在当前应用领域中，批量数据采集和批量处理仍然是主要数据应用处理场景。典型应用场景类型包括以下几个方面。

（1）社交网络：Facebook、新浪微博、微信等以用户个人为社交信息核心的移动社交信息网络产生了大量的包括文本、图片、音视频等不同表达形式的社交信息数据。对这些数据的批量采集和处理可以对于社交信息网络数据进行有效分析，发现人与人之间隐含的关系或者他们中存在的社区，推荐朋友或者与他们相关的社交主题，提升社交用户的体验。（2）电子商务：用户在电子商务中产生大量的用户购买历史记录、商品的评论、商品数量以及网页的用户访问浏览次数和用户驻留的时间等相关数据，通过分析这些数据，可以为商铺精准推送其中最热卖的商品，从而进一步提升优质商品的销量；这些分析还能帮助商户发现优质客户的需求和消费行为，为优质客户推荐相关商品，以进一步提升优质客户的消费。（3）互联网搜索引擎：Google 等大型互联网搜索引擎与雅虎的网站广告数据分析处理系统，通过对网站的广告分析以及相关广告数据的批量收集和处理，可以分析和改善互联网广告的投放效果，提高互联网用户的体验和点击量。（4）在安全信息技术领域中，批量检测数据主要被应用于交易中的欺诈行为检测和验证 IT 安全。在众多的金融服务机构和情报机构中，欺诈行为检测一直是他们关注的领域和重点。通过对批量检测数据的实时处理，可对客户的交易和商品现货异常交易情况进行准确的判断，从而对交易中可能存在的欺诈行为提前预警。另外，企业通过实时处理客户和机器在交易中产生的信息和数据，识别各种恶意软件和其他网络攻击的模式，从而使安全信息技术产品可以判断客户是否已经接受了来自这些信息来源的电子通信。（5）在公共服务领域，批量数据处理也有许多应用场景，例如，在能源服务方面，通过批量分析能源、气象与人口信息方面的公共及个人数据，可以帮助电力公司提升电力服务，为电力用户有效节省在电力资源利用方面的投入。在医疗保健方面，通过对于患者以往的日常生活工作方式与日常医疗活动记录等数据进行批量的处理和分析，可以对病人的健康问题提供专业的医生、护士及其他医疗保健服务，并可协助专业医生更好地为患者进行诊断和治疗。未来有更多的医疗领域可以通过对医疗大数据的批量分析和处理，挖掘其中的海量资源支持人们的决策和发现新的价值。

（二）流式计算

1. 大数据流计算技术。

大数据批量计算处理技术更加关注于大数据处理的准确性和吞吐量，而传统的大数据流量处理和计算分析技术更多地关注于大数据处理的速度和实时性，能够更加快速地为最佳的决策方案提供支持。

如图 4－14 所示，在流式数据计算中，无法直接确定所有数据流动的起始时刻和数据到达的顺序，甚至无法将全部的数据都存储起来。因此，不再选择传统流式计算中数据的实时存储，而是选择当流动的数据到来后在数据内存中直接对数据进行实时存储和计算。如 Twitter 的 Storm、雅虎的 S4 就是典型的流式数据计算架构，数据在任务拓扑中被计算，并输出有价值的信息。目前基于大数据的流计算事件处理技术主要是由复杂事件处理（CEP）发展而来的，流计算的典型框架包括 Storm、S4、Samza、Spark Streaming 等。

（1）Storm 计算框架：Storm 计算框架提供了可靠的流数据处理，可以广泛用于实时数据分析，在线机器人深度学习，分布式远程过程的调用（RPC），数据抽取、转换、加载（ETL）等。Storm 拓扑运行框架提供用户自定义的用户拓扑，不同于传统的 MapReduce 作业，用户的拓扑永远都在运行，只要用户有了流数据处理的进入就可以自动进行相应的流数据处理。Storm 集群是一个支持实时在线的云计算集群管理框架，主节点为 niMBus，从节点为 supervisor。用户提交的作业给 niMBus，niMBus 把任务分配给 supervisor，这些提交的任务就是 to-

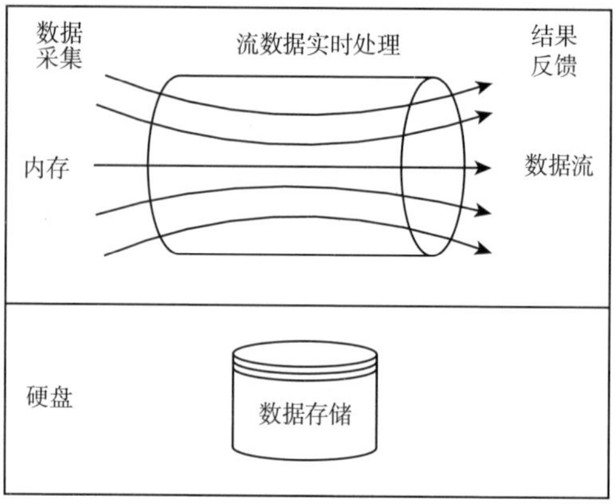

图 4-14 流处理

pology（拓扑）。Storm 借助于 Zookeeper 很好地解决了可扩展性的问题，集群非常容易进行横向扩展，便于统一的集群资源配置、管理和监控（见图 4-15）。

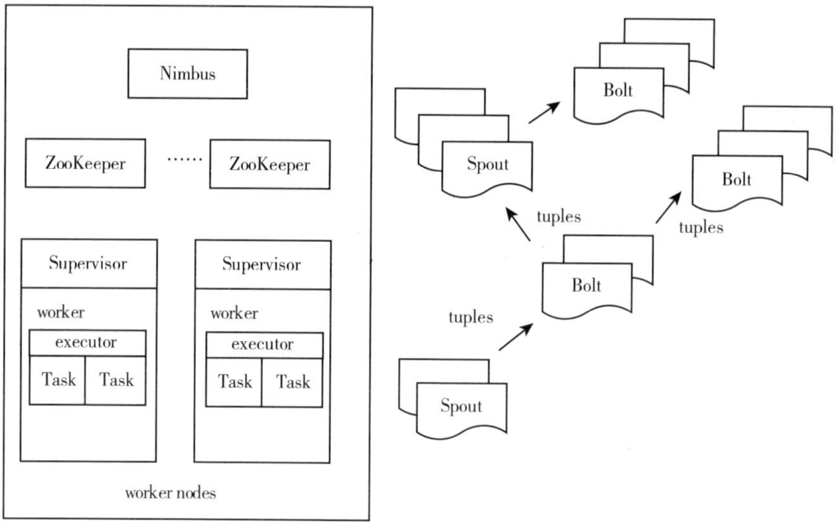

图 4-15 Storm 计算框架的架构

（2）S4 计算框架：S4 是雅虎公司发布的一个开源免费分布式程序计算软件框架开发平台，它具有国际通用、可靠、良好扩展性、具有强大可分区和容错处理能力、支持众多插件等优点。

雅虎开发 S4 系统的主要目的是彻底解决网站和搜索引擎广告的处理和展现问题。当用户发出广告查询请求时，搜索引擎在返回正常搜索结果的同时也可能会返回相关的广告，而对广告主则是按照一定的点击比例付费。为了在最好的时间和位置，放置最相关（用户最有可能得到点击）的搜索广告，各大网站的搜索引擎广告都使用了大量的数据挖掘和分析以及机器学习的算法对广告进行信息相关性计算，以便于提高广告收入，满足用户的需求。其中很重要的一点就是需要不断地挖掘和分析用户的点击和反馈，以便于捕获和了解用户的需求和行为。

S4 采用了分散对称的计算处理架构，没有计算中心节点，计算处理框架更加简单易于部署和日常维护。在计算过程中，每个计算节点都在本地内存中进行处理，避免了 IO 给计算带来的巨大“瓶颈”。S4 的核心思想是将整个任务处理分为多个流事件，抽象成为一个 DAG 图，每个事件对应 DAG 图中的一条有向边，并用（K，A）的形式表示，其中 K 和 A 分别表示对应事件的键和属性。这种表示类似 MapReduce 中的键/价值设计，适合对多个处理进行连接。S4 的结构如图 4－16 所示，它采用 Zookeeper 来管理集群，提高了集群的可扩展性。在通信层，提供备用节点，如果有节点失败，处理框架就会自动切换到备用节点，但是在内存中的数据会发生丢失。主从备份虽然在一定程度上提高了容错能力，但是相对较弱。同时通信层还使用一个插件式的架构来选择网络协议，通过 TCP 和用户数据报协议（UDP）之间的权衡来提高网络 IO 的速率。S4 框架的主要缺点是：持久化相对简单，数据存在丢失的风险；节点失败切换到备份节点之后，任务需要重做；缺乏自动负载均衡的相关能力。

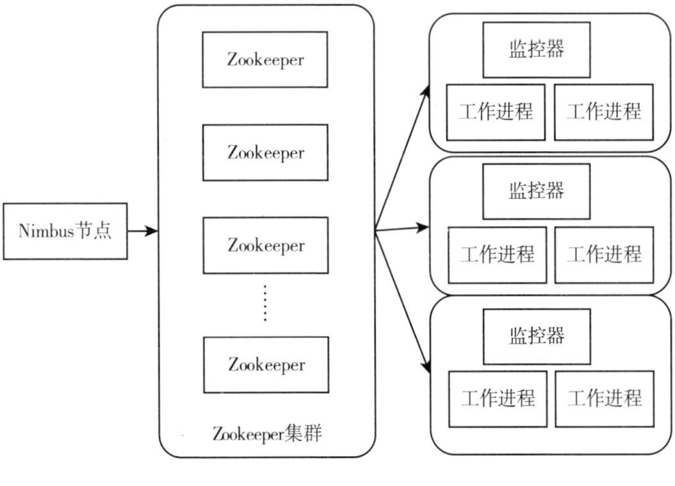

图 4－16　S4 计算框架的架构

（3）Samza 计算框架：Samza 是 Linkedin 的开源分布式流处理框架，其架构如图4－17所示，由Kafka提供底层数据流，YARN提供资源管理、任务分配等功能。图4－17给出了Samza的作业处理流程，即Samza客户端负责将任务提交给YARN的资源管理器，后者分配相应的资源完成任务的执行。在每个容器中运行的流任务相对于Kafka是消息订阅者，负责拉取消息并执行相应的逻辑。在可扩展性方面，底层的Kafka通过Zookeeper实现了动态的集群水平扩展，可提供高吞吐、可水平扩展的消息队列，YARN为Samza提供了分布式的环境和执行容器，因此也很容易扩展；在容错性方面，如果服务器出现故障，Samza和YARN将一起进行任务的迁移、重启和重新执行，YARN还能提供任务调度、执行状态监控等功能；在数据可靠性方面，Samza按照Kafka中的消息分区进行处理，分区内保证消息有序，分区间并发执行，Kafka将消息持久化到硬盘保证数据安全。另外，Samza还提供了对流数据状态管理的支持。在需要记录历史数据的场景里，数据实时流动导致状态管理难以实现，为此，Samza提供了一个内建的键/价值数据库存储历史数据。

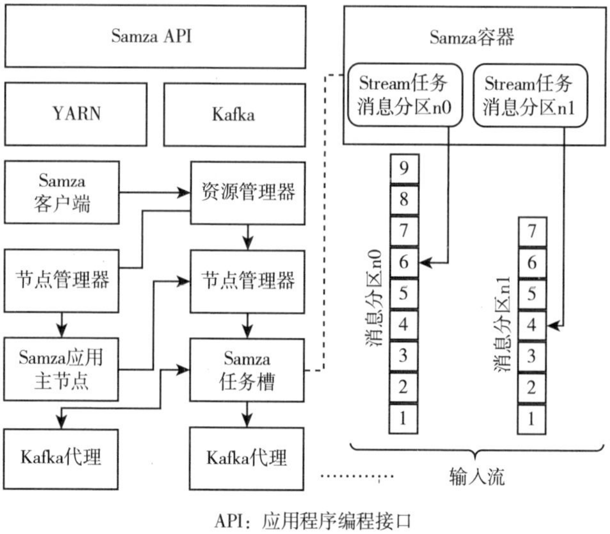

图4－17　Samza计算框架的架构及其作业处理流程

（4）Spark Streaming计算框架：Spark是当前迭代式计算的典型代表，在前面的批量计算中已经介绍了Spark在大数据计算、数据抽象和数据恢复等方面的运用。如今Spark也在向实时计算领域发展。Spark Streaming是建立在Spark上的应用框架，利用Spark的底层框架作为其执行基础，并在其上构建了DStream的行为抽象。利用DStream所提供的应用程序编程接口（API），用户可以在数据流上实时进行count、join、aggregate等操作。Spark Streaming的原理是将流数据分成小的时间片断，以类似批量处理的方式来处理这小部分数据。DStream 同时也是 Spark Streaming 容错性的一个重要保障。

流数据计算和批处理数据计算在各种大数据应用场景中被广泛使用：对于先存储后计算，实时性要求不高，同时要求数据计算准确性高的应用场景，批量数据计算的模式更合适；对于数据无须先进行存储，直接进行应用阶段数据计算，但是对数据的计算精确度要求稍微宽松的大数据应用场景，流式数据计算具有明显的优势。在流式计算中，数据往往是在最近一个较短的时间窗内的，因此流式计算数据的延迟较短，实时性要求较强，但是数据的精确程度往往相对较低。由于流式数据计算和批量数据计算具有明显的差异性和优劣互补的特征，因此它们可以在许多应用场景中一起使用。通过充分发挥流式计算的数据实时性优势和批量计算的数据计算精度优势，可以满足多种大数据应用场景在不同应用阶段进行数据存储和计算的要求。

2. 流计算应用场景。

流式实时计算主要目的是对大数据动态计算过程产生的数据结果进行相对实时的计算并及时反馈计算结果，但往往不适合要求结果绝对精确的实际应用场景。在实时处理数据的有效处理时间内快速获取其价值，是大数据流式实时计算数据处理系统的首要功能设计和目标。

（1）金融银行业的应用。在金融银行自动计算领域的日常管理和运营过程中，往往系统会自动产生大量的数据，这些结构化数据的计算时效性往往较短。因此，金融银行领域的计算是大数据流式计算最典型的应用场景之一，也是大数据流式计算最早的应用领域。在金融商业银行的系统内部，每时每刻都有大量的被认为是结构化的数据在各个系统间流动，并且根据需要进行实时的计算。这些数据主要是结构化的，但也可能会有少量半结构化和非结构化的。通过对结构化大数据的特征进行流式分析和计算，发现隐含于其中的内在数据特征，可以帮助金融银行系统快速有效地进行实时决策。

在金融商业银行实时风险监控和管理场景中，大数据流式计算充分体现了自身的特点和优势。例如，信用卡风险管理，包括各类信用卡交易诈骗、保险交易诈骗、证券交易诈骗、程序交易等，需要大数据实时的跟踪和发现；信用卡营销风险管理，根据客户的银行信用卡消费记录，掌握客户的消费习惯和偏好，预测和了解客户未来的信用卡消费风险，并为其设计个性化的金融商业银行产品和服务；金融商业银行系统智能，掌握了风险管理系统的全部实时数据，可实现对商业银行全局系统运行状态的实时监控和决策优化，并为其提供个性化的决策建议和支持。

（2）互联网领域的应用。用户在网络上可以实时地分享和提供各类数据。用户的数据量大为增加，并使数据更多地以半结构化和非结构化的形态呈现。据统计，目前我国移动互联网中75%的信息和数据都来源于个人用户，主要以图片、音频、视频等形式持续发生。

大数据流式自动化计算的各种典型应用场景包括：互联网搜索和广告引擎。搜索引擎需要根据客户的需求查询网站偏好、浏览网站历史、地理位置等进行综合的语义分析并作出决定。这是搜索引擎服务器的主要工作：一方面，用户每时每刻都会发出有针对性的搜索请求；另一方面，数据分析计算的时效性极低，需要有效地保证极短的用户响应延迟时间，尤其是社交媒体和网站。搜索引擎需要实时分析相关用户的状态和信息，及时提供最新的用户关注和分享的信息并推送到用户相关的网站和朋友，准确地帮助用户推荐相关的朋友，推荐相关的主题，提升相关用户的体验，并能及时发现和有效屏蔽各种非法欺骗行为。

（3）物联网领域的应用。在物联网环境中，各种类型的传感器产生大量的数据，这些数据通常包含时间、位置、环境和用户行为等多种内容，具有明显的异构性和颗粒性。由于物联网传感器的结构多元化、差异化以及传感器环境的复杂化和多样化，这些传感器的数据通常都呈现出鲜明的异构性、多样性、非结构化、带噪声、高数据增长率等特征。所产生的数据量之密集、实时性之强、价值密度之低是前所未有的，需要对传感器数据进行实时、高效的数据分析计算。

在大数据和物联网智能交通领域中，大数据流式分析和计算的典型应用场景主要包括：第一，智能综合交通。通过大数据传感器可以实时地感知车辆、道路的运行状态，并通过分析和实时预测一定范围、一段时间内的道路车辆流量变化情况，以便及时有效进行车辆分流、调度和指挥。第二，环境的监控，通过大数据传感器和系统的移动交通监控终端，对一个地区的交通环境质量综合影响指标进行实时监控、远程数据查看、智能交通联动、远程控制，系统地分析和解决综合交通和环境问题。

三、Hadoop 和 Spark 生态系统

（一）Hadoop

Hadoop 是一个开源的、可实时运行于大规模分布式集群上的结构化分布式文件系统和分布式运行数据处理的基础设施框架。其开发者擅长于在廉价机器上搭建分布式集群，实时进行对海量数据（包括结构化与非结构化）的分布式

存储与实时离线运行处理。

Hadoop 是在 Internet 上对搜索关键字进行内容分类最受欢迎的工具，但它也可以解决许多要求极大伸缩性的问题。例如，如果您要 grep 一个 10TB 的巨型文件，会出现什么情况？在传统的系统上，这将需要很长的时间。但是 Hadoop 在设计时就考虑到这些问题，因此能大大提高效率。

Hadoop 是一个能够对大量数据进行分布式处理的软件框架。具有可靠、高效、可伸缩的特点。Hadoop 的核心是 HDFS 和 MapReduce，Hadoop2.0 还包括 YARN（见图 4－18）。

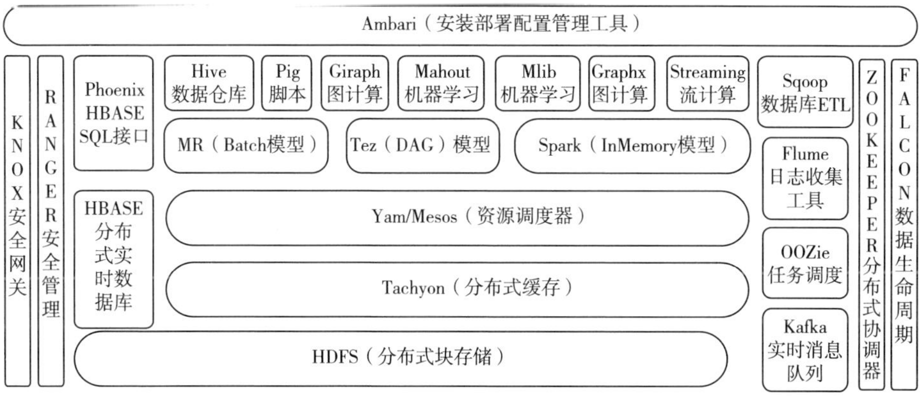

图 4－18　Hadoop 生态系统

1. HDFS（Hadoop 分布式文件系统）。

HDFS（Hadoop Distributed File System）源自于 Google 的 GFS 论文，发表于 2003 年 10 月，HDFS 是 GFS 克隆版。HDFS 是 Hadoop 体系中数据存储管理的基础。同时它是一个高度容错的系统，能检测和应对硬件故障，在低成本的通用硬件上运行。HDFS 简化了文件的一致性模型，通过流式数据访问，提供高吞吐量应用程序数据访问功能，适合带有大型数据集的应用程序。它提供了一次写入多次读取的机制，数据以块的形式，同时分布在集群不同物理机器上（见图 4－19）。

Client：切分文件；访问 HDFS；与 NameNode 交互，获取文件位置信息；与 DataNode 交互，读取和写入数据。

NameNode：Master 节点，管理 HDFS 的名称空间和数据块映射信息，配置副本策略，处理客户端请求。

DataNode：Slave 节点，存储实际的数据，汇报存储信息给 NameNode。

Secondary NameNode：辅助 NameNode，分担其工作量；定期合并 fsimage 和

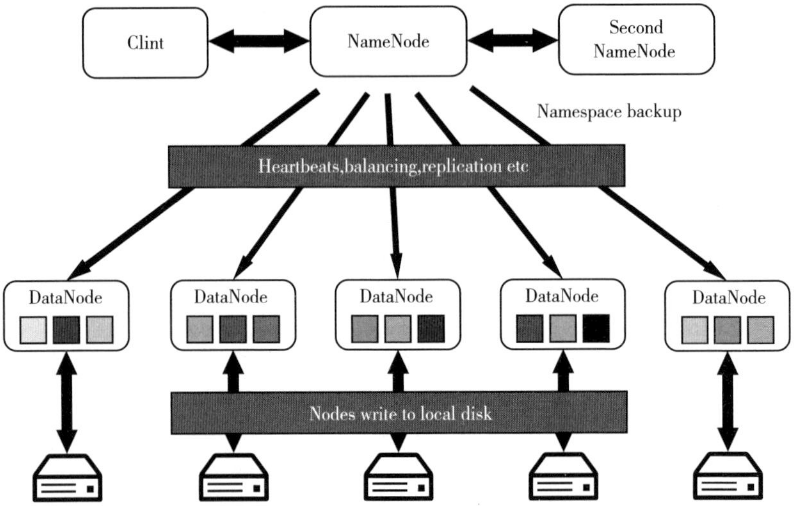

图 4－19　Hadoop 分布式文件系统

fsedits，推送给 NameNode；在紧急情况下，可辅助恢复 NameNode，但 Secondary NameNode 并非 NameNode 的热备。

2. YARN（Yet Another Resource Negotiator）。

YARN 是一种 Hadoop 资源管理器，它是一个通用资源管理系统，可为上层应用提供统一的资源管理和调度，它的引入为集群在利用率、资源统一管理和数据共享等方面带来了巨大好处。YARN 是下一代 MapReduce，即 MRv2，是在第一代 MapReduce 基础上演变而来的，主要是为了解决原始 Hadoop 扩展性较差、不支持多计算框架而提出的，用户可以编写自己的计算框架，在该运行环境中运行。

3. Hadoop YARN 调度框架。

Hadoop YARN 策略采用双层分配和调度的框架。首先，RM 将资源分配给 AM；其次，AM 再将资源进一步分配给各个 Task。YARN 与 "all or nothing" 策略不同（Apache Mesos），其遵循基于资源预留的调度策略，当资源不够时，会为 Task 预留，直到资源充足。

4. MapReduce（分布式计算框架）。

MapReduce 是一种计算模型，用以进行大数据量的计算。其中 Map 对数据集上的独立元素进行指定的操作，生成中间结果。Reduce 则对中间结果中相同"键"的所有"值"进行规约，以得到最终结果。MapReduce 这样的功能划分，非常适合在大量计算机组成的分布式并行环境中数据处理（见图 4－20）。

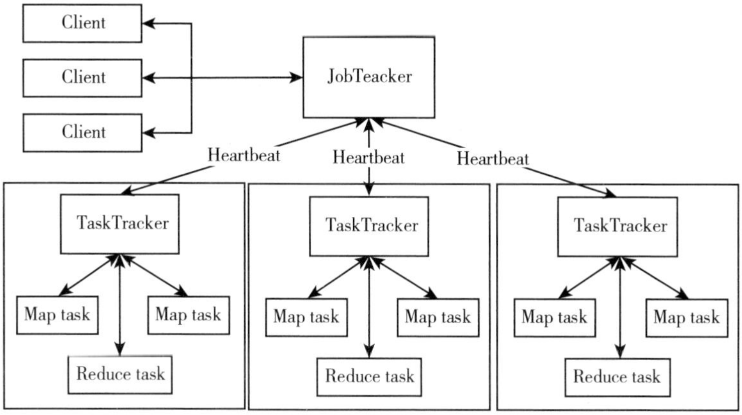

图 4-20　分布式计算框架

JobTracker：Master 节点，只有一个，管理所有作业，进行作业/任务的监控、错误处理等；将任务分解成一系列任务，并分派给 TaskTracker。

TaskTracker：Slave 节点，运行 Map Task 和 Reduce Task；并与 JobTracker 交互，汇报任务状态。

Map Task：解析每条数据记录，传递给用户编写的 map ( )，并执行，将输出结果写入本地磁盘（如果为 map - only 作业，直接写入 HDFS）。

Reducer Task：从 Map Task 的执行结果中，远程读取输入数据，对数据进行排序，将数据按照分组传递给用户编写的 Reduce 函数执行。

（二）Spark

Spark 是 UC Berkeley AMPLab 开发的是一种计算框架，分布式资源工作交由集群管理软件（Mesos、YARN）。

1. Spark 的特点。

先进架构：Spark 由 Scala 语言编写，底层采用了 actor model 的 akka 语言作为数据通讯处理框架，代码十分简洁高效；基于 DAG 图的执行引擎，减少多次计算之间中间结果写到 HDFS 的开销；建立在统一抽象的 RDD（分布式内存抽象）之上，使它可以以基本一致的方式应对不同的大数据处理场景。

高效：提供 Cache 机制来支持需要反复迭代的计算或者多次数据共享，减少数据读取的 IO 开销；与 Hadoop 的 MapReduce 相比，Spark 基于内存的运算比 MR 要快 100 倍；而基于硬盘的运算也要快 10 倍！

易用：Spark 提供广泛的数据集操作类型（20 + 种），不像 Hadoop 只提供了 Map 和 Reduce 两种操作；Spark 支持 Java、Python 和 Scala API，支持交互式的 Python 和 Scala 的 shell。

提供整体解决方案：以其 RDD 模型的强大表现能力，逐渐形成了一套自己的生态圈，提供了 full - stack 的解决方案。其主要包括 Spark 内存中批处理、Spark SQL 交互式查询、Spark Streaming 流式计算、GraphX 和 MLlib 提供的常用图计算和机器学习算法。

与 Hadoop 无缝连接：Spark 可以使用 YARN 作为它的集群管理器，读取 HDFS、HBase 等一切 Hadoop 的数据。

2. Spark 整体架构。

Spark 提供了多种高级工具，如 Shark SQL 应用于即席查询（Ad - hoc query）、Spark Streaming 应用于流式计算、MLlib 应用于机器学习、GraphX 应用于图处理。Spark 还可以基于自带的 standalone 集群管理器独立运行，也可以部署在 Apache Mesos 和 Hadoop YARN 等集群管理器上运行。Spark 可以访问存储在 HDFS、Hbase、Cassandra、Amazon S3、本地文件系统等的数据，Spark 支持文本文件、序列文件以及任何 Hadoop 的 InputFormat（见图 4 – 21）。

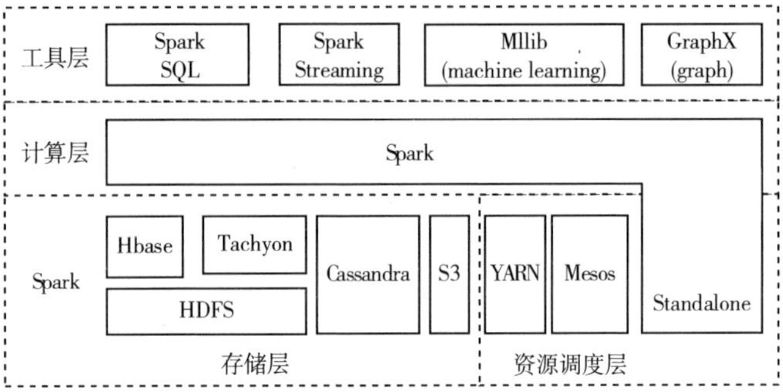

图 4 – 21　spark 集群架构

3. Spark 核心概念。

Spark 任务提供多层分解的概念，Spark 组件将用户的应用程序分解为内部执行任务并提供执行容器，资源管理为 spark 组件提供资源管理和调度。

（三）Spark 和 Hadoop 的比较

1. 原理比较。

Hadoop 和 Spark 都是并行计算，两者都是用 MR 模型进行计算。

Hadoop 一个作业称为一个 Job，Job 里面分为 Map Task 和 Reduce Task 阶

段，每个 Task 都在自己的进程中运行，当 Task 结束时，进程也会随之结束。

Spark 用户提交的任务称为 application，一个 application 对应一个 SparkContext，app 中存在多个 job，每触发一次 action 操作就会产生一个 job。这些 job 可以并行或串行执行，每个 job 中有多个 stage，stage 是 shuffle 过程中 DAGScheduler 通过 RDD 之间的依赖关系划分 job 而来的，每个 stage 里面有多个 task，组成 taskset，由 TaskScheduler 分发到各个 executor 中执行；executor 的生命周期是和 app 一样的，即使没有 job 运行也是存在的，所以 task 可以快速启动读取内存进行计算。

2. 数据的存储和处理。

Hadoop 实质上更多的是一个分布式系统基础架构：它将巨大的数据集分派到一个由普通计算机组成的集群中的多个节点进行存储，同时还会索引和跟踪这些数据，大幅度提升大数据处理和分析效率。Hadoop 可以独立完成数据的存储和处理工作，因为其除了提供 HDFS 分布式数据存储功能外，还提供 MapReduce 数据处理功能。

Spark 是一个专门用来对那些分布式存储的大数据进行处理的工具，没有提供文件管理系统，自身不会进行数据的存储。它必须和其他的分布式文件系统进行集成才能运作。可以选择 Hadoop 的 HDFS，也可以选择其他平台。

3. 处理速度。

Hadoop 是磁盘级计算，计算时需要在磁盘中读取数据；采用的是 MapReduce 的逻辑，把数据进行切片计算，用这种方式处理大量的离线数据。

Spark，会在内存中以接近“实时”的时间完成所有的数据分析。Spark 的批处理速度比 MapReduce 快近 10 倍，内存中的数据分析速度则快近 100 倍。

4. 恢复性。

Hadoop 将每次处理后的数据写入磁盘中，应对系统错误具有天生优势。

Spark 的数据对象存储在弹性分布式数据集（RDD）中。这些数据对象既可放在内存，也可以放在磁盘，所以 RDD 也提供完整的灾难恢复功能。

5. 处理数据。

Hadoop 适合处理静态数据，对于迭代式流式数据的处理能力差；

Spark 通过在内存中缓存处理的数据，提高了处理流式数据和迭代式数据的性能；

6. 中间结果。

Hadoop 中间结果存放在 HDFS 中，每次 MR 都需要刷写 - 调用，

而 Spark 中间结果优先存放在内存中，内存不够再存放在磁盘中，不放入

HDFS，避免了大量的IO和刷写读取操作。

第三节

大数据研究案例

并行LDA算法在新生儿疾病挖掘中的应用

(一) 新生儿疾病及诊断特征

新生儿在医院出生后需要进行新生儿疾病筛查，标本采集过程为婴儿出生满72小时后，采集足跟血送至当地新生儿疾病筛查中心进行实验室筛查。目前，全国有两项免费的筛查计划，包括先天性甲状腺功能低下症（CH）、苯丙酮尿症（PKU）两项，其他可检项目有葡萄糖-6-磷酸脱氢酶缺乏症（G6PD）、先天性肾上腺皮质增生症（CAH）、高胱氨酸尿症、枫糖尿症、酪氨酸血症等。这些项目选择的疾病均具有以下三个特征：第一，发病率较高，据统计新生儿疾病的总发病率约为千分之一；第二，容易造成致死、致愚等严重后果；第三，早期干预治疗对患儿康复的效果较好。本案例选择发病率相对较高的先天性甲状腺功能低下症、苯丙酮尿症、葡萄糖-6-磷酸脱氢酶缺乏症、先天性肾上腺皮质增生症四种作为研究对象。CH先天性甲状腺功能低下症，又称“呆小症”，其临床症状有：孕期超过42周，孕期胎动偏少，新生儿出生时体重偏重，排便延迟，黄疸消退延迟，多睡少动，体温偏低，呼吸较难，面容特殊等。发病原因可能是新生儿甲状腺发育和甲状腺素合成相关基因突变和孕妇孕期缺碘元素。检测方法为血清T4、T3、TSH测定，正常人T4范围在50～126ng/ml，T3范围在0.8～2.2ng/ml，TSH＜10μIU/ml。

PKU苯丙酮尿症的临床表现有：新生儿生长迟缓，精神亢奋或不安多动，皮肤异常。它的测定方法是枯草杆菌生长抑制法，其原理是苯丙氨酸能促进已被抑制的枯草杆菌重新生长，正常人苯丙氨酸浓度为0.06～0.18mmol/L（1～3mg/dl），超过0.24mmol/L（4mg/dl）则应进行复查。

G6PD葡萄糖-6-磷酸脱氢酶缺乏症，部分病例食用蚕豆后发生急性溶血性疾病，又称“蚕豆症”。发病原因主要是由于G-6-PD基因突变。主要检测方法有硝基四氮唑蓝试纸和G-6-PD活性测定法等。

CAH先天性肾上腺皮质增生症的常见病因是皮质激素合成酶的先天缺陷。常见症状有雄激素过多引发的食欲差、呕吐、男性化、多睡少动和体重增加缓慢等。不同种类的 CAH 症状差别较大，基本检测方法为血清 17 - OHP 基础值，需要与其他指标综合参考。

（二）影响因素分析

通过总结新生儿疾病的特征，我们发现它们具有一些共同的特征，如新生儿体重、睡眠状况等，还具有各种疾病的特殊症状，如 CH 的面容特殊特征。考虑到新生儿的健康状况与怀孕期间孕妇的状况有关，需要增加孕妇的特征。目前，在新生儿疾病的研究中还没有相对完整的新生儿疾病临床检验因素，有必要从孕妇产检记录、新生儿出生记录等原始数据分析出特征作为检验因素。原始数据维度非常高，这种情况下可以使用并行 LDA 算法找出不同词语间的关系，用主题作为特征。多项分布中最频繁出现的几个主题被认为是新生儿疾病的潜在相关因素，依照“该影响因素对疾病的阳性率高，则对于疾病特征表示的重要性越大”的原理确定疾病影响因素。

（三）基于 Hadoop 的中文 LDA 算法流程设计

1. 中文文本预处理。

LDA 图形模型显示只有x_{ij}是可以直接观测到的变量，是主题最基本的组成部分，因此被称为词元。它既可以单独成为主题，也可以组合成某个主题，如果预处理文档是中文文档，则须先进行中文分词操作。同时为了提高 LDA 模型的运行效率，在预处理时要对分析文本尽可能多地进行降维。总的来说，预处理的过程是去除特殊符号、标点符号，引入停用词表，采用分词模型对文本进行分词。

2. 中文分词并行算法。

算法使用多个 Mapper 对数据分块处理。因为文档内部词语具有顺序特征，因此，一个文档为分块后的最小单位，记作一条记录，文档内部不再分割。用 InputFormat 控制输入的文本分块大小。Mapper 过程需要计算新组合$x_{ij}\cdots x_{i(j+t-1)}$加前一个字符组合$x_{i(j-1)}\cdots x_{i(j+t-1)}$加后一个字符组合$x_{ij}\cdots x_{i(j+t-1)}$以及 PMI^k的值并生成预备种子集合。执行存在性过滤，阈值为：

$$T = \frac{1}{n_i}\sum^{n_i} PMI^k \tag{4-3}$$

在 Reducer 阶段汇总所有 Mapper 生成的预备种子集，去掉子字符中包括停用词的字符组合，将获得的新词加入分词字典中。可使用更新后的分词字典对字符重新进行拆分，比较两种字典下分词准确率等指标评估更新结果。并行算法如表 4 - 1 所示。

表 4－1　　分词更新并行算法

INPUT：语料库 D，词典 E，停用词表 S

OUTPUT：新词 E'

Mapper

< docNO, docContext, candidateNO, candidateContex >

split D into D_n

for all D_i in D_n do

initialize $PMI_j^k = 0, t = 2, j = 2$

for x_{ij} in D_i do

count n_i

for $j \in [2, n_i - 1]$ do

$\text{Str} = x_{ij} \cdots x_{i(j+t-1)}$

$a = \text{PMI}^k(x_{ij} \cdots x_{i(j+t-1)})$

$\text{b} = \text{PMI}^k(x_{i(j-1)} \cdots x_{i(j+t-1)})$

$\text{c} = \text{PMI}^k(x_{ij} \cdots x_{i(j+t)})$

if $b > c$

if $a < 3b$

$\text{j} -= 1$

$t += 1$

else

add $x_{i(j-1)} \cdots x_{i(j+t-1)}$ to *candidate list*

else

if $a < 3c$

$j -= 1$

$t += 1$

else

add $x_{ij} \cdots x_{i(j+t)}$ to *candidate list*

end if

for all candidate L in *candidate list* do

$$\text{T} = \frac{1}{\text{n}_\text{i}} \sum_{1}^{\text{n}_\text{i}} \text{PMI}_1^\text{k}$$

if $\text{PMI}^k(1) > T$ then

output < candidateNO, candidateContext >

Reducer < candidateNO, candidateContext,

number, newwordContext >

if no substring in S then

output < NO, newword >

add newword to E

3. 基于 Hadoop 的并行 LDA 算法设计。

LDA 并行算法的主要难题是 n_i、$\text{n}_\text{i}^\text{k}$、$\text{n}_\text{k}$、$\text{n}_\text{k}^\text{t}$这四个统计量相互依赖，却要并行更新。在分布式系统计算大规模语料库中，每一篇文档—主题多项分布 θ、

主题—词语多项分布 ϕ 几乎不变，所以可以近似当作常量。具体并行 LDA 算法流程如下：

（1）改进后的分词工具对文本进行分词，包括去掉符号和停用词。

（2）从 HDFS 读入语料库 D，使用数据分块技术将语料库 D 分成 M × M 小块，传送到 P 个计算节点上，每个数据块记作 D_p。这些节点除了记录 K、α、β 外，还共享两个全局参数 θ、ϕ，即每个节点完整复制 n_k、n_k^t、n_i、n_i^k 这四个统计量拆分到各个节点上。

（3）各节点上运行 Mapper 进行 CGS 过程，计算参数 n_k、n_k^t、n_i、n_i^k 对文档中的词语随机抽样出主题，放入一个键值对 <key，value> 中，key 为 x_{ij} 的文档编号 D_i 和词汇表中序号 t 构成的对（pair），value 是当前词所属的主题 Z_{ij}；达到迭代次数后计算局部多项分布参数 $\hat{\theta}_{i\_p}$、$\hat{\theta}_{K\_p}$。

（4）将 $\hat{\theta}_{i\_p}$、$\hat{\theta}_{K\_p}$ 传送到 Reducer 汇总得到更新后的全局参数。通过汇总 M 个文档序号相同的小块分布，可以得到文档 D_i 的文档—主题分布 $\hat{\varphi}i$。同理，汇总在 M 个词表序号相同的小块分布，可以得到该词的主题 - 单词分布 $\hat{\varphi}k$。这个过程被称为同步更新。

（5）按新的参数 θ、φ 继续执行下一轮迭代，直至达到迭代次数。

4. 实验环境搭建。

实验文本数据来源于复旦大学计算机信息与技术系国际数据库中心的中文语料库，语料主要是艺术、文学、教育等方面的新闻文本。采用汉语词法分析系统 ICTCLAS 自带的词表和停用词表对测试集进行分词。实验使用了 3 台服务器构建的基于 MapReduce 计算框架的 Hadoop 集群，一台作为 Name Node，其余两台作为 Data Node，每台机器的配置和软件版本如表 4 - 2 所示。

表 4 - 2　　　hadoop 集群机器的配置

设备	配置和版本
CPU：	Intel® Core™ i3 - 380M Processor 2.53GHz
内存：	4G
硬盘：	100G
操作系统：	Ubuntu Kylyn® 14.04
JDK 版本：	1.7.0
Eclips 版本：	3.8
Hadoop 版本：	2.5.2
Maven 版本：	3.3.9

5. 结论。

（1）分词准确性。通过对50篇文章的分词结果人工复检，得到ICTCLAS分词准确率为91.89%，召回率为81.42%。对所有测试集采用PMI^k改进后的分词算法，新增除去停用词的词汇1646个，将它加入词表后总分词错误减少了2612个。抽样结果表示分词准确率上升到96.64%，即分词准确率提升4.75%。召回率为85.38%。即召回率提升3.96%。分词准确性对比如表4-3所示。

表4-3　　分词准确性对比

	词表总数	抽样文档词语总数	正确分类词语数	准确率	召回率
ICTCLAS分词算法	76431	48719	44768	91.89%	81.42%
PMI^k改进的分词算法	78077	49027	47380	96.64%	85.38%
变化	+1646	+308	+2612	+4.75%	+3.96%

（2）Mapper、Reducer数量与加速比。Mapper、Reducer数量与算法运行时间有关。用加速比作为指标研究它们的最优设置，以及算法并行化后提升的时间效率。

如图4-22可以看出，Mapper数量与Map任务之间的关系基本成正比，但是算法加速比到某个值以后不随Mapper的增加而增加。这是因为算法运行时间是由计算时间和通信时间两部分组成，计算时间随着Mapper节点数量减少，但是通信时间也相应增加。考虑到Mapper产生的中间结果需要在Reducer上等待所有Mapper执行完成再计算Reducer任务，即当Mapper的数量不能改变运行时间时，说明该节点并行计算节约的时间等于或者小于节点间的通信时间。此时通过增加Reducer数量能有效降低通讯时间。Reducer数量的增多使Mapper输出的中间结果等待时间减少，中间结果能被马上执行，但是算法运行时间仍受限于耗时最长的Mapper任务。

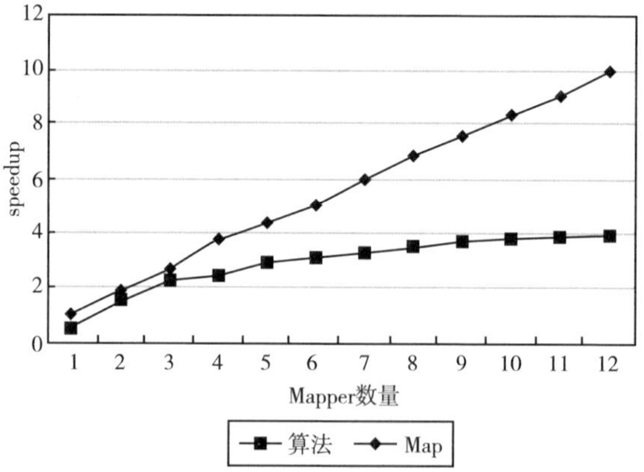

图4-22　Mapper数—加速比曲线

如图 4-23 所示，增加 Reducer 数量有效降低了通信时间，从而缩短了任务运行时间。

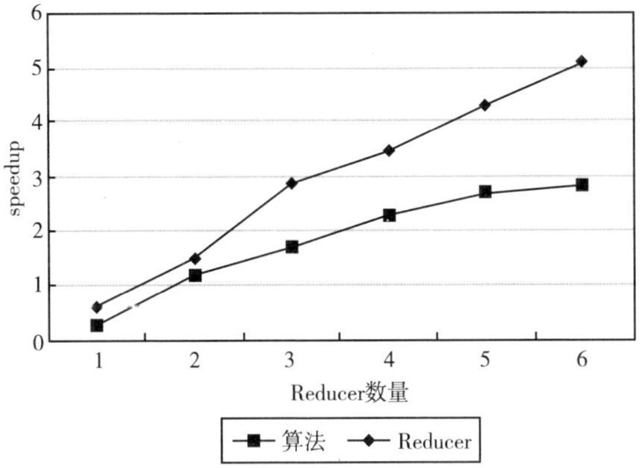

图 4-23　Reducer 数—加速比曲线

我们设置合适的 Mapper 数量为 8，Reducer 数量为 6。可得当 Mapper 数量为 8 时，算法加速比为 3，即 LDA 算法在单核处理器中运行任务所需的时间为它在并行处理器上消耗的时间的 3 倍。当 Reducer 数量为 6 时，算法加速比为 2.5，即 LDA 算法在单核处理器中运行任务所需的时间当为它在并行处理器上消耗的时间的 2.5 倍。

（四）电子病历大数据挖掘

本书数据来源于丁香园医疗数据库 China Pharma Data（http：//db. dxy. cn）和浙江省某市级新生儿疾病筛查中心，研究对象包括 2005～2015 年参加新生儿疾病筛查的所有活产新生儿共 193844 例，其中患病新生儿 1619 例。清洗新生儿电子病历或产妇电子病历缺失的样本，将无缺失值的 1539 个病例作为分析对象。其中 70% 的文档作为模型运行的数据基础，其余 30% 作为得到参数的计算结果后用于推断的新文档。

经过测试，本章将实验的参数设置为 K=4，T=0.5，迭代次数为 200 次。运行后得到的主要结果为 *. phi 、*. theta、*. twords、*. tassign 文件，还有 wordmap. txt。其中最重要的观察矩阵是主题—词语矩阵，保存在 *. twords 文档中。本实验将 LDA 模型的主题数 K 设置为 4 个，对应数据集中的四种疾病分类，这些主题下得到的单词可用于描述该主题。选择各主题下重要性水平最高的 10 个单词，结果如表 4-4 所示。在这些因素中可分析出新增的描述疾病影响因素的候选单词，与已知的血气分析、血常规等疾病检查指标结合进行因素分析。

表 4－4　　四种主题中重要性水平前十的描述性词语

	主题 1	主题 2	主题 3	主题 4
单词 1	黄疸	黄染	查体	男性化
单词 2	律齐	体重	皮肤	体重
单词 3	孕周	黄疸	体重	病程
单词 4	胆红素	皮肤	异常	腹泻
单词 5	感染	前囟	律齐	前囟
单词 6	反射	胆红素	嗜睡	过快
单词 7	胎膜	嗜睡	早产儿	反应
单词 8	引出	肌张力	亢奋	宫内窘迫
单词 9	畸形	蓝光	前囟	拒食
单词 10	查体	体温	肌张力	剖宫产
对应分类	G6PD	CH	PKU	CAH

建立四种疾病与影响因素分析表。数据样本包括无缺失值的 1539 个患病新生儿和随机抽出的相同数量的健康儿。利用 SQL 数据库技术，将新生儿基本信息表中的性别、家族病史、产妇年龄，查体表中体温 T、脉搏 P、呼吸 R，病程表中提取候选单词的字段信息导入表格中，作为研究的自变量。选择 $\alpha=0.05$ 进行显著性检验。显著性检验如表 4－5 和表 4－6 所示。

表 4－5　　四种新生儿疾病因素的显著性检验

G6PD 因素	P－VALUE	CH 因素	P－VALUE
新生儿性别	0.000	新生儿性别	0.157
G6PD 家族病史	0.000	CH 家族病史	0.000
产妇年龄	0.126	产妇年龄	0.364
体温 T	0.955	体温 T	0.060
脉搏 P	0.145	脉搏 P	0.282
呼吸 R	0.255	呼吸 R	0.229
是否感染	0.212	体重	0.041
是否畸形	0.292	是否特殊面容	0.000
总胆红素	0.000	精神状态	0.001
TCB	0.000	总胆红素	0.847
CRP	0.000	TSH	0.000

表 4-6　　四种新生儿疾病因素的显著性检验

PKU 因素	P-VALUE	CAH 因素	P-VALUE
新生儿性别	0.453	新生儿性别	0.307
PKU 家族病史	0.000	CAH 家族病史	0.000
产妇年龄	0.230	产妇年龄	0.473
体温 T	0.222	体温 T	0.135
脉搏 P	0.321	脉搏 P	0.637
呼吸 R	0.091	呼吸 R	0.352
体重	0.745	体重	0.000
是否特殊面容	0.110	是否男性化	0.000
精神状态	0.000	是否腹泻	0.160
是否早产儿	0.616	是否拒食	0.000
		是否剖宫产	0.241

由单因素方差分析的结果可知，在 α 等于 0.05 的前提下，与 G6PD 疾病的发病率相关的因素有新生儿性别、G6PD 家族病史、总胆红素、TCB、CRP 指标。CH 疾病的发病率相关因素有：CH 家族病史和孕妇甲亢、是否有特殊面容、精神状态、TSH 指标。与 PKU 患病率相关的因素是 PKU 家族病史和新生儿精神状态。与 CAH 疾病的发病率相关的因素是 CAH 家族病史、体重、是否男性化、是否拒食。

参考文献

[1] 孟小峰，慈祥．大数据管理：概念、技术与挑战［J］．计算机研究与发展，2013，50（1）：146-169.

[2] 李志杰，李元香，王峰，等．面向大数据分析的在线学习算法综述［J］．计算机研究与发展，2015（8）：1707-1721.

[3] 章毅，郭泉，王建勇．大数据分析的神经网络方法［J］．工程科学与技术，2017，49（1）：9-18.

[4] 孟祥武，纪威宇，张玉洁．大数据环境下的推荐系统［J］．北京邮电大学学报，2015，38（2）：1-15.

[5] 葛微．大数据索引和查询优化技术与系统研究［D］．南京大学，2019.

[6] M. Hassan and S. K. Bansal, "Semantic Data Querying over NoSQL Databases with Apache Spark," 2018 IEEE International Conference on Information Reuse and Integration (IRI), Salt Lake City, UT, 2018: 364-371

[7] Cuzzocrea A, Cosulschi M, De Virgilio R. An effective and efficient Map Reduce algorithm for computing bfs-based traversals of large-scale RDF graphs [J]. Algorithms, 2016, 9 (1): 7.

[8] 顾荣，严金双，杨晓亮，等 . Hadoop MapReduce 短作业执行性能优化 [J]. 计算机研究与发展，2014，51 (6)：1270 - 1280. DOI：10.7544/issn1000 - 1239.2014.20130130.

[9] 张可为 . 基于 Hadoop 的资源管理与作业调度的研究 [D]. 华北电力大学；华北电力大学 (北京)，2017. DOI：10.7666/d.Y3264622.

[10] M. Nakagami, J. A. B. Fortes and S. Yamaguchi, "Job - Aware Optimization of File Placement in Hadoop," 2019 IEEE 43rd Annual Computer Software and Applications Conference (COMPSAC), Milwaukee, WI, USA, 2019: 664 - 669.

[11] Shao B, Li Y, Wang H, et al. Trinity Graph Engine and its Applications [J]. IEEE Data Eng. Bull., 2017, 40 (3): 18 - 29.

[12] Paulheim, Heiko. 'Knowledge Graph Refinement: A Survey of Approaches and Evaluation Methods'. 1 Jan. 2017: 489 - 508.

[13] Wang W, Tan Y, Wu Q, et al. micMR: An efficient Map Reduce framework for CPU - MIC heterogeneous architecture [J]. Journal of Parallel and Distributed Computing, 2016 (93): 120 - 131.

[14] Hong S, Choi W, Jeong W K. GPU in - memory processing using Spark for iterative computation [C] //2017 17th IEEE/ACM International Symposium on Cluster, Cloud and Grid Computing (CCGRID). IEEE, 2017: 31 - 41.

[15] Shahrivari S, Jalili S. Single - pass and linear - time k - means clustering based on Map Reduce [J]. Information Systems, 2016 (60): 1 - 12.

[16] R. M. Gahar, O. Arfaoui, M. S. Hidri and N. B. Hadj - Alouane, "ParallelCharMax: An Effective Maximal Frequent Itemset Mining Algorithm Based on Map Reduce Framework," 2017 IEEE/ACS 14th International Conference on Computer Systems and Applications (AICCSA), Hammamet, 2017: 571 - 578.

[17] Liu N, Guo J. A Map Reduce - Based Parallel Mining for Frequent Itemset [C] //Journal of Physics: Conference Series. IOP Publishing, 2019, 1302 (2): 022055.

[18] Fortunato S, Hric D. Community detection in networks: A user guide [J]. Physics reports, 2016 (659): 1 - 44.

[19] Bedi P, Sharma C. Community detection in social networks [J]. Wiley Interdisciplinary Reviews: Data Mining and Knowledge Discovery, 2016, 6 (3): 115 - 135.

[20] 孟庆昕 . 异地多源数据一致性智能查询 [J]. 现代计算机，2019，

(24)：30－32. DOI：10.3969/j.issn.1007－1423.2019.24.007.

[21] 卞绪杰．基于产业链协同平台的商务业务云资源库构建与搜索系统设计与实现 [D]. 西南交通大学，2017.

[22] Mittal J, Jain R, Saini H. Image retrieval using map Reduce algorithm [J]. 2017.

[23] Guo W, Alham N K, Liu Y, et al. A resource aware Map Reduce based parallel SVM for large scale image classifications [J]. Neural Processing Letters, 2016, 44 (1): 161－184.

[24] S. Noor and V. Uddin, "Map Reduce for multi－view object recognition," 2016 International Conference on High Performance Computing & Simulation (HPCS), Innsbruck, 2016: 575－582.

[25] Gu R, Hu W, Huang Y. Rainbow: A distributed and hierarchical rdf triple store with dynamic scalability [C] //2014 IEEE International Conference on Big Data (Big Data). IEEE, 2014: 561－566.

[26] Vicic J, Brodnik A. Increasing the throughput of machine translation systems using clouds [J]. arXiv preprint arXiv: 1611.02944, 2016.

[27] Madani Y, Erritali M, Bengourram J. Sentiment analysis using semantic similarity and Hadoop Map Reduce [J]. Knowledge and Information Systems, 2019, 59 (2): 413－436.

[28] Wang F, Liu H P, Zhu H Z. Hadoop based analysis model of network public opinion and its implementation [C] //Third International Workshop on Pattern Recognition. International Society for Optics and Photonics, 2018, 10828: 108281H.

[29] S. M. Ali, N. Gupta, G. K. Nayak and R. K. Lenka, "Big data visualization: Tools and challenges," 2016 2nd International Conference on Contemporary Computing and Informatics (IC3I), Noida, 2016: 656－660.

[30] 孙大为，张广艳，郑纬民．大数据流式计算：关键技术及系统实例 [J]. 软件学报，2014，25 (4)：839－862.

[31] 赵晟，姜进磊．典型大数据计算框架分析 [J]. 中兴通讯技术，2016，22 (2)：14－18.

[32] 艾玮．云计算环境下大规模文本挖掘并行处理技术研究 [D]. 湖南：湖南大学，2017.

[33] 丁晓琳．基于 Hadoop 的中文并行 LDA 算法及在电子病历挖掘中的应用 [D]. 浙江工业大学，2016.

第五章

人工智能

第一节

人工智能

一、人工智能概述

1956 年在 Dartmouth 学会上 McCarthy 提出了人工智能（artificial intelligence，AI）。关于人工智能的定义主要有两个：一个是 MIT 的 Winston 教授提出的“人工智能就是研究如何使机器去做过去只有人才能做的智能工作”，另一个是美国斯坦福大学著名的人工智能研究中心尼尔逊（Nilson）教授所定义的“人工智能是关于知识的学科——研究知识的表达以及知识的获取并使用的学科”。其他还有很多关于人工智能的定义，大部分说法都是对人工智能学科的基本思想和主要内容的阐述。基于以上内容，人工智能是研究人类智能活动的一般规律，以构造具有一定智能行为的人工系统。不同于单一的学科，作为一门综合性前沿学科，人工智能融合了计算机科学、社会科学、脑神经学和统计学等，它的目标是希望计算机像人一样拥有智力，替代人类实现分类、识别、认知和决策等多种功能（见图 5－1）。

二、人工智能发展史

人工智能发展已经有 60 多年的历史，其大致演变过程如下：

1. 第一阶段：人工智能的诞生。1946 年，美国人莫克利（John W. Mauchly）和艾克特（J. Presper Eckert）发明了全球第一台通用计算机 ENIAC。ENIAC 的诞生为人工智能的研究提供了物质基础。1950 年，艾伦—图

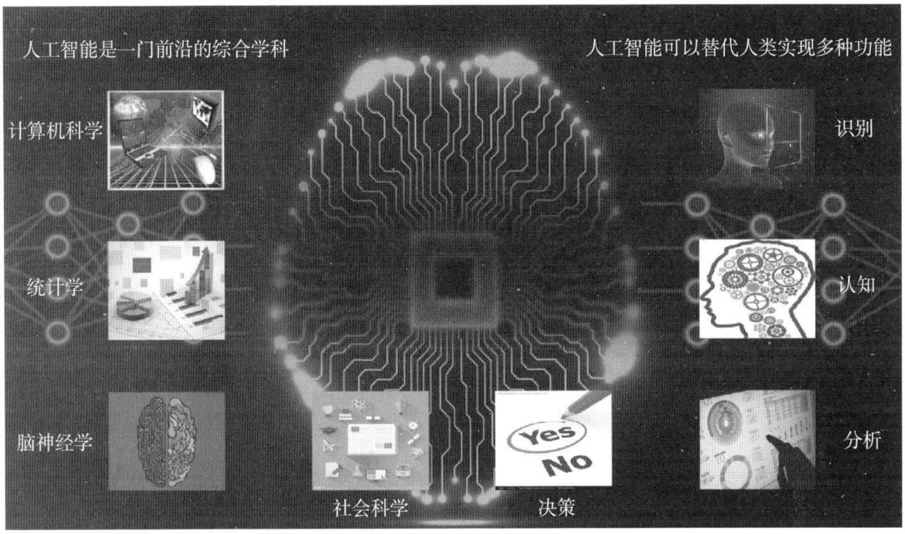

图 5-1 人工智能

灵提出“图灵测试”。1956 年，在美国达特茅斯大学举行的讨论会上，首次提出“人工智能”概念。这也被看作是人工智能正式诞生的标志。

2. 第二阶段：黄金年代。1959 年，美国发明家乔治德沃尔与约瑟夫—英格伯格发明了首台工业机器人，该机器人通过计算机发出指令控制一台多自由度的机械工作。1966 年，美国麻省理工学院 AI 实验室的约瑟夫·魏泽鲍姆教授开发了 ELIZA 聊天机器人，可以实现简单的人机对话。1968 年，斯坦福研究所（SRI）研发的机器人 Shakey，这是首台人工智能机器人，它能够自主感知、分析环境、规划行为并执行任务。这种机器人拥有类似人的触觉、听觉等感知功能。1970 年，能够分析语义、理解语言的系统诞生。维诺格拉德教授开发的人机对话系统 SHRDLU，实现了分析指令的功能，如理解语义、解释不明确的句子。

3. 第三阶段：第一次寒冬。1973 年，著名数学家拉特希尔向英国政府提交了一份关于人工智能的研究报告，在报告中严厉批评了当时的机器人技术、语言处理技术和图像识别技术，尖锐地指出那些看上去宏伟的人工智能目标其实根本无法实现，研究已经走到了完全失败的地步。因此，科学家们重新深入拷问人工智能，严厉批评 AI 和质疑其实际价值。

20 世纪 70 年代末，人工智能陷入低谷。科研人员错估了人工智能的实际难度，美国国防高级研究计划局（Defense Advanced Research Projects Agency）的合作计划失败，让人们对人工智能的前景望而兴叹。人工智能所基于的数学模型和数学基础存在一定的缺陷和计算复杂程度以指数级增加都导致了人工智能在早期发展阶段遇到技术“瓶颈”。

4. 第四阶段：重新繁荣。1980 年，专家系统商业化。美国制造出一套“XCON”专家系统，该系统具有完整专业知识和操作经验，可以每年节约 4000 万美元左右的费用。1981 年，第五代计算机项目研发。日本率先拨款支持第五代计算机项目的研发，目标是制造出能够与人对话、解释图像、翻译语言，并能像人一样推理的机器。随后，英美等国也开始提供大量资金支持 AI 和信息技术领域的研究。1986 年 Rumelhart 和心理学家 James McClelland 出版了两卷论文集《分布式并行处理》。

5. 第五阶段：第二次寒冬。1987 年，苹果和 IBM 公司生产出了性能超过了 Symbolics 等厂商生产的通用计算机的台式机。

20 世纪 80 年代末，人工智能并不被 DARPA 的高层认为是“下一个浪潮”；1991 年，日本计划的“第五代计算机”工程宣告失败。这些事都逐渐冷却人们对“专家系统”的狂热。

6. 第六阶段：回归。1997 年，IBM 公司的国际象棋电脑深蓝 DeepBlue 战胜了国际象棋世界冠军卡斯帕罗夫。DeepBlue 的运算速度可达每秒 2 亿步棋，并存有 70 万份大师对战的棋局数据，可搜寻并提前预判 12 步棋。2006 年，Geoffrey Hinton 提出多层神经网络的深度学习算法，Eric Schmidt 在搜索引擎大会提出“云计算”概念。2011 年，IBM 开发的人工智能程序“沃森”（Watson）在一档智力问答节目中战胜了两位人类冠军。“沃森”存储了 2 亿页数据，能够从看似相关的答案中将与问题相关的关键词抽取出来。

7. 第七阶段：爆发。2014 年以来，人工智能发展迅猛。微软亚洲研究院发布人工智能小冰聊天机器人和语音助手 Cortana，百度发布 Deep Speech 语音识别系统。Google 开源深度学习系统 Tensorflow 1.0 正式发布。苹果在 WWDC 上发布 Core ML、ARKit 等组件。百度 AI 开发者大会正式发布 Dueros 语音系统，无人驾驶平台 Apollo1.0 自动驾驶平台。从健康医疗、交通出行、金融服务、生产制造、媒介娱乐，到能源、农业、政府等几乎所有垂直产业都将因人工智能技术的进步而发展。

2016 ~ 2017 年，AlphaGo 战胜围棋冠军。由 Google DeepMind 开发的人工智能围棋程序 AlphaGo，具有自我学习能力，其搜集大量围棋对弈数据和棋谱，学习并模仿人类下棋。DeepMind 进军医疗保健等领域。人工智能程序在大规模图像识别和人脸识别中达到了超越人类的水平，人工智能系统诊断皮肤癌达到专业医生水平。

2018年至今，深度学习高速发展。随着物联网、大数据、云计算等信息技术的发展，以深度神经网络为代表的人工智能技术被感知数据和图形处理器等计算平台推动发展，跨越了科学与应用之间的“技术鸿沟”，诸如语音识别、图像分类、人机对弈、无人驾驶等人工智能技术实现了技术突破，迎来爆发式增长的新高潮（见图5-2）。

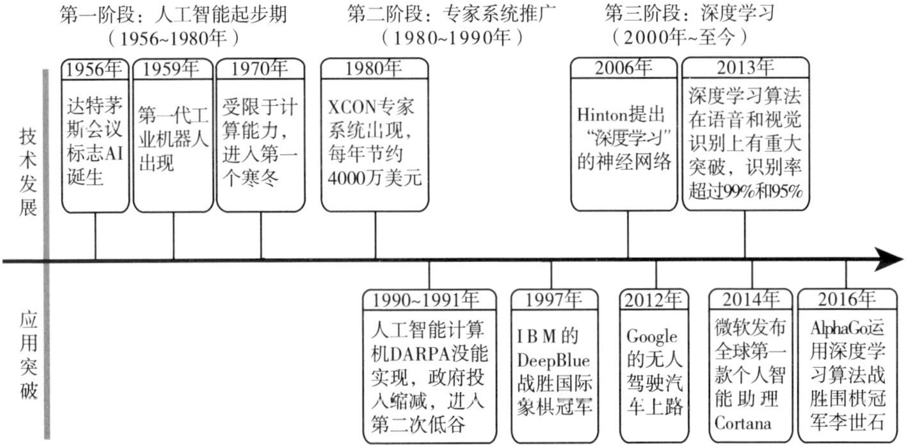

图5-2 人工智能发展史

三、人工智能的研究方向

1. 问题求解。

问题求解，即解决管理活动中由于意外引起的非预期效应或与预期效应之间的偏差。在目前人工智能技术发展的一系列重大成就中已经出现了能够针对问题求解管理难题的人工智能程序。问题的求解程序主要有两种：一种是在问题求解程序中应用推理，把复杂困难的问题分解为一些简单容易的子问题，逐渐发展成人工智能的基本技术如搜索和问题归约这类。人工智能搜索问题的策略可以划分为无信息搜索条件下的盲目搜索和依靠问题使用经验及知识的启发式搜索，在对问题求解的推理步骤中决定了问题使用经验知识的重要性和优先顺序关系。另一种求解程序，就是把各种数学公式符号汇编在一起，其处理性能已在国际上达到非常高的水平，并被广泛应用。例如，1993年美国发布的MACSYMA软件，能够进行较复杂的数学公式符号运算。

2. 专家系统。

专家系统（expert system，ES）是人工智能的另一重要分支，是一类具有特定领域专门知识的综合性计算机人工智能求解系统。专家系统含有大量特定领域专家提供的专门知识和丰富的经验，运用人工智能中的推理技术求解通常只能由专家才能解决的各种复杂问题。与传统的计算机程序不同，它的求解方法是一种启发式方法，需要经常在不完全、不精确甚至不确定信息基础上推导出结论。近年来，专家系统已经发展出了很多成功的应用，代表性的就是用户与专家系统进行“咨询对话”。专家系统应用的范围十分广泛，也已达到了较高的水准，如化学和地质数据分析、计算机系统结构、建筑工程以及医疗诊断咨询等方面。表达和运用专家知识——来自人类专家的且已被证明能够解决某领域内典型问题的有用事实，是发展专家系统的关键。不同领域的专家系统在体系结构和功能上有一定的不同，但它们的组成基本一致。一个基本的专家系统主要由知识库、数据库、推理机、解释机制、知识获取和用户界面六个部分（见图 5－3）。

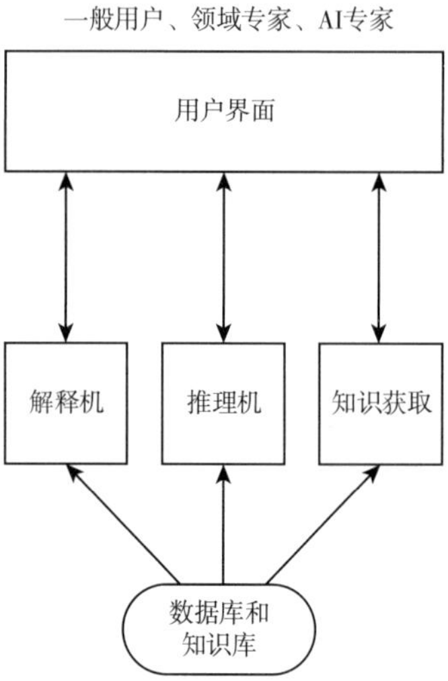

图 5－3　专家系统的基本结构

3. 机器学习。

机器学习（machine learning）致力于研究如何使用计算机模拟或实现人类的学习行为，以此获得新的知识或技能，将已有的知识结构重新组织使之不断完善自身的性能。作为计算机具有智能的根本途径，机器学习也是人工智能研究的核心课题之一，它的应用普及于人工智能的各个领域。机器学习技术是从数据中挖掘出有价值的信息的重要手段，通过对数据建立抽象的数学表达并基于此建模，估计模型的各项参数，从而挖掘出对人类有价值的信息。

4. 神经网络。

人工神经网络（aficial neural network，ANN），是由大量简单处理单元即神经元广泛连接而成的网络，也常简称为神经网络或类神经网络。为了获得某个特定问题的解，人工神经网络是根据生物神经网络基本原理，通过数学描述方法、控制工程的思路，建立合适的数学模型，采用优良的算法且有针对性地确定数学模型参数。神经网络由神经元之间的相互作用实现信息的处理。人工神经网络不依赖于“专家”的头脑，本身就有强大的自学习能力，自动从已有的实验数据中总结潜在规律。因此，人工神经网络可以处理复杂多维的非线性问题，可以解决定性和定量问题，具有良好的、自组织、自适应、自学习、联想、容错性和较好的可靠性。

5. 模式识别。

模式识别是让计算机系统能够模拟人类依靠感觉器官对外界产生感知能力的过程。早期模式识别的研究主要针对文字和二维图像。到了20世纪60年代，在机器视觉方面，开始对复杂的三维景象进行研究和解释。1965年由罗伯斯特（Robest）发表的论文奠定了分析由棱柱体组成的景物的方向，迈出了用计算机将三维图像解释成三维景物的一个单眼视图的第一步，即所谓的积木世界。之后，机器识别由积木世界进入识别更复杂的景物，在复杂环境中寻找目标和室外景物分析等方面的研究。

6. 人工生命。

在1987年的国际会议上，美国计算机科学家Christopher Langton首先提出了人工生命（artificial life，AL），主要是通过人工模拟生命系统来研究生命的领域。AL的概念主要有两方面内容：一方面是基因工程技术人工改造生物的工程生物系统，主要涉及合成生物学技术；另一方面是计算机科学领域的虚拟生命系统，主要涉及人工智能技术和计算机软件工程。人工生命为体现自适应机理主要采用计算机来仿真生命现象，针对相关非线性对象进行更真实可靠的动态描述和特征研究。人工生命学科主要包括仿生系统、人工生命的计算理论、人工建模与仿真、进化动力学以及人工生命的应用等研究内容。目前比较有代表性的人工生命研究有：计算机病毒、进化机器人、计算机进程、自催化网络和人工脑等。

7. 智能机器人。

大多数专家认为智能机器人至少要具备以下三个要素：一是感觉要素，用来认识周围环境状态；二是运动要素，对外界做出反应性动作；三是思考要素，根据感觉要素所得到的信息，思考出采用什么样的动作。

感觉要素主要包括能感知视觉、距离和接近等的非接触型传感器，能感知力度、触觉、压觉等的接触型传感器。这些要素实质上类似于人的眼、鼻、耳等五官，它们的功能可以利用诸如摄像机、激光器、图像传感器、行程开关等机电元器件来实现。从运动要素的角度来说，智能机器人需要有一个无轨道型的移动机构，以适应如平地、坡道、台阶、楼梯等不同的环境，可以通过轮子、吸盘、履带、气垫等移动机构实现功能。实时控制移动机构，这不仅要包括有位置控制，而且还要有力度控制和伸缩率控制等。三个要素中的关键是思考要素，这也是机器人必备的要素。思考要素包括有判断、逻辑分析、理解等方面的智力活动。这种智力活动在本质上是信息处理过程，通过计算机来完成这个处理过程。人工智能技术把认知技术、各种传感器整合到机器人身上，使其拥有判断、决策的能力，以应对不同环境中的不同问题。

第二节

机器学习

一、机器学习概述

由卡内基梅隆大学的 Tom Mitchell 提出了比较严谨的机器学习概念，一个计算机程序从经验 E 中学习，解决任务 T，达到性能 P。以下棋为例，历史棋局是经验 E，下棋是任务 T，P 就是这个程序能够赢棋的概率。再举一例，我们都有 Email 邮箱，打开邮箱会发现除了收件箱之外还有一个垃圾邮箱，打开垃圾邮箱一看，会发现绝大多数都是垃圾邮件，邮件服务器是怎么知道哪些是正常邮件哪些是垃圾邮件？显然邮件服务器通过学习获得了垃圾邮件和正常邮件差异的经验 E，把垃圾邮件放入垃圾邮箱是任务 T，正确放入垃圾邮箱的概率是 P。

2017 年 10 月 19 日，DeepMind 公司在 *nature* 杂志中向人们介绍了 AlphaGo 家族的新成员——AlphaGoZero。AlphaGoZero 采用了强化学习的方法，限制通常来自环境给予反馈的时延，采用了蒙特卡洛树搜索 + 深度学习算法。与之前几个版本的 AlphaGo 不同，AlphaGoZero 除了解围棋规则外，完全不依靠棋谱和人类数据，从零开始“自学成才”，成为全世界最厉害的人工智能围棋手。自学第 3 天后，它打败了 AlphaGoLee，自学第 40 天后，它打败了 AlphaGoMaster。AlphaGoZero 最重要的价值在于，它不仅仅可以解决围棋问题，还可以在不需要知识预设的情况下，解决一切棋类问题，其应用场景非常广泛。这充分表现了机器学习所具有的强大学习能力和巨大发展潜力。

机器学习是人工智能较为年轻的一个分支。1943 年，由 Warren McCulloch 和 Walter Pitts 提出的神经网络层次结构模型（MP 模型），确立为神经网络的计算模型理论，奠定了机器学习的发展基础。1950 年，有着“人工智能之父”称号的图灵提出了“图灵测试”，使人工智能成为计算机科学重要的研究方向之一。1957 年，Frank Rosenblatt 教授提出 Perceptron 概念，首次用算法精确定义了神经网络数学模型，设计出第一个计算机神经网络，这个机器学习算法也成为神经网络模型的开山鼻祖。1959 年由美国 IBM 公司的 Samuel 设计的一个具有自主学习能力的跳棋程序，曾经打败了美国一个保持 8 年不败的冠军。它成功地向人们展示了机器学习的强大能力。

1969 年，人工智能研究的先驱者 Marvin Minsky 和 Seymour Papert 出版了 *Perceptron*，其中提出的 XOR 问题令感知机研究陷入困境，甚至导致此后多年的基于神经网络的人工智能研究陷入低谷，但是机器学习基本思想的论断即解决问题的算法能力和计算复杂性，影响深远、延续至今。

1980 年，第一届国际机器学习会议标志着机器学习研究的兴起。1986 年，*Machine Learning* 成立，标志着机器学习已逐渐成为研究热点并开始迅速发展。1986 年，Rumelhart，Hinton 和 Williams 联合发布了反向传播算法（BP）。首先介绍了 BP 算法在浅层神经网络模型中的应用。实践证明，BP 算法不仅可以显著降低优化问题的计算复杂度，而且可以通过增加隐藏层来解决复杂度高的问题，已成为神经网络最基本的算法。

1989 年，美国学者 Lecun 教授提出了最流行的卷积神经网络（CNN）计算模型，并推导了一种基于 BP 算法的有效训练方法，该方法已成功应用于英语手写识别。CNN 是第一个成功训练的人工神经网络，也是深度学习中最成功且使用最广泛的模型之一。自 20 世纪 90 年代以来，陆续开发了浅层机器学习模型，如逻辑回归和支持向量机。这些机器学习算法的共同点在于，数学模型是凸成本函数的优化问题，理论分析容易理解，训练方法容易掌握。从训练样本中学习内部模式并完成诸如任务分类和对象识别工作之类的主要智能很容易。

2006 年，在学术界和工业界巨大需求的刺激下，尤其是计算机硬件技术的飞速发展，提供了强大的计算能力。机器学习领域的大师 Geoffrey Hinton 和 Ruslan Salakhutdinov 提出了一种深度学习模型：具有多个隐藏层的人工神经网络具有良好的特征学习能力；逐层初始化克服了训练的困难，优化了整个网络。深度学习模型也标志着深度神经网络机器学习进入新时代。

2012 年，Hinton 研究团队使用深度学习模型在计算机视觉领域赢得了最具影响力的 Imagenet 竞赛，开启了深度学习的第二阶段。随着大数据、云计算和计算机硬件技术的飞速发展。深度学习在各个领域取得了长足的进步，并成功启动了许多商业应用。

近年来深度学习遍及多个领域，推出了一批成功的商业应用，如谷歌翻译、微软的 Cortana 个人语音助手、苹果语音工具 siri、蚂蚁金服的 Smile to Pay 扫脸技术等。

二、机器学习算法语言

（一）Python 语言及机器学习库

Python 是一种广泛使用的解释型、高级编程、通用型编程语言，近几年稳居高级语言排行榜的前三位。Python 相较于其他的高级语言，具有自己独特的编码形式、强大的标准库、第三方库以及自定义模块，如解决机器学习问题的 sklearn、绘制数据图的库 matplotlib、在求解线性规划问题时的 pymprog、爬虫相关库 Scrapy 等。Python 是实现机器学习、深度学习等学习算法的首选语言，应用领域非常广泛。

scikit - learn 简称 sklearn，于 2006 年问世于 Google，是机器学习领域重要的库，也是基于 Python 编写的简单高效的数据挖掘和机器学习工具，它建立在 NumPy、SciPy 和 matplotlib 上，包含大部分传统的机器学习方法。使用 sklearn 时只需要调用相关的包，输入必要的参数，即可获得相对应的结果。其主要有以下功能：分类（classification）、回归（regression）、聚类（clustering）、数据降维（dimensionality reduction）、模型选择（model selection）、数据预处理（preprocessing）。

（二）Java 语言及机器学习库

Java 是 1995 年 5 月由 Sun Microsystems 公司推出的 Java 面向对象程序设计语言和 Java 平台的总称。由 James Gosling 和同事们共同研发，并在 1995 年正式推出。由于 Java 语言的语法与 C 语言和 C ++ 语言很相近，大多数程序员容易学习和使用。Java 摒弃了 C ++ 中的一些特性，如操作符重载、自动的强制类型转换、多继承、不使用指针，增添了自动的废料收集功能，避免了内存管理的担忧。Java 程序健壮性的重要保证是 Java 的强类型机制、垃圾的自动收集、异常处理等。

1. Deeplearning4j。Deeplearning4j 是一个专门为 Java 设计的机器学习库，它是为开发深度学习算法提供广泛支持的计算机框架。在机器学习领域，Deeplearning4j 被认为是 Java 的最突出的贡献者之一。它是一个开源的深度学习库，在各种商业环境中具有深度神经网络、强化深度学习和应对所有无限制的虚拟并发任务的能力，通常还可以作为 Java 的 DIY 工具。并且，该库在识别文字、语音和声音中的情绪和模式上很有帮助，善于发现时间序列数据中的异常，如财务、金融数据等。表明它可以用于实际商业场景而不仅仅适用于研究。

2. ELKI。ELKI（Environment for Developing KDD – Applications Supported by Index – Structures）是由索引结构支持的开发知识发现（Knowledge Discovery in Database，KDD）应用的开发环境。ELKI 提供了大量的可详细配置的算法参数，对研究人员和学生来说十分适用。其目的是开发和评估高级的数据挖掘算法及其与数据库索引结构的合作和交互。Java 开发人员在使用 ELKI 时可以运用任意的数据类型和文件格式等。

3. JavaML。JavaML 是一个是由科研工作人员和 Java 开发者共同开发的拥有大量数据挖掘算法和机器学习的 Java 类库。该库不含有图形用户界面（Graphical User Interface，GUI，又称图形用户接口），但为每个类型的算法提供了清晰的接口。与其他的聚类算法相比，JavaML 十分简单直接，为了便于学习时参考还提供了多种新算法的简单实现和简单明了的程度代码注释。

4. JSAT。JSAT 是 Java 统计分析工具，一个用于解决机器学习问题的 Java 库。在 GPL3 许可下可以使用 JSAT，它的所有源代码都包含在内，没有任何外部依赖关系。作为拥有最大的机器学习算法集合的 JSAT 被认为是运行最快的 Java 机器学习库之一，具有高效性和灵活性。该库中的所有机器学习算法都使用面向对象框架实现。

5. MALLET 库。MALLET 是专门用于机器学习方面的自然语言处理工具包，是 Java 源代码的合集，在统计 NLP、聚类分析、主题建模和文档分类等领域被广泛应用。MALLET 由马萨诸塞大学和宾夕法尼亚大学的学生开发的，也可以被称为用于文本的 Java 机器学习工具包，支持那些如决策树、最大熵模型和朴素贝叶斯等各种算法。

6. Mahout。其是一个机器学习框架，带有集成的机器学习算法，能帮助开发人员创建自己的算法实现程序。Mahout 还是一个代数相关的框架，被设计用来帮助数据科学工作者、数学工作者和分析人员运行自己的算法。这个机器学习库是可扩展的，并提供了丰富的组件集，允许你开发一个适用于各种机器学习算法的定制推荐系统。Mahout 提供了高性能、灵活性和可扩展性，同时也是为商业化用途所设计的。

7. Weka。怀卡托智能分析环境（Waikato Environment for Knowledge Analysis，Weka），是一个基于 Java 的用于数据挖掘和数据分析的机器学习库，使用时可直接将算法应用到一个数据集。Weka 含有很多工具，如聚类、分类、回归和可视化等。免费使用的 Weka 支持特征选择、时间序列预测、异常检测等。

（三）R 语言及机器学习库

1. R 语言。与标准意义上的计算机编程语言有所不同，R 语言是天生为统计而生的，无法做到像 C 语言那样的普适性，但它擅于数据分析、统计建模、数据可视化。

2. rminer。rminer 是 R 语言在机器学习领域一个重要的库，它集成了很多算法，通过设定参数改变所需要的算法，免去了调用不同包的烦琐。

（四）C ++ 及机器学习库

1. C ++ 。C ++ 是在 C 语言的基础上发展起来的，既保持了对 C 语言过程化程序设计的兼容，又扩展了以抽象数据类型为特点的基于对象程序设计，以封装、多态和继承为特点的面向对象程序设计。在底层开发和追求运行效率方面 C ++ 是首选的语言。

2. shark。shark 是一个快速、模块化、功能丰富的开源 C ++ 机器学习库。它提供了线性和非线性优化的方法，基于内核的学习算法、神经网络和各种其他机器学习技术。shark 取决于 Boost 和 CMake。它与 Windows、Solaris、MacOS X 和 Linux 兼容。Shark 是根据许可的 GNU 次通用公共许可证获得许可的。

3. mlpack。mlpack 是一个侧重于可扩展性、速度和易用性的 C ++ 机器学习库。它通过一个简单且前后一致的 API，便于新用户使用机器学习，其 C ++ 语言特征也为专家用户提供了最好的性能和最大的灵活性。一系列命令行完成执行程序，就像使用一个“黑箱”，而且模块化的 C ++ API 的内部算法更容易被专家用户和研究者更改。

三、机器学习算法

（一）机器学习分类

目前机器学习可分为四大类：监督学习（supervisedlearning）、无监督学习（unsupervisedlearning）、半监督学习（semi - supervisedlearning）和强化学习（reinforcement learning）。

1. 监督学习。

监督学习是机器学习中最重要的一类方法，占据了目前机器学习算法的绝大部分。它就是从标记的训练数据中学习一个模型，然后通过这个模型预测未知样本。在监督学习中，对模型输入某一样本的特征，函数输出该样本的标签。因此监督学习的数据是有特征（feature）和标签（label）的。机器学习寻找到标签和特征之间的联系，当输入只有特征而没有标签的数据时，可以判断出标签。

假设有一名房产经纪，在生意繁忙时需要雇用一批实习生帮忙。但是，房产经纪只要看一眼房子就能知道它值多少钱，实习生却不知道如何估价。如何帮助实习生快速上手工作呢？可以编写一个小程序，根据房屋大小、地段以及类似房屋的成交价等因素来评估所在区域房屋的价值。训练数据就是 6 个月每笔房屋交易的细节——卧室数量、房屋面积、所处地段等以及最终的成交价格，然后利用这些训练数据编写可估算该地区其他房屋的价值的小程序，这样就被称为监督式学习。

监督学习的过程如图 5－4 所示。

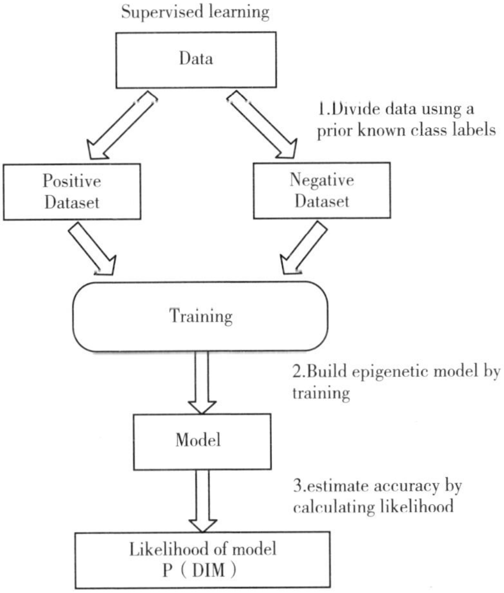

图 5－4　监督学习过程

监督学习有两种典型的分类：（1）分类，如邮件过滤就是一个二分类问题，分为正例即正常邮件，负例即垃圾邮件。（2）回归，回归的任务是预测目标数值，如房屋的价格，给定一组特性（房屋大小、房间数等），来预测房屋的售价。前者包括逻辑回归、决策树、KNN、随机森林、支持向量机、朴素贝叶斯等，后者包括线性回归、KNN、Grandient Boosting 和 AdaBoost 等。

2. 无监督学习。

与监督学习相对的是无监督学习。监督学习建立在人类标注数据的基础上，无监督学习则不需要人类进行数据标注，而是通过模型不断自我认知、自我巩固，最后进行自我归纳来实现其学习过程。

无监督学习的数据只有特征（feature），没有标签（label）。无监督学习按照问题的性质，将具有类似性质的问题自动地分成一个组，如语文问题一组，英语问题一组等。只有特征向量没有标签的数据，最后会呈现出聚群的结构，本质是将相似的类型聚集在一起。把这些没有标签的数据自动分组组合，就是聚类（clustering）。训练数据集只有特征没有标签，根据数据之间的内在联系和相似性将其分为若干类。例如，将其组织成群（聚类）或查找异常值（异常检测）。常见的无监督学习算法有聚类和关联分析等，在人工神经网络中，自组织映射（SOM）和适应性共振理论（ART）是最常见的无监督学习（见图5－5）。

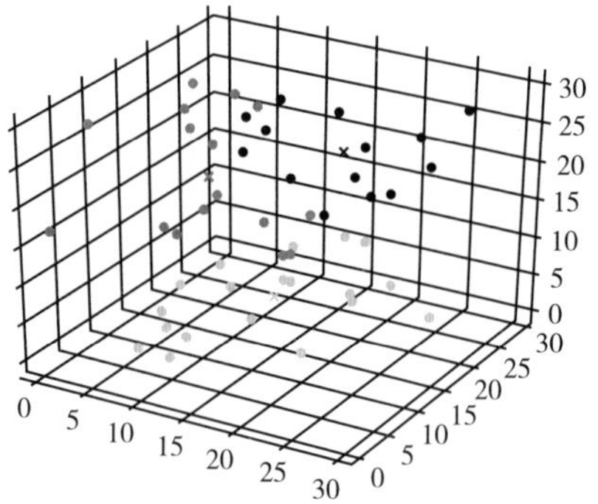

图5－5 无监督学习

无监督学习算法常见工作：（1）降维，降维的目标是简化数据，但是损失尽量少的信息。一个方法是将几个相似的特征或者代表一个属性的几个特征提取成一个特征，也是我们通常说的特征提取。（2）异常检测，如检测信用卡欺诈，我们用正例来训练模型，然后当一个新的实例到来时，判断是否像正例，否则就是负例。

3. 半监督学习。

处在监督学习和无监督学习之间的是半监督学习。半监督中使用的数据，有一部分是标记过的，而大部分是没有标记的。半监督学习比监督学习成本较低，还能达到较高的准确度。与使用所有标签数据的模型相比，在训练阶段半监督学习将大量未标记的数据和少量标签数据结合在一起，在训练模型时可以更准确，训练成本更低。例如，由AI咨询公司Joostware的DelipRao构建的一个使用半监督学习的解决方案，每个类中只需要使用30个标签，而能达到相同的准确度的监督学习模型每个类中则需要1360个左右的标签。因此，通过半监督学习方案，他们的客户可以将预测功能从20个类别快速扩展到110个类别。

在现实任务中，普遍现象是未标记样本多、有标记样本少，而半监督学习研究的重点就是如何利用好未标记样本来提升模型泛化能力。通过假设未标记样本揭示的数据分布信息与类别标记存在联系来达到利用未标记样本的目的。

4. 强化学习。

强化学习就是在某种方法下获取未标记数据离正确答案之间的远近（即奖惩函数）。奖惩函数在某种形式上可想象成正确答案的一个稀疏的、延迟的形式。监督学习可以直接得到输入的对应输出。强化学习需要一段时间的训练，才能获得一个延迟的反馈，而且这个反馈只是提示是离正确答案的远近。一个代表性的例子就是经典的儿童游戏——“hotterorcolder”。游戏中你需要找到一个隐藏的目标物件，每一次移动只会提示你离目标物件是越来越 hotter（更接近）或 colder（远离）。“Hotter/colder” 就是回报函数，而是最大化回报函数就是算法的目标。

在机器学习领域内，强化学习相比于有监督学习和无监督学习来说起步相对较晚。真正为强化学习带来机会的是神经网络与强化学习的结合，即深度强化学习。深度神经网络在拟合动作价值函数即 Q 函数，或者直接拟合策略函数的使用，便于处理各种复杂的状态和环境，也真正应用在了围棋、机器人控制、游戏等问题上。神经网络可以直接依靠游戏画面、摄像机传来的图像或当前的围棋棋局，预测出需要执行的动作。其典型的代表是 DQN 这样的用深度神经网络拟合动作价值函数的算法，以及直接优化策略函数的算法（见图 5-6）。

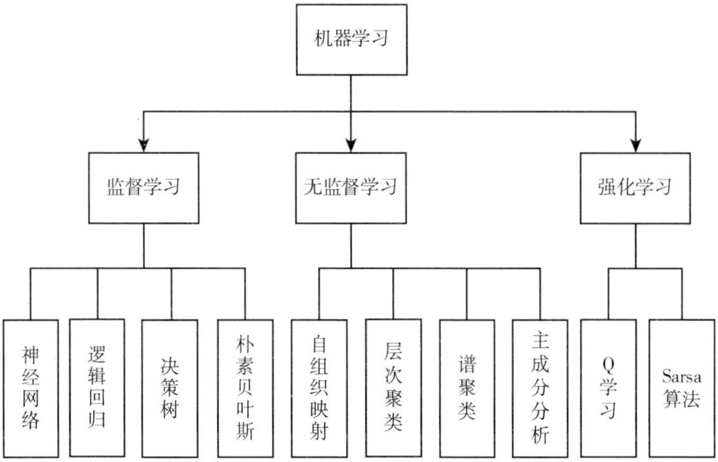

图 5-6 机器学习方法分类

（二）机器学习算法

1. 回归算法（有监督学习）。

回归算法是试图采用对误差的衡量来探索变量之间关系的一类算法。它有两个主要的子类：线性回归和逻辑回归。常见的回归算法包括：最小二乘法（ordinary least square）、逻辑回归（logistic regression）、逐步式回归（stepwise regression）、多元自适应回归样条（multivariate adaptive regression splines）以及本地散点平滑估计（locally estimated scatterplot smoothing）。

线性回归通过直线（回归线）建立因变量和一个或多个自变量之间的关系，拟合出的直线（回归线）将最佳匹配所有的数据，一般求解使用最小二乘法。最小二乘法的思想是：假设拟合出的直线代表数据的真实值，而观测到的数据代表拥有误差的值，为了尽可能地减小误差的影响，需要求解一条直线使所有误差的平方和最小（见图 5－7）。

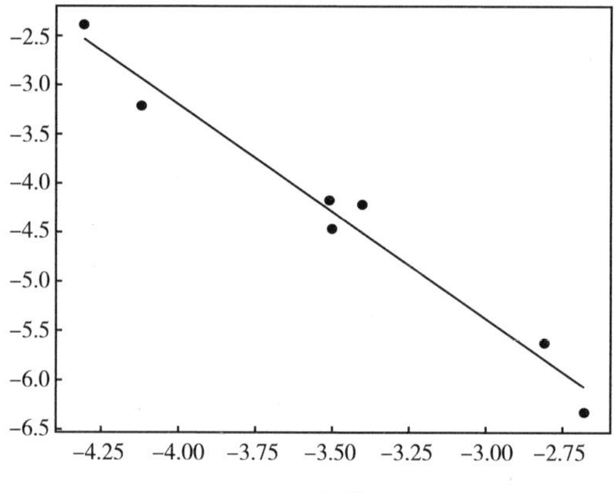

图 5－7　回归算法示例

线性回归的主要特点如下：

（1）自变量和因变量之间呈线性关系。

（2）多重共线性、自相关和异方差对多元线性回归的影响很大。

（3）线性回归对异常值非常敏感，其能影响预测值。

（4）在处理多个自变量时，需要用逐步回归的方法来自动选择显著性变量，不需要人工干预，其思想是将自变量逐个引入模型中，并进行 F 检验、t 检验等来筛选变量，当新引进的变量对模型结果没有改进时，将其剔除，直到模型结果稳定。

逻辑回归与线性回归非常类似，但从本质上讲是不同的两种算法，线性回归处理数值问题，最后预测出的结果是数字，而逻辑回归属于分类算法，预测结果是离散的分类。例如，判断一个网站是否是钓鱼网站，逻辑回归是在线性回归的计算结果上运用了 Sigmoid 函数，将数值结果转化为 0 ~ 1 的概率，根据这个概率做出预测，当概率大于 0.5 时，则这个网站是钓鱼网站。从直观上来说，逻辑回归是画出了一条分类线，分类线基本都是线性的。

二分类问题中一般使用 Sigmoid 函数作为预测分类函数，其函数公式为 $\varphi(z)=\frac{1}{1+e^{-z}}$ 对应的函数图像是一条取值在 0 ~ 1 的“S”形曲线，如图 5 - 8 所示。

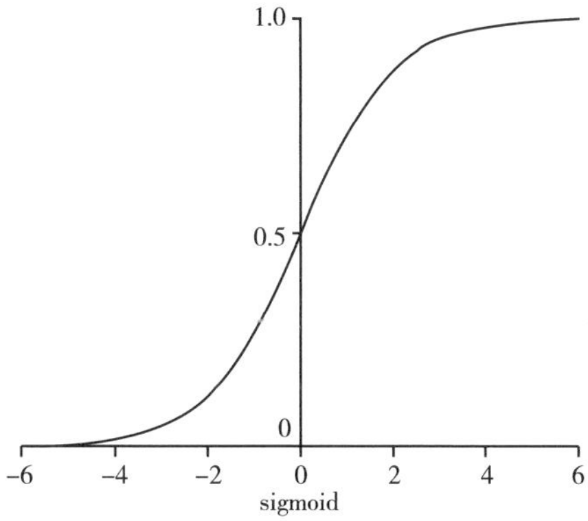

图 5 - 8 sigmoid 函数

2. 决策树算法。

决策树算法基于数据的属性，利用树状结构建立决策模型，常用于解决分类和回归问题。决策树把数据样本分配到某个叶子节点，以确定数据集中样本所属的分类。决策树由决策节点、分支和叶子节点组成。决策节点表示在样本的一个属性上进行的划分；分支表示对于决策节点进行划分的输出；叶节点表示经过分支到达的类。从决策树根节点出发，自顶向下移动，在每个决策节点都会进行一次划分，通过划分的结果将样本进行分类，导致不同的分支，最后到达一个叶子节点，这个过程就是利用决策树进行分类的过程，如图 5 - 9 所示。

常见的算法包括：分类及回归树（classification and regression tree，CART）、ID3（iterative dichotomiser 3）、C4.5、chi - squared automatic interaction detection（CHAID）、decision stump、随机森林（random forest）、多元自适应回归样条（MARS）以及梯度推进机（gradient boosting machine，GBM）。一般的机器学习模型

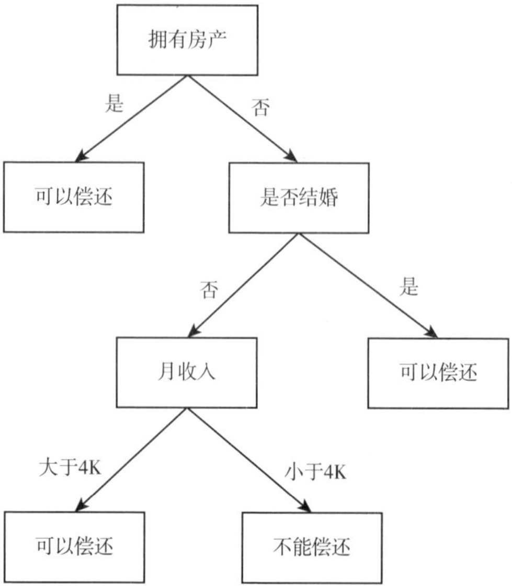

图 5-9　决策树

至少考虑两个量：一个是因变量，也就是希望预测的结果；另一个是自变量。

3. 贝叶斯算法。

贝叶斯算法是基于贝叶斯定理的一类算法，主要用来解决分类和回归问题。常见算法包括：朴素贝叶斯算法、平均单依赖估计（averaged one - dependence estimators，AODE）以及 Bayesian Belief Network（BBN）。

朴素贝叶斯分类模型是一种简单的构造分类器的方法。朴素贝叶斯分类模型将问题分为特征向量和决策向量两类，并假设问题的特征向量都是相互独立地作用于决策变量的，即问题的特征之间都是互不相关的。尽管这样假设过于简单，但朴素贝叶斯分类模型能指数级降低贝叶斯网络构建的复杂性，同时能较好地处理训练样本的噪声和无关属性，所以朴素贝叶斯分类模型仍然在很多现实问题中有着高效的应用，如入侵检测的和文本分类等领域。目前许多研究学者也在致力于改善特征向量间独立性的限制，使朴素贝叶斯分类模型可以应用到更多问题上。

4. 支持向量机。

支持向量机（support vector machine，SVM）属于有监督学习模型。在机器学习、计算机视觉、数据挖掘中广泛引用。其主要用于解决数据分类问题，SVM 将每个样本数据表示为空间中的点，使不同类别的样本点尽可能明显地区分开。通过将样本的向量映射到高维空间中，寻找最优区分两类数据的超平面，使各分类到超平面的距离最大化，距离越大表示 SVM 的分类误差越小。通过 SVM 用于二元分类问题，对于多元分类可将其分解为多个二元分类问题，再进行分类，主要应用场景有图像分类、文本分类、面部识别、垃圾邮件检测等领域。

（1）传统支持向量机。传统支持向量机是一种分类算法，寻求结构化风险最小从而使学习机泛化能力得到提高，经验风险和置信范围实现最小化，达到在统计样本量较少的情况下也能获得良好统计规律。通俗来讲，传统的 SVM 是一种二分类模型，其基本模型定义为特征空间上间隔最大的线性分类器，即支持向量机的学习策略便是间隔最大化，最终可转化为一个凸二次规划问题的求解（见图 5－10）。

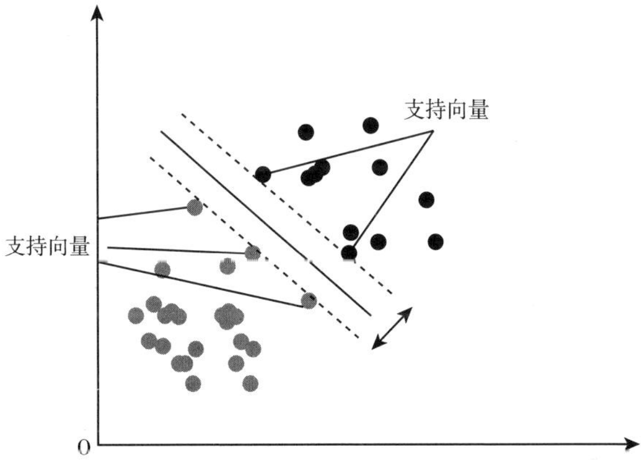

图 5－10　支持向量机

（2）线性可分支持向量机。给定训练样本集 D＝(x_1,y_1)，(x_2，y_2)，…，(x_m，y_m)，其中 y_i∈{－1，＋1}，分类学习就是基于训练集 D 在样本空间中找到一个划分超平面，将不同类别的样本分开（见图 5－11）。

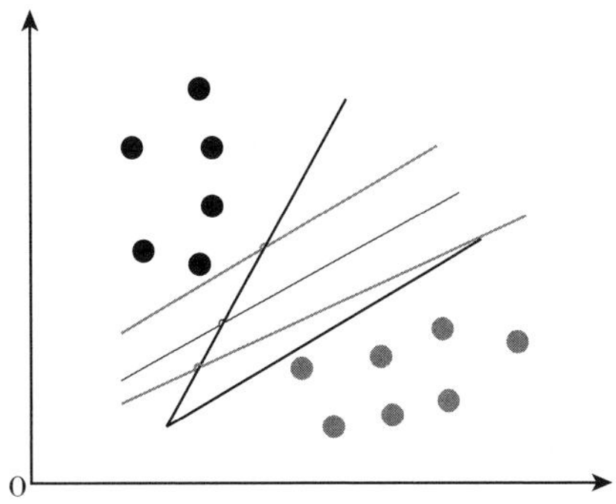

图 5－11　存在多个划分超平面将两类训练样本分开

能分开训练样本的超平面可能有很多，但需要找的是位于两类训练样本“正中间”的划分超平面，如图 5－11 中深色的线条，这样的超平面对训练样本局部扰动的“容忍”性最好。训练集外的样本因为训练集的局限性或者噪声的因素可能比图中的训练样本更接近两个类的分隔界，这就会出现很多错误的超平面划分，而只有深色超平面的影响最小。

（3）非线性支持向量机和核函数。

对于非线性问题，线性可分支持向量机就失效了，需要使用非线性模型。在图 5－12 所示的例子中，使用直线对两类样本进行分类的效果并不好。如果使用一条椭圆曲线（非线性模型）就可以有效地将它们分开。不好求解的非线性问题可以采用非线性变换，将非线性问题变换成线性问题。

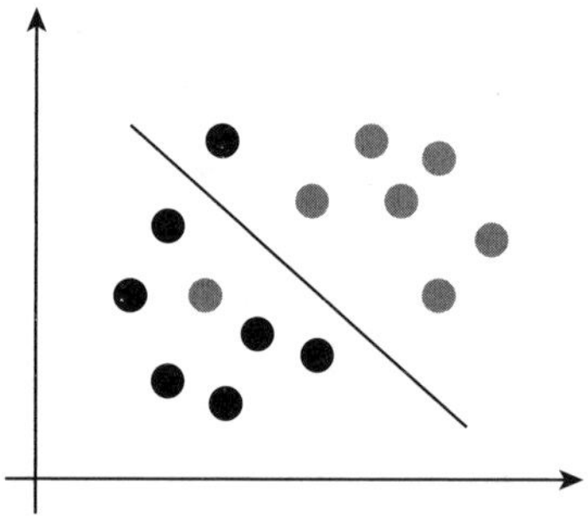

图 5－12　非线性问题示例

从原始空间将训练样本映射到一个更高维的空间，在这个空间样本线性可分。原始空间维数是有限的，即属性有限，那么一定存在一个使样本可分的高维特征空间。对于核函数来说，在实际应用中从一些常用的核函数中选择，根据样本数据的不同，选择不同的参数，实际上就得到了不同的核函数，多种核函数如表 5－1 所示。

表 5－1　核函数

名称	表达式	参数
线性核	$\kappa(x_i,x_j)=x_i^T x_j$	
多项式核	$\kappa(x_i,x_j)=(x_i^T x_j)^d$	$d\geqslant1$ 为多项式的次数
高斯核	$\kappa(x_i,x_j)=\exp\left(-\frac{\Vert x_i-x_j\Vert^2}{2\sigma^2}\right)$	$\sigma>0$ 为高斯核的带宽（width）
拉普拉斯核	$\kappa(x_i,x_j)=\exp\left(-\frac{\Vert x_i-x_j\Vert}{\sigma}\right)$	$\sigma>0$
Sigmoid 核	$\kappa(x_i,x_j)=\tanh(\beta x_i^T x_j+\theta)$	tanh 为双曲正切函数，$\beta>0$，$\theta<0$

（4）改进 SVM

①松弛变量。在实际应用中，使训练集在特征空间中线性可分的合适的核函数常常很难确定，即使找到了符合的核函数，也可能有过拟合的情况。因此，在应用时可以引入松弛变量，变量的使用需要参照具体的数学推导过程。

②拉格朗日乘子与 KKT 条件。在有约束条件的优化问题求解时，有两个重要的求解方法是拉格朗日乘子法（lagrange multiplier）和 KKT 条件，拉格朗日乘子法求取最优值适用于等式约束的优化问题；KKT 条件求取最优值适用于含有不等式约束的优化问题。这两个方法求得的结果只是必要条件，只有当是凸函数的情况下，才是充分必要条件。KKT 条件是拉格朗日乘子法的泛化。

③多分类 SVM。SVM 是一种典型的两类分类器。而现实中要解决的往往是多分类问题。因此，对于多分类问题需要构造多类分类器。构造 SVM 多类分类器的方法有多种，主要是三种常用的方法，即一对多法、一对一法以及层次支持向量机。

第一，一对多法（one - versus - rest，OVR SVMs）。训练时依次把某个类别的样本归为一类，其他剩余的样本归为另一类，这样 k 个类别的样本就构造出了 k 个 SVM。分类时未知样本分类成具有最大分类函数值的那一类。第二，一对一法（one - versus - one，OVO SVMs 或者 pairwise）：训练时在任意两类样本之间设计一个 SVM，因此 k 个类别的样本需要设计 k(k - 1)/2 个 SVM。当对一个未知样本进行分类时，未知样本的类别就是最后得票最多的类别。Libsv 中的多类分类就是根据这个方法实现的。但这种方法也有缺陷，就是当类别很多时，SVM 的个数是 n×(n - 1)/2，代价过大。第三，层次支持向量机：层次分类法就是先将所有类别分成两个大的子类，再将各个子类进一步划分成两个次级子类，循环往复，直到得到一个单独的类别为止。

5. 聚类算法。

聚类分析是一种典型的无监督学习，用于对未知类别的样本进行划分，将它们按照一定的规则划分成若干个类簇，把相似（距离相近）的样本聚在同一个类簇，把不相似的样本分为不同类簇，从而揭示样本之间内在的性质以及相互之间的联系规律，如图 5 - 13 所示。

聚类算法通常对输入数据按照中心点或者分层的方式进行归并。常见的聚类方法有：基于划分的方法、基于层次的方法、基于密度的方法、基于网格的方法、基于模型的方法、k - Means 算法以及期望最大化算法（expectation maximization，EM）。

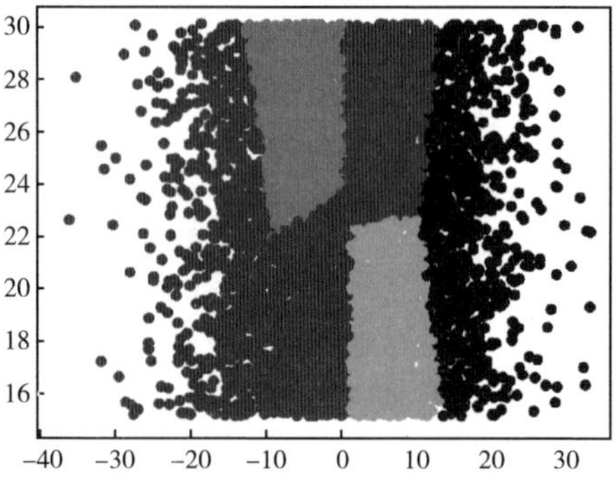

图 5－13 聚类

6. 关联规则学习。

关联规则学习通过寻找最能够解释数据变量之间关系的规则，来找出大量多元数据集中有用的关联规则。常见算法包括 Apriori 算法和 Eclat 算法等。

7. 降低维度算法。

降低维度算法与聚类算法类似，主要是分析数据的内在结构。不同的是，降低维度算法会以无监督学习的方式利用少量的信息去归纳或者解释数据。这类算法可以用于高维数据的可视化或者用来简化数据以便用监督式学习使用。常见的算法包括：主成分分析（principle component analysis，PCA）、偏最小二乘回归（partial least square regression，PLS）、Sammon 映射、多维尺度（multi－dimensional scaling，MDS）、投影追踪（projection pursuit）等（见图 5－14）。

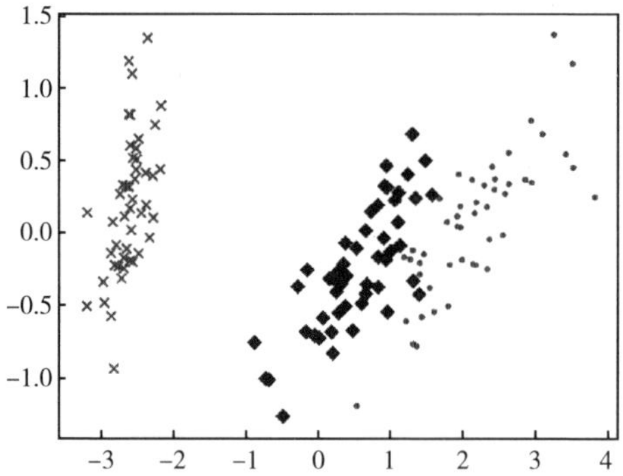

图 5－14 降维示例

其主要特征是将数据从高维降低到低维层次，所谓的维度就是指数据的特征量的数量。降维算法将数据从高维降低到低维，利于表示且加速计算，在降维的过程中，需要最大限度地保留信息。降维算法的作用，一方面是压缩数据、提高机器学习算法的效率。面对具有成百上千个特征的数据，利用降维算法，可压缩至若干个特征。另一方面是数据的可视化。5 维的数据维度过高，不便理解，通过降维算法将数据压缩至 2 维，就可以成功在二维平面上展示。降维算法的主要代表是主成分分析算法（PCA 算法）。

8. 神经网络。

传统神经网络结构比较简单，训练时随机初始化输入参数，并开启循环计算输出结果，与实际结果进行比较从而得到损失函数，并更新变量使损失函数结果值极小，当达到误差阈值时即可停止循环。神经网络的训练目的是希望能够学习到一个模型，实现输出一个期望的目标值。学习的方法是在外接输入样本的刺激下不断改变网络的连接权值。传统神经网络主要分为以下几类：前馈型神经网络、反馈型神经网络和自组织型神经网络。

BP（back propagation）神经网络也称为前馈神经网络，由反向传播学习算法进行参数权值的调整。BP 神经网络模型拓扑结构包括输入层（input layer）、隐层（hide layer）和输出层（output layer），利用激活函数实现从输入到输出的任意非线性映射，从而模拟各层神经元之间的交互。激活函数需要满足处处可导的条件，例如，Sigmoid 函数连续可微，求导合适，单调递增，输出值是 0～1的连续量，这些特点使其适合作为神经网络的激活函数。

当隐藏层只有一层时，该网络为两层神经网络，由于输入层未做任何变换，可以不看作单独的一层。实际中，网络输入层的每个神经元代表了一个特征，输出层个数代表了分类标签的个数（在做二分类时，如果采用 sigmoid 分类器，输出层的神经元个数为 1 个；如果采用 softmax 分类器，输出层神经元个数为 2 个），而隐藏层层数以及隐藏层神经元是由人工设定。一个基本的三层神经网络如图 5－15 所示。

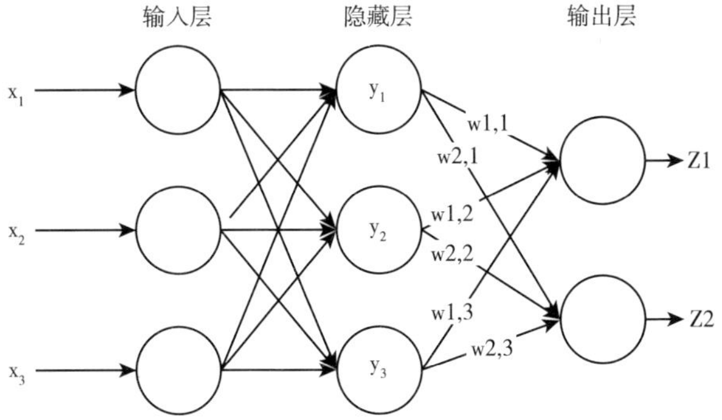

图 5－15　神经网络

神经网络应用在分类问题中十分有效。LR 或者 linear SVM 更适用线性分类。当数据非线性可分时，LR 通常需要通过特征工程做特征映射，增加高斯项或者组合项；SVM 需要选择核。但是这样也会产生很多没有用的维度，增加计算量。GBDT 用弱的线性分类器组合成强的线性分类器，但面对维度过高时效果并不理想。三层及以上的神经网络就能够很好地进行非线性可分。

9. 深度学习（deep learning，DL）。

深度学习是机器学习研究中的一个新领域，是一种利用复杂结构的多个处理层来实现对数据进行高层次抽象的算法（见图 5 – 16）。传统的 BP 算法往往仅有几层网络需要手工指定特征，且易出现局部最优问题，而深度学习引入了概率生成模型，可以自动地从训练集里提取特征，避免了手工指定特征可能导致考虑不周等问题，神经网络权重的初始化和采用反向传播算法进行训练，取得了比 BP 算法更好的效果。深度学习本身就是机器学习的一个分支，其概念源于人工神经网络的研究，核心是特征学习，目的是通过分层网络获取分层次的特征信息，解决以往需要人工设计特征的困难。传统神经网络存在以下几个方面问题：（1）比较容易过拟合，参数比较难调节；（2）训练速度比较慢，在层次比较少（小于等于 3）的情况下效果并不比其他方法更优。2006 年在由加拿大籍机器学习领域的泰斗 Geoffrey Hinton 和他的学生 RuslanSalakhutdinov 发表的一篇文章中提出了一个实际可行的 deep learning 框架，重新开启了深度学习在学术界和工业界的浪潮。文章有以下两个主要观点：①隐层的人工神经网络具有优异的特征学习能力，学习得到的特征对数据有更本质的刻画，从而有利于可视化或分类；②深度神经网络在训练上的难度，可以通过“逐层初始化（layer – wise pre – training）”来有效克服。

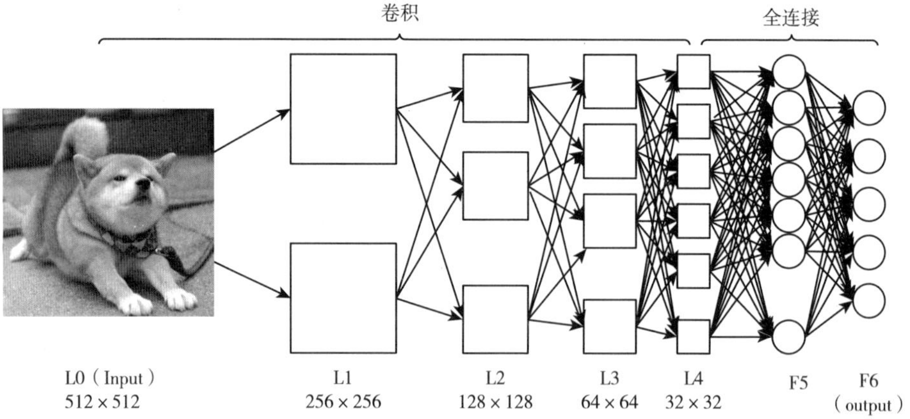

图 5 – 16　深度学习

与传统神经网络的相同之处在于，深度学习采用了分层结构。系统由输入层、隐层（多层）、输出层组成的多层网络，只有相邻层节点之间有连接，同一层以及跨层节点之间相互无连接，每一层都可以看作是一个 logistic regression 模型。这种分层结构同人类大脑的结构相接近。

为了解决神经网络训练中出现的问题，深度学习采用了不同的训练机制。传统神经网络（这里主要指前向神经网络）采用的是反向传播（back propagation）的方式，通俗而言就是采用迭代的算法来训练整个网络，初值随机设定，计算当前网络的输出，然后根据输出和标签之间的差改变各层参数，直至收敛（整体是一个梯度下降法）。而深度学习的不同在于：①强调了模型结构的深度，通常有6层、7层，甚至10多层的隐层节点；②突出了特征学习的重要性，通过变换逐层特征，样本在原空间的特征表示映射到一个新特征空间，从而更易分类或预测。与人工构造特征的方法相比，利用大数据来学习特征，更能够刻画数据内在的丰富信息。

10. 集成学习（ensemble learning）。

集成学习是一种技术框架，不是一个单独的机器学习算法，而是通过不同的思路组合基础模型，达到其利断金的目的。单个学习器为弱学习器，集成学习为强学习器（见图5-17）。集成学习可以用于回归问题集成、分类问题集成、特征选取集成和异常点检测集成等。对于训练集数据，我们通过训练若干个个体学习器，根据合适的结合策略，最终组成一个强学习器，以达到博采众长的目的。这就意味着，集成学习有两个需要解决的问题：第一，如何得到若干个个体学习器；第二，如何选择结合策略，将这些个体学习器集合成一个强学习器。

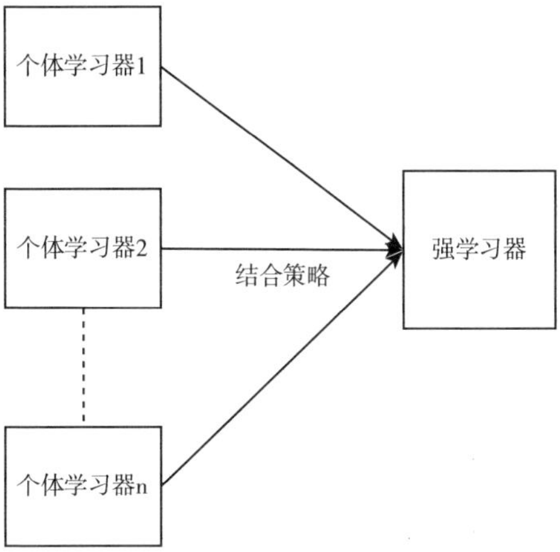

图5-17 集成学习

（1）集成学习框架。对于如何得到若干个个体学习器问题，有两种选择：第一，选择同一个种类的个体学习器，这些个体学习器是同质的，如都选择决策树个体学习器，或者都选择神经网络个体学习器。第二，个体学习器不全是同一种类的，这些个体学习器是异质的，如一个分类问题，采用支持向量机个体学习器，逻辑回归个体学习器和朴素贝叶斯个体学习器来学习训练集，再通过某种结合策略来确定最终的强分类学习器。

目前，最广泛的就是同质个体学习器的应用。同质个体学习器使用最频繁的两个模型就是 CART 决策树和神经网络。同质个体学习器按照个体学习器之间是否存在依赖关系可以分为两类：第一个是个体学习器之间存在强依赖关系，一系列个体学习器基本都需要串行生成，代表算法是 boosting 系列算法；第二个是个体学习器之间不存在强依赖关系，一系列个体学习器可以并行生成，代表算法是 bagging 和随机森林（random forest）系列算法。

三种常见的集成学习框架：Bagging、Boosting 和 Sacking。国内，南京大学的周志华教授深入研究了集成学习，在 2009 年发表的一篇概述性论文 *Ensemble Learning* 中对三种集成学习框架下了明确的定义，概括如下：

①Bagging。

基于数据随机重抽样的分类器构建方法。在训练集中进行子抽样，生成对应每个基模型的子训练集，综合所有基模型预测的结果产生最终的预测结果。Bagging 的数据子集是采用装袋采样来获取的。通常分类任务通过投票的方式集成，回归任务通过平均的方式集成。

对于 Bagging 需要注意的是，训练集可以每次选取全部的特征进行训练，也可以随机选取部分特征进行训练，如随机森林就是每次随机选取部分特征。

由图 5－18 可知，Bagging 是通过随机采样得到的个体学习器的训练集。通过 m 次的随机采样，就可以得到 m 个采样集，对于这 m 个采样集，可以分别独立地训练出 m 个弱学习器，再对这 m 个弱学习器通过集合策略得到最终的强学习器。

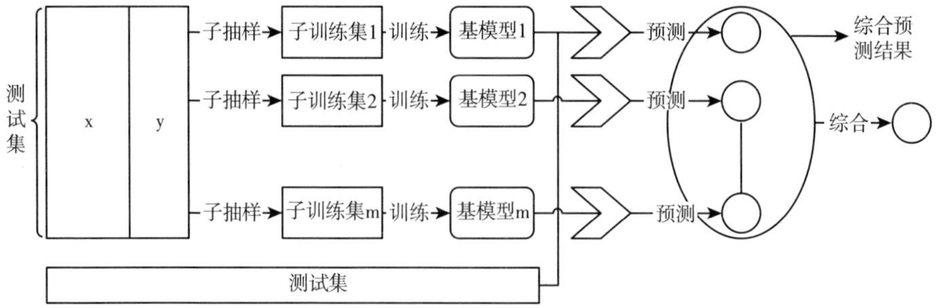

图 5－18　Bagging

随机森林是 Bagging 的一个特化进阶版，特化是因为随机森林的弱学习器都是决策树。进阶是因为随机森林在 Bagging 随机采样的基础上，加上了随机选取特征，但基本思想还在 Bagging 的范畴内。

②Boosting。

训练过程为阶梯状，基模型按次序一一进行训练，也可以进行并行训练，按照某种策略每次都对基模型的训练集进行一定的转化。对所有基模型预测的结果进行线性综合产生最终的预测结果，如图 5－19 所示。

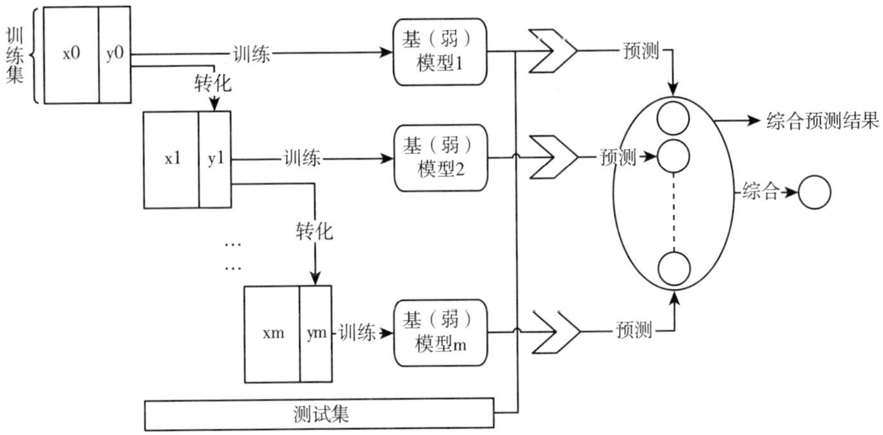

图 5－19　Boosting

从图 5－19 中可以看出，Boosting 算法的工作机制：

a. 用初始权重从训练集训练出一个弱学习器 1；

b. 根据学习器 1 的学习误差率更新训练样本的权重，误差率高的训练样本点的权重变高，使之在后面的弱学习器 2 中得到更多的重视；

c. 用调整权重后的训练集来训练弱学习器 2；

d. 如此重复进行，直到弱学习器数达到事先指定的数目 m；

e. 将这 m 个弱学习器通过集合策略进行整合，得到最终的强学习器。

Boosting 系列算法里最著名的算法主要有 AdaBoost 算法和提升树（boosting tree）系列算法。提升树系列算法里应用最广泛的是梯度提升树（gradient boosting tree）。

③Stacking。

用训练好的所有基模型预测训练基，第 j 个基模型对第 i 个训练样本的预测值将作为新的训练集中第 i 个样本的第 j 个特征值，最后基于新的训练集进行训练。同理，预测也要先经过所有基模型的预测形成新的测试集，最后再对新的测试集进行预测。Stacking 的过程如图 5－20 所示。

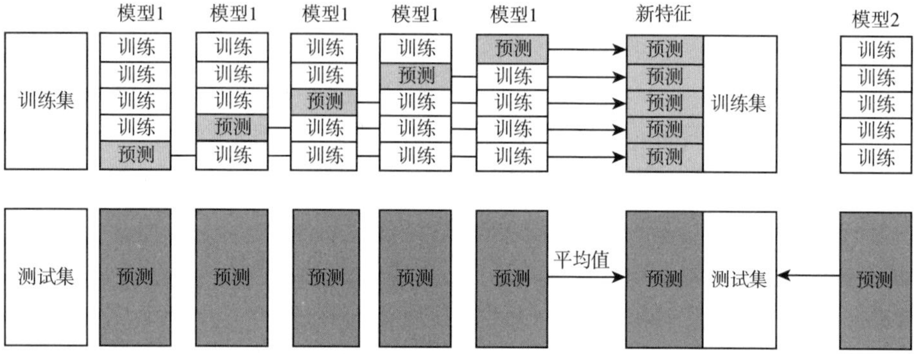

图 5－20　Stacking

有了这些基本概念之后，由于不再是用单一的模型进行预测，模型有了“集思广益”的能力，就不容易产生过拟合的现象。

关于如何选择一种结合策略，将这些个体学习器集合成一个强学习器。以下介绍几种典型的集成学习的结合策略。

假定得到的 T 个弱学习器是 $\{h_1, h_2, \cdots, h_T\}$，一般在做回归时，采用平均法，在解决分类问题时采用投票法。

第一，平均法。

对数值型输出 $h_i(x) \in R$，最常见的结合策略是使用平均法。平均法包括简单平均法与加权平均法。

简单平均法（simple averaing）：

$$H(x) = \frac{1}{T}\sum_{i=1}^{T} h_i(x) \tag{5-1}$$

加权平均法（weighted averaging）：

$$H(x) = \sum_{i=1}^{T} w_i h_i(x) \tag{5-2}$$

但是当集成规模比较大时，权重参数越多，越容易出现过拟合。加权平均法未必一定优于简单平均法。一般而言，个体学习器性能相差较大时适合使用加权平均法，个体学习器性能相近时适合使用简单平均法。

第二，投票法。

对于分类问题，常用投票法（voting）。常见有三种投票法：

绝对多数投票法：得票过半数的标记，否则拒绝预测（可靠性要求较高的学习任务）。

$$H(x)=\begin{cases}c_j, \text{ if } \sum_{i=1}^{T} h_i^j(x) > 0.5\sum_{k=1}^{N}\sum_{i=1}^{T} h_i^k(x) \\ \text{reject, otherwise}\end{cases} \tag{5-3}$$

其中，T 表示有 T 个分类器，N 表示有 N 种类别。意思就是，T 个分类器对类别 j 的预测结果若大于总投票结果的一半，那么就预测是类别 j，否则就拒绝预测。

相对多数投票法：得票最多的标记（学习任务要求必须提供预测结果）。

加权投票法：在分类任务中，不同类型的个体学习器产生不同类型的。通常有两种：一是类标记，如决策树，使用类标记的投票称为硬投票（hard voting）；二是类概率，如贝叶斯分类器，使用类概率的投票称为软投票（soft voting）。

第三，学习法。

学习法是一种更高级的结合策略，就是学习出一种“投票”的学习器，其中一种典型代表就是 Stacking。Stacking 的基本思想是：首先训练出 T 个基学习器，对每一个样本，用这 T 个基学习器产生 T 个输出。将这些输出和该样本的真实标记作为新的样本，这样就有了 m × T 的样本集，用这个样本集训练出一个新的“投票”学习器。而这个新的“投票”学习器的输入属性和学习算法会对最终投票学习器的泛化性能产生很大的影响。

（2）集成学习算法。

①随机森林（random forest，RF）。随机森林在实际中使用非常频繁，它的本质与 Bagging 相近，只是随机森林更加具体。随机森林就是根据集成学习的思想将多棵树集成的一种算法，决策树是它的基本单元，它的本质属于集成学习（ensemble learning）。随机森林可以从两个角度去理解：一个是“随机”，另一个就是“森林”。所谓“森林”就是成百上千棵树的集合，这也体现了集成的思想。

假设现在针对一个分类问题，一颗决策树就是一个分类器，向每个决策树都输入一个样本，有 N 棵树就会有 N 个分类结果。而随机森林就是集成所有的分类投票结果，投票次数最多的类别就是最终的输出。可以将随机森林简单理解为 Bagging 和 DT（CART）的结合。随机森林中使用的基学习器是 CART 树，由于算法本身能降低方差（variance），因此会选择完全生长的 CART 树。抽样方法使用 Bootstrap。随机森林认为随机程度越高，算法的效果就越好。因此随机森林经常用随机选取样本的特征属性的方法和将样本的特征属性通过映射矩阵映射到随机的子空间的方法来增大模型的随机性、多样性。随机森林具有良好的降噪性，随机森林模型比单棵的 CART 树，边界更平滑，置信区间也更大。

在随机森林中，树越多模型就越稳定。

随机森林是一种灵活实用的方法，它有如下几个特点：具有极好的准确率；能够在大数据集上高效运行；能够不需降维地处理高维特征的输入样本；能够评估各个特征在分类问题上的重要性；在生成过程中，获得内部生成误差的一种无偏估计；在缺省值问题上也可以获得很好的结果。

当然，随机森林的特点不止这些，它好比是机器学习领域的多面手（Leatherman），基本上可适应几乎各种情况。特别是在估计推断映射方面，不需要像 SVW 那样做很多参数的调试，更加简单有效。如果训练集大小为 N，每棵树随机且有放回地从训练集中抽取 N 个训练样本（这种采样方式称为 bootstrap sample 方法），以此作为该树的训练集。每棵树的训练集都是不同的，里面包含有重复的训练样本，这一步和 Bagging 相同。如果每个样本的特征维度为 M，指定一个常数 m < < M，从 M 个特征中随机选取 m 个特征子集，每次树进行分裂时，从这 m 个特征中选择最优的。每棵树都尽最大限度生长，并且没有剪枝过程。

②AdaBoost。AdaBoost 是一种 Boosting 方法，与 Bagging 相比，Adaboost 必须串行训练获得不同子模型，根据已训练出的模型性能训练每个新的子模型。Boosting 算法中学习器为弱学习器，弱学习器略优于随机猜测，在处理二分类问题时，错误率略低 0.5。因此，实际中常使用 small decision trees。AdaBoost 中每个训练样本都有自己的权重，这些权重组成一个向量 W，初始值都为 $w_1 = 1/N$。Adaboost 每次迭代会用相同的训练数据生成新的子模型，但是样本的权重会不同。根据当前的错误率，AdaBoost 增大错误样本的权重，减小正确样本权重，更新每个样本的权重。经过不断重复的训练和调整权重，直至训练错误率或弱学习器的个数达到用户指定的值。Adaboost 的最终结果为每个弱学习器加权的结果。

③梯度提升树（gradient boosting decison tree，GDBT）。GDBT 也是一种 Boosting 方法，根据已训练出的学习器的残差训练获得每个子模型，子模型由串行训练获得，不易并行化。残差就是结合目前所有得到的训练器预测的结果和实际值之间的差值。GDBT 使用广泛，能用于分类和回归预测。由于 GDBT 结合了梯度迭代和回归树，所以准确率很高，但是也存在过拟合的风险。GDBT 的使用也非常简单，主要调节的参数有确定需要多少棵树（nestimator）、每棵树的复杂度（maxdepth，max_leaf node）、损失函数（loss）以及学习率。

第三节

机器学习项目研发

机器学习是一个复杂的过程，通常情况下需要明确自己的任务要求，从而在若干个模型中，选择一个合适的模型。同时庞大的数据量也为机器学习带来不小的考验。面对一个复杂数据的机器学习项目，在模型应用之前，通常需要经过若干的前期准备和整理工作。因此不同的机器学习项目由于数据量、数据的缺失程度以及不同的数据维度等，具体的实现步骤也有所不同。本节归纳总结了一个完整的机器学习步骤，分小节进行详细描述。

一、机器学习过程

完整的机器学习项目一般从分析需求开始，根据需求进行数据采集，然后在数据集的基础上经过数据清洗、特征工程等步骤，整理数据，选择合适的模型，或者自己建立恰当的模型，将数据导入模型，从而得出结果，并对结果进行分析，进一步地调试优化模型，经过反复的迭代，得到最终的结果。完整机器学习过程如图 5－21 所示。

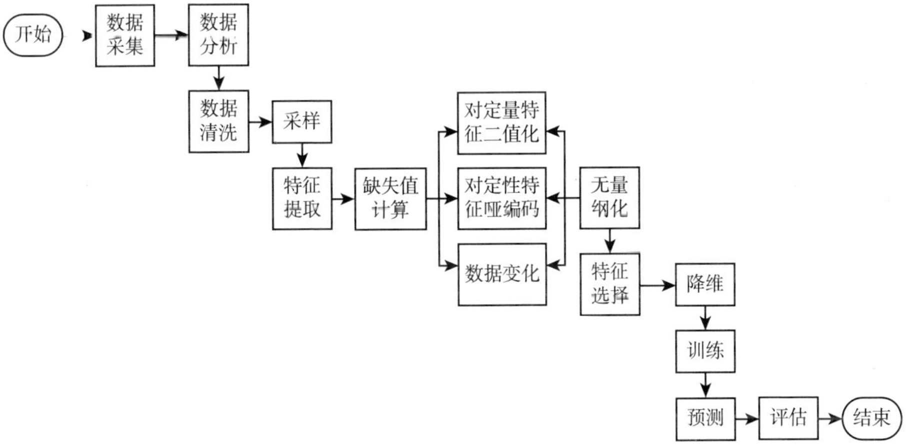

图 5－21 机器学习过程

二、需求分析

需求分析就是把具体问题抽象成数学问题，包括明确可以获得什么样的数据，项目研究的目标是什么，适合采用什么方法去解决这些问题？这里主要讨论机器学习方法。开始机器学习项目的第一步就是要理解实际业务场景问题，因为机器学习中特征工程和模型训练都非常费时，如果可以对要处理的问题深入理解，就能少走弯路，提高效率。

三、获取数据

在构建机器学习模型时，寻找合适的数据集一直是个棘手的问题。在这里将数据获取的方法大体分为三种：第一种，在 Python 中包含许多完好的数据集，可供基础学习使用；第二种，寻找数据平台，在平台中寻找合适的数据，通过这种方法，不仅能够找到大量的实验数据集及相关的描述和使用示例，在某些情况下，还会有用于训练数据集的算法代码；第三种，通过爬虫等收集方法，自己获取数据集，但通过此方法获取的数据，数据集本身会存在较多的问题，需要进入深入的加工。获取 Python 自带的数据集此处不再赘述。以下介绍第二种及第三种方法。

（一）数据收集平台

亚马逊 AWS 高级技术顾问 WillBadr 介绍了 8 种寻找机器学习数据集的方法，并附带相关网站链接：

1. Kaggle 数据集（https：//www. kaggle. com/datasets）。Kaggle 的数据集中，包含用于各种任务、不同规模的真实数据集，而且有许多不同的格式。此外，还可以在这里找到与每个数据集相关联的交互式笔记本 Kernels，这些笔记本能够在浏览器中运行。在这里，每个数据集都是一个小的交流社区，可以讨论数据，寻找一些公开的代码，或者在 Kernels 中创建自己的项目。有许多数据科学家从不同的角度对数据集进行了分析。有时候，还可以找到解决特定问题的算法代码。

2. 亚马逊数据集（https：//registry. opendata. aws/）。这里有许多不同领域的数据集，如公共交通、生态资源、卫星图像等。同时也提供了搜索框，帮助寻找数据集。伴随着数据集，也有相关的描述与用法示例。数据集存储在 AWS 中，如果你正在使用 AWS 训练机器学习模型，会非常方便，数据集的传输速度非常快。

3. UCI 机器学习数据库（https：//archive. ics. uci. edu/ml/datasets. html）。这个数据库里面有 100 个数据集，来自加州大学信息与计算机科学学院。数据集已经按照机器学习问题进行了分类，可以在这里找到单变量和多变量时间序列数据集；分类、回归或推荐系统的数据集。而且，其中的一些数据集已经清理完毕，可直接使用。

4. 谷歌数据集搜索引擎（https：//toolbox. google. com/datasetsearch）。2018 年 9 月，谷歌推出了这项服务，按名称搜索数据集。目标是收集成千上万不同的数据集存储库。

5. 微软数据集（https：//msropendata. com/）。2018 年 7 月，微软推出“微软研究开放数据”，涵盖计算机科学、社会科学、物理学、天文学、生物学、经济学等多个学科领域，数据集存储在云中，用于推动全球研究团体之间的协作。其收集了一系列已发表的研究中使用的精确数据集。

6. 公共数据集资源收集（https：//github. com/awesomedata/awesome - public - datasets）。按照不同的主题对近 600 个数据集进行了分类，一共涉及 29 个主题，如生物学、经济学、教育学等。大多数数据集都是免费的，不过在使用前，还是检查一下许可要求比较好。

7. 政府数据集。与政府相关的数据集寻找起来也比较容易，许多国家都会公开各种数据，以推进政务的透明化处理，如欧盟开放数据集：欧洲政府的数据集（https：//data. europa. eu/euodp/data/dataset）、美国政府数据集（https：//www. data. gov/）、中国国家统计局（http：//www. stats. gov. cn/）。

8. 计算机视觉数据（https：//www. visualdata. io/）。里面有各种用于计算机视觉研究的数据集，可以通过特定的主题去查找数据集，如语义分割、图像字幕、图像生成等，也可以通过应用场景查找数据集，如自动驾驶汽车数据集。

（二）人工获取数据

在解决实际问题时，通常需要通过人工收集数据。人工收集数据的途径较多，例如，研究医学领域问题的项目可以通过与医院合作，获取脱敏的研究数据；研究银行贷款风险等级评价的项目，可以与银行等金融机构合作；研究某一网站用户画像分析的项目，可以通过网站数据爬取获取数据等。

通过爬虫获取数据集的灵活性比较高，可以根据项目的研究内容，选择合适的网站或者平台进行爬取。但是爬虫获取数据的难度、成本以及花费的时间相对更长。目前市面上有许多的爬虫类工具，可以大大节省爬虫开发的时间，爬虫类开发工具的弊端在于灵活性较低，与项目需要的数据匹配度较低，难以爬取一些重要的数据，且不能修改爬虫代码。目前绝大多数网站都设有反扒机制，而且，爬取数据可能存在非法侵犯个人隐私的风险。因此，数据的人工获取需要有专业的人员以及对相关法律的了解。

四、数据预处理

（一）原始数据存在的问题

机器学习的上限由数据和特征决定，模型和算法是在逼近这个上限。美国

"纽约时报"中的一篇报道曾分析，在数据科学家的项目中，他们收集和准备不规则数据的时间占整个项目用时的50%~80%，之后才能探索他们想要的真正的结果。由此可见数据预处理在机器学习中的重要性。

大数据环境下，基于统计数据采集而来的数据通常存在许多问题，其中包括：

1. 杂乱性。从各个实际应用系统中获取原始数据，由于各应用系统的数据缺乏统一标准的定义，造成数据结构有较大差异。因此原始数据往往不能直接拿来使用。

2. 重复性。对于同一个客观事物在不同的存储位置中可能存在两个或两个以上完全相同的物理描述。这在应用系统的使用过程中十分普遍，几乎所有应用系统中都存在数据的重复和信息的冗余现象。

3. 模糊性。由于存储设计时存在缺陷或使用过程中的人为因素，数据记录中可能存在某些数据属性值的缺失或不正确的情况，造成数据的不完整或不正确。在实际使用的系统中，存在大量的模糊信息，有些数据甚至还具有一定的随机性质。

数据类型和组织模式的多样化、关联关系的繁杂、质量良莠不齐等内在的复杂性导致数据的感知、理解、计算和表达等多个方面都存在巨大的挑战。因此，数据预处理是一个非常重要的准备工作。通过数据预处理保证机器学习数据的正确性和有效性，通过对数据格式和内容的调整保证数据更符合需要，通过清除部分与数据分析无关的数据项保证提供更高质量的数据内核。预处理的方法可以采用数据清洗、数据集成、数据变换等。

（二）数据集成

随着大数据的出现，集成多源数据，并将数据根据需要转换为适于处理的形式，这在ML中是一件至关重要的工作。数据集成（data integration）是要将互相关联的分布式异构数据源集成到一起，方便用户以透明的方式访问这些数据源。集成需要维护数据源整体上的数据一致性、提高信息共享利用的效率；透明的方式是指用户不需要考虑如何访问异构数据源数据，只要知道以何种方式访问何种数据。随着分布式系统和网络环境的日益普及，分布式环境中存在大量的异构数据源，并且它们之间往往是相互独立的。为了更好地实现资源共享，迫切需要建立一个公共的集成环境，数据集成的研究因此而起。在分布式环境下，由于数据源提供数据的质量不同，多个数据源提供的数据之间可能会存在数据不一致性问题，这使数据集成系统对现实世界的同一对象产生不同的描述数据，从而影响了数据集成以及查询的质量，并给系统用户带来不便。所以如何让数据集成系统提供一致的数据并且获得最大化的系统收益是一个值得深入研究的问题。通过近几十年的研究，已经获得了一些研究成果，并建立了一些原型系统。

1. 数据集成难点。

能保证用户低代价、高效率地使用异构数据的数据集成系统才是好的数据集成系统。要实现这个目标，必须解决数据集成中的一些难点。数据集成难点主要有以下几点：

（1）异构性：包括语法异构和语义异构。语法异构是数据源的实体关系模型相同，但命名规则不同造成的；语义异构是当数据源构建实体模型时采用不同的粒度划分、不同的实体间关系以及不同的字段数据语义表示所造成的。

（2）分布性：数据源异地分布，依赖网络传输数据，这就存在网络传输的性能和安全性等问题。

（3）自治性：各个数据源有很强的自治性，可以在不通知集成系统的前提下改变自身的结构和数据，挑战数据集成系统的鲁棒性。

2. 数据集成工具。

（1）Apache 开源软件：Sqoop。

Sqoop 是一款开源的工具，主要用于在 Hadoop 与传统的数据库（mysql、postgresql）之间进行数据的传递，可以将一个关系型数据库（例如，MySQL、Oracle、Postgres 等）中的数据导入 Hadoop 的 HDFS 中，也可以将 HDFS 的数据导入关系型数据库中。目前在各个公司应用广泛，且发展前景比较乐观。其特点在于：

①专门为 Hadoop 而生，Hadoop 版本更新支持程度好，又是从 CDH 版本中孵化出来的开源项目，可以支持 CDH4。

②支持并行导入，速度很快，可以指定按某个字段进行拆分并行化导入过程。

③支持按字段进行导入与导出。

④自带的辅助工具比较丰富，如 sqoop - import、sqoop - list - databases、sqoop - list - tables 等。

（2）阿里开源软件：DataX。

①DataX 是什么。

DataX 是一个异构数据源离线同步工具，致力于实现包括关系型数据库（MySQL、Oracle 等）、HDFS、Hive、ODPS、HBase、FTP 等各种异构数据源之间稳定高效的数据同步功能，如图 5 - 22 所示。

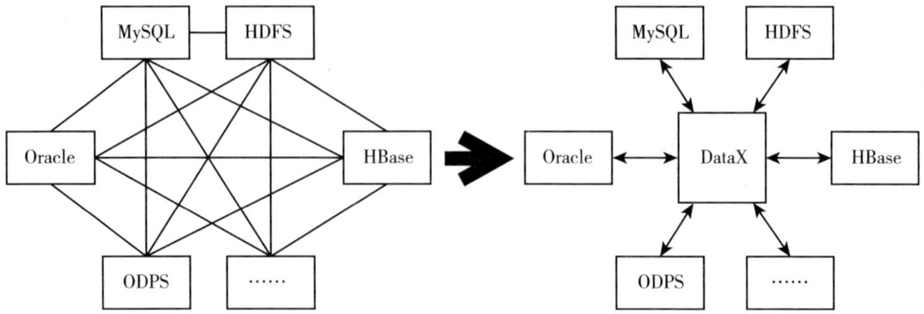

图 5-22 DataX

②DataX 可以解决什么问题。

目前有很多已经成熟的数据导入导出工具，但一般都只能用于数据导入或者导出，并且只能支持一个或者几个特定类型的数据库。这也就意味着，如果拥有很多不同类型的数据库或是文件系统（Mysql/Oracle/Rac/Hive/Other），还需要在它们之间互相导入导出数据，那么就需要开发、维护、学习使用一批这样的工具（jdbcdump/multithread/dbloader/getmerge + sqloader）。随着库类型的增加，所需工具数目会线性增长。这些工具中转数据的使用方法并不相同，部分使用文件中转数据，部分使用管道中转数据，在很大程度上带来额外开销，不同方式之间的效率差也很大。很多工具并不能满足 ETL 任务中常见的需求。除此之外还有种情况需要考虑在内，将一份数据在一个很短的时间窗口内，从一个数据库同时导出多个不同类型的数据库。DataX 就可以很好地解决以上所面临的问题。只需要针对新增的数据源开发的一套 Reader/Writer 插件，即可实现任意数据的互导。

③Datax 的特点。

a. 在异构的数据库/文件系统之间高速交换数据；

b. 采用 Framework + plugin 架构构建，Framework 处理了高速数据交换的大部分技术问题，如缓冲、流控、并发、上下文加载等，提供了简单的接口与插件交互，插件仅需要实现对数据处理系统的访问；

c. 运行模式：stand - alone；

d. 数据传输过程是单进程，全内存操作，无须读写磁盘，也没有 IPC；

e. 开放式的框架，开发者可以在极短的时间开发一个新插件以快速支持新的数据库或文件系统。

（3）Kettle 开源软件：水壶（中文名）。

Kettle 是一款国外开源的 ETL 工具，纯 java 编写，支持图形化的 GUI 设计界面，可以在 Window、Linux、Unix 上运行，绿色无须安装，数据抽取高效稳定。该项目的主程序员 MATT 希望把各种数据放到一个容器里，然后以一种指定的格式流出。Kettle 帮助管理来自不同数据库的数据，提供一个图形化的用户环境来描述想做的内容，而不是想怎么做。Kettle 中有两种脚本文件：transformation 和 job。transformation 是对数据的基础转换，job 是控制整个工作流。Kettle 在做一些简单或复杂的数据抽取、质量检测、数据清洗、数据转换、数据过滤等方面表现稳定，熟练地应用它，可以减少繁多的研发工作量，提高了工作效率。

（4）Kettle 与 DataX 的比较。

①Kettle 有自己的管理控制台，ETL 任务制定可以直接在客户端进行，由于是 C/S 架构，因此对 B/S 浏览器模式并不支持。但 DataX 的界面完全需要自己开发，增大了工作量。

②Kettle 可以通过 Java 代码与用户自己的工程进行集成，可以在 Java 中调用 Kettle 的转换、执行、结束等动作，而 DataX 是不支持的，DataX 是以执行脚本的方式运行任务的，只有在完全理解源码的情况下才可以调用的。

③支持的数据库都比较齐全，Kettle 支持的更多，DataX 是阿里开发的，可以更好地支持阿里自身的数据库系列，如 ODPS、ADS 等。

④Kettle 已经加入 BI 组织 Pentaho，加入后进一步提升了 Kettle 的开发力度和被关注度。

⑤DataX 开源的支持度不高，关注度远不及 Kettle，代码提交次数也很少。

（三）数据清洗

原始数据中一定存在噪声数据，这种噪声数据是错误的、冗余的、不一致的。需要分析这些噪声数据的产生原因以及存在形式，运用相应的清洗技术和降噪方法进行清洗，得到相对“干净”的一致性的数据样本。数据清洗技术的研究最早出现在美国，之后随着信息技术商业应用的高速发展，在全球范围内开展了更深入的研究和更大的发展。数据清洗技术包括填充缺失数据、清除重复数据、消除噪声数据等。数据清洗主要分为以下几类：

1. 重复数据的清洗。

数据集合中重复记录的去除，对数据挖掘的精度和速度都有很好的提升效果。重复记录就是同一个对象有两个及以上的实例表示。找出存在重复实例的办法，主要是将每个实例和其他实例一一对比，直至找到与其相同的实例。

（1）数值型属性的实例通常采用统计学的方法来检测。以不同的数值型属性的均值和标准方差值为依据，通过设置不同属性的置信区间来达到识别异常属性的记录、识别并消除重复记录的目的。

（2）清洗重复数据的常用方法还有相似度计算，计算记录各属性的相似度，再根据每个属性的不同权重值，加权平均后得到记录的相似度。如果两条记录相似度超过了某一阈值，则认为两条记录是重复的。

（3）相似度计算的另一种算法是基于基本近邻排序算法。主要目的是减少记录的比较次数，提高效率。数据集按关键字排序后，在数据集上有一个大小固定的窗口来回移动，通过检测窗口内的记录来判断是否相似，从而达到重复记录的确认。

2. 缺失数据清洗（missingvaluesimputation）。

完善缺失数据是数据清洗领域面临的另一个重要问题。在实际操作中，常常会出现手动输入的失误操作、部分保密信息或者来源不可靠的数据等各种各样的原因，致使数据集中的内容残缺不完整。机器学习时不准确不完整的数据会影响抽取模式的导出规则的正确性和准确性。当应用于前端的决策系统的数据挖掘模型错误时，就会导致分析结果和执行决策出现严重偏差。

对于缺失值的处理，主要分为：删除法和插补法。删除法是最原始的方法。直接删除存在缺失值的记录以解决数据缺失问题。通常在对大型数据库进行数据挖掘时，大型数据库中可能有成百上千的属性，用删除法根据一个值的缺失而删除一条记录，这会产生极大浪费。运用插补法就可以更好地解决问题，插补法一般是用最可能的值来填补缺失值。常用的插补方法如下：

（1）均值插补。数据分数值型与非数值型，缺失值为数值型就采用平均值插补缺失值，缺失值为非数值型就采用众数插补缺失值，当数据符合较规范的分布规律，还可用中值插补。

（2）回归插补。解决数据缺失问题也可以使用回归的思想，Rubin 用贝叶斯 Logistic 回归法提出多重插补。刘燕提出了基于 Logistic 回归的近邻择优补差法。戴明锋等在分析数据缺失机制前提下，采用二分类 Logistic 回归插补法，根据发生概率大小来确定插补值。在模拟比较后，证明基于回归的近邻择优插补法的均方误差最小，波动性最小，插补效果较好。

（3）极大似然估计（max likelihood）。极大似然估计，又称忽略缺失值的极大似然估计。在随机缺失的条件下，通过观测数据的边际分布可以推出未知参数。实际上，极大似然估计就是一种数学期望，已知某参数可使样本出现的概率最大，就会忽略小概率的样本。因此，实际中常采用期望值最大化（expectation maximization，EM）的计算方法。

（4）其他插补方法。Ragel 等提出 RAR（robust association rules）方法，对

有效数据充分利用，减少数据信息的浪费；MVC（missing value completion）方法中首次提到用关联规则对缺失数据进行插补。Shen 等提出了 FRCAR（fast recycle combined association rules）方法，利用非频繁项信息对缺失值进行插补，解决了生成规则少、不足以对所有缺失值进行插补的情况。Leila 等提出 GBARMVC（generic basis of association rules），解决了存在多条规则时对同一缺失值进行插补问题。

缺失值处理如表 5－2 所示。

表 5－2　缺失值处理

缺失值处理	适用条件	优缺点
删除法	样本量大，缺失值所占样本比例较少	优点：简单、易行 缺点： 1. 损失样本量，浪费资源，容易丢失隐藏信息 2. 统计功效被削弱 3. 样本量较小时，严重影响数据的客观性和结果的正确性 4. 缺失值所占比例较大且非随机分布时，可能导致数据发生偏离，得出错误结论
均值插补	缺失值为数值型：平均值来填充 缺失值为非数值型；众数填充	优点：简便、快捷 缺点： 1. 会产生有偏估计 2. 均值补差法是在完全随机缺失的假设下建立的，会导致变量的方差和标准差变小
回归插补	处理变量之间的相关关系	优点：利用了尽可能多的信息，较前几种方法得到的缺失值更有说服力 缺点： 1. 随机误差容易被忽视，标准差和其他位置性质的测量值易被低估，在缺失信息的增多时更加严重 2. 必须假设存在缺失值所在的变量与其他变量存在线性关系，而实际中这种关系并不常存在
极大似然估计	适用于任何总体	优点：估计量具有一致性和有效性 缺点：不能解决所有缺失值，方程可能求解困难甚至根本写不出有限形式的解

3. 噪声数据处理（noise treatment）。

在实际应用中，常常会因为各种各样的原因，导致在数据输入、收集、整理过程中出现错误或噪声数据，即“离群点”。噪声数据不在合理的数据域内，会造成分析过程中输入和输出数据的质量难以保证，容易造成后续的机器学习结果不准确、不可靠。下面是常用的消除噪声数据的方法：

（1）回归法。是用一个函数拟合数据，光滑数据，去除数据中的噪声，然后用回归后的函数值代替原始数据，从而避免噪声数据的干扰。回归法依赖于数据趋势的判断，只有符合线性趋势的才适合用回归法。因此需要先可视化数据，对数据的趋势及规律做出判断，再确定是否可用回归法处理噪声数据。

（2）均值平滑法。均值平滑法适用于具有序列特征的变量，采用邻近的若干数据均值来替换原始数据。均值平滑法对于具有正弦时序特征的数据去噪效果更显著。

（3）离群点分析。所谓的离群点分析就是通过聚类等方法来探测离群点。聚类会使相似程度较高的数据对象集合在一起形成簇，不同簇之间的数据对象的相似程度也较低，离群点就是落在簇集合外的值。删除离群点就能实现去噪。

（4）小波法。小波去噪属于音频处理，具有较好的时频特性。小波去噪在数学上就是函数逼近问题。利用衡量标准逼近原信号直到找到“最佳”逼近，将原信号和噪声信号区别开来。为了便于后期恢复最佳的原信号，需要找出实际信号空间到小波函数空间的最佳映射。小波去噪在信号学上是信号滤波问题，小波去噪在很大程度上可看作低通滤波，但相比于传统低通滤波器它的优势在于去噪后还能成功保留信号特征，因此小波去噪可看作是特征提取和低通滤波功能的综合。输入带噪信号后，经过特征提取与低通滤波可得到重建信号。

噪声过滤处理如表 5－3 所示。

表 5－3　　　　噪声过滤处理

噪声过滤处理	适用条件	优缺点
回归	建立在稳定数据变量基础上	优点：对于分析多因素模型，可以更加简单方便，去噪效果好 缺点： 1. 直接采用非平稳时间序列建立回归模型，易出现“伪回归”问题 2. 在存在因果关系的变量间建立的回归预测模型，其预测效果较差
均值平滑	有序列特征的向量	优点：简单、计算快速 缺点：会导致信号的细节和边缘模糊
离群点分析	1. 数据的检验类型要充分 2. 预先知道样本空间中数据集的分布特征	优点：建立在标准的统计学技术之上，当数据和检验的类型十分充分时，检验有效 缺点： 1. 绝大多数是针对单个属性的，而数据挖掘要求多维空间挖掘离群点 2. 数据分布可能是未知的，统计学方法，在数据不充分的情况下，不能确保发现所有的离群点

续表

噪声过滤处理	适用条件	优缺点
小波法	对图像、信号去噪	优点： 1. 低熵性 2. 多分率，能非常好的刻画信号的非平稳特征，如边缘、尖峰、断点等 3. 去相关性，噪声在变换后有白化趋势，小波域比时域更利于去噪 4. 可以得到信号的最优估计

（四）数据变换

数据变换主要是对数据进行规范化处理，达到适用于挖掘的目的。经过数据清洗后的数据，解决数据缺失、重复等问题，数据集已经具备良好的完整性。但由于某些属性可能存在连续性抑或为了消除量纲的影响，需要对数据进行数据变换。

1. 对数值型数据的变换。

（1）无量纲化。

在机器学习领域中，不同评价指标即特征向量中的不同特征往往具有不同的量纲和量纲单位，这将直接影响到数据分析的结果。为了达到消除指标之间的量纲影响，采用数据标准化处理，解决不同数据指标之间的可比性。对原始数据进行标准化处理，使各指标处于同一数量级，利于之后进行综合对比评价。其中，数据的归一化处理是最典型的方法。

归一化的目的就是将预处理的数据限定在一定的范围内（如［0，1］或者［-1，1］），消除奇异样本数可能产生的不良影响。在统计学中，归一化的具体作用是归纳统一样本的统计分布性。统计的概率分布就是归一化在 0~1，统计的坐标分布就是归一化在 -1~+1。奇异样本数据是指相较于其他输入样本特别大或特别小的特征向量的样本。如图 5-23 所示，其中有 6 个具有两个特征的样本数据 x1、x2、x3、x4、x5、x6，样本的特征向量就是列向量。其中 x6 这个样本的两个特征值远远大于其他样本，可以判断 x6 是奇异样本数据。奇异样本数据会增大训练时间，同时也可能导致无法收敛，因此，为了消除奇异样本数据带来的影响，需要对预处理数据在训练之前进行归一化。

x1	x2	x3	x4	x5	x6
2.2	1.6	2.4	1.8	2.1	48.5
1.2	1.0	0.8	0.6	1.1	10.5

图 5-23 归一化处理

①几种常用的归一化。

a. min - max 归一化。

min - max 归一化方法又称为离差标准化，该方法对原始数据进行线性变换，将其映射到［0，1］之间，转换函数如下：

$$x' = \frac{x - min}{max - min} \tag{5-4}$$

min - max 归一化方法适用于数值相对集中的情况，其缺陷在于，如果 max 和 min 不稳定，归一化结果就会变得不稳定，导致后续使用效果也不稳定。实际使用中 max 和 min 可以被经验常量所替代。在不涉及距离度量、数据不符合正态分布、协方差计算时，可以使用该方法或其他归一化方法，但不包括 z - score 方法。如图像处理中，将 RGB 图像转换为灰度图像后将其值限定在［0，255］的范围。

b. z - score 标准化。

z - score 标准化（zero - mena normalization，0 - 均值标准化），数据处理后符合标准正态分布，即均值为 0，标准差为 1。方法的公式如下：

$$x' = \frac{x - u}{\sigma} \tag{5-5}$$

其中，x 是原始数据，u 是样本均值，σ 是样本标准差。回顾正态分布的基本性质，若 $x \sim N(u,\sigma^2)$，则有：

$$y = \frac{x - u}{\sigma} \sim N(0,1) \tag{5-6}$$

其中，N(0,1)表示标准正态分布。于是可以看出，z - score 标准化方法试图将原始数据集标准化成均值为 0，标准差为 1 且接近于标准正态分布的数据集。然而，一旦原始数据的分布不接近于一般正态分布，则标准化的效果会不好。

该方法比较适合数据量大的场景，即样本足够多。此外，相对于 min - max 归一化方法，该方法不仅能够去除量纲，还能够把所有维度的变量值都转化为服从均值为 0、方差 1 的正态分布，在最后计算距离时各个维度数据发挥了相同的作用，避免了对距离计算时选取不同量纲会产生的不良影响。因此，涉及计算点与点之间的距离，如利用距离度量来计算相似度、PCA、LDA、聚类分析等，且数据量大（近似正态分布），可考虑该方法。相反地，如果要保留原始数据中由标准差所反映的潜在权重关系应该选择 min - max 归一化。

c. Normalization。

在一些地方，有人把这种方法翻译为正则化，但机器学习中的正则化更多的是与模型相关；也有人称其为归一化，但是有时这种方法并没体现“归一”特性，如处理后的数据正负号未变；所以都不太适合，还是用英文名称表示。此方法是根据范数来进行 Normalization 的，Lp－范数的计算公式如下：

$$\|X\|_p=(|x_1|^p+|x_2|^p+\cdots+|x_n|^p)^{\frac{1}{p}} \tag{5-7}$$

可见，L2 范数即为欧式距离，则规则为 L2 的 Normalization 公式如下所示，易知，其将每行（条）数据转为相应的“单位向量”。

$$x'=\frac{x}{\sqrt{\sum_j^m x_j^2}} \tag{5-8}$$

Normalization 的过程是将每个样本缩放到单位范数，可结合单位向量进行理解，p＝2 时为单位向量，而其他为单位范数。针对之后要使用如二次型或者其他核方法计算两个样本之间的相似性，该方法会很有效。

②归一化好处。

a. 提升模型的收敛速度。如图 5－24 所示，假如现在有 X、Y 这两个特征，对其进行优化得到一个窄长的椭圆形，在梯度下降时，梯度的方向为垂直等高线的方向而走“之”字形路线，这样迭代的速度会变得很慢。如果采用归一化，目标函数就会变得相对“圆”，这会大大加快训练速度，第二个图的迭代就会快很多。

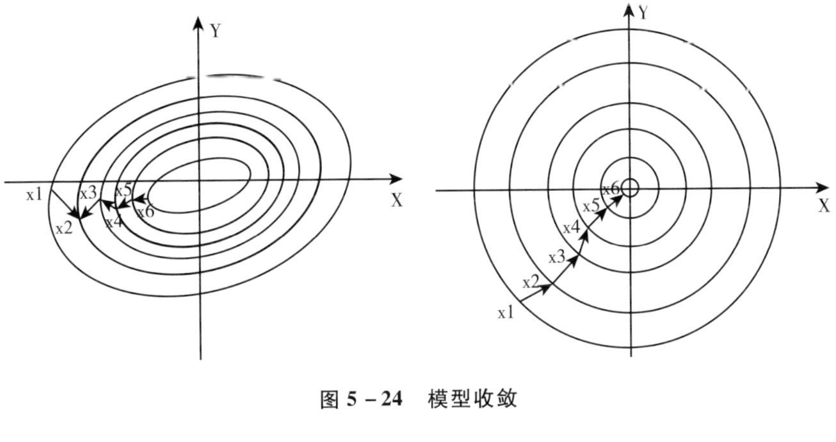

图 5－24 模型收敛

b. 提升模型的精度。归一化的另一优点是提高精度，在一些距离计算的算法上效果明显。例如，计算欧氏距离的算法，图 5－24 显示 x2 的取值范围比 x1 小，在距离计算时 x2 对结果的影响也会比 x1 小，这就会损失精度。由此可见，归一化很有必要，可保证各个特征对结果做出的贡献相同。

在多指标评价体系中，由于各评价指标的性质不同，通常具有不同的量纲和数量级。在各指标之间的水平相差较大时，如果分析是直接使用原始指标值的话，数值较高的指标在综合分析中的作用就会被突出，数值水平较低指标的作用会被相对削弱。因此，需要对原始指标数据进行标准化处理以保证结果的可靠性。

通常需要先将数据标准化（normalization），之后再用标准化后的数据进行数据分析。数据标准化也就是统计数据的指数化。数据同趋化处理和无量纲化处理是数据标准化处理的两个主要方面。数据同趋化处理主要解决不同性质数据问题，直接加总不同性质指标是无法正确反映不同作用力的综合结果的，必须先改变逆指标数据性质，同趋化所有指标对测评方案的作用力，之后再加总才能得出正确结果。数据无量纲化处理主要解决数据的可比性。按照上述标准化处理，原始数据均转换为无量纲化指标测评值，都成为处于同一个数量级别上的指标值，就可以进行综合测评分析。

归一化让不同维度之间的特征在数值上具有可比性，大大提高分类器的准确性。

c. 深度学习中数据归一化可以防止模型梯度爆炸。

③应用场景说明。

a. 概率模型不需要归一化，因为这种模型不关心变量的取值，而是关心变量的分布和变量之间的条件概率。

b. SVM、线性回归之类的最优化问题需要归一化，是否归一化主要取决于是否关心变量取值。

c. 神经网络需要标准化处理，一般变量的取值在 -1 ~ 1，可以弱化当部分变量的值较大而对模型产生影响。一般神经网络中的隐藏层会采用 tanh 激活函数，会比 sigmod 激活函数效果更好，因为 tanh 双曲正切函数的取值 [-1,1]，均值为 0。

d. 在 K 近邻算法中，如果不标准化解释变量，那么就容易忽视具有小数量级的解释变量的影响。

（2）离散化。

数据离散化是指分段连续的数据，变为一段段离散化的区间。分段的原则有基于等距离、等频率或优化的方法。数据离散化的原因主要有以下几点：

①算法需要。很多算法都是基于离散型的数据展开的，如决策树、朴素贝叶斯等算法。使用该类算法时须将数据进行离散化。有效的离散化不仅能减小算法的时间和空间开销，还可以提高分类聚类能力和抗噪声能力。

②离散化的特征比连续型特征更易理解，更接近知识层面的表达。如工资

收入月薪 3000 元和月薪 30000 元，连续型特征比较高低薪的差异需要数值层面才能理解，但转换为离散型数据如底薪、高薪，就可以更加直观地表达出了认知层面的高薪和低薪。

③可以有效地克服数据中隐藏的缺陷，使模型结果更加稳定。

离散化也就是分箱或分区操作，把连续值转成非线性数据。常用的方法是定量特征二值化，它针对某些定量特征，可区间划分其包含的有效信息。例如，只关心学习成绩的“及格”或“不及格”，那么需要将定量的考分转换成“1”和“0”，“1”表示及格“0”表示不及格。定量特征二值化的核心在于设定一个阈值，大于阈值 z 的赋值为 1，小于等于阈值 z 的赋值为 0，公式表达如下：

$$x' = \begin{cases} 1, x > z \\ 0, x \leqslant z \end{cases} \tag{5-9}$$

2. 对类别型数据的变换。

对于类别型数据不能用数值表示。如颜色“红、绿、蓝”，可以用数字 1、2、3 表示，但是颜色本身没有数学关系，会对数学模型造成误导。常用的方法是热编码（one - hot 方法，OneHotEncoder 类）。

例如，对定性特征哑编码方法。由于在数据中存在某些定性变量，是无法直接应用的，因此需要将其进行重新编码定义。例如，在定义一个学生的学习状况时常用优秀、良好、及格、不及格进行度量，这就是定性的描述。但这种描述并不能直接进行数据分析，这里特征学习状况有 4 种状态，这个特征就可以用 4 个状态位表示，哑编码就是保证每个样本中的单个特征只有 1 位处于状态 1，其他的都是 0。优秀编码为 1000，良好编码为 0100，依此类推。

五、特征工程

在机器学习中，有一个 VC 维理论。VC 维的直观定义是：对一个指标函数集，如果存在 h 个样本能够被函数集中的函数按所有可能的 2^h 种形式分开，则称该函数集能把 h 个样本打散：函数集的 VC 维就是能打散的最大样本数目 h。若存在函数能将任意数目的样本打散，则函数集的 VC 维是无穷大，有界实函数的 VC 维可以通过用一定的阀值将它转化成指示函数来定义。在 VC 维理论中，VC 维越高，打散能力则越强，容许的模型复杂度则越高。简单理解，提供一堆物品，人脑是如何分类这些物品的，就是先找出这些物品的特征，如大小、颜色、触感、形状等，然后根据这些特征对物品进行归类，本质上这就是一个先升维后划分的过程。例如，我们人脑识别芒果，先发现芒果的颜色是黄色的，进行了一个颜色维度的切分。但黄色的物品有很多，香蕉也是黄色的。区分芒果和香蕉，就可以引入一个新维度：形状。芒果的形状大多是椭圆形的，而香蕉形状是长而弯曲的，这就可以将两者区分开来。这是一个简单地从“颜色”一维特征升维到二维特征的例子。

既然升维后模型能力会提高，是不是特征维度越高越好呢？为什么要进行特征降维和特征选择？主要是以下几点原因：第一，特征维数越高，模型越容易过拟合，对更复杂的模型就可能不管用。第二，相互独立的特征维数越高，在模型不变的情况下，在测试集上想要达到相同的表现效果，需要的训练样本的数目就越大。第三，特征数量增加，就会增大其训练、测试以及存储的开销。第四，在某些模型中，如基于距离计算的模型 KMeans、KNN 等模型，进行距离计算时，维度过高会影响精度和性能。第五，可视化分析的需要。在低维的情况下，如二维、三维，可以绘制数据，可视化地看到数据。维度增高，数据就难以绘制。

维数灾难（curse of dimensionality，又名维度的诅咒），是 Richard E. Bellman 在考虑优化问题时首次提出来的一个术语，用来描述当空间维度增加时，分析和组织有成百上千维的高维空间，体积指数增加而遇到各种问题场景。在低维空间中不会遇到这样的难题。在机器学习问题中，需要在高维特征空间的有限数据样本中学习一种“自然状态”，要求有一定数量的训练数据含有一些样本组合。给定固定数量的训练样本，维度增加其预测能力随之减小，这就是所谓 Hughes 影响。举例理解，100 个平均分布的点能把一个单位区间以每个点距离不超过 0.01 采样；当维度增加到 10 后，如果以相邻点距离不超过 0.01 小方格采样一单位超正方体，则需要 1020 个采样点。因此，这个 10 维的超正方体也可以说是比单位区间大 1018 倍。

特征降维和特征选择是降低数据维度的两种常用的形式。虽然两者的最终目的都是使维度降低，但实际上两者的区别是很大的，他们的本质完全不同。

1. 特征降维。降维本质上是从一个维度空间映射到另一个维度空间，并没有减少特征的多少，在映射的过程中特征值当然会有相应的变化。简单举例，想要将 1000 维的特征降到 500 维，那么降维的过程就是找一个从 1000 维映射到 500 维的映射关系。原始数据中的 1000 个特征，降维后每一个都对应着 500 维空间中的一个值。原始特征中有个特征的值是 9，那么降维后对应的值可能是 3。

2. 特征选择。就是单纯地从提取到的所有特征中选择部分特征作为训练集特征，特征在选择前和选择后不改变值，但是选择后的特征维数肯定比选择前小，毕竟只选择了其中的一部分特征。举例而言，想要将1000维的特征降到500维，降维过程就是从这1000个特征中选择500个，选中的500个特征的值与对应的原始特征中那500个特征值是完全一样的，另个500个没有选中的特征就被直接抛弃。原始特征中有个特征的值是9，那么特征选择选到这个特征后它的值还是9，并没有改变。

联合使用以上两种，如先通过特征降维将高维特征空间映射到低维特征空间，再通过特征选择去除冗余的和不相关的特征，进一步降低维数。

当数据预处理完成后，需要选择有意义的特征输入机器学习的算法和模型进行训练。通常来说，从两个方面考虑来选择特征：一方面，特征是否发散：如果一个特征不发散，如方差接近于0，也就是说样本在这个特征上基本上没有差异，这个特征对于样本的区分并没有什么用。另一方面，特征与目标的相关性：优先选择与目标相关性高的特征。

（一）特征降维

如果在数据预处理之后，就直接训练模型，可能会因为特征矩阵过大，导致计算量大、训练时间长的问题，因此需要降低特征矩阵维度。常见的特征降维方法有基于L1惩罚项的模型、主成分分析法（PCA）和线性判别分析（LDA）。PCA和LDA有很多的相似之处，本质上都是要将原始样本映射到维度更低的样本空间中，只是PCA和LDA的映射目标不一样：PCA的映射目标是让映射后的样本具有最大的发散性，而LDA的映射目标是让映射后的样本具有最好的分类性能。PCA是一种无监督的降维方法，而LDA是一种有监督的降维方法。

1. 线性判别分析法（LDA）。LDA的全称是Linear Discriminant Analysis，是一种supervised learning。由于它是被Ronald Fisher自1936年发明的，也被称为Fisher's Linear Discriminant。LDA是目前机器学习、数据挖掘领域经典且热门的一个算法，百度的商务搜索部里面就使用了此方面的算法。

LDA属于一种样本都是有类别输出的监督学习降维技术。用一句话概括LDA的思想，就是“投影后类内方差最小，类间方差最大”。这就是说，将数据投影在低维度上，投影后保证同一种类别数据的投影点尽可能接近，而不同类别数据的中心间距尽可能的大。用可视化的方法去理解，假设目前有两类二维特征的数据，分别为浅色和深色，如图5-25所示，如何将这些数据投影到一条直线，让同一种类别数据的投影点尽可能接近，而浅色和深色数据中心间距尽可能大。

图5-25中显示了两种投影方式，直观上可以看出，右图的投影效果更好。

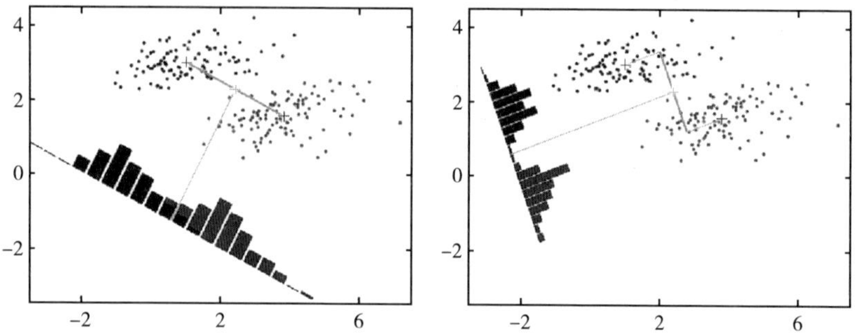

图 5-25　线性判别分析法

因为右图的浅色数据和深色数据较为集中，分界比较明显，左图边界数据存在部分混杂。当然在实际应用中，数据往往是多个类别的，原始数据一般也是超过二维的，就不能投影到直线上，而是一个低维的超平面。

（1）LDA 算法降维流程。

输入：数据集 $D=\{(x_1,y_1),(x_2,y_2),\cdots\cdots,(x_m,y_m)\}$，其中，样本$x_i$是 n 维向量，$y_i\in\{C_1,C_2,\cdots,C_k\}$，降维后的目标维度 d。

输出：降维后的数据集 $\bar{D}$。

步骤如下：

①计算类内散度矩阵S_w。

②计算类间散度矩阵S_b。

③计算矩阵$S_w^{-1}S_b$。

④计算矩阵$S_w^{-1}S_b$中最大的 d 个特征值。

⑤计算 d 个特征值对应的 d 个特征向量，记投影矩阵为 W。

⑥转化样本集的每个样本，得到新样本$P_i=W^Tx_i$。

⑦输出新样本集 $\bar{D}=(p_1,y_1),(p_2,y_2),\cdots,(p_m,y_m)$。

（2）LDA 的优缺点。

优点：不仅可以使用类别的先验知识，而且相对于 PCA 的模糊性，以标签、类别衡量差异性的有监督降维方式，目的更明确，更能反映样本间的差异。

缺点：在非高斯分布样本进行降维时不适合采用 LDA；LDA 降维最多降到 k-1 维；当 LDA 在样本分类信息依赖方差而不是均值时，降维效果不理想；LDA 可能过度拟合数据。

2. 主成分分析法（PCA）。

PCA 是不考虑样本类别输出的无监督降维技术。通常来说，LDA 是作为一个独立的算法存在，给定了训练数据后会训练得到一系列的判别函数（discriminate function），之后输入测试数据，就可以进行预测。而 PCA 更像是一个预处理的方法，将原本的数据降低维度，而使降低维度后的数据之间的方差最大。实践中，通过尽量增大投影方差的 PCA 算法，可以提高算法质量。PCA 可以将一组不同维度之间可能存在线性相关关系的数据，通过正交变换变成各个维度之间线性无关的数据。PCA 处理的数据，可以使各个样本之间的关系往往更直观，所以 PCA 是常用的数据分析和预处理工具。PCA 处理之后的数据各个维度之间是线性无关的，通过剔除方差较小的那些维度上的数据可以达到数据降维的目的。

为什么使用 PCA？如果数据之中的某些维度之间存在较强的线性相关关系，那么样本在这两个维度上提供的信息就会有一定的重复，所以我们希望数据各个维度之间是不相关的（也就是正交的）。此外，出于降低处理数据的计算量或去除噪声等目的，我们也希望能够将数据集中一些，将不那么重要（方差小）的维度剔除掉。例如，图 5－26 中数据在 x 轴和 y 轴两个维度上存在明显的相关性，当我们知道数据的 x 值时也能大致确定 y 值的分布。如果不是探究数据的 x 坐标和 y 坐标之间的关系，那么 x 值和 y 值提供的信息就有较大的重复。在浅色箭头标注的方向上数据的方差较大，而在深色箭头方向上数据的方差较小。这时候可以考虑利用深色和浅色箭头表示的单位向量作为新的基底，在新的坐标系中将原来不同维度间线性相关的数据变成线性不相关的。在需要降低数据维度时将这一维度上的数据丢弃不会损失较多的信息。将这一维度的数据丢弃后重新回到原坐标系，得到的数据与原先的数据之间的误差不大，这被称为重建误差最小化。PCA 就是进行这种从原坐标系到新的坐标系的变换的。

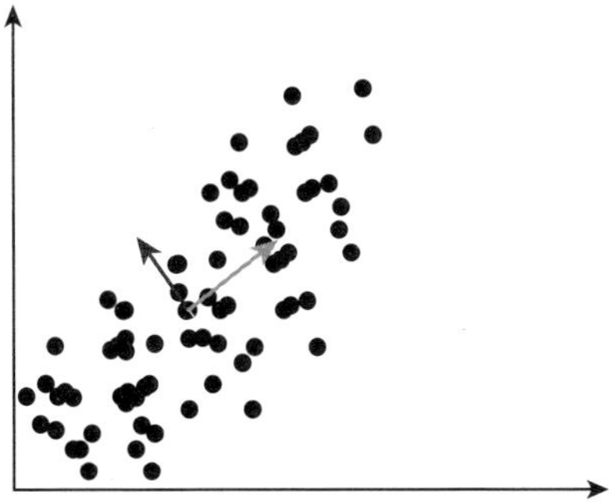

图 5－26　PAC 的使用

（1）PCA 算法流程。

输入：n 维样本集 $D=(x^{(1)},x^{(2)},\cdots,x^{(m)})$，目标降维的维数 n'。

输出：降维后的新样本集 $D'=(z^{(1)},z^{(2)},\cdots,z^{(m)})$。

主要步骤如下：

①对所有的样本进行去中心化，$x^{(i)}=x^{(i)}-\frac{1}{m}\sum_{j=1}^{m}x^{(j)}$。

②计算样本的协方差矩阵 XX^T。

③对协方差矩阵 XX^T 进行特征值分解。

④取出最大的 n'个特征值对应的特征向量 w_1，w_2，…，$w_{n'}$。

⑤标准化特征向量，得到特征向量矩阵 W。

⑥转化样本集中的每个样本 $z^{(i)}=W^Tx^{(i)}$。

⑦得到输出矩阵 $D'=(z^{(1)},z^{(2)},\cdots,z^{(m)})$①。假设 n 个特征值为 $\lambda_1\geqslant\lambda_2\geqslant\cdots\geqslant\lambda_n$，则 n'可从 $\frac{\sum_{i=1}^{n'}\lambda_i}{\sum_{i=1}^{n}\lambda_i}\geqslant t$ 得到。

（2）PCA 算法优缺点。

优点：第一，仅仅需要以方差衡量信息量，不受数据集以外的因素影响；第二，各主成分之间正交，可消除原始数据成分间的相互影响的因素；第三，计算方法简单，主要运算是特征值分解，易于实现。

缺点：第一，主成分的特征维度含义具有一定的模糊性，不如原始样本特征的解释性强；第二，尽管某些属性的方差小，也可能含有对样本差异的重要信息，因降维丢弃有用数据。

（3）LDA 和 PCA 的异同点（见图 5－27）。

（4）怎样决定降维个数/主成分个数。

PCA 与 LDA 都是用于对数据降维的模型，一般情况 PCA 或 LDA 把 m 维的数据降到 k 维（$k<m$）。那么 k 取值多少才合适呢？通常为了直观地展示数据之间的关系，k 选择 2 或 3，但在实际的应用中，尤其是大数据时代，原始特征数量可能为几百甚至上千，此时需要根据实际的情况进行 k 值选择判断。以 PCA 为例，PCA 的原理是将数据从 m 维转换到 k 维，其中需要找出 k 个向量对原始数据进行投影，其中投影的误差通过距离公式进行衡量，公式如下：

① 在降维时，有时不明确目标维数，而是指定降维到主成分比重阈值 $k(k\in(0,1])$。

$$\frac{\frac{1}{m}\sum_{i=1}^{m}\|x^{(i)}-x_{approx}^{(i)}\|^2}{\frac{1}{m}\sum_{i=1}^{m}\|x^{(i)}\|^2}\leqslant 0.01 \tag{5-10}$$

异同点	LDA	PCA
相同点	1. 两者均可以对数据进行降维； 2. 两者在降维时均使用了矩阵特征分解的思想 3. 两者都假设数据符合高斯分布	
不同点	有监督的降维方法	无监督的降维方法
	降维最多降至 k－1 维	降维多少没有限制
	可以用于降维，还可以用于分类	只用于降维
	选择分类性能最好的投影方向	选择样本点投影具有最大方差的方向
	更明确，更能反映样本间差异	目的较为模糊

图 5－27　LDA 和 PCA 的异同点

分子为原始坐标与投影点坐标间的距离之和，而距离越小，则表明降维后的数据越能体现原始特征的性质。当该误差小于等于 0.01 时，则表明该降维后的数据能体现 99% 原始特征信息。在实际的操作中，通常选择能使误差小于 0.01（99% 的信息都被保留）或 0.05（95% 的信息都被保留）时的 k 值。在实际的程序编码实现 PCA 时，需要对协方差矩阵进行奇异值分解，得到特征值矩阵。PCA 误差衡量的表达式等效于以下：

$$1-\frac{\sum_{1}^{k}S_i}{\sum_{1}^{m}S_i}\leqslant 0.01 \tag{5-11}$$

（二）特征选择

特征选择（feature selection），即特征子集选择（feature subset selection, FSS）。特征选择作为一种提高算法性能的重要手段，是指从原始的 m 个特征中选择 k 个最有效特征以降低数据维度，从特征层面降低程序处理复杂度，也是模式识别中一个关键的数据预处理步骤。

1. 特征选择过程。

特征选择是模式识别中一个极其重要的角色。一方面，在样本量较小的情形下，采用较大维度的特征进行模型设计，无论在计算开销还是模型性能层面，都会对结果产生一定的影响；另一方面，特征与模型性能之间并不是线性关系，当数据集的特征数量超过一定量时，会导致模型性能变坏。因此，特征选择成为海量数据条件下的重要模型优化方法。

针对特征选择需要考虑两个问题：一方面，确定特征选择的算法，在时间与空间复杂度能够忍受的代价中找出数量最小、最能描述标签属性的特征组合；另一方面，确定评价准则，评价准则能够衡量选取的特征组合是否最优，同时评价准则也作为特征选择的终止标准。特征选择的流程可用图 5－28 表示。先从全部特征中选取一个特征子集，通过评价函数对该特征子集进行评价，比较评价结果与停止准则，若评价结果较停止准则更优则停止选取特征子集，否则继续选择产生下一组特征子集，继续计算评价结果。最终选择得到的特征子集通常还要经过模型验证其有效性。综上所述，特征选择通常包含产生过程、评价函数、停止准则、验证过程 4 个部分。

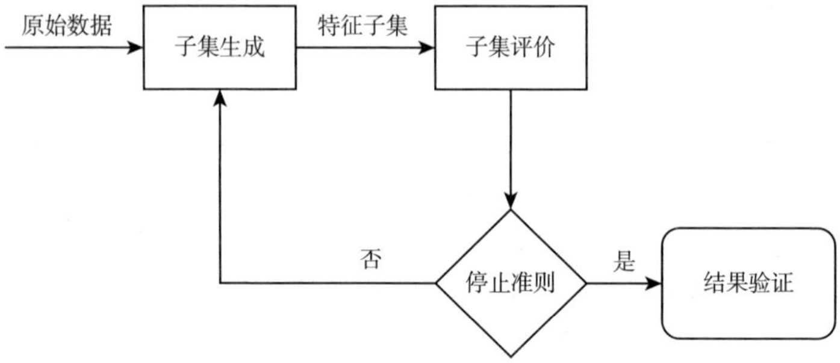

图 5－28　特征选择的基本框架

（1）产生过程（generation procedure）。产生过程作用于从特征全集选取特征子集的过程，为评价函数提供特征子集。产生特征子集的方法有多种。

（2）评价函数（evaluation function）。评价函数通过作用于特征子集，对特征子集进行评价，评价结果大小决定该特征子集选择的好坏。

（3）停止准则（stopping criterion）。停止准则与评价函数有关，停止准则相当于一个阈值，当评价结果达到这个阈值时，则可停止搜索。

（4）验证过程（validation procedure）。在验证数据集上采用同样的选择方式选取特征子集，进而验证选择的特征子集的有效性。

2. 特征选择方式。

根据评价函数与模型的关系划分，特征选择方法可分成以下 3 种：第一，过滤法（filter），按照相关性或发散性对各个特征进行评分，通过设置带选择特征个数阈值进行特征选择。第二，包装法（wrapper），根据目标函数值，进行预测效果评分，通过每次选择若干个特征，或排除若干特征进行特征选择。第三，嵌入法（embedded），通过采用某些机器学习的模型预训练各个特征的权值系数，将特征系数由大到小排列，选择权值系数较大的特征。此方法与 Filter 的选取原则相似，不同点在于确定特征优劣的方式存在差异。

（1）Filter。

Filter 特征选择方法是一种启发式方法，其基本思想是：通过制定一个衡量准则计算每个样本特征对目标特征的重要程度，对所有特征进行排序操作，选取评价结果高的属性。目前常用的几种衡量准则有相关系数、信息增益、互信息等。以下为常用的 Filter 选择法。

①方差选择法。方差选择法（variance threshold），即低方差过滤特征选择。其原理为：通过计算样本每一个特征值的方差，如果其值低于阈值，则过滤；如果其值高于阈值，则选择。当一个特征本身的方差较小时，则表示样本在该特征上差异较小，特征对于样本区分只能产生轻微的影响，在通常情况下，自动剔除零方差特征。方差选择法适用于特征值连续问题。

②皮尔逊相关系数法。皮尔森相关系数（pearson）是一种反映样本特征和目标特征之间关系的方法，该方法通过变量之间的线性相关性检验，取值区间反映在［-1，1］，+1 表示完全的正相关关系，-1 表示完全的负相关关系，0 表示没有线性相关关系。使用相关系数法，计算各个特征对目标特征的相关系数。皮尔森相关系数操作较为简单，但其缺点也非常明显，就是只对线性关系较为敏感，如果两特征向量之间存在非线性相关关系，则会导致计算结果趋近于 0，致使最终的结果产生一定的误差。

③卡方检验。卡方检验是一种以分布为基础的假设检验方法。卡方检验的思想是通过观察值与理论值之间的偏差来判断理论值的正确率。如果正确率很大则认为理论值是正确的，相反则理论值是错误的。因此开始时要设定一个理论值，该理论值根据假设计算得来。

在经典的卡方检验中，通过检测自变量对因变量的相关性，其中假设自变量的取值有 N 种，因变量取值有 M 种，当自变量等于 i、因变量等于 j 时，根据样本频数的观察值与理论值差距，构建统计量：

$$\chi^2 = \sum \frac{(A-E)^2}{E} = \sum_{i=1}^{k} \frac{(A_i - E_i)^2}{E_i} = \sum_{i=1}^{k} \frac{(A_i - np_i)^2}{np_i} \tag{5-12}$$

其中，A 为观察值，E 为理论值，k 为观察值的个数，最后一个式子为具体的计算方法。总频数为 n，理论频率为 p，则 $n \times p$ 为理论频数即理论值。该统计量的含义简言之就是自变量对因变量之间的相关性。选择排名前 k 个卡方值对应的特征即为最终的特征选择。

④互信息法。互信息法（mutual information）是信息论中一种常用的信息度量，它是两个事件集合之间的相关性的度量。两个事件 X 和 Y 的互信息定义为：

$$I(X;Y) = \sum_{x \in X} \sum_{y \in Y} p(x,y) \log \frac{p(x,y)}{p(x)p(y)} \tag{5-13}$$

又可以表示成：

$$\begin{aligned} I(X;Y) &= H(X) - H(X|Y) \\ &= H(Y) - H(Y|X) \\ &= H(X) + H(Y) - H(X,Y) \\ &= H(X,Y) - H(X|Y) - H(Y|X) \\ &\geqslant 0 \end{aligned} \tag{5-14}$$

其中，H（X，Y）是联合熵（joint entropy），其定义为：$H(X,Y) = -\sum p(x,y)\log p(x,y)$ 以上就是经典的互信息公式。其中互信息值越大，则表示 Y 对确定 X 取值的贡献度越大。互信息是度量 x 与 y 之间独立性的方法，如果两者之间独立，则互信息值为零，表示 x 与 y 之间不相关。相反，较大的互信息表明两者之间的相关性较大。通常，使用互信息方法进行特征选择有几个缺点：第一，不是一种度量方法，无法归一化，无法将比较结果与其他数据进行比较。第二，互信息法在连续变量的计算中不是很方便。通常，变量先需要离散化，互信息结果受离散化方法的影响比较敏感。

最大信息系数（maximal information coefficient，MIC）克服了以上两个问题。首先找到最佳离散化方法，然后将互信息值转换为在［0，1］范围的度量方法。

（2）Wrapper。

与 Filter 相比，Wrapper 法考虑了特征之间的相关性，并考虑了特征组合对模型性能的影响，比较不同组合之间的差异，然后选择性能最佳的组合。

①递归特征消除法。递归特征消除法（recursive feature elimination，RFE）的主要思想是重复构建模型（如 SVM 或回归模型），选择最佳（或最差）特征（可根据系数选择），将所选特征剔除，对其余特征重复此过程，直到遍历所有特征。在此过程中消除特征的顺序就是特征的排序。这是寻找最佳特征子集的贪婪算法。RFE 稳定性高度依赖于迭代过程中底部使用的模型。例如，如果 RFE 中使用的正态回归在没有正则化的情况下不稳定，则 RFE 不稳定。

②稳定性选择。稳定性选择（stability selection）是一种基于二次采样和选择算法相结合的新方法。选择算法可以是感知机，回归或其他类似方法。主要

思想是针对不同的数据子集和特征子集上采用特征选择算法，不断进行迭代，最后总结特征选择结果。例如，可以计算某一特征被认为是重要特征出现的频率。在理想情况下，重要特征得分几乎为 100%。较弱的特征分数将为非零数，而作用最低的特征的分数将接近零。

（3）Embedded。

嵌入特征选择使用几种机器学习算法和模型来获取每个特征的加权因子，然后根据这些因子从大到小选择特征。与 Filter 法类似，但特征的优缺点由训练确定。优点是：与 Wrapper 法相比，训练数据集不需要分为两部分：训练集和测试集，这使评估能够快速获取每个功能子集，而无须从头开始训练模型，是一种高效的特征选择方法。但这种方法的难点是需要建立良好的功能优化模型。

①基于惩罚项的特征选择法。正则化（regularization）通常在解决过拟合问题上被引入，以降低过拟合风险。正则化是在被优化的目标函数中，添加一项与常数因子 λ 相乘（有时候也使用 α）的参数，这一项就称为正则项。由于目标函数总是向最小化方向发展，则被加进来的这一项会受到惩罚使之变得更小。正则化项有两种：L1 正则化与 L2 正则化。

带 L1 正则化的目标函数：

$$J = J_0 + \alpha \sum_{w} |w| VV \qquad (5-15)$$

带 L2 正则化的目标函数：

$$J = J_0 + \alpha \sum_{w} w^2 \qquad (5-16)$$

可以通过将 L1 正则化添加到目标函数进行特征选择。L1 正则化具有稀疏解的性质，通过 L1 正则化求得 w（特征权重）时具有较少的非零分量。

②基于树模型的特征选择法。基于树模型的特征选择法是能够通过训练对特征进行打分的预选模型，如 GBDT、随机森林（random forest），通过打分获得相关性后再训练最终模型。随机森林和 GBDT 算法都是基于决策树的算法，使用 CART 树算法，通过基尼指数（gini）计算特征的重要性。

③基于学习模型的特征排序。该方法的思想是直接使用机器学习算法为每个单独的特征和响应变量建立一个预测模型。如果特征和响应变量之间的关系是非线性的，则可以使用基于树的方法或扩展的线性模型。其中，基于树的方法更容易使用，因为它们可以更好地建模非线性关系，并且所需的调试更少。但是，在使用交叉验证之前，要注意过度拟合的问题，并防止树的深度变得太大。在对特征评分并通过此训练获得相关性之后，对最终模型进行训练。

六、模型选择

机器学习算法很多，但是没有一种万能的解决方案。在解决某一问题时，可以选择决策树、随机森林、朴素贝叶斯、神经网路等，机器学习既是科学又是艺术。纵观各种机器学习算法，没有通用的解决方案或方法。实际上，有几个因素会影响机器学习算法的选择。一些非常具体的问题需要特定的解决方案。例如，推荐系统是一种常见的机器学习算法应用。而针对一些开放性问题，可能需要反复尝试多种方法。此外，有时在选择机器学习算法时可能与采用的算法和技术关系不大，而与决策问题的关系很大。数据科学开始研究使用机器学习算法之前，需要对数据面临的问题以及相关的约束有清楚的了解。了解数据的类型和形态在决定使用哪种算法方面起着重要作用。一些算法只对少量样本起作用，而另一些则需要大量样本。某些算法对特定类型的数据进行操作。例如，朴素贝叶斯算法在处理输入以进行分类时特别有效，但完全不受缺失值的影响。所以了解数据集的各种统计结果以及数据可视化，有助于识别数据集的性质，对模型选择提供一定的依据。其中，平均数和中位数等可以对数据的集中趋势进行描述，相关系数体现关联性；而数据可视化有利于识别异常值，密度图和直方图则可以体现数据的散布情况。

通过对数据的分析以及对具体业务的判断，进行机器学习模型判断时可根据以下两个方面进行选择。

1. 根据输入分类。

（1）如果你拥有的是带标签的数据，则是一个监督学习问题。

（2）如果有未标记的数据并想从中找到有用的结构，则是一个无监督的学习问题。

（3）如果要通过与环境交互来优化目标函数，则是一个强化学习问题。

2. 根据输出分类。

（1）如果模型的输出是一个连续的数字，则是一个回归问题。

（2）如果模型的输出是一个类别，则是一个分类问题。

（3）如果模型的输出是一组用输入数据划分出的簇，则是一个聚类问题。

七、模型训练、评估、调优

到这一步，机器学习的所有准备工作都做好了，包括数据处理、特征工程以及模型选择。接下来的工作就是对模型进行训练，对结果进行评估，根据评估结果进行模型的改进与调优。训练模型后，如果模型的预测效果不够理想，则可以利用一些用于诊断模型问题的技术以及用于解决这些问题的方法，以提高模型性能。

（一）模型训练

在模型训练之前，需要做的就是将数据集进行划分，一般情形下，在机器学习模型中，数据集可划分为训练集（training set）、验证集（validation set）以及测试集（test set）。训练集用于训练模型，简而言之就是通过训练集的数据确定拟合的参数；验证集用于模型选择，即模型的最终优化及确定，用于辅助模型的构建；测试集用于测试已经训练好的模型是否达到良好的精确度。当然，测试集并不能保证模型的准确性，相似的数据将在该模型中给出相似的结果。该参数仅在拟合训练集数据时才是准确的，因为训练模型会根据现有训练集中的数据进行更改并拟合所有参数，这可能导致过度拟合。此时，还需要使用该模型来预测结果的其他数据，准确率可能会很低。

但是，在实际应用中，数据集通常分为两类：训练集和测试集。大多数应用中不包含验证集，一般情况下，在使用传统的机器学习方法时，通常将训练集和测试集以 7∶3 的比例进行划分。如果有一个验证集，将按 6∶2∶2 比例划分。在数据量不大（通常为万级别以下），这样的划分具有一定的科学依据。但是，在大数据时代，数据量达到数百万级别，则验证集和测试集的数据比例不需要这么高。假设有 100W 的数据，则使用 1W 条作为验证集、1W 条作为测试集就足够了。下面介绍三种训练集与数据集划分的方法。

1. 留出法。

留出法（hold - out）意味着将数据集 D 直接分为两个互斥集，一个用作训练集 S，另一个作为测试集 T。即，$D = S \cup T$，$S \cap T = \varnothing$。用 S 训练模型后，使用 T 评估其误差。需要注意，训练集/测试集划分在数据分布中应尽可能保持一致，以便数据分区过程所增加的偏差不会影响最终结果。例如，分类任务至少使样本类别比例保持相同。从“采样”的角度来看，对数据集进行分区的方法通常称为“分层采样”。例如，从 1000 个数据中，分层采样 70% 的训练集 S 和 30% 的测试集 T。如果 D 包含 500 个正例和 500 个负例，则通过分层采样获得的 S 具有 350 个正例、350 个负例，T 具有 150 个正例、150 个必须包括负面例子。如果 S 和 T 的采样率非常不同，则最终的拟合误差将很大。通常，当我们用留出法对集合进行划分时，通过重复进行随机划分并在实验评估后取平均值，将平均值用作留出法的评估结果，从而起到减小误差的作用。留出法的另一个问题是训练集和测试集需要分开多少比例，70%、60%还是50%？如果训练集百分比相对较大，则训练后的模型可能接近于D中的训练样本，可能造成评估结果不够准确。如果T的比率大，则可能导致评估该模型与以前的模型明显不同，并且降低了评估保真度。通常的做法是使用大约2/3至4/5的样本进行训练。

2. 交叉验证法。

交叉验证方法（cross validation），首先将数据集D划分为k个大小相似的互斥子集。即，$D = D\_1 \cup D\_2 \cup \cdots \cup D\_k$，$D\_i \cap D\_j = \varnothing$（$i \neq j$）。每个子集在数据分发中尽可能均匀。即它是通过分层采样从D获得。然后，将k－1个子集的并集用作训练集，将其余子集用作测试集。这样，获得k个训练/测试集，可以执行k次训练和测试，最终结果是k个测试结果的平均值。根据不同的切片方法，交叉验证可以分为两种类型：

（1）k折交叉验证。k折交叉验证（s－folder cross validation）时样本数据随机分为k份。每次随机选择k－1个副本作为训练集，其余的用作测试集。此轮结束后，重新选择随机的k－1副本作为训练数据。经过几轮（小于k）后，选择损失函数并评估最佳模型和参数。图5－29为k折交叉验证的示意图。

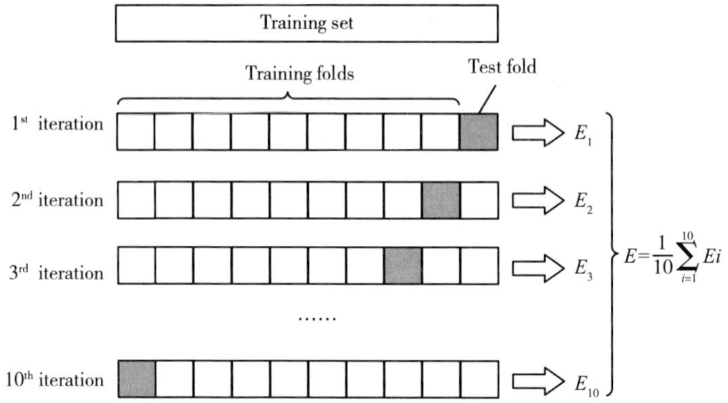

图5－29　k折交叉验证

k折交叉验证通过对k个不同的小组训练结果进行平均来减少方差，从而使模型性能对数据分割的敏感性降低。步骤如下：

步骤1，在不重复抽样下将原始数据随机的分为k份。

步骤2，每次挑选其中的1份作为测试集进行模型测试，而剩余k－1份则作为训练集用于模型训练。

步骤3，重复执行步骤2k次。此时每个子集都有一次机会被作为测试集测试，其余子集作为训练集。在每个训练集上训练后得到一个模型，用这个模型在相应的测试集上测试，计算并保存模型的评估指标。

步骤4，计算k组测试后结果的平均值，并作为模型精度的估计。

通常k一般取10、数据量小时，k可以设大一点，这样训练集占整体比例就比较大，不过同时训练的模型个数也增多。数据量大时，k可以设小一点。与留出法相似，通常会进行多次划分得到多个k折交叉验证的结果，最终的评估结果则为多次交叉验证的平均值。

（2）留一交叉验证。留一交叉验证（leave one - out cross - valiadation，LOOCV）是k折交叉验证的特例，当k折交叉验证中k = 1时，我们称其为留一交叉验证。图5 - 30为留一交叉验证示意图。对于N个样本，每当选择N - 1个样本以训练数据时，就剩下一个样本来验证模型预测。此方法主要用于非常小的样本量。如果数据集很大，则留一法的操作成本太高而无法承受。

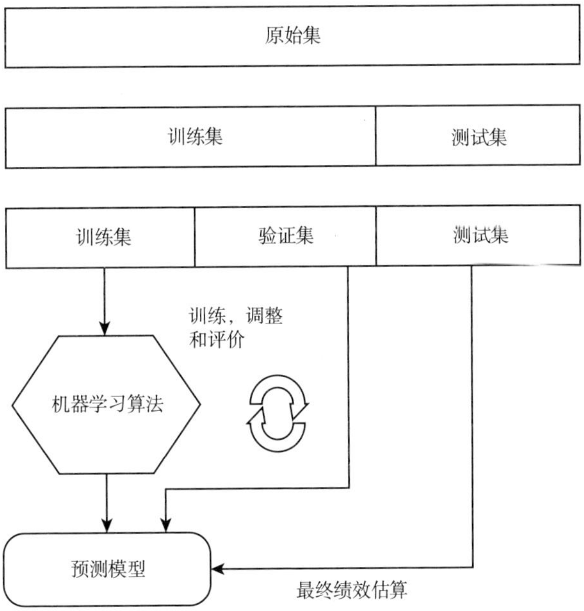

图5 - 30 留一交叉验证

3. 自助法（Boot Strapping）。

自助法，训练模型时为了更好地拟合会尽可能多地使用数据D。留出法和交叉验证方法保留了一些数据以进行测试，因此实际评估模型使用的训练集小于D。由于训练样本大小不同，不可避免地会引入估计偏差。自助方法是一种好的解决方案。给定 m 个样本的数据集 D，对其进行采样以生成数据集 D′。每次从 D 中选择一个随机样本并将其复制到 D′。完成此过程 m 次后，我们将获得 m 个样本的数据集 D′。显然，某些 D 样本在 D′中出现多次。简单地估计，在 m 个采样后不被选择样本的概率为 $\left(1-\frac{1}{m}\right)^m$，取极限为 $\lim\limits_{x\to\infty}\left(1-\frac{1}{m}\right)^m=\frac{1}{e}\approx 0.368$。即通过自助法 36.8% 的样本未出现在样本 D′中。因此，实际评估模型和预期评估模型都使用 m 个样本，而未在训练集中显示的数据总量中约有 1/3 用于测试。当数据集较小且难以有效拆分训练集/测试集时，自助方法非常有用。但是，通过自助法生成的测试集会更改初始数据集的分布并导致错误。因此，如果数据集相对较大，那么建议使用留一法和交叉验证方法。

（二）模型性能度量

在机器学习中，性能度量是一种度量模型泛化能力的方法。拆分数据集后，使用训练集训练模型，那应该用哪些标准来衡量训练后模型的质量呢？不同的任务要求使用不同的性能指标。对于回归和分类任务，性能指标完全不同。下面根据分类与回归任务的不同，介绍几种度量方法。

1. 分类问题。

（1）混淆矩阵。在机器学习领域，混淆矩阵（confusion matrix）也称为可能性表格或错误矩阵。它是用于评估可视化算法性能的特定矩阵，通常采用监督学习（使用匹配矩阵进行无监督学习）。每列代表一个预测值，每行代表一个实际类别。混淆矩阵可以表明多个类别之间是否存在预测误差（即一个类被误判为另一个类）。混淆矩阵结构如图 5-31 所示。

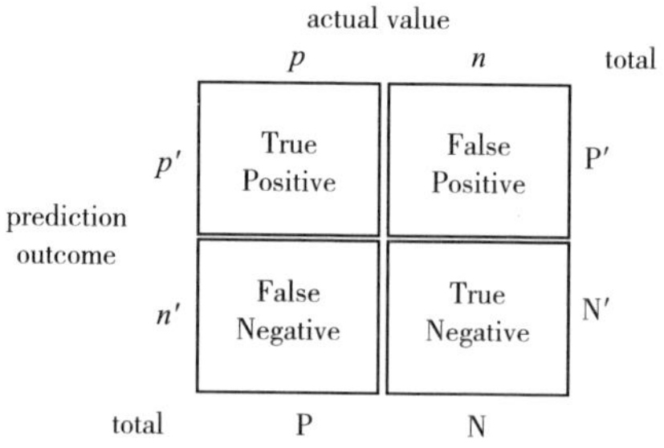

图 5-31 混淆矩阵

举例说明，假设目前有一个 cats、dogs、rabbits 的分类系统，样本总共有 27 只动物，其中 7 只 Cat、8 条 Dog、12 只 Rabbit。该问题的混淆矩阵如图 5-32 所示。

		Actual class		
		Cat	Dog	Rabbit
Predicted class	Cat	5	2	0
	Dog	3	3	2
	Rabbit	0	1	11

图 5－32 猫狗兔混淆矩阵

在这个混淆矩阵中，实际有 7 只 Cat，但是系统将其中 2 只预测成了 Dog；对于 8 条 Dog，其中有 2 条被预测成了 Rabbit，3 条被预测成了 Cat。从混淆矩阵中可以看出该模型对区分 Cat 和 Dog 存在一定问题，但在区分 Rabbit 时效果较好。

在预测分析中，混淆矩阵是由 false positives、false negatives、true positives 和 true negatives 组成的两行两列的表格。它不仅能体现正确率等结果，还能通过混淆矩阵得到更多的评价量。假定一个实验有 P 个 positive 实例，在某些条件下有 N 个 negative 实例。那么前面这四个输出可以用下面混淆矩阵来表示，如表 5－4 所示。

表 5－4 混淆矩阵

实际 / 预测		"金标准"结果		合计		
		阳性	阴性			
诊断结果	阳性	真阳性（TP）	假阳性（FP）	Prediction positive =（TP + FP）	PPV = TP/Prediction positive 又被称为正确率（precision）	FOR = FR/Prediction positive
	阴性	假阴性（FN）	真阴性（TN）	Prediction negative =（TN + FN）	POR = PN/Prediction positive	NPV = TN/Prediction positive
合计		Condition positive =(TP + FN)	Condition negative =(FP + TN)	N = TP + FN + FP + TN		
		真阳性率 TPR = TP/condition positive 又被称为灵敏度（Sensitivity），召回率（Recall）	假阳性率 FPR = FP/condition negative 又被称为误诊率 = 1 − 特异度			
		假阴性率 FNR = FN/condition positive 又被称为漏诊率 = 1 − 灵敏度	真阴性率 TNR = TN/condition negative 又被称为特异度（Specificity）			

表 5-4 中呈现了所有衡量模式性能的方法，PPV、TPR、FPR、FNR、TNR 以及 Accuracy 等，都可以用通过 false positives、false negatives、true positives 和 true negatives 四个量计算得到。而其中，False Positive 被称为 1 类错误，而 False Negative 被称为 2 类错误。False Positive 是指本身这个事物是正确的，但是却判断为错误的，False Negative 是指事物本身是错误的，但却判断为正确的在不同的场景中对 False Negative 或者 False Positive 的重视程度略有不同。

（2）准确率。准确率（accuracy）是最常用的分类性能指标：

$$\text{Accuracy} = \frac{(TP + TN)}{(TP + FN + FP + TN)} \tag{5-17}$$

所有正确分类的样本占总样本的概率。实际上，如果数据集不平衡（每个类别中的数据样本过多），则准确性不是衡量分类器性能的好方法，因为可能产生误导性结果。例如，如果数据集有 95 只 Cat，只有 5 只 Dog，则某些分类器将倾向于将所有样本预测为 Cat。总体准确率是 95%，但是猫的识别率是 100%，狗的识别率是 0，那么该模型是非常糟糕的模型，并且实际上没有正确分类。

（3）精确率。精确率（precision）经常和准确率 accuracy 一同出现，实际上，表达的含义并不相同。精确率基于预测结果，它表示预期为正且实际为正的样本数，那么预测为正存在两种可能性：一种是将正类分类预测为正类（TP），另一种是将负类预测为正类（FP）。精确率通常用 P 或 TPR 表示的计算方式如下：

$$P = \frac{TP}{TP + FP} \tag{5-18}$$

（4）召回率。召回率（recall）是针对原样本而言的，它表示的是样本中正例有多少被预测正确的概率。存在两种可能：一种是原来的正类被预测为正类（TP），另一种是原来的正类被预测为负类（FN）：

$$R = \frac{TP}{TP + FN} \tag{5-19}$$

其中，精确率又称为查准率，召回率被称为查全率。

（5）F_{1score}。评价时有时采用召回率，有时又采用精确率确实比较迷惑，所以这时就引入了F_{1score}分数：

$$F_{1score} = 2 \times \frac{P \times R}{P + R} \tag{5-20}$$

其中，P 和 R 分别为精确率和召回率。F_{1score}的由来主要是因为调和平均数（harmonic mean），调和平均数是计算一组数值的平均数的方法，调和平均数永远小于一般的算术平均数，所以调和平均数更接近小一点的那个值。F_{1score}接近精确率和召回率中小一点的那个值。

（6）ROC 曲线。ROC（receiver operating characteristic）又称“受试者工作特征”曲线。它是第二次世界大战期间由电子和雷达工程师发明的，用于检测战场上的敌方载具（飞机、轮船）。此后不久，便引入心理学进行信号知觉检测。此后，它被引入机器学习领域，以确定分类和检测结果的质量。因此，ROC 曲线是非常重要且通用的统计分析技术。根据学习者的预测对样本进行分类，并且将这些样本按顺序依次作为阳性样本进行预测。每次计算两个重要量 TPR 和 FPR，其中 TPR 即前边介绍的精确率，FPR = FP/(FP + TN)，分别以 FPR 和 TPR 为横纵坐标，绘制 ROC 曲线。ROC 曲线如图 5 - 33 所示。

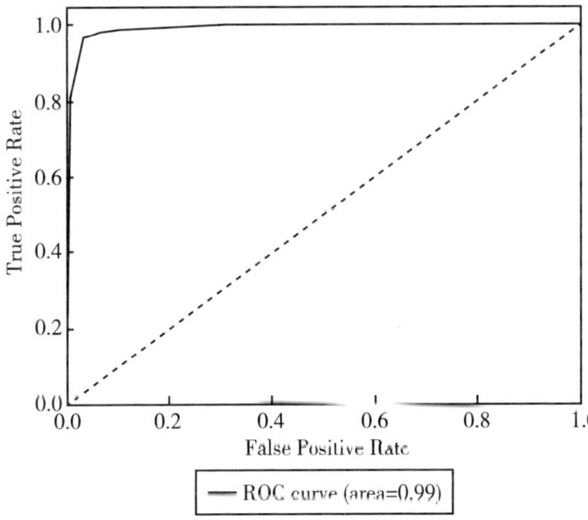

图 5 - 33　ROC

（7）AUC。AUC（area under curve）为 ROC 曲线下的面积，其值通常在 0.5 ~ 1。具有较高 AUC 值的分类器效果更好。根据 AUC 确定分类器（预测模型）的优缺点的标准是 AUC = 1，则为一个完美分类器。在大多数预测情况下，没有完美的分类器，当 0.5 < AUC < 1 时，表示模型比随机猜测更好。如果正确配置了该分类器（模型），则可以具有预测变量。当 AUC < 0.5 时，则比随机猜测差。

总的来说，当 AUC 值越大时，模型的分类效果越好，检测越准确；当两个模型 AUC 值相等时，并不代表模型效果相同，例子如下：图 5 - 34 中有三条 ROC 曲线，A 模型比 B 和 C 都要好。

图 5 - 35 中两条 ROC 曲线相交于一点，AUC 值几乎一样：当需要高 Sensitivity 时，模型 A 比 B 好；当需要高 Speciticity 时，模型 B 比 A 好。

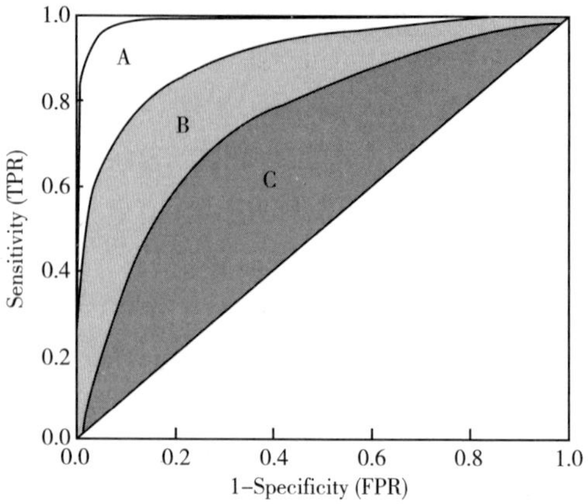

图 5 - 34　AUC 模型曲线图 1

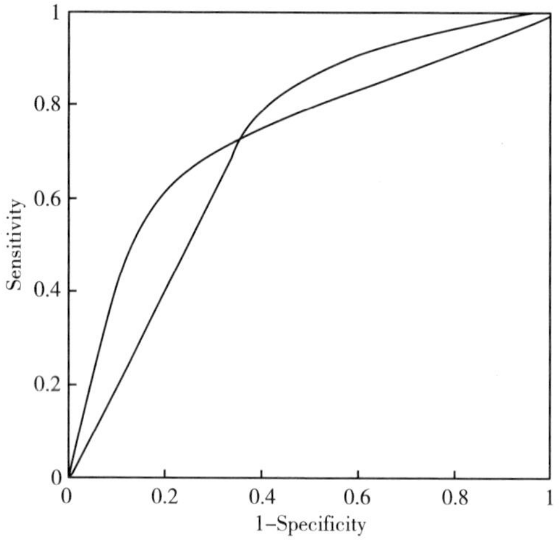

图 5 - 35　AUC 模型曲线图 2

2. 回归问题。

（1）平均绝对误差。平均绝对误差（mean absolute error，MAE），它表示预测值和实际值之间的绝对误差平均值。其中绝对值的总和，对应于 L1 范数。当 MAE 的值越小时，表明预测模型描述数据时具有更好的精度，计算公式如下：

$$MAE = \frac{1}{N}\sum_{i=1}^{N}\left|(f_i - y_i)\right| \tag{5-21}$$

其中，f_i表示预测值，y_i表示实际值；

（2）平均平方误差。平均平方误差（mean squared error，MSE），也叫均方误差，是指预测值与实际值之差的平方的期望值。MSE 是衡量平均误差的一种方法。其中 MSE 可以评价数据的变化程度，当 MSE 的值越小时，表明预测模型描述数据具有更好的精度。均方误差计算公式如下：

$$MSE = \frac{1}{N}\sum_{t=1}^{N}(observed_t - predicted_t)^2 \qquad (5-22)$$

（3）均方根误差。均方根误差（root mean square error，RMSE）又称为欧几里得范数、L2 范数，表示预测值和实际值之间残差标准偏差。在连续变量度量中广泛使用，计算公式如下：

$$RMSE = \sqrt{\frac{1}{N}\sum_{t=1}^{N}(observed_t - predicted_t)^2} \qquad (5-23)$$

均方根误差虽被广泛应用，但其存在一些缺点，由于平均误差中使用平均值进行计算，平均值对异常点又较敏感，如果回归模型对某个点的回归值较为敏感，其误差则较大，从而导致 RMSE 受到较大影响。

（4）解释变异。解释变异（explained variance）是由误差的方差计算得到，计算公式如下：

$$(y,\hat{y}) = 1 - \frac{var(y-\hat{y})}{vary} \qquad (5-24)$$

3. 聚类问题。

由于聚类算法为无监督的学习算法，评价指标则相对复杂。聚类算法得到的类别实际上没有比对依据，因此不能简单地通过类别说明模型的好坏，除非这些类别的分布和样本的真实类别分布相似，或者聚类的结果满足某种假设，即同一类别中样本间的相似性高于不同类别间样本的相似性。聚类模型的评价指标如下：

（1）兰德指数。兰德系数（rand index）需要提前给定真实类别信息 R，在假设 k 是聚类结果的前提下，其中 a 表示在 R 与 k 中都是同类别的元素对数，b 表示在 R 与 k 中都是不同类别的元素对数，则兰德指数为：

$$RI = \frac{a+b}{R_2^{n_{samples}}} \qquad (5-25)$$

其中，$R_2^{n_{samples}}$数据集中可以组成的总元素对数，RI 取值范围在［0，1］，RI 的值越大，则表明聚类结果与真实情况越吻合。为了体现随机产生的聚类结果情况下，指标应该接近 0，提出了调整兰德系数（adjusted rand index），它具有更高的区分度：

$$ARI=\frac{RI-E[RI]}{\max(RI)-E[RI]} \tag{5-26}$$

其中 ARI 取值范围在 [-1, 1]，ARI 的值越大，则表明聚类结果与真实情况越接近。

（2）轮廓系数。轮廓系数（silhouette coefficient）最早在 1986 由 Rousseeuw 提出。它将内聚度和分离度两种因素结合起来，可以在相同原始数据上评价不同算法或不同的算法运行方式对聚类结果产生的影响，适用于未知真实值类别信息的情况。簇内不相似度与簇间不相似度是理解轮廓系数的两个重要概念。其中簇内不相似度指计算样本 x_i 到同簇其他样本的平均距离为 a_i；当 a_i 越小时，则表示 x_i 越应该被聚类到该簇，簇中所有样本的 a_i 的均值被称为该簇的簇内不相似度。而簇间不相似度则是指样本 x_i 到其他簇 C_j 的所有样本的平均距离 b_{ij}，其中 $b_i=\min\{b_{i1}V, b_{i2}, \cdots, b_{ik}\}$；当 b_i 越大时，则表明样本 x_i 越不属于其他的簇。当 s_i 值越接近 1 时，表示样本 x_i 的聚类越合理，当 s_i 越接近 -1 时，则表示样本应该分类到其他簇中，当 s_i 近似为 0，则表示该样本应该在边界上；所有样本的 s_i 的均值被称为聚类结果的轮廓系数。

$$s_i=\begin{cases}1-\dfrac{a_i}{b_i}, & a_i<b_i\\ 0, & a_i=b_i\\ \dfrac{b_i}{a_i}-1, & a_i>b_i\end{cases} \tag{5-27}$$

（三）模型问题

在评估模型性能时，需要了解模型与数据集的配合情况。这个看似简单的问题隐藏了许多问题和陷阱。下面描述了在评估机器学习模型时可能遇到的困难，提出了克服困难的一些便捷方法。机器学习的基本问题是使用模型拟合数据，学习的目的不是正确地预测有限的训练集，而是准确地预测未出现在训练集中的样本。训练集数据模型中的错误称为经验误差，而测试集数据中的错误称为泛化误差。模型预测训练集之外的样本的能力称为模型的泛化能力。追求泛化能力始终是机器学习的目标。过拟合和欠拟合是降低模型泛化能力的两个常见原因，并且是模型的学习能力与数据复杂性不匹配的结果。

1. 过拟合。

（1）过拟合定义。过拟合（overfitting），通常出现在模型学习能力过强的情况，此时由于模型的学习能力太强，从而导致训练集中每个样本自身的特征都考虑到模型中，并将其统一为“一般样本规律”，导致模型泛化能力下降。类似于让机器进行人脸学习，取 50 个人脸进行训练，由于训练时学习过于精确，导致除样本中 50 人外，其他的人脸样本模型都判断不是人脸，而实际上，只需要让模型学习人脸中基本特征，而不是详细到人的嘴巴大小、眼睛颜色等过于细致的特征。这样就可以让模型仍能识别其他图片中的人脸。在 *Machine Learning* 一书中，过拟合标准定义：给定一个假设空间 H，一个假设 h 属于 H，如果存在其他的假设 h′属于 H，使在训练样例上 h 的错误率比 h′小，但在整个实例分布上 h′比 h 的错误率小，那么就说明假设 h 过度拟合训练数据（见图 5 –36）。

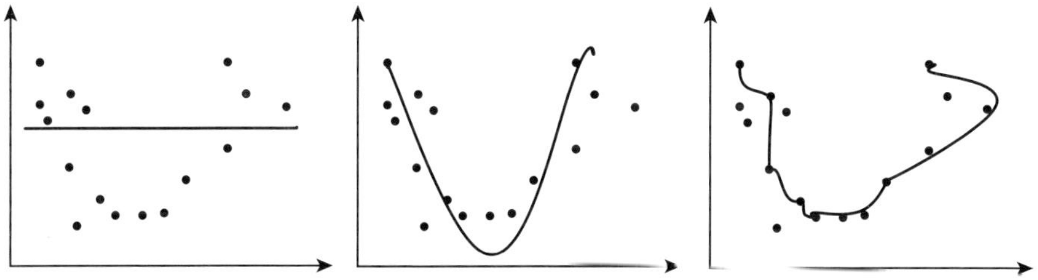

图 5 –36　过拟合示意图

（2）过拟合出现原因。

①建模抽样错误。例如，样本量太小，抽样方法不正确，抽样样本不足覆盖所有的业务特征，并因此导致建模提取的样本数据不足以表示业务逻辑或业务场景；或者样本里的噪音数据干扰过大，导致模型过分记住噪音特征，反而忽略了真实的输入输出间的关系。

②建模时建立的模型逻辑假设，到模型应用时不能成立。建模时可以构建任何预测模型并根据假设进行应用。常见的假设包括假设历史数据可预测未来，假设业务环节未发生重大变化，假设建模数据类似于后续的应用数据等。如果以上假设违反业务场景，则无法有效地应用基于这些假设构建的模型。

③训练模型充分拟合训练数据的特征，致使模型过分考虑没有代表性的特征，例如，在决策树模型中，如果在训练时对决策树的生长没有进行合理的限制与修剪，决策树的自由生长可能会致使叶子节点中只包含单纯的事件数据或非事件数据，这种决策树可以充分地对训练数据进行拟合，但是一旦将模型应用于新业务的真实数据中，则效果将会一塌糊涂。

（3）解决办法。

①权值衰减。广泛应用与神经网络模型中，在每次的迭代中，通过提供一

个因子参数，达到控制权值大小等因素的作用。该操作等效于修改损失函数，在损失函数后加入正则化惩罚项。正则化方法包括 L0 正则化、L1 正则化和 L2 正则化。L1 正则化更有可能产生稀疏解，而 L2 正则化倾向于将参数 w 设为零。在模型训练过程中，需要减少损失以达到提高准确性的目的。此时，使用正则化之类的方法将权重直接添加到损失中，以限制权重在训练过程中增加。正则化通常在目标函数中，然后添加一个范数。L2 范数是指向量各元素的平方和然后求平方根。对于为什么正则化可以防止过度拟合有一个通俗的解释，参数值 w 越小，模型的复杂度越低，训练数据的拟合越好。

②在神经网络模型中，降低模型中间层神经元的活性，例如采用 Dropout 操作或池化操作，该方法可通过训练控制模型中神经元的活性，从而降低模型的复杂度，降低过拟合的风险。

③增加数据。数据增加是解决过拟合最重要的方法，只要训练时输入模型的数据足够多，模型能够学习尽可能多的例外情况，不断修正，从而得到更好的结果。增加数据常用的几种办法：第一，从数据源头获取更多数据。第二，根据当前数据集估计数据分布参数，使用该分布产生更多数据：此方法存在一定的缺陷，估计分布参数的过程也会代入抽样误差。第三，数据增强（data augmentation）：数据增强通常是最常用的增加数据的方法，通过一定规则进行数据扩充。如在图像分类问题中，样本数据在图像中的位置、姿态、尺度以及整图片明暗度等都不会影响分类结果，可以通过图像平移、翻转、缩放、切割增加噪声等手段成倍扩充数据。

④交叉验证。交叉验证能够解决过拟合问题，类似于数据增强的概念，在数据量有限的情况下，充分利用数据，使每个数据都有成为训练集与测试集的可能。

2. 欠拟合。

（1）欠拟合定义。欠拟合（underfitting）：通常出现在模型学习能力较弱，但数据复杂度较高时，此时由于模型的学习能力不足，从而导致无法学习到数据集中的一般规律，致使泛化能力较弱。

（2）出现原因：第一，模型复杂度过低，导致不能很好地拟合所有的数据，从而使训练误差大；第二，特征量过少，特征之间的相对关系单一，不足以衡量数据之间的相对关系，从而导致最终结果出现较大偏差。

（3）解决办法。

①增加新的属性特征。可以通过加入新的特征组合、高次特征，进而增大假设空间。

②通过添加多项式特征。如将线性模型通过添加二次项或三次项使模型泛化能力增强。

③降低正则化参数使用。添加正则化的目的通常用于防止过拟合，当模型出现欠拟合现象时，则需要减少正则化参数项。

④使用非线性的参数模型。如核 SVM 、决策树以及深度学习等模型，通常实际应用场景的数据为非线性分布，线性模型不足以拟合非线性分布的数据，在实际应用时，可考虑将数据进行可视化，对数据进行观察后，判断应该采用线性模型还是非线性模型。

⑤调整模型的容量。模型的容量是指模型拟合各种函数的能力，容量低的模型对训练集的拟合程度较低，使用集成学习方法，如 Bagging，将多个弱学习器 Bagging 可较好地增加模型的容量。

3. 如何判别过拟合与欠拟合。

过拟合和欠拟合两者之间的差异是：欠拟合会导致训练和测试集的性能都较差，而过拟合通常能较好地拟合训练集数据的性质，但测试的性能较差。欠拟合通常体现在输出结果的高偏差上，而过拟合则体现在结果的高方差上。偏差（bias）反映了样本模型的输出与其真实值之间的误差，即模型本身的精确度。方差（variance）反映了模型的每个输出与模型的预期输出之间的误差，它体现的是模型的稳定性。如何确定模型是具有高偏差还是高方差？

（1）学习曲线。学习曲线通过绘制不同训练集大小时训练集与交叉验证的准确率，可以通过观察模型在新数据中的结果，从而可判断是高方差还是高偏差的情况。绘制学习曲线时，横轴为训练样本数，纵轴为准确率。如果模型具有欠拟合和过拟合的情况，则学习曲线通常将具有不同的形状，如图 5 – 37 所示。

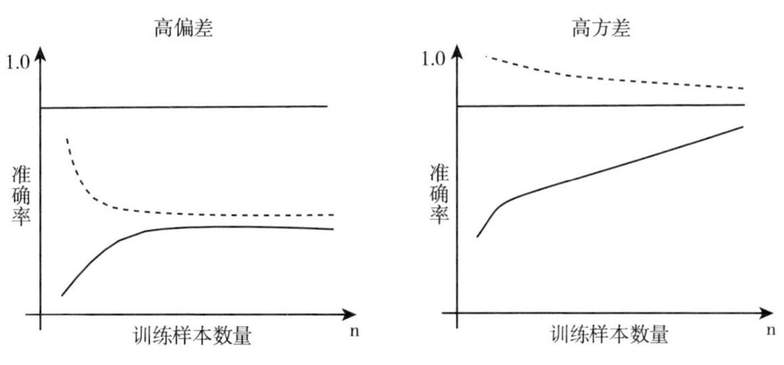

图 5 – 37　不同情况下的学习曲线

欠拟合情况：随着训练样本数增大，训练集得分和验证集得分收敛，并且两者的收敛值很接近。过拟合情况：随着训练样本数增大，训练集得分和验证集得分相差还是比较大。通过观察实际的学习曲线，就能明确分辨模型是过拟合还是欠拟合。

（2）验证曲线。

通过验证曲线，也可以确定模型是过拟合还是欠拟合，但是与学习曲线不同，它是针对参数的。学习曲线绘制训练样本大小以及训练精度曲线，而验证曲线绘制参数以及训练准确率和验证准确率曲线。

验证曲线表明，更改超参数设置后，模型会从欠拟合到合适再到过拟合，选择合适的设置可提高模型性能。需注意的是，使用验证曲线优化超参数会使验证分数产生偏差，并且无法表示模型的泛化能力。因此需要使用另一个测试集重新评估泛化能力。但有时绘制单个超参数与训练精度和验证精度之间的关系可以帮助确定模型是欠拟合还是过拟合。

（四）参数调节

在机器学习训练中，有两类参数：一是通过训练数据学习得到的参数，如Logistic回归中的回归系数；二是算法中需要单独进行优化的参数，即调优参数，也称超参，如逻辑回归中的正则化系数、决策树中的深度系数。在实验中通过绘制图形来得出最优值会带点主观性，可以利用一些搜索方法进行搜索，通过明确的结果寻找最优的超参值的组合。但是参数越多，调参的难度也越大，因为参数间排列组合的可能性越来越多。理论上来讲，网格搜索可以自动寻找指定范围内的最佳参数组合。但是，网格搜索需要的运行时间比较长，不一定是一种好的选择。总之，参数调节最好先排除掉一部分异常值，然后再进行组合。通常可以采用网格搜索、随机搜索以及启发式搜索等进行调参，从超参数空间中寻找最优的值。

1. 网格搜索。

网格搜索（Grid Search），它存在的意义就是自动调参，只要把参数输进去，就能给出最优化的结果和参数。Grid Search采用穷举搜索，在所有候选的参数选择中，通过循环遍历，尝试每一种可能性，表现最好的参数就是最终的结果。其原理就像是在数组里找最大值。为什么叫网格搜索？以两个参数的模型为例，参数a有3种可能，参数b有4种可能，把所有可能性列出来，可以表示成一个3×4的表格，其中每个cell就是一个网格，循环过程就像是在每个网格里遍历、搜索，所以叫Grid Search。但是这个方法只适用于小数据集，一旦数据的量级上去了，就很难得出结果。这个时候就是需要动脑筋了。数据量比较大时可以使用一个快速调优的方法——坐标下降。它其实是一种贪心算法：拿当前对模型影响最大的参数调优，直到最优化；再拿下一个影响最大的参数调优，如此下去，直到所有的参数调整完毕。这个方法的缺点就是可能会调到局部最优而不是全局最优，但是省时间省力，后续可以再拿 Bagging 再优化。通常算法不够好时，调试参数可以得到一定的补偿，如 SVM 的惩罚因子 C、核函数 kernel、gamma 参数等，对于不同的数据使用不同的参数，效果可能差 1 ~ 5 个点。

2. 随机搜索。

随机搜索（Random Search），是一种使用随机数找到函数近似最优解的方法，这与网格搜索的蛮力搜索方法不同。它的原理是：在一定间隔内随机生成而不是有倾向的生成随机点，通过计算约束函数和目标函数的值，对于满足约束条件的点，将目标函数的值一一比较，将不良的点放弃，保留好的，最后得到最优解的近似解。该方法基于概率论。抽取的随机点越多，获得最佳解的可能性就越大。该方法存在精度低的问题，但是找到近似最优解的效率高于网格搜索的效率。随机搜索通常用于粗略选择或普查。

3. 启发式搜索。

启发式搜索（Heuristically Search）又称为有信息搜索（Informed Search），它利用问题所拥有的启发式信息来指导搜索，以达到减小问题的搜索范围和复杂性的目的。其原理是：在状态空间中进行搜索会评估每个搜索到的位置以获得最佳位置，然后从该位置搜索到目标。这可以省略大量不必要的搜索路径并提高效率。在启发式搜索中，位置的评估非常重要。不同的估值可能会产生不同的影响。启发式搜索包括蚁群算法（ACA）模拟退火算法（SA）、列表搜索算法（ST）、遗传算法（GA）、进化规划（EP）、进化策略（ES）等。以遗传算法为例，遗传算法（Genetic Algorithm）的思想来自进化论。通过模拟自然进化过程以寻找最佳解，生物种群具有自我进化的能力。通过不断地适应环境，可以在群体中的个体达到最佳适应度之后获得最佳状态。进化行为主要包括选择、遗传和变异。遗传算法希望将初始解空间扩展为更好的解空间。从代表问题的潜在解决方案种群（population）开始，种群由一定数量的基因编码的个体组成。因此，从一开始，就需要实现从表型到基因型的映射，即编码。因为复制基因编码的工作非常复杂，所以通常会简化，如二进制编码，在第一代种群的产生之后，根据优胜劣汰的原理，逐代进化更好的解决方案。在第一代中，根据个体在问题域中的适应度来选择，并通过自然遗传学中的遗传算子将交叉和变异结合起来，产生具有代表性的新个体。这一过程将使种群的后代比上一代更适应环境。种群的最后一代中的最优个体将被解码，并可以作为近似最优解。遗传算法的实现步骤：

（1）初始化候选参数集，并编码为基因序列（初始化种群，一组参数编码为一个种群个体，共 n 个种群个体），即对参数进行编码，同时设定进化代数 m。

（2）个体评估，计算各个种群个体的适应度（适应度描述了该个体对自然环境的适应能力，表征了其个体存活能力和生殖机会），用适应度函数表示。

（3）选择运算，选择是模拟自然选择，把优秀的个体选择出来（基于适应度），以进行后续的遗传和变异。

（4）交叉运算，交叉是模拟繁殖后代的基因重组。

（5）变异运算，变异是模拟基因突变。

（6）经过选择，交叉变异，生产下一代群体，重复此过程，直到停止条件。

有了基本遗传算法的实现过程，后续就是对每个算法实现过程的细节，寻找合适的方法进行处理。转到机器学习参数最优化的问题上，就是使用遗传算法搜索参数空间获得最优的模型性能评价指标的过程。

第四节

机器学习智能决策应用

一、股票预测

量化投资的核心问题是准确预测资产价格的变化。如果可以预测资产价格会上升还是下降，那么投资经理可以建立更有效的投资组合以获得更大的投资回报。在传统的“分析师—基金经理”模型下，分析师使用个人主观经验预测资产的未来价格，但是该方法面临以下两个挑战：第一，资产数量的急剧增加使传统模型需要大量的实施成本；第二，分析师的主观判断会受到他们情绪的影响，从而使他预测不再准确。而定量投资模型可以解决这两个挑战。通过建立量化投资模型来解决资产价格预测和证券投资问题。机器学习从大量数据中学习可重现的模式，并使用学习的模式进行预测。由于良好的机器学习算法具有较高的预测精度和良好的泛化能力，目前该技术被广泛应用于量化投资决策，如风险预测等。

二、人脸识别

目前，常用的基于生物特征的安全认证方法主要有掌纹、指纹、虹膜和人脸等。与其他生物特征相比较，人脸具有明显的优势。先可以通过不接触而收集面部信息，对用户的干扰较少，因此面部识别技术具有可靠性、便利性、安全性等优点，目前已成为安全认证的主要方法之一。当前存在多种可以在良好条件下面部识别算法，通过大量的实验，人脸识别效果已得到市场的良好反馈。但是，在光照弱、多角度、多姿态变化等情况下，人脸识别算法仍受到较大的考验，尤其是基于视频中截取图片的人脸识别，对算法的可靠性提出了更高的要求。姿态变化的人脸识别过程包括两项关键技术：特征提取和分类器构造。在解决多姿态人脸识别中，基于局部二值模式方法和基于 Gabor 滤波器的人脸特征提取方法得到较好的应用，但特征维数较高，使人脸识别的效率较低，因此还有进一步提升性能的需求。

三、信贷客户识别

面对庞大的数据体系，将银行信贷业务与机器学习算法进行有效结合，通过智能化、自动化的方法，建立既符合目前行业特点同时又能将庞大数据体系充分利用的算法模型，通过历史数据的训练学习，精准地对潜在客户或风险客户进行识别，通过模型推导挖掘出影响客户特定类型的关键因素，不仅可以促进银行产品和服务的差异化创新，同时可以帮助银行规避潜在危险，提高贷款偿还率。根据相关研究表明，目前我国的银行客户资源受传统模式制约，客户资源单一，获取途径受限，且难以挖掘开发，银行应充分发挥互联网产业在生产要素配置中的重要作用，通过智能化方法充分利用现有资源，在政策允许的前提下，寻找提升自身竞争能力的策略和方法，创造新服务、新价值。

第五节 实 例

一、爬虫

爬虫其实就是通过编写代码，自动从网站获取有用信息。通过向网站发送请求，返回数据，再对数据进行深入的解析，将所需的数据存储在相应的存储库。在做爬虫项目开发时，首先，确定被爬网站的类型，根据网站的类型选择不同的库进行请求解析。常用的爬虫请求库包括 urllib、requests；返回的数据类型有 html、js、json、字符串等，针对每种格式，需要合适的解析器进行解析，常用的解析库包括 XPath、Beautiful Soup 以及 pyquery，另外包括正则表达式。除这些外，Python 网络爬虫还有通用框架，主要包括：scrapy、pyspider、portia、restkit 以及 demiurge 等。一般而言，在面对不同量级的爬虫任务时，可采用不同的库进行组合，如简单小量级：requests + Beautiful Soup；用 JS 渲染的可以采用 selenium + Phantomjs。

在使用 python 语言开发爬虫项目时，通常需要提前了解一些前端的概念，然后根据前端的形式，才能进行爬虫项目的爬取。目前的网站绝大多数都有反爬机制，具体的反爬包括 User - Agent 限制、短时间内限制 IP 访问次数、限制页面登陆、验证码、JS 动态事件等。因此，在做爬虫项目时，要解决此类反扒措施，才能获取所需数据。由于爬虫目前属于灰色地带，不能侵犯个人隐私和盗取具有知识产权的信息，在此不详细介绍反扒措施。下面是几个爬虫的例子：

以爬取豆瓣华语电影为例，按时间排序。分别爬取每个电影的导演、主演、编剧、类型、上映时间以及电影星级的比例等，并储存到 csv 文件中，以《流浪地球为例》，爬取页面如图 5 - 38 所示。

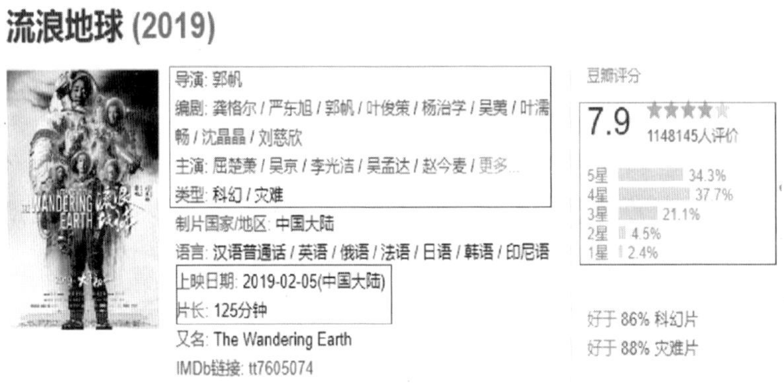

图 5 - 38　流浪地球

网站爬取的大致过程为：先通过 urllib 的 urlopen（）向豆瓣发送请求，通过请求接收数据，接收的数据并不仅仅是需求的数据，其中还夹杂着若干无效数据。将数据传入解析部分中，本示例采用两个解析库进行演示，第一个为 Beautiful Soup，第二个为 Xpath。最后将解析到的数据存储到 csv 文件中。代码如下所示：

```
#-*-coding:utf-8-*-

import json
from urllib.parse import urlencode
from urllib.request import urlopen,Request
import csv
from lxml import etree
from bs4 import BeautifulSoup

datalist=[]
#解析每个电影URL，获取相应的字符串
def getDetail(purl):
return datalist[0]
If__name__ =='__main__':
values={
'type':'movie',
'tag':'华语',
'sort':'time',
'page_limit':'25'#可以修改，指定爬取的记录数
'page_start':'0'#指定爬取开始位置
}
#解析电影的url
uop=urlopen(Request('https://movie.douban.com/j/search_subjects',
data=urlencode(values).encode('utf-8')))
for item in json.loads(uop.read())['subjects']:
datalist=getDetail(item['url'])
with open('豆瓣电影.csv','a+',) as csvfile:#数据存储
writer=csv.writer(csvfile)
writer.writerow(datalist)
```

爬取的部分结果整理如图 5-39 所示。

通过得到的数据，可以进行一系列的数据分析，或者将其作为机器学习的数据集，进行训练和模型测试。

影片名	类型	导演	上映日期	评分	评分人数	主演1	主演2	主演3	主演4	编剧1	编剧2	1星	2星	3星	4星
如影随心	剧情	霍建起	2019-04-1	4.7	5159	陈晓	杜鹃	王嘉	马苏	霍建起	null	24.80%	32.90%	30.40%	8.
在乎你	爱情	毕国智	2019-04-1	5.6	2653	俞飞鸿	大泽隆夫	木下彩音	卢洋洋	毕国智	贾佳薇	11.40%	30.70%	33.90%	17.
小镇车神之五菱漂移	null	王冠迪	2019-04-1	4.2	1083	柯达	蒋毓玮	庞勇	曹天恺	王冠迪	null	28.10%	43.20%	20.90%	5.
非分熟女	剧情	曾翠珊	2019-04-0	4.9	1196	蔡卓妍	吴慷仁	吴活康	叶童	孙逸群	曾翠珊	15.10%	34.30%	42.40%	7.
你不是一个人	爱情	钟青	2019-03-2	5.8	667	石承镐	何紫妍	南苗	null	钟青	null	8.30%	19.40%	50.00%	20.
老师·好	剧情	张栾	2019-03-2	6.8	45906	于谦	汤梦佳	王广源	秦鸣悦	张栾	徐伟	2.80%	10.00%	41.70%	33.
阳台上	剧情	张猛	2019-03-1	5.7	21490	周冬雨	王锵	曹瑞	王雅琴	刘雅	任晓雯	5.20%	26.80%	46.50%	18.
独家记忆番外之勇敢爱	爱情	刘畅	2019-03-0	4.9	3123	张超	李婷婷	陈博豪	孙嘉灵	郎晓萌	袁漫漪	16.30%	36.60%	36.60%	6.
独家记忆番外之相信爱	爱情	刘畅	2019-03-0	6.5	2932	孙嘉灵	李九霄	张超	李婷婷	卓越泡沫	陈希	1.40%	14.00%	48.30%	28.
独家记忆番外之再见爱	爱情	刘畅	2019-03-0	6.5	2546	张檬	邓郁立	方文强	叶子诚	陈潇骁	贺牧君	2.20%	9.70%	57.30%	24.
最后的日出	科幻	任文	2019-02-2	6	1114	张珏	张苒	null	null	任文	梅衍康	13.30%	17.10%	39.20%	19.
滚动的钢蛋	喜剧	李春啸	2019-02-1	6.3	1300	李春啸	陈旭	李易祥	韩三明	李春啸	何璐	3.20%	19.30%	46.10%	22.
大汉十三将之血战疏勒城	历史	回宇	2019-02-1	6.1	1366	谢苗	陈梦希	热依娜	李帛轩	宋争	三尺	8.50%	21.20%	38.60%	21.
一吻定情	喜剧	陈玉珊	2019-02-1	4.7	56767	王大陆	林允	陈柏融	蔡思韵	曾咏婷	黄继柔	25.20%	32.60%	29.60%	9.
神童 The Prodigy	惊悚	尼古拉斯·	2019-02-0	5.9	1378	泰勒·席林	布列塔尼·	杰克逊·罗	科鲁姆·费	杰夫·布勒	null	5.00%	22.40%	51.50%	16.
流浪地球	科幻	郭帆	2019-02-0	7.9	1148201	屈楚萧	吴京	李光洁	吴孟达	龚格尔	严东旭	2.40%	4.50%	21.10%	37.
飞驰人生	喜剧	韩寒	2019-02-0	6.9	532599	沈腾	黄景瑜	尹正	张本煜	韩寒	null	2.00%	9.30%	40.10%	37.
疯狂的外星人	喜剧	宁浩	2019-02-0	6.4	420456	黄渤	沈腾	汤姆·派福	马修·莫里	孙小杭	董润年	4.30%	15.70%	44.40%	27.
新喜剧之王	剧情	周星驰	2019-02-0	5.7	258717	王宝强	鄂靖文	张全蛋	景如洋	周星驰	null	13.30%	25.60%	34.40%	17.
廉政风云 廉政風雲 煙幕	剧情	麦兆辉	2019-02-0	5.4	59835	刘青云	张家辉	林嘉欣	袁咏仪	麦兆辉	凌志民	6.00%	34.20%	47.70%	10.
神探蒲松龄	喜剧	严嘉	2019-02-0	3.9	45482	成龙	阮经天	钟楚曦	林柏宏	刘伯翰	简文	35.20%	41.90%	18.90%	2.
熊出没·原始时代	喜剧	丁亮 / 林汇	2019-02-0	6.6	13224	张伟	张秉君	谭笑	宋祖儿	徐芸	万秦	3.20%	10.90%	46.80%	29.

图 5-39 爬取的部分结果

二、遗传算法优化受限玻尔兹曼机神经网络

(一) 简介

深度置信（信念）网络（Deep Belief Network，DBNs）是一个概率生成模型，与传统判别模型的神经网络相对应，生成模型是建立一个观察数据和标签之间的联合分布，对 P（Observation | Label）和 P（Label | Observation）都做了评估，而判别模型仅仅评估了后者，也就是 P(Label | Observation)。

DBNs 由多个限制玻尔兹曼机 RBM(Restricted Boltzmann Machines)层组成，一个典型的神经网络类型如图 5-40 所示。这些网络被“限制”为一个可视层和一个隐层，层间存在连接，但层内的单元间不存在连接。隐层单元被训练去捕捉在可视层表现出来的高阶数据的相关性。

(二) 限制玻尔兹曼机 (RBM)

1. 基本构造。

RBM 是一种神经感知器，由一个显层和一个隐层构成，显层与隐层的神经元之间为双向全连接，如图 5-40 所示。

在 RBM 中，任意两个相连的神经元之间有一个权值 w 表示其连接强度，每个神经元自身有一个偏置系数 b（对显层神经元）和 c（对隐层神经元）来表示其自身权重。这样，就可以用下面函数表示一个 RBM 的能量：

$$E(v,h) = -\sum_{i=1}^{N_v} b_i v_i - \sum_{j=1}^{N_h} c_j h_j - \sum_{i,j=1}^{N_{v,N}} W_{ij} v_i h_j \qquad (5-28)$$

在 RBM 中 h_j 有两种状态 0 或者 1，隐藏层被激活的概率为：

$$P(h_j \mid v) = \sigma(b_j + \sum_i W_{i,j} v_i) \qquad (5-29)$$

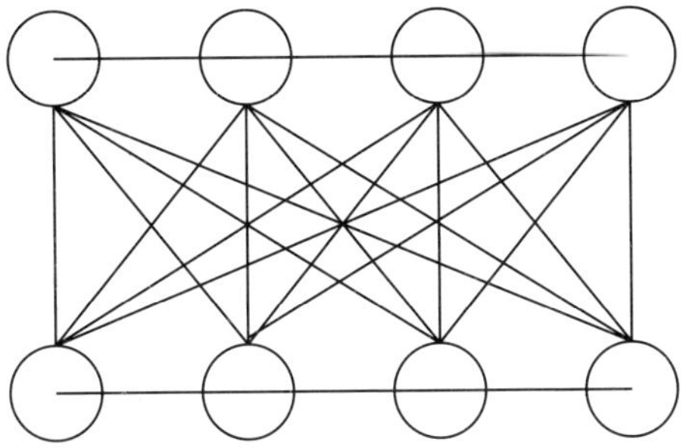

图 5-40 RBM 结构示意图

由于显层与隐层相连接，显层神经元同样能被隐层神经元激活：

$$P(v_i|h) = \sigma(c_i + \sum_j W_{i,j}h_j) \tag{5-30}$$

其中，σ 为 sigmoid 函数，也可以是其他的函数限制玻尔兹曼机的同一层神经元之间是独立的，所以概率密度满足独立性，故得：

$$P(h|v) = \prod_{j-1}^{N_h} P(h_j|v)$$
$$P(v|h) = \prod_{i-1}^{N_v} P(v_i|h) \tag{5-31}$$

2. 工作原理。

当我们将样本输入模型时，数据首先被赋给显层，模型计算显层神经元被激活的概率，同样可以计算出隐层神经元被开启的概率 $P(h_j|x)$，$j=1, 2, \cdots, N_h$，取一个数值 μ 作为阈值，大于该阈值的神经元则被激活，否则不被激活，即：

$$h_j = \begin{cases} 1, P(h_j|x) \geqslant \mu \\ 0, P(h_j|x) < \mu \end{cases} \tag{5-32}$$

由此得到隐层每个神经元是否被激活。给定隐层时，显层的计算方法是一样的。

3. 训练过程。

伪代码

step1，将全部 X 赋给显层v_1，计算出隐层神经元被激活的概率$P(h_1|v_1)$；

step2，从计算的概率分布中抽取（采用 Gibbs 抽样方法）一个样本：$h_1 \sim P(h_1|v_1)$；

step3，用h_1重构显层，即通过隐层反推显层，计算显层中每个神经元被激活的概率 $P(v_2|h_1)$；

step4，同样地，从计算得到的概率分布中采取 Gibbs 抽样抽取一个样本：

$v_2 \sim P(v_2 | h_1)$；

step5，通过v_2再次计算隐层中每个神经元被激活的概率，得到概率分布$P(h_2 | v_2)$；

step6，更新权重：

$$W \leftarrow W + \lambda(P(h_1 | v_1)v_1 - P(h_2 | v_2)v_2)$$

$$b \leftarrow b + \lambda(v_1 - v_2)$$

$$c \leftarrow c + \lambda(h_1 - h_2) \tag{5-33}$$

采用多次循环可充分训练每一个 RBM，多训练几次隐层即可精准地显示显层的特征且能够还原显层。在某些论文的验证中，循环一次即可确保结果的有效性。在充分训练一层的 RBM 后，将最终隐层的结果（如第一个隐层的结果 v1(1)×W(1)，依此类推）输入第二层和 RBM 中，直到 DBN 结束。在前期网络的构建时，一共有几层 RBM，且每一层的 RBM 的隐层和显层的节点数都是固定的。

4. DBN 与 RBM 关系。

在 DBN 中，相邻两层即为一个 RBM，每个 RBM 层上一个 RBM 层的输出（h）为输入（v），并向下一层 RBM 提供输入（v）。像堆积木一样一层层垒上去，就成了“深”度学习模型 DBNs。如图 5－41 为一个 RBM 层的结构。

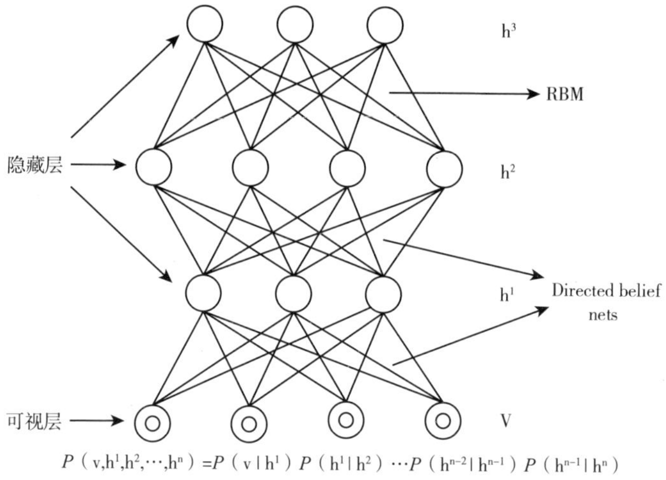

图 5－41　RBM 层结构示意图

其中，深度置信网络与限制玻尔兹曼机之间的关系。

a. DBN = RBMs = Hs + V

b. RBM = H + V

在训练过程中，需要充分训练上一层的 RBM 后才能训练当前层的 RBM，直至最后一层。

（三）算法实现

1. 借助 keras 封装库。
2. 用遗传算法优化 DBN。

```
# ===================== 第一部分——遗传算法=====================
# ------------------------------ 编码函数---------------------------
def ga_encoding (pop_size, chrom, num):
    return pop [1:]
# ------------------------------ 解码函数---------------------------
def reduce (pop):
    return population [1:]
def ga_decoding (pop, chrom, num):
    return reduce (population [1:])
def ga_decoding_individual (individual, chrom, num): # 个体解码函数
    return result
# ------------------------------ 适值计算---------------------------
def ga_calObject (x, lamda, m, n):
return obj
def ga_calFitness (pop, x):
return [best_pop, best_fit]
def ga_replace (result, pop, x):
return total
def cumsum (fit_value):
    return fit_value
def ga_selection (pop, fit_value):
# ---------------------------------- 交叉-------------------------------
def ga_crossover (pop, pc):
# ---------------------------------- 变异-------------------------------
def ga_mutation (pop, pm):
# --------------------------- 获得最好种群-------------------------
def ga_getBest (result):
```

```
    return result [i+1] [1]
# ==================== 第二部分——深度置信网络====================
def generate_data (dataset, testnum, n_features):
    ureturn x_train, x_test, y_train, y_test
# sigmoid 函数
def sigmoid (x):
    sig_result = 1/ (1 + np. exp ( - x))
    return sig_result
# 做gibbs 抽样
def gibbs (m, ph):
return h_set
def rbm (w, a, b, x_train, lamda):
return h, w
# 实现以下函数并输出MSE
def calculateMSE (X, Y):
return MSE
def dbn (w):
return 1/error, w2
# ============================ 主函数============================
# 导入数据集
lamda = 0. 005# 学习速率
m = [5, 20, 10] #显层神经元个数
n = [20, 10, 1] #因曾神经元个数
birth_data = [ ]
with open ('data. csv') as csvfile:
csv_reader = csv. reader (csvfile) # 使用csv. reader 读取csvfile 中的文件
# birth_header = next (csv_reader ) # 读取第一行每一列的标题
for row in csv_reader: # 将csv 文件中的数据保存到birth_data 中
birth_data. append (float (row [0]))
dataset = np. array (birth_data)
dataset = dataset [np. newaxis, :]
testnum = 43# 测试集数目
featurenum = 5 # input_length of the network
```

```
dataset_test = dataset［len（dataset）－testnum：len（dataset）］
x_train，x_test，y_train，y_test = generate_data（dataset，testnum，featurenum）
min_max_scaler = MinMaxScaler（）# 做标准化处理
x_train = min_max_scaler. fit_transform（x_train）
x_test = min_max_scaler. transform（x_test）
POP_SIZE = 20#种群个体数量
GEN = 20#遗传迭代代数
CHROM = 8#染色体二进制位数
NUM = 310#11 *10 + 10 + 10 *1 + 1 待优化权值与偏重数量
PC = 0. 7#交叉概率
PM = 0. 05#变异概率
result = ［［］］#存储最优解及其对应权值偏重
pop = ga_encoding（POP_SIZE，CHROM，NUM）# 编码会形成pop_size 个个体，每个个体chrom *num
for i in range（GEN）：# 迭代次数
x = ga_decoding（pop，CHROM，NUM）# 解码返回pop_size 个个体，每个个体num 个，将二进制转化为十进制
obj = ga_calObject（x，lamda，m，n）
best_pop，best_fit = ga_calFitness（pop，obj）
# 如果这一代最优值高于上一代，就用上一代最优值代替这一代最差的
if len（result）！=1 and best_fit > result［－1］［0］：
ga_replace（result［－1］，pop，obj）
result. append（［best_fit，ga_decoding_individual（best_pop，CHROM，NUM），best_pop］）
# python 中list，dict 是可变对象，参数传递相当于引用传递，所以会改变变量本身，string，tuple，number 是不可变对象
ga_selection（pop，obj）
ga_crossover（pop，PC）
ga_mutation（pop，PM）
# v_1 = rbm（w，a，b，x_train［0］，y_train［0］，lamda）
# energy = dbn（x_train，y_train）
```

第六节 案　例

一、基于 Logistic 回归、ANN、SVM 的乳腺癌复发影响因素研究

本案例从患者年龄、患者绝经年龄、肿瘤大小、受侵淋巴结数、有无结节冒、肿瘤恶性程度、肿块位置、肿块所在象限和是否进行放疗这九个方面分析乳腺癌复发的相关影响因素。

本案例的病例来源于南斯拉夫卢布尔雅那大学医疗中心乳腺癌肿瘤研究所，选取了数据集中无缺失值的 277 例患者数据，其中复发患者有 196 个，占样本比例的 70.8%。将 277 份数据按 7：3 的比例随机分为训练集（190 人）与测试集（87 人）两部分。从患者年龄、患者绝经年龄、肿瘤大小、受侵淋巴结数、有无结节冒、肿瘤恶性程度、肿块位置、肿块所在象限和是否进行放疗这九个方面分析对乳腺癌复发的影响。

1. Logistic 回归分析应用：将 277 份数据按 7：3 的比例随机分为训练样本（190 人）与测试样本（87 人）两部分，每组中复发与不复发的比例与原始数据保持一致。训练集用于筛选变量和建立预测模型，测试集用于模型的检验和评价。采用 SPSS 20.0 建立二分类 Logistic 回归模型和人工神经网络模型，计算各因素与乳腺癌复发联系比值比 OR 及其 95% 可信区间（95% CI），运用 MatlabR2012a 建立支持向量机模型，得出训练样本和预测样本的预测准确率。运用 SPSS 20.0 进行回归分析和人工神经网络分析时相应自变量的赋值情况如表 5 - 5 所示。

表 5 - 5　自变量赋值

变量	赋值说明
年龄	10 ~ 19 = 1；20 ~ 29 = 2；30 ~ 39 = 3；40 ~ 49 = 4；50 ~ 59 = 5；60 ~ 29 = 6；70 ~ 79 = 7
绝经年龄	小于 40 岁 = 1；大于等于 40 岁 = 2；未绝经 = 3
肿瘤大小	0 ~ 4 = 1；5 ~ 9 = 2；10 ~ 14 = 3；15 ~ 19 = 4；20 ~ 24 = 5；25 ~ 29 = 6；30 ~ 34 = 7；35 ~ 39 = 8；40 ~ 44 = 9；45 ~ 49 = 10；50 ~ 54 = 11；55 ~ 59 = 12
受侵淋巴结数	0 ~ 2 = 1；3 ~ 5 = 2；6 ~ 8 = 3；9 ~ 11 = 4；12 ~ 14 = 5；15 ~ 17 = 6；18 ~ 20 = 7；21 ~ 23 = 8；24 ~ 26 = 9
有无结节冒	无 = 0；有 = 1

续表

变量	赋值说明
肿块位置	左=1；右=2
肿块所在象限	左上=1；左下=2；右上=3；右下=4；中部=5
是否放疗	是=1；否=0

使用 Microsoft Excel 2007 建立电子表格并输入数据。使用 SPSS 20.0 统计软件包将数据导入数据库以进行统计处理。对每个预测变量与因变量之间的关系进行显著性检验，如患者的年龄、绝经年龄、肿瘤大小、累及的淋巴结数目、结节的存在与否、肿块的位置、肿块的象限以及是否放疗进行单因素分析，获得肿瘤恶性程度的显著性检验等连续预测变量，初步发现复发的影响因素，将上述预测结果中 $P<0.05$ 的变量纳入候选预测多元模型的变量。然后，采用逻辑混合逐步前向回归（LR）方法建立逻辑回归预测模型，并获得了复发的预测概率。

以是否复发作为因变量，可能的影响因素为自变量，进行乳腺癌复发多因素 Logistic回归分析。在多变量分析中，将 0.05 用作选择变量的标准，将 0.1 用作排除变量的标准，偏最大似然估计用于逐步回归分析。根据对数回归方程，建立对数回归模型，依次为：肿瘤恶性程度，结节的存在与否以及肿瘤的大小。但是，在方差的单变量分析中，所涉及的淋巴结数目以及是否接受放疗具有统计学意义，却不能将它们包括在逻辑回归模型中，进行二元 Logistic 回归时得到的预测模型方程为：$\text{LogitP} = -3.961 + 0.157^*$ 肿瘤大小 $+0.944^*$ 有无结节冒 $+0.903^*$ 肿瘤恶性程度。

将上述公式由 LogitP 形式转化成 Logistic 形式，得到：

$$P = \frac{1}{1 + e^{-(3.961 + 0.157 \times \text{肿瘤大小} + 0.944 \times \text{有无结节冒} + 0.903 \times \text{肿瘤恶性程度})}} \quad (5-34)$$

其中，P 为 Logistic 模型预测概率，e 为自然对数，影响因素的 OR 值（95% CI）分别是 1.169（1.014 ~ 1.348）、2.570（1.337 ~ 4.939）、2.467（1.589 ~ 3.828）。

通过 Logistic 回归模型样本分类表对模型的预测效果进行评价，得到样本预测概率值，以 0.5 作为预测概率分界值，结果显示样本的灵敏度为 93.4%（183/196），特异度为 33.5%（27/81），误诊率为 32.5%（13/40），漏诊率为 22.8%（54/237），总体预测准确率为 75.8%。

2. 人工神经网络应用：人工神经网络自动剔除建模过程中的冗余单元后，输入层共建立 16 个神经元，自动体系结构选择建立一个隐含层，隐含层包括 6 个神经元，输出层包括 2 个神经元，对应预测变量（是否复发）。

在图 5-42 神经网络结构示意图中，已定义的分类变量被分成几个哑变量

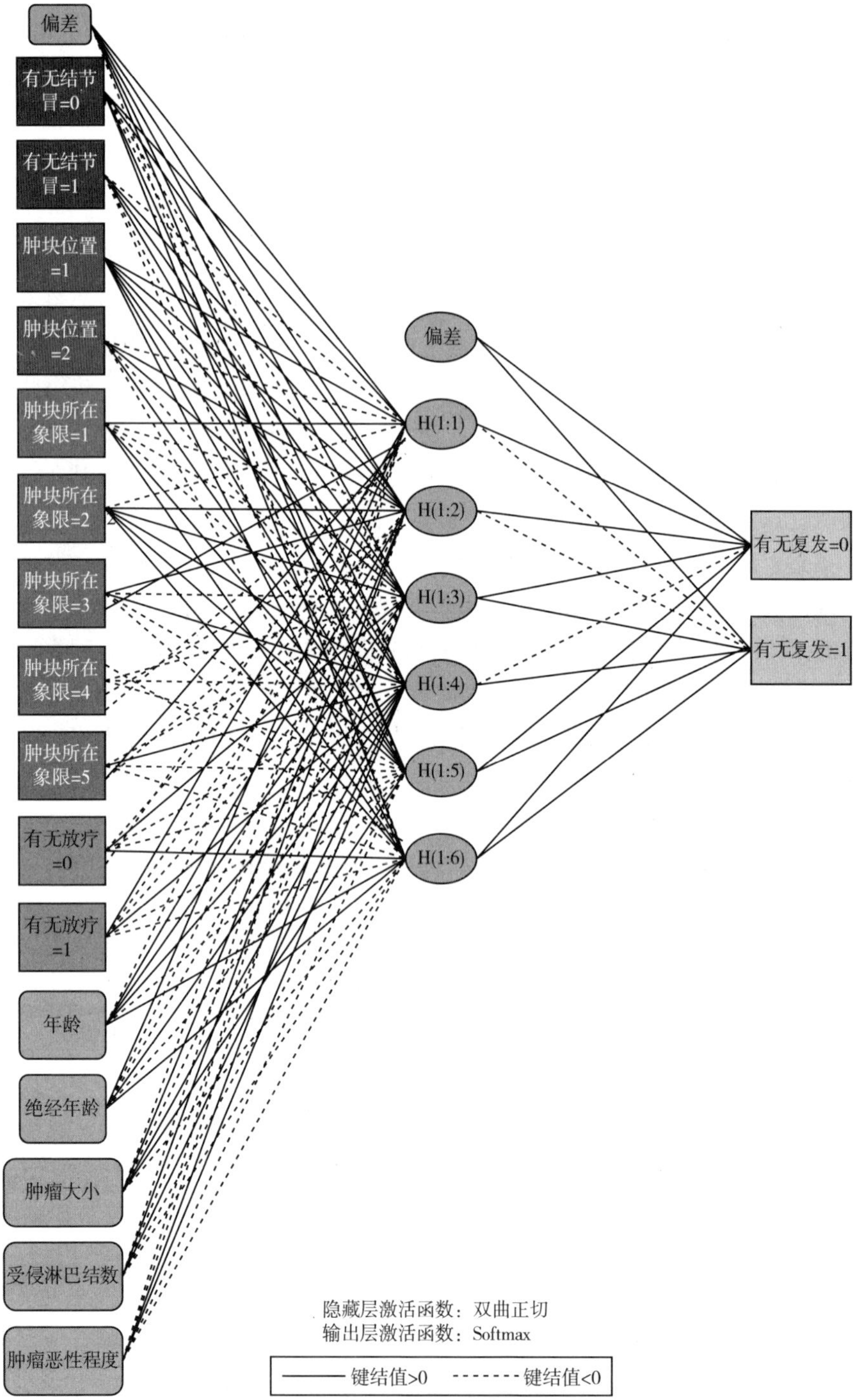

图 5-42　神经网络结构示意图

节点，并包含在输入层，而相应的两分类因变量也以两个哑变量节点的形式形成了输出层，协变量以一个节点的形式包含在模型中。在模型中将患者的年龄、更年期、肿瘤的大小、受侵淋巴结数目和恶性程度作为协变量，模型中还包含有无结节冒、肿块位置、肿块所在象限和是否进行放疗这几个分类变量作为因子变量进行分析。在神经网络的结构图中，两个相邻层之间的节点成对连接，正负权重用两种颜色区分。连接线的粗细代表权重的绝对值，在神经网络的结构图中，如淋巴结数目、肿瘤的恶性程度、肿瘤的大小、结节的存在与否、肿瘤的象限以及放疗的存在与否等自变量对模型有显著影响。肿瘤大小，且输入层有无结节冒 =1，有无放疗 =0，受侵淋巴结数和肿瘤恶性程度这五个节点通过隐含层 H（1：1）节点和输出层有无复发 =1 节点有较强的连接权重，这就表明，有结节冒、无放疗、肿瘤大、受侵淋巴数多、肿瘤恶性程度高的乳腺癌患者更容易复发。权重连接线的判断也与每个预测变量的相对重要性一致。

应用人工神经网络对全部样本进行预测，以 0.5 作为预测拟概率分界值，结果显示训练样本的灵敏度为 89.4%（118/132），特异度为 50.0%（29/58），误诊率为 32.6%（14/43），漏诊率为 19.7%（29/147），总体准确率为 77.4%。测试样本的灵敏度为 90.6%（58/64），特异度为 26.1%（6/23），误诊率为 50.0%（6/6），漏诊率为 29.3%（17/75），总体准确率为 73.6%。

3. 支持向量机应用：利用 MatlabR2012a 在乳腺癌复发预测中创建的支持向量机模型，训练集和测试集的比例与神经网络结构中保持一致。因为训练样本和测试样本是随机的，在乳腺癌复发研究中，支持向量机模型对于训练样本的预测准确率为 79.4737%，对于测试样本的预测准确率为 78.1609%。

4. 各种分析方法比较：根据预测准确率来判定研究采用受试者工作曲线（ROC 曲线）将 Logistic 回归模型、人工神经网络模型的预测效果进行对比，通过分别计算各个 ROC 曲线下的面积（AUC）进行比较，结果发现，Logistic 回归模型的 AUC 为 0.748，95%可信区间为 0.683 ~ 0.814，ANN 模型为 0.756，95%可信区间为 0.691 ~ 0.821，与 AUC 为 0.5 进行显著性检验，前者 P 值 $<$ 0.001，后者 P 值 $<$ 0.001。结果是：在 AUC 值上比较，ANN 预测模型大于 Logistic 回归模型，AUC 越大代表了其诊断试验的准确度越大，这就说明 ANN 预测乳腺癌复发的准确率要比 Logistic 回归模型高。

在 MatlabR2012a 环境下对 BP 神经网络和 SVM 算法进行了仿真，为判定两种算法的预测效果，主要采用均方误差和 R^2 的值。结果显示，SVM 对训练样本和测试样本进行预测的均方误差 MSE 比 BP 神经网络的均方误差要小，决定系数 R^2 的值比 BP 神经网络的值要大，证明 SVM 的拟合效度更好，也说明了

SVM 比 BP 神经网络具有更好的预测效能。

比较了几种预测方法后，最终发现在预测乳腺癌复发的应用中，人工神经网络模型和支持向量机模型具有较好的预测效能，其中支持向量机的预测效能最好。

研究结果表明，肿瘤大小、有无结节冒、肿瘤恶性程度是乳腺癌术后复发的主要影响因素。ANN 预测模型中训练样本的总准确率为 77.4%，测试样本的总准确率为 73.6%；Logistic 回归预测模型总准确率为 75.8%；支持向量机模型中训练样本的总准确率为 79.5%，测试样本的总准确率为 78.2%。因此，肿瘤恶性程度越高，肿瘤越大，有节结冒的患者复发的概率越高。在不同的预测方法中，支持向量机和神经网络的预测性能要比逻辑回归模型的预测结果要好。

二、基于聚类融合的不平衡数据分类研究及其应用

本案例分析了传统分类算法对于少数类数据分类精度不高的原因，并以 k－means 算法为基础，提出了基于聚类融合的 REKM 算法，如图 5－43 所示，以改善不平衡数据集的不平衡程度。之后将该算法结合随机森林分类算法，提出了 REKM－RF 算法，用于不平衡数据的分类。将 REKM－RF 算法应用于原发性肺癌患者术后生存率的预测。

REKM 算法的总体流程：基于聚类融合的思想，K－means 聚类算法用于对数据集样本进行多次聚类（每个聚类设置不同的簇值，多次聚类将产生多个聚类结果），然后搜索数据集中的每个样本成员，并根据数据所在簇中少数类和多数类的数量选择不稳定的多数类。对于每次 K－means 聚类，样本有时位于多数类集群中的多于少数类集群，该类簇称为负类簇，有时位于少数类集群中的多于多数类集群，该类簇称为正类簇。根据不稳定性的程度，将不稳定的多数类样本点从高到低排列（不稳定点程度采用该多数类样本处于正类簇的次数多少来衡量，多数类样本点处于正类簇次数越多，该样本点不稳定程度越高）。然后，根据比例删除不稳定点，从而减少不平衡数据集的不平衡率。

算法流程及实现：REKM 算法操作步骤如下（由于多类别分类问题普遍可以转为二分类问题，为简便起见，本章以二分类问题为研究对象）：

①首先将训练集样本聚类并指定簇的个数。

②计算每次聚类中每个簇的数目，并比较该簇中多数类样本和少数类样本的个数，若该簇中少数类样本个数多于多数类样本个数，则该簇为正类簇，反之则为负类簇。

③对样本对象进行遍历，若负类样本真实类别与所处簇的类别一致，则将该样本类别函数设为 0，否则为 1。

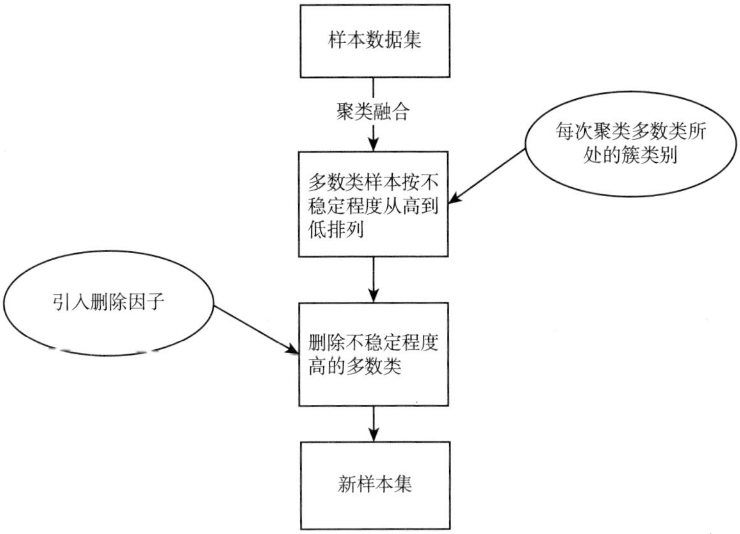

图 5-43 REKM 算法流程

④重复以上①~③步骤。

⑤计算最终负类数据样本的类别函数值 F，并将多数类样本按 F 大小进行从高到低排序。

⑥根据删除因子 X 按比例删除多数类样本，即得到新的数据集样本，之后将新生成的数据集利用分类算法进行分类训练。

具体 REKM 算法伪代码流程见表 5-6。

表 5-6　　REKM 算法伪代码

```
REKM 算法
Input：训练数据集 S，k 个簇，聚类次数 n
Output：新样本集 new_s
---------------------------------------------
Repeat
    For 数据集 Sdo
        (1) 进行 k-means 聚类，计算每个簇中正样本个数为 T，负样本个数为 R
        (2) 比较 T 与 R，若 T>R，则该簇为正类簇，否则为负类簇；
        (3) 遍历每个负类样本对象，若负类对象被判别为正类，则该次 H(X)为 1，否则为 0。
    Endfor
Until 聚类次数 = n
将每次 H(X)相加，计算最终类别函数值 F
    For 数据集 Sdo
        (1) 遍历负类样本对象，将对象按 F 大小进行从高到低排序；
        (2) 引入删除因子 λ，根据规定比例删除负类
    Endfor
```

REKM 算法与随机森林算法（random forest）相结合即是 REKM - RF 算法。C4.5 算法被用作随机森林算法的基础算法，也就是说，对于随机森林的每个训练子集，C4.5 算法都被用来构造决策树。在数据集分类的实验验证中，训练集样本由 REKM 算法处理，然后使用分类算法构造分类器，之后使用测试集检验分类效果。图 5 - 44 即为 REKM - RF 算法的流程示意图。

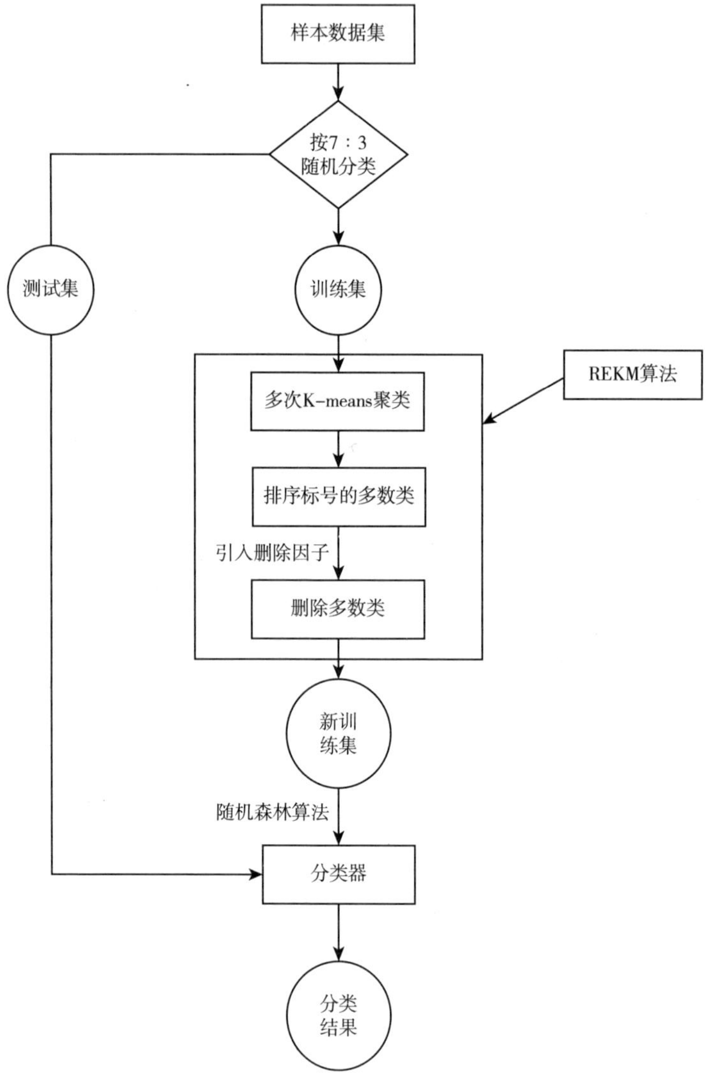

图 5 - 44　REKM - RF 算法的流程示意图

首先，将 REKM 算法与随机森林算法相结合，提出 REKM - RF 算法。其次，将实验分为实验准备、实验过程和实验结果，并进行显著性检验。实验准备阶段：实验数据来自 UCI 数据库，选择三组典型的不平衡数据集，并根据以往文献中数据类别的组合方法将数据类别分为两类（正类和负类）。程序代码是用 R 语言编写的，并且可以在 Rstudio 上运行。

实验过程：将数据集按照 7：3 的比例随机分为测试集和训练集。用 REKM 算法处理训练集，然后用 REKM－RF 算法对训练集进行分类，并用测试集测试结果。为使实验结果更加客观，减少偶然性，对实验结果进行了 10 次记录并取平均值。并与其他两种方法做对比，其他两种方法分别为直接利用随机森林算法将训练集进行分类和先利用随机欠抽样方法处理训练集数据再用随机森林算法分类。

实验结果：利用常用的评价指标召回率（Recall）和 F 值（F－measure）进行不平衡数据分类评价，初步结果显示，测试数据使用 REKM－RF 算法在召回率和 F 值上优于其他两种算法，随后对数据集进行了显著性检验，得到 REKM－RF 算法分类在实验数据集上 Recall 和 F－measure 指标下，对不平衡数据集的分类效果要优于数据集直接进行随机森林算法分类；REKM－RF 算法分类在本案例实验数据集上 F－measure 指标下，对不平衡数据集的分类效果要优于数据集先进行随机欠抽样处理再进行随机森林算法分类。

原发性肺癌患者术后生存率预测实验，原数据收集自弗罗茨瓦夫胸腔外科中心，以预测原发性肺癌术后生存率。数据包括 2007～2011 年接受肺切除术的 1200 例原发性肺癌患者（主要数据集包括 139 个预测因子，其中 36 个来自术前，37 个来自手术期，47 个来自术后），后经 Maciej Zieba 教授整理，于 2014 年发布，供学者研究分析使用。数据最终由 470 个实例、15 个属性组成，患者一年期存活率与死亡率数据的不平衡比约为 5.71。

1. 将数据集随机分配成 7：3，分别作为训练集和测试集。因 K－means 算法处理的数据集类型为数值型，在运行 REKM 算法时，需要将训练集样本的非数值属性转化为数值属性并进行标准化。处理方式如下：对于属性为序数属性如 PRE6（性能状态－Zubrod 量表）、PER14（原发肿瘤的 TNM 分期）等，将属性值映射 1，2，3，4，…，n 的等级序数。如 PRE14（原发肿瘤的 TNM 分期）的属性值为 OC11、OC12、OC13、OC14，改成数值型后为 1，2，3，4。

对于标称属性如 PRE7（术前疼痛）、PRE8（术前咯血）等，用数值属性 1，2，3 等基数来表示。如 PRE7（术前是否疼痛）的属性值为 T（疼痛），F（不疼痛），改为数值型后为 1，0。

2. 进行 REKM－RF 算法，即先进行 REKM 算法，再进行 RF 算法分类（此处 REKM - RF 的 λ 值为 1。其他过程参数同前面的实验)。为使数据尽可能保持原始性，数据进行 REKM 算法后，将新数据集属性值还原成原来的原始值，再进行分类。

3. 将步骤 1 的原训练集样本直接进行随机森林分类构造分类器和将原训练集样本先进行随机欠抽样处理再进行随机森林分类构造分类器。训练集随机欠抽样算法除去的多数类样本数量与 REKM 算法除去的多数类样本数量相等。

4. 进行三种方式下召回率和 F 值的对比。

从实验结果可以看出，REKM - RF 算法对比传统数据处理和分类算法，在召回率和 F 值上具有显著提高。

1. REKM - RF 算法对比未经数据处理直接随机森林分类预测，召回率和 F 值分别提高 42% 和 23% 。

2. REKM - RF 算法对比先进行随机欠抽样处理，再进行随机森林分类预测，召回率和 F 值分别提高 40% 和 20% 。

3. 属性 PRE4（用力肺活量 FVC)、PRE5（第 1 秒用力呼气容积 FEV1)、AGE（患者手术时年龄)、PRE14（原发肿瘤的 TNM 分期）是患者术后重要的危险因素，通过这些危险因素的挖掘，可以对临床医生的外科术后治疗起到辅助作用，对肺癌的预防和预后起到指导作用。

三、基于 RF—ANFIS 的供应链金融个人信用风险评估模型研究

该案例的研究目的主要是解决目前信用风险评估模型多使用单一模型，导致了模型预测精度与稳健性不能兼顾和可解释性差等问题。

针对现阶段供应链金融信用风险研究现状，以及信用风险评估模型多使用单一模型，导致了模型预测精度与稳健性不能兼并和可解释性差等问题。本章分析了各学者在信用风险领域的研究成果，最后结合现有的信用风险评估方法，提出了基于随机森林（RF）与自适应神经模糊推理系统（ANFIS）的两阶段组合模型 RF - ANFIS。利用 RF 算法对样本指标变量进行重要性度量，选出对分类值影响最大的几个指标变量；再将得到的指标变量作为构建的 ANFIS 系统的输入变量，利用 ANFIS 系统进行个人信用风险评估。

对于所提出的 RF - ANFIS 模型的验证，本章采用了 UCI 数据库中德国某银行的个人客户信用数据，利用构建的两阶段模型对信用数据进行评估，结果表明预测效果较好，解决了模型稳健性和预测准确度不能兼并的问题，同时整个模型又具有较强的可解释性。又将组合模型与所设计的单一 BP 神经网络个人信

用风险评估模型的评估结果进行比较，发现 RF－ANFIS 组合模型更具有优势，对于解决供应链金融个人信用风险评估问题有较大的实用价值。

RF－ANFIS 模型的构建：

本章的个人信用评估研究从两阶段组合模型的角度出发来设计个人信用评分模型，集成随机森林、模糊逻辑控制和神经网络等 AI 技术来研究个人信用风险评估问题。同时提出了基于随机森林－自适应神经模糊推理系统的两阶段组合模型。模型第一阶段，利用 RF 算法对样本指标变量进行重要性度量，选出对预测影响最大的几个指标变量作为下一阶段的输入变量；模型第二阶段，将模糊逻辑控制与神经网络结合，利用 MATLAB 软件构建 ANFIS 系统，再将第一阶段得到的新变量作为输入变量，结合具体的样本数据，就可以得到一个成熟的基于 RF－ANFIS 的供应链金融个人信用风险评估模型。

第一阶段，指标变量的重要性度量。如何从这样大数量的自变量中找出对目标变量重要性程度最大的几个少数自变量。当前运用较多的获得重要性变量的研究方法是逐步回归方法，然而在我们所面对的实际问题中，各个自变量之间的关系并不仅仅是简单的回归关系，还有着其他因素的影响，所以本章选择可以度量相关变量之间的重要性且不存在上述缺陷的随机森林。

第二阶段，ANFIS 系统。通过模糊逻辑控制系统来弥补神经网络解释性差的缺陷，在本章研究的 ANFIS 系统中采用 Mamdani 推理方法来生成模糊逻辑控制结构。ANFIS 系统中的模糊逻辑控制的结构如图 5－45 所示。

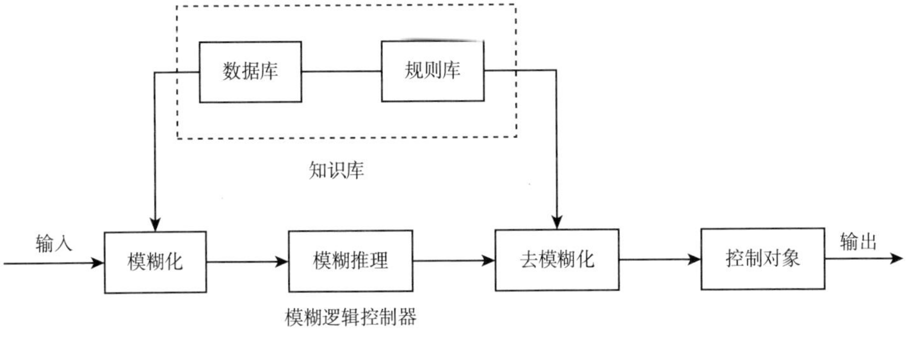

图 5－45 模糊逻辑控制系统

在 ANFIS 系统中，BP 神经网络主要对模糊逻辑控制起到产生自主学习能力的作用，是对整个 ANFIS 系统训练过程中产生误差的修订。BP 神经网络的修正过程主要是隐含层到输出层权值的修正、输出层到隐含层权值的修正。整个 ANFIS 系统中 BP 神经网络算法的步骤如图 5－46 所示。

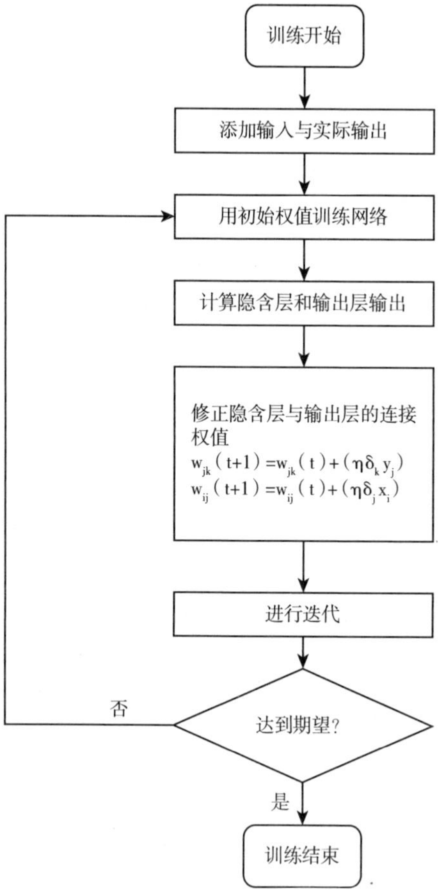

图 5－46　BP 神经网络算法步骤流程

Sugeno 型模糊推理系统具有利于问题研究、结构易懂以及容易同自适应方法融合的优点。根据它的相关特征，将其与神经网络系统有机融合，就形成了具有自适应学习能力的自适应神经模糊推理系统 ANFIS。自适应神经模糊推理系统结构如图 5－47 所示。

在图 5－47 中，ANFIS 的结构由 5 层构成，可以分为前件以及后件两部分，前四层可叫作前件，其主要作用是契合模糊规则；最后一层构成了后件，作用是生成模糊规则。ANFIS 中设计使用的自适应网络是多层前馈网络训练系统，且 ANFIS 结构中每一层的每一个节点具有相似功能。第 1 层：该层将输入信号的模糊化，为输入变量的隶属函数层；第 2 层：该层的节点作用是把输入信号相乘，是规则强度释放层；第 3 层：该层将全部的规则强度归一化，是归一化

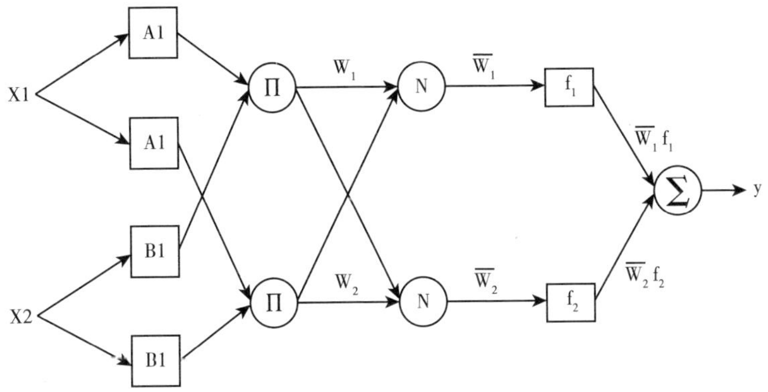

图 5－47　ANFIS 系统网络结构

层；第 4 层：该层获取模糊规则的输出；第 5 层：该层计算所有输入信号的总输出。

ANFIS 的学习算法可以采用前馈神经网络算法，或者是最小二乘估计法与前馈神经网络算法的混合算法。两者可以调整系统的前件参数以及后件参数，后者则是在原有的梯度下降法的基础上与最小二乘估计法相组合，从而达到减少整个网络训练时间的目的。最小二乘估计法与前馈神经网络算法的混合算法中，ANFIS 的前向阶段运算到网络的第 4 层，接着使用 LSE 来判别后件参数；ANFIS 的反向阶段误差信号反向传播，采用前馈神经网络来修订网络的前件参数。

ANFIS 网络的前件参数被限制时，采用 LES 法来判别后件参数的效果是最显著的，采用最小二乘估计法与前馈神经网络算法的混合算法可以显著减少前 BP 网络的搜索空间尺度，从而提高整个网络的学习速度。

ANFIS 系统的生成流程如图 5－48 所示。

之后进行实证分析。实证分析的主要步骤：选取模型所需的样本数据，对原始数据进行标准化处理，接着对样本数据进行分组，分为训练样本组、核对样本组以及测试样本组；使用 RF 算法对原始指标变量进行重要性筛选，获取主要的指标变量；将获得的指标变量作为输入变量，结合样本组，进行 ANFIS 进行仿真训练，得到输出结果，进行分析；进行单一的 BP 神经网络模型人个人信用风险评估，将其结果与组合模型进行比较分析。

采用了 UCI 数据库中的德国某银行的个人客户信用数据，每个客户样本信息包括 21 个属性指标，其中 20 个特征属性包括 7 个数值型属性和 13 个离散型属性，1 个类属性。选取个人信用风险评估的样本数据集，通过交叉频数表的

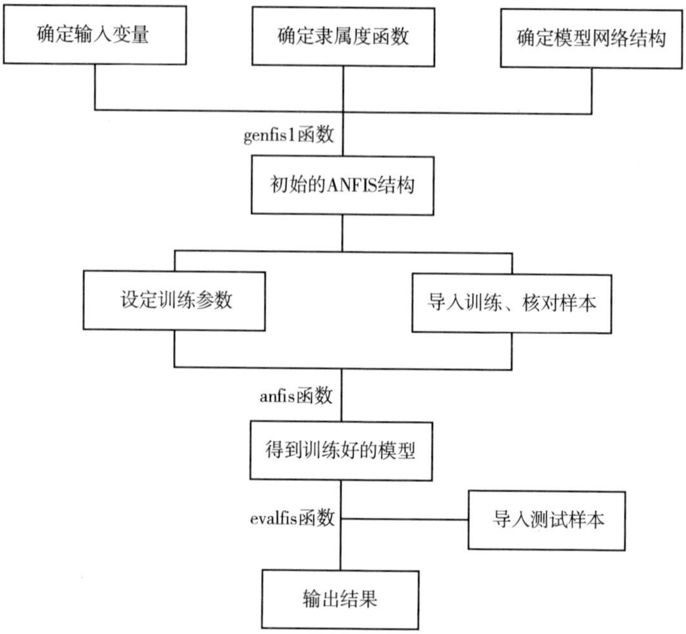

图 5－48　ANFIS 系统的训练流程

形式对客户信用情况与定性属性指标的关系进行分析，并对原始数据集进行数据预处理，获得新的可用数据后进行样本分组；然后利用样本数据，进行基于 RF－ANFIS 个人信用风险评估模型的实证，分析 RF－ANFIS 模型的稳健性与预测准确度；最后，为对照 RF－ANFIS 组合模型的性能，设计了基于单一 BP 神经网络的个人信用风险评估模型，并把组合模型的评估结果与单一的 BP 神经网络模型的评估结果作了比较分析。

研究结果：在训练样本方面，基于 RF－ANFIS 模型实证数据结果的均方误差和平均相对误差分别为 132 和 0.047868，BP 神经网络模型的实证数据结果的均方误差和平均相对误差分别为 168 和 0.148665；在测试样本方面，基于 RF－ANFIS 模型的实证数据结果的均方误差和平均相对误差分别为 164 和 0.048081，BP 神经网络模型的实证数据结果的均方误差和平均相对误差分别为 256 和 0.192838。

可以发现在训练样本和测试样本中，RF－ANFIS 模型的性能均优于 BP 神经网络模型。结果表明，RF－ANFIS 模型可以通过更好的自学习能力解决问题，并通过减少模型误差来提高预测的准确性和稳健性。同时，与 BP 神经网络模型相比，RF－ANFIS 模型具有更好的适应性和推理能力，可以应用于条件更复杂的实际问题。在个人信用风险评估中，个人信用的评估体系复杂，评估指标数量众多，定性和定量指标交织在一起更复杂。与 BP 神经网络模型相比，RF－ANFIS 模型具有融合预测准确性和稳健性以及整个评估过程可解释性的优点，使其更适合于个人信用风险评估方法。

参考文献

[1] 邹蕾，张先锋．人工智能及其发展应用［J］．信息网络安全，2012（2）：11－13.

[2] Silver David，Schrittwieser Julian，Simonyan Karen，Antonoglou Ioannis，Huang Aja，Guez Arthur，Hubert Thomas，Baker Lucas，Lai Matthew，Bolton Adrian，Chen Yutian，Lillicrap Timothy，Hui Fan，Sifre Laurent，van den Driessche George，Graepel Thore，Hassabis Demis. Mastering the game of Go without human knowledge.［J］. Nature，2017，550（7676）.

[3] Warren S. McCulloch，Walter Pitts. A logical calculus of the ideas immanent in nervous activity［J］. The bulletin of mathematical biophysics，1943，5（4）：115－133.

[4] Huang K，Yang H，King L，Maxi－Min Margin Machine：Learning Large Margin Classifiers Locally and Globally. IEEE Trans on Neural Networks，2008，19（2）：260－272.

[5] 张润，王永滨．机器学习及其算法和发展研究［J］．中国传媒大学学报（自然科学版），2016，23（2）：10－18，24.

[6] David E. Rumelhart，Geoffrey E. Hinton，and Ronald J. Williams. Learning internal representations by back－propagating errors. Nature，323（99）：533－536，1986. doi：10.1038/323533a0.

[7] Lecun，Y.，Boser，B. E.，Denker，J. S.，et al.（1989）Backpropagation Applied to Handwritten Zip Code Recognition. Neural Computation，1，541－551. http：//dx. doi. org/10.1162/neco.1989.1.4.541.

[8] Kim B J. A Classifier for Big Data//Proc of the 6th International Conference on Covergence and Hybrid Information Technology. Daejeon，Republic of Korea，2012：505－512.

[9] Franco－Arcega A，Carrasco－Ochoa J A，Sánchez－Díaz G，et al. Building Fast Decision Trees from Large Training Sets. Intelligent Data Analysis，2012，16（4）：649－664.

[10] Cox D R. The Regression Analysis of Binary Sequences [J]. Journal of the Royal Statistical Society, 1959, 21 (1): 238 - 238. DOI: 10.1111/j.2517 - 6161. 1959. tb00334. x.

[11] Volodymyr Mnih, Koray Kavukcuoglu, David Silver, Alex Graves, Ioannis Antonoglou. Playing Atari with Deep Reinforcement Learning. NIPS 2013, 9.

[12] Mnih, V., Badia, A. P., Mirza, M., Graves, A., Harley, T., Lillicrap, T. P., Silver, D., and Kavukcuoglu, K. (2016). Asynchronous methods for deep reinforcement learning. In the International Conference on Machine Learning (ICML).

[13] Williams, R. J. (1992). Simple statistical gradient - following algorithms for connectionist reinforcement learning. Machine Learning, 8 (3): 229 - 256.

[14] Silver, D., Lever, G., Heess, N., Degris, T., Wierstra, D., and Riedmiller, M. (2014). Deterministic policy gradient algorithms. In the International Conference on Machine Learning (ICML).

[15] Lillicrap, T. P., Hunt, J. J., Pritzel, A., Heess, N., Erez, T., Tassa, Y., Silver, D., and Wierstra, D. (2016). Continuous control with deep reinforcement learning. In the International Conference on Learning Representations (ICLR).

[16] Franco - Arcega A, Carrasco - Ochoa J A, Sánchez - Díaz G, et al. Building Fast Decision Trees from Large Training Sets. Intelligent Data Analysis, 2012, 16 (4): 649 - 664.

[17] Hang Y, Fong S. Incrementally Optimized Decision Tree for Noisy Big Data // Proc of the 1st International Workshop on Big Data, Streams and Heterogeneous Source Mining: Algorithms, Systems, Programming Models and Applications. Beijing, China, 2012: 36 - 44.

[18] Ben - Haim Y, Tom - Tov E. A Streaming Parallel Decision Tree Algorithm. Journal of Machine Learning Research, 2010 (11): 849 - 872.

[19] Breiman, L., Friedman, J. Olshen, R. and Stone C. Classification and Regression Trees, Wadsworth, 1984.

[20] Quinlan, J. R. 1986. Induction of Decision Trees. Mach. Learn. 1, 1 (Mar. 1986), 81 - 106.

[21] Quinlan, J. R. C4.5: Programs for Machine Learning. Morgan Kaufmann Publishers, 1993.

［22］ Hang Y，Fong S. Incrementally Optimized Decision Tree for Noisy Big Data//Proc of the 1st International Workshop on Big Data，Streams and Heterogeneous Source Mining：Algorithms，Systems，Programming Models and Applications. Beijing，China，2012：36－44.

［23］ Huang G B，Zhu Q Y，Siew C K. Extreme Learning Machine：Theory and Applications. Neurocomputing，2006，70（1/2/3）：489－501.

［24］ Kim B J. A Classifier for Big Data//Proc of the 6th International Conference on Covergence and Hybrid Information Technology. Daejeon，Republic of Korea，2012：505－512.

［25］ Breiman，Leo. Random Forests. Machine Learning 45（1），5－32，2001.

［26］孔钦，叶长青，孙赟．大数据下数据预处理方法研究［J］．计算机技术与发展，2018，28（5）：1－4.

［27］赵一凡，卞良，丛昕．数据清洗方法研究综述［J］．软件导刊，2017，16（12）：222－224.

［28］刘燕．基于 Logistic 回归的近邻择优插补法［D］．天津：天津财经大学，2013.

［29］戴明锋，金勇进，查齐芬，等．二分类 Logistic 回归插补法及其应用［J］．数学的实践与认识，2013（21）：162－167.

［30］张驰恒一．基于多数据源的水利数据获取及大数据服务［D］．西安理工大学，2018.

［31］ Fisher，R. A.（1936）. The Use of Multiple Measurements in Taxonomic Problems. Annals of Eugenics. 7（2）：179－188.

［32］张楠．基于特征提取与超图的 SAR 图像目标识别研究［D］.

［33］刘家锋，赵巍，朱海龙，金野编著；唐降龙主审．模式识别［M］．哈尔滨：哈尔滨工业大学出版社，2014.

［34］黄冠翎．CatBoost 算法在乳腺肿瘤诊断研究中的应用［D］．上海师范大学，2019.

［35］孙存一，张秋，王彩霞．大数据算法的精确制导：信贷客户识别以及特征要素分析［J］．税务与经济，2016（1）：29－33.

［36］李晨晓．基于深度学习的浮式储油卸油装置安全状态分类方法［D］.

［37］饶飘雪，叶枫．基于 Logistic 回归、ANN、SVM 的乳腺癌复发影响因素研究［J］．计算机系统应用，2016，25（7）：259－263.

[38] 丁锋. 基于聚类融合的不平衡数据分类研究及其应用 [D]. 浙江工业大学, 2018.

[39] 张棚. 基于 RF－ANFIS 的供应链金融个人信用风险评估模型研究 [D]. 浙江工业大学, 2017.

第六章

物联网

第一节

物联网概述

一、物联网简介

1995 年，在《未来之路》一书中比尔·盖茨就提到过物联网。1999 年，美国麻省理工学院成立 Auto－ID 研究中心，给出“物联网”最早的定义：借用射频识别和条码识别（RFID）等信息传感设备将所有物品与互联网连接起来，实现对物品的智能化识别和智能管理。2005 年，在国际电信联盟（ITU）发布的《ITU 互联网报告 2005：物联网》报告中，正式将“物联网”称为“The Internet of Things”，进一步扩展了物联网的概念——是互联网基础上的延伸和扩展，即“万物相连的互联网”。

对于还处在不断发展中的物联网，至今没有统一的定义，大家众说纷纭。国际通用的定义是：通过一系列信息传感设备、射频识别技术、红外感应器、GPS 定位系统等设备与技术，对任何需要连接、监控的物体进行实时信息的采集，将收集到的有用信息通过网络接入，实现人与物、物与物的连接，从而对物品和过程进行智能化感知和管理。它具有两个方面的含义：第一，物联网是对互联网的延伸和扩展，互联网仍然是它的核心和基础；第二，物联网的用户端在任何人与物、物与物之间得到了延伸和扩展，通过物联网可在任何人与物、物与物之间进行通信和信息交换（见图 6－1）。目前，美国、英国、欧盟、韩国、日本等国家和地区的物联网产业发展较为迅速，物联网被列为这些国家和地区的经济振兴战略之一，如，美国“智慧地球”，欧盟“物联网行动计划”，日本的“e－Japan”“u－Japan”计划等。

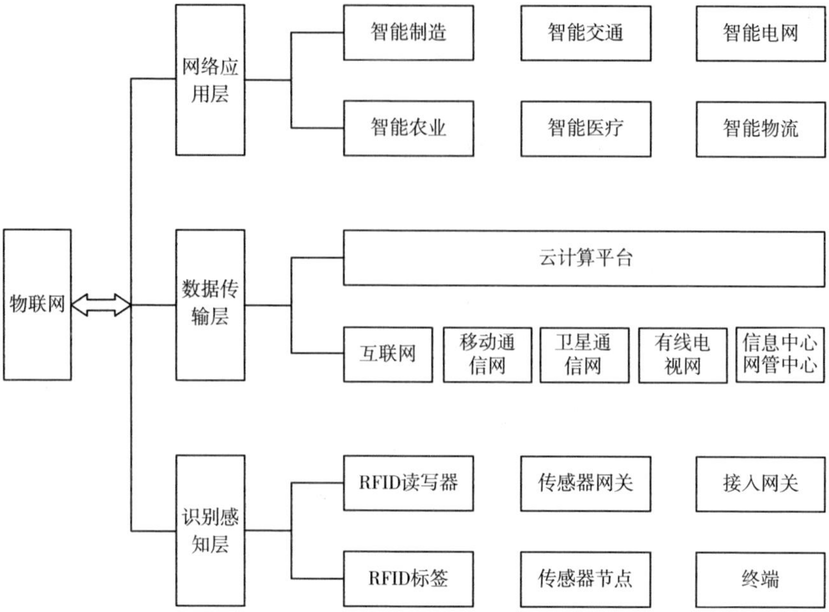

图 6-1　物联网结构

二、物联网的起源与发展

1990 年，施乐公司的网络可乐贩售——Networked Coke Machine 被认为是物联网的最早实践。

1995 年，在《未来之路》一书中比尔·盖茨曾提到过物联网，但因为受限于无线网络和传感设备的影响，当时未引起世人的重视。

1999 年，美国 Auto-ID 首先提出“物联网”主要是建立在无线射频识别技术、物品编码和互联网的基础上的网络。

2003 年，美国《技术评论》指出网络传感技术将成为改变人们未来生活方式的十大技术之首。

2005 年 11 月 17 日，国际电信联盟（ITU）在信息社会世界峰会（WSIS）上发布《ITU 互联网报告 2005：物联网》中，“物联网”的概念被正式提出。

2006 年，韩国确立了“u-Korea”计划，该计划的目的是通过在民众的生活环境中建立起一系列应用型、智能型的新网络，让科技智慧服务随时随地造福于民众。

2008 年后，各国政府开始将目光转移到物联网上，试图通过发展物联网来促进科技发展，寻找到新的经济增长点。同年11月，第二届中国移动政务研讨会“知识社会与创新2.0”在北京大学召开，研讨会提出：移动技术和物联网技术的迅速发展是新一代信息技术形成的显著代表，推动了现代社会经济形态的变革，助推了创新2.0形态的形成，在创新与发展的过程中用户更受关注，更加注重以人为本。

2009年1月28日，美国举行的“圆桌会议”中，IBM首席执行官彭明盛建议新政府投资新一代的智慧型基础设施建设，“智慧地球”这一概念被首次提出。

2009年2月24日，IBM大中华区首席执行官钱大群在IBM论坛上公布了名为“智慧的地球”的最新策略，在世界范围内引起了不小的轰动。

2009年8月，温家宝“感知中国”的讲话有效推动了我国物联网领域研究和应用的进程，“感知中国”研究中心在无锡市率先建立。此后物联网被写入“政府工作报告”，正式列为“国家五大新兴战略性产业”之一，在中国开始受到极大的关注。

在“十二五”时期，中国的物联网发展取得了丰硕成果，尤其是在关键技术研发、区域产业协调、核心技术推行和政策体系建立等方面，形成了以北京—天津、深圳—广州、重庆—成都、上海—无锡为核心的四大产业集聚区，成为世界物联网发展最为活泼的范围。目前，物联网已被引入跨境一体化、一体化创新和大规模发展的新阶段，通过投机、分割应用、闭环发展和创新与规模发展相结合的新阶段。

2019年以来，我国加快对物联网连接环境的优化，推动IPv6、NB－IoT、5G等新型基础设施建设，推进IPv6在网络各环节的部署和应用，为物联网等业务预留位置空间，提升数据容纳量，物联网进入了快速发展阶段。党中央、国务院和各部委层层发力，由国家牵头，当地政府踊跃参与，随着多层次、综合性的政策和办法的落地，为物联网产业的开展创造了良好的政策环境。

世界物联网大会（WIOTC）是构建万物互联智慧世界的国际机构组织（非社团组织），致力于搭建全球先进的物联网技术、资金、人才的交流平台，打造物联世界新经济主导产业，建立世界物联经济体系，造福各国人民智慧革命新时代的物联网智慧生活、工作和生产。2019年，该大会分别在9月的无锡和11月的北京组织了两次国际性会议，会议的主题是“推动5G物联世界，创造全球智慧经济”。会议详细讨论了即将到来的5G网络的部署和应用以及如何打造物联网新技术。

第二节 物联网产业概述

一、物联网产业结构

从应用需求角度出发，物联网产业结构主要分为感知层、网络层和应用层三个层次，各层次的关键技术如图 6 - 2 所示。

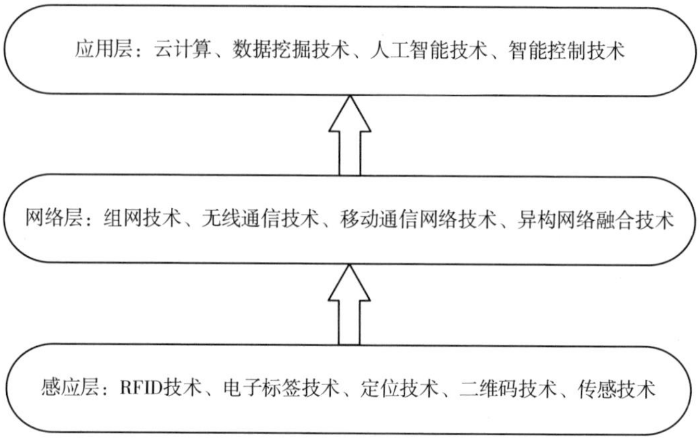

图 6 - 2　物联网产业结构内各层次关键技术

感知层主要用于标识产品和获取信息；核心技术包括 RFID 技术、电子标签技术、全球定位技术、二维码技术、传感技术等，是物联网产业链的关键所在；网络层处于感知层之上，主要负责接收并处理感知层传递的信息，并将从应用层获取到的信息发送给感知层，它的核心技术包括组网技术、无线通信技术、移动通信网络技术和局域网技术等，这类技术已比较成熟，如果要满足更大规模的数据传递处理需求，需要进一步推动相关通信技术的演进和商用；应用层通过将物联网感知、处理和传递后的信息与用户需求结合，来实现物联网与用户的对接，进而实现物联网的智能化应用。

综合物联网产业三个层次对应的技术特征和功能，可以看出物联网产业是一个应用驱动型产业：通过对感知层和网络层接收到的数据进行处理，在应用层上进行跨行业、跨系统的信息传递，在不同行业、系统中互通共享有用信息，由人机交互系统接收用户的指令，反馈给网络层，并最终由感知层执行指令。

二、物联网产业体系

物联网产业体系是指通过对所有相关产业的集合，实现和发展物联网功能的体系。可进一步将物联网产业体系划分为物联网硬件制造和物联网软件服务。

物联网硬件制造主要指感知设备制造业，感知设备属于智能的高精密度仪器，设备的更新及发展以新材料、集成电路及其他支撑产业为基础。物联网是信息技术的第三次发展浪潮，它不是将原有信息产业进行重新划分，而是在原有基础上形成新的产业形态，具体可分为三种情况：

第一，提升现有产业中的产品功能，如传感器产业早于物联网出现，物联网的应用加速传感器产业朝智能化方向发展；

第二，扩大现有产业市场规模，如云计算产业、软件与集成服务业等产业因物联网技术产生了新的增长点；

第三，衍生新的服务内容，如M2M通信设备服务、物联网应用服务等都是基于物联网发展形成的新业态。

三、物联网产业应用情况

随着基础设施建设水平的不断提升，产业转型不断加速，消费需求不断升级，物联网应用产业得以大幅扩张，2008～2018年全球物联网产业规模由500亿美元增长至1510亿美元，物联网已经渗透进各行各业的角角落落。

从作用对象看，物联网产业化应用可分为工业物联网和消费物联网。工业物联网以供给侧为导向，结合行业存在的问题，将物联网与农业、工业、能源等产业融合，促进产业结构调整和优化升级。物联网在工业领域的应用比较成熟，根据Marketsand Markets发布的报告数据显示，按照目前工业物联网快速发展的趋势，预计2023年将达到914亿美元，其中亚太地区年均复合增长率最高，中国、印度等国的工业化进程将极大地推动工业物联网市场的发展。工业物联网已形成四大应用领域，包括智能化生产、网络协同生产、柔性定制和企业服务化转型；在农业领域，NB-IoT、人工智能（AI）与传统农业融合发展，推动了农业现代化在农产品溯源、农产品精准生产、农业环境实时监测等方面的实现。

消费物联网主要面向需求端，旨在提高用户体验感。它充分结合了物联网和移动互联网，以实现消费级应用的发展，如智能家居、智能医疗、智能交通和可穿戴设备。例如，在智能家居领域，物联网设备和技术通过提供智能安全性、智能家居设备控制以及智能休闲娱乐服务来改善用户体验；在可穿戴设备领域，可穿戴设备全球出货量逐年稳步增长，产品内涵不断丰富，已延伸到定位、医疗、通信等方面。

四、我国互联网产业的发展

近年来我国物联网产业在政策的大力扶持和配套设施的不断完善下，关键技术研发、技术推广应用、产业协调发展等方面成绩显著，物联网产业的软实力和硬实力水平同步提升较快。

（一）政策环境日趋完善，产业集群效应显现

“十二五”期间，国务院和各部委相继出台了物联网相关政策文件，为物联网产业发展创造了良好的外部环境。2013 年，国务院发布《关于推进物联网有序健康发展的指导意见》，系统思考了物联网发展全局，明确了促进物联网持续健康发展的方向和目标。在此基础上，工信部 2017 年发布的《信息通信行业发展规划物联网分册（2016～2020 年）》详细阐述了未来五年物联网产业的发展方向。

在政策红利的带动下，我国物联网产业集群的效益逐渐显现，围绕环渤海地区、珠三角、长三角和中西部地区形成了四大区域性物联网发展格局。杭州、无锡和深圳等地已经成为促进物联网发展的重要基地。以无锡为例，截至 2018 年底，无锡拥有物联网相关企业超过 2000 家，物联网行业业务收入 2638.7 亿元，同比增长 23.7%。

（二）市场规模稳步提升，应用场景持续拓展

随着物联网软件服务和硬件设备产业的发展，中国物联网产业规模在 2018 年增至 1.2 万亿元，“十二五”期间年均复合增长率约为 25%。物联网在经济社会领域的应用不断扩大和深化，对促进产业结构优化和消费升级发挥了重要作用。在传统产业中，物联网技术已全面渗透到研发、管理、制造等领域，促进了传统产业的智能化升级；在消费领域，可穿戴设备、智能家居、智能医疗、移动支付等消费市场继续保持快速增长，物联网对提高消费者服务水平起着重要作用；在“智慧城市”领域，“智慧城市”建设已从试点进入全面建设阶段，物联网技术在安全、公用事业、消防、交通等领域的应用正朝着更高的集成度、

更大的规模发展。

第三节

物联网的关键技术

物联网的关键技术主要分为三个层面，分别是计算机、生活和智能层面。计算机在信息传播过程中担任中枢神经的角色，实现通信和网络传播的功能，筛选并提取有用的信息。物联网的实现需要借助互联网。生活层面主要是指应用于人们生活中密切关注的事物的技术，主要包括云计算和 M2M 技术。云计算结合了计算机、网络和显示器的功能，在不同的事物之间共享连接、功能和信息。M2M 是一种自动控制操作技术，主要通过对机器的编程和人工智能学习来实现，使机器能够自主学习，相互之间进行智能控制，加深两者之间的相互作用，操作者只须控制终端就可以实现物体之间的对接。最后是智能层技术，这是一个不可或缺的环节，它是物联网中其他环节的集成，有效提高办公和生活效率，使生活变得更加智能，实现全球一体化系统（见图 6－3）。

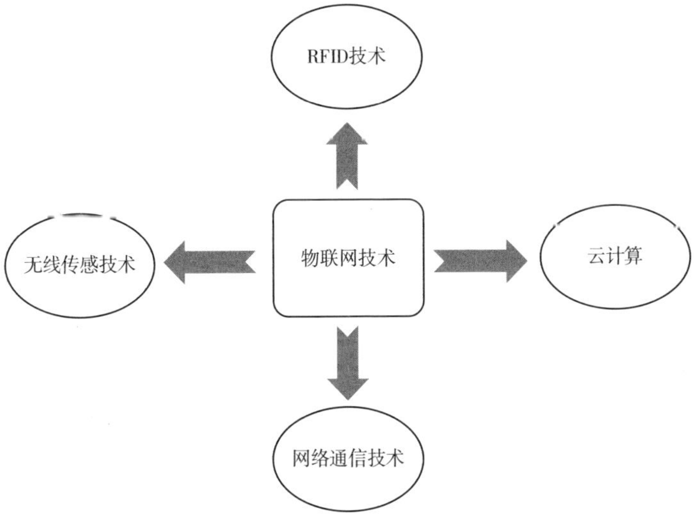

图 6－3　物联网的关键技术

一、RFID 技术

RFID 是指射频识别技术（Radio Frequency Identification Technology,

RFID)。这种技术类似于条形码扫描技术，它是一种非接触式识别技术，利用感应无线电波实现双向通信，达到数据交换的目的，现已在各个领域得到充分应用。RFID 具有数据读写功能、可重用性、存储容量大、体积小等优点，而且耐污染和耐用。采用该技术可以实现非接触式识别和快速扫描，当带有电子标签的物体进入阅读器的读写区域时，阅读器发出的信号将激活标签；同时，阅读器接收到标签所反射的微波信号后，对电子标签的识别码信息进行识别。识别信息作为对象的特征数据传输到特定的计算机进行进一步处理，完成与对象相关的信息查询和管理的应用。

二、无线传感技术

物联网中的无线传感器技术包括数据发布网、数据采集网和控制管理中心。每个节点综合了传感器、处理单元和通信模块等多个节点的优点，在一定的协议约束下形成一个分布式网络，对采集到的数据进行优化，然后通过无线电波将信息传输到信息处理中心。也就是说，通过物联网的无线传感技术，可以组织不同的传感器连接物体，实现客观世界与数字世界的相互联系。在不破坏物体原有属性和空间环境的前提下，物与物之间的数据交互得以实现，更好地完成数据信息的传递。

三、云计算

云计算（cloud computing）是一种基于互联网的相关服务的增加、使用和交互模式。它通常通过互联网提供虚拟化资源，旨在通过网络将多个计算实体集成到具有强大计算能力的系统中，使终端用户可以通过这些强大的计算能力获得服务。云计算甚至可以进行每秒 10 万亿次计算，强大的计算能力可以模拟核爆炸，预测气候变化，以及市场发展趋势。“云”具有强大的计算能力，这意味着计算能力也可以作为商品流通，既方便又便宜。用户可以通过电脑、手机等进入“云”，并根据自己的需要进行计算。云计算的一个核心概念就是通过不断提高“云”的处理能力，减轻终端的处理负担，最终简化为简单的输入输出设备，根据需要享受云计算强大的信息处理能力。定义云计算有很多种方法，现阶段，美国国家标准技术研究院（NIST）普遍认为，云计算是一种按使用付费的模式，它提供可用、方便、按需的网络接入，并进入可配置的计算资源共享池（资源包括网络、服务器、存储、应用软件、服务)，这些资源可以快速获得，只需投入很少的管理工作，或与服务提供商几乎没有互动。

(一) 云计算的特点

云计算主要拥有灵活性强、性价比高和可扩展性广等特点，与传统网络模式相比具有以下优势和特点：

1. 虚拟化技术。虚拟化是云计算最显著的特性，它打破了时间和空间的界限。虚拟化技术包括应用程序虚拟化和资源虚拟化。

2. 动态可扩展。云计算的高效计算能力可以在原有服务器的基础上增加云计算功能，快速提高计算能力，最终实现虚拟化水平的动态扩展，达到扩展应用的目的。

3. 灵活性高。目前大多数 IT 资源以及软硬件都支持虚拟化，虚拟化要素统一放在云系统资源虚拟池中管理，可见兼容性非常强。

4. 按需部署。计算机中不同的应用对应的数据资源库不同，所以需要较强的计算能力对资源进行部署。

5. 性价比高。将资源统一放在虚拟池中管理能够优化物理资源，用户可以租用昂贵和存储空间大的主机，而不需要自己购买，这样可以减少投入，但计算能力不会减弱。

6. 可靠性高。即使服务器出现故障也不会影响计算与应用的正常运行，因为单点服务器故障可以通过虚拟化技术进行恢复。

7. 可扩展性。用户可以使用快速部署条件来扩展所需的业务。例如，在云计算系统中出现故障的设备在具体应用中不会受到阻碍，云计算的动态扩展功能可以有效地扩展其他服务器。

(二) 云计算的作用

安全性是云计算最大的优势，人们依靠云计算获得了最可靠、最安全的数据处理中心，从而不必担心数据丢失和泄漏。政府用户使用云计算不仅可以提高办公效率，还可以保证数据安全，进一步推动政府转型的实现。对于云计算，政府的积极推广促进了云计算行业的进一步发展。

云计算的另一个特点是它的便利性。云计算可以方便地在不同的设备之间共享数据，对用户设备的要求更低，使用更方便。利用云计算整合现有的数据中心，充分利用资源，提高信息资源的利用效率，增强企业的业务决策能力，从而提高企业的效率。

虽然大多数人对云计算的概念还不是很清楚，但云计算在日常生活和工作中已不可或缺，很多人已经成为云计算的用户。例如，电子邮件、在线办公软件、即时通信等，云计算可以帮助我们将数据和资料保存在云中，使一切变得更容易。在云计算网络模式下，数据只有一个副本，存储在“云”端。你所有的电子设备只需要接入互联网，它们就可以同时使用和访问相同的数据。云计算有着无限的潜力，正在悄然改变着我们的生活，它为我们使用网络提供了无限的可能性，为存储和使用数据提供了无限的空间，为各种应用提供了强大的计算能力。

（三）云计算的发展

随着云计算的飞速发展，云计算产品不断成熟，云计算逐渐开始扩展到更多领域。在医药领域，将形成以“云信息平台”为核心的集中式信息应用模型，整合医疗信息平台，提高医疗企业的信息共享能力和医疗整体服务水平。在电信领域，电信公司已成为云计算行业的主要受益者，通过各种云服务平台产生大量收入，增加电信公司的利润。在制造业领域，企业需要不断创新产品并整合市场信息资源。云计算已在制造业中开始应用，通过形成企业云供应链信息平台，提高企业核心竞争力，加快企业整合进程。在电子政务领域，云计算为中国各级政府机构的“公共服务平台”建设作出了重要贡献，有效地提升了服务型政府的形象。在教育和研究领域，云计算可以帮助高校建立适合该领域的云计算平台，为研究和教育提供强大的计算资源，并进一步提高研究和开发的效率。

四、网络通信技术

网络通信技术（network communication technology，NCT）是指通过计算机和网络通信设备，以图形和文本的形式收集、存储、处理和传输数据，使信息资源得到充分共享的技术。近年来，网络通信技术发展迅速，成为人们日常生活中不可缺少的一部分。网络通信技术综合了数据通信、网络连接和协议的内容和优点。网络通信技术中的信息主要通过卫星和光纤进行传播。通过这种方法，不仅可以实时共享软硬件的各种数据和信息资源，而且可以对这些信息进行集中管理。可以说，物联网技术因为网络通信技术的发展也得到了快速的发展。

第四节

物联网研究案例

一、基于物联网的系统构建

朱伟兴等研究了基于物联网的保育猪舍环境监控系统。基于物联网技术，开发了一个保育环境可视控制系统，该系统可以根据传感器获取环境参数，从而准确地调整每个保育舍的环境气候。通过无线技术，对服务器与互联网进行无缝连接，用户可以扩展到猪舍和室内设备，通过浏览器对猪舍环境设备进行远程实时监控，实现环境与人之间、环境与设备之间的信息交换。进而使用嵌入式控制器来控制猪场中的设备，以获得用于仔猪生长的最佳环境。在自动控制模式下，ARM 会根据预设的环境参数自动分析温度、湿度、氨气和其他传感器收集的无线数据，并使用 ZigBee 无线技术自动发送信号以控制标准通风口、电加热板、加热炉、负压风扇等猪舍设备，并准确调整局部猪舍小环境。在自动控制模式下，如果 ARM 控制器收到网络发送的手动控制设备命令，它将切换到手动控制模式。实验结果表明，该系统性能稳定，适用于养猪场环境管理。

夏于等为了提高小麦生产的管理水平，设计并实现了基于物联网技术的小麦幼苗远程诊断与管理系统。该系统的基本原理是连续监测影响小麦生长的主要因素（包括天气、作物、土壤和其他参数），基于专家经验和小麦关键指标体系建立知识库，以及对历史数据分析，实现小麦苗情和灾害的远程诊断和管理。用户可以通过 LED 电子显示屏、计算机、智能移动终端等设备轻松快速地获得多个数据资源的共享和决策支持服务。该系统已在中国主要小麦产区推广应用，结果表明，该系统在提高小麦幼苗的精确监测和智能化管理方面具有良好的应用前景。

张月玲等提出了基于云计算和物联网的“智能后勤”概念，给出了“智能后勤”支持系统的体系结构，设计并实现了基于物联网和云计算技术的石油管理系统。“智能后勤”系统的部署主要包括两个方面，即“作战指挥云”的部署以及各种武器和装备、战斗人员和仓库等感官组件的分布和嵌入。作战指挥云是在现有基本网络上引入云计算技术以部署网络的各个级别，包括基础架构服务部署、平台服务部署、软件服务部署和云数据中心部署。在基础网络上重新部署各种资源。“智能后勤”系统是以“后勤管理中心”为中心，智能地将与其相关的各部门自动协调，以实现后勤管理的科学化，具体流程如下：①后勤管理中心：显示相关的信息，实时监控战区的油库、运输车辆等状态信息，若发生意外，指挥中心可自动采取相应的措施。②作战计划：根据作战计划的物资需求，查看战区油库的存储油量，并根据武器装备上的动态消耗情况，及时更新信息。③战区储备油库：满足武器装备的消耗供应，及时更改信息，并实时传送数据到后勤指挥中心。④战备油库：随时向数据中心传输仓储状态数据，根据后勤管理中心的指令，及时补充各战区油库的不足。⑤第三方供应商：随时向数据中心传输仓储状态数据，根据后勤管理中心的指令，及时补充各战备油库的不足。物联网与云计算在军事上的应用目前还处在起步阶段，存在许多不足，首先是标准化问题，其次是信息安全问题，最后还有资金和成本问题。

孟晓丽提出了一种物联网平台下的智能家居系统，该系统主要采用云计算和 Android 客户端开发技术。首先，对智能家居系统进行总体设计，然后基于云计算方法对智能家居控制实现和控制命令融合处理，并在物联网平台下进行智能家居系统的模块化硬件设计，用两个并行的输入/输出外围接口单元构成 PPI，设计 DMA 控制器和 2 个“监控”定时器，从而在物联网平台下实现智能家居控制的无缝连接和远程控制。实验结果表明，利用云计算设计物联网平台下的智能家居系统可以提高家居控制的智能性和可靠性。

Rathore 研究了利用大数据分析构建基于物联网的智慧城市规划。城市人口密度的迅速增长要求提供基础设施和服务来满足城市居民的需要。他提出了基于物联网的智慧城市发展与城市规划相结合的大数据分析系统，包括智能家居传感器、汽车网络、天气和水传感器、智能停车等多种传感器的部署。该系统的实现包括从数据生成到收集、汇总、过滤、分类、预处理、计算和决策等步骤，实时处理物联网数据并生成结果。物联网数据集成了智能家居、智能停车、天气、污染和车辆数据，用于分析和评估。结果表明，该系统具有一定的可扩展性和效率。Rathore 还提出了一个完整的智慧城市开发架构，基于物联网的大数据分析进行城市规划，架构具有四层体系结构，能够分析城市智能系统的各种来源产生的大量物联网数据集，如智能家居、智能停车场、车辆交通等，为智慧城市的发展和城市规划决策提供依据。

二、基于物联网的模型构建

国内外学者已经提出了几种以“物端”为核心的面向服务的物联网软件体系结构参考模型。

安健等研究了物联网中移动感知的社会关系认知模型。在物联网中，社会关系的量化是移动感知服务的基础，涉及空间、时间、行为等多因素决策因子。在社会网络理论的基础上，他们建立了一个基于互联网的移动感知服务的节点社会关系认知模型：（1）模型推断和评估从多个视角的社会关系的复杂性和不确定性，分析社会关系的时空特征节点中移动物联网的感知；（2）针对现有模型决策因子单一、计算结果局限性较大的问题，引入了交互因素、服务质量因素、位置因素、反馈聚合因素等移动节点社会关系的合理定量因素；（3）针对现有权重分配主观性强、动态适应性差的问题，利用粗糙集理论和信息熵确定决策因素之间的权重分布。

Sun 等主要研究了高效的物联网服务和应用定位隐私算法，分析了当前有效的位置隐私保护算法——位置选择（DLS）算法，设计了一种用于测试新兴物联网安全的 DLS 攻击算法。为了评估所提方案的效率，进行了大量的仿真实验。评估结果表明，在 DLS 算法中，ADLS 算法从选择的虚拟位置中识别出用户真实位置的概率很高。与 DLS 算法相比，提出的 DLP 算法具有明显的优势，可以降低用户真实位置被发现的概率，提出计算成本和效率即同时保持与 DLS 算法相同的隐私级别。他们讨论了当前 DLS 算法（ADLS）的攻击算法，从 DLS 算法生成的虚拟位置中识别用户的真实位置。为了有效地保护用户的位置隐私，还提出了一种新的虚拟位置隐私（DLP）算法和用户的隐私要求。DLP 算法基于所获得的边信息和熵度量，贪婪地选择虚拟位置，以达到 k 匿名的最优隐私水平。并且分析了所提出的 DLP 算法对数据驱动物联网服务中潜在攻击的安全性能。最后，通过在不同场景下的大量仿真实验，对 DLP 算法和 ADLS 算法进行了评估。仿真结果表明，他们的 ADLS 算法从 DLS 算法生成的虚拟位置中识别用户真实位置的概率很高。此外，与 DLS 算法相比，他们的 DLP 算法在同一攻击下显示用户真实位置的概率更低，可以降低计算成本。这将对数据驱动的物联网服务产生巨大的影响，以防止攻击和保护位置隐私。

吕峻闽等进行了基于 RFID 和 SCOR 的物联网配送中心信息系统模型的研究。反思了传统信息反馈机制和物流配送中心运营特点，分析了配送中心信息化方向与路径，提出了基于 RFID（射频识别）技术和 SCOR（供应链运作参考模型）的物联网配送中心信息系统模型，阐明了该模型的体系架构、层次关联、技术路径与实施方案，为现代物流企业提供了一种可行的物联网配送中心信息系统参考模型。他们还介绍了基于 SCOR 模型的物联网技术下物流配送信息系统的主要功能模块：用户管理系统、订单管理系统、库存管理系统、配送支持系统、财务管理系统。物流信息系统分为五层，依次为：数据库、业务处理系统、应用系统、控制系统和决策系统，它们相互联系和支撑。系统体系架构分为 9 个部分，依次为：安全保障环境、基础设施、基础支持平台、物流服务支持平台、物流服务平台、物流应用层、信息表达层、客户端、外部系统。

张丽丽基于物联网技术平台，构建了中小企业的营销策略模型，分析了中小企业传统的营销方式，依靠物联网的关键技术，提出了新的营销方式，以转变中小企业的比较优势，获取竞争优势。同时分析了基于物联网技术平台的公司战略营销模式，并提出了如何借助物联网技术平台提高中小企业竞争力的一些建议：提高灵活性和信息化水平；加深供应链管理程度；完善售后服务体系；优化生产流程；开发客户关系管理的定制服务。

三、绿色物联网

绿色物联网可以理解为：物联网为减少现有应用和服务的温室效应或为减少物联网本身温室效应的影响而采用的节能程序（软件或硬件）。在前一种情况下，物联网的使用将有助于减少温室效应，而在后一种情况下，将进一步优化物联网温室足迹。最近的技术进步导致了碳足迹的增加，物联网的能源效率问题一直吸引着大量的关注，为绿色物联网的新兴领域铺平了道路。物联网有很多方面（如关键的推动者、通信、服务和应用），需要高效利用能源来实现绿色物联网环境。而在计算、通信和能量容量方面的低资源是组成物联网的特征。

绿色物联网的生命周期关注绿色生产、绿色设计、绿色利用，以及绿色处置/回收。物联网体系结构的设计关键要求是模块化、灵活性、互操作性、可扩展性等。为了确保这些需求，需要一个开放的系统。无线通信技术的进步使无线电在体积、能源消耗和成本方面的减少使其几乎能与所有物体融为一体。RFID 在减少汽车尾气排放、监测野生动物健康、节约建筑能源使用、改善废物处理等方面发挥着重要作用。大多数例子还具有经济效益，这将鼓励进一步部署 RFID 系统。与 RFID 系统类似，WSN 应用通过有效利用资源和帮助减少温室效应，对环境作出了积极的贡献。无线传感器网络的真正潜力只有在超低功耗下进行数据通信时才能充分发挥，有效利用云中的资源是降低能源消耗的必要条件。绿色的云计算不只是为了有效利用资源和计算基础设施，还能够通过减少能源消耗来减少碳排放。对于绿色云计算，两种主要的解决方案是减少能源消耗的硬件和软件。硬件解决方案试图设计和制造能耗更低的设备，同时又不降低性能和质量。另外，软件解决方案提供了高效的软件设计，通过最小限度地使用资源消耗更少的能源。

四、窄带物联网

近年来，作为具有前途的低功耗广域技术之一，窄带物联网（NB－IoT）引起学术界和工业界的广泛关注。它能满足物联网时代对机器通信的巨大需求。Chen 等设计的系统包括 NB 设备、物联网云平台、一个应用程序服务器和一个用户应用程序。系统的核心组件是建立一个集成的开发板 NB－IoT 通信模块和用户识别模块、微控制器单元和电源管理模块。还提供了 NB 设备唤醒、数据传感、计算和通信的固件设计，以及用于数据存储和分析的物联网云配置。

NB－IoT 是一种新型的 3GPP 无线接入技术，旨在与传统的 GSM 和 LTE 技术实现卓越的性能。上行和下行通信都需要 180kHz 的最小系统宽带，可以在三种操作模式下部署：（1）单机；（2）保护带；（3）带内。与其他三种 LPWA 技术相比，NB－IoT 具有制造成本低、使用寿命长、覆盖范围广等特点。它在许多领域都有着广泛的应用。

NB 设备开发板的设计与实现，使数据传感、计算与通信、云服务配置成为可能。基本开发板主要由传感器、单片机、NB－IoT 模块、电源管理和多个功能外围组成。它可以实现数据传感、数据处理、数据通信、数据显示等多种功能。在系统固件设计中，主要包括三个功能：（1）硬件驱动；（2）沟通管理；（3）低功耗管理。硬件驱动程序作为系统对接硬件的接口，向传感器发送数据采集/休眠命令、支持省电模式（PSM）和扩展不连续接收两种新的低功耗技术模式。

五、5G 时代的物联网

5G 蜂窝系统的出现以及连接技术的可用性，被认为是正在出现的全球物联网的潜在关键驱动力。Palattella 等从技术和标准化两个方面分析了 5G 技术对物联网发展的潜力。5G 技术对大量设备的支持可以实现一个真正的全球物联网的愿景。此外，5G 注重异构接入技术的融合，发挥统一互联框架的作用，促进“物”与互联网的无缝连接。

物联网连接领域正处于一个转折点，许多无线电技术与 M2M 连接形成了明显的竞争关系：低功耗 WiFi、低功耗广域网（LPWA）以及对蜂窝 M2M 系统的一些改进。这些解决方案能够满足可用性和可靠性要求，对于物联网部署非常有吸引力。低功耗广域（LPWA）技术最近专门针对低端物联网应用而出现，这些应用需要低成本设备、长电池寿命和少量数据交换。LPWA 的主要特点可以概括为：（1）广域覆盖（可达十分之一公里）；（2）低成本通信；（3）电池寿命长（单节AA电池最长可达10年）；（4）低宽带通信。尽管LPWA具有吸引人的特性，但也有一些缺点，主要是使用未经许可的频谱进行远程通信。免许可证波段的有效辐射功率在允许的传输功率、占空比和访问机制方面受到严格管制。由于基站和物联网设备的天线具有完全不同的增益能力。

5G时代下，Millimeter Wave技术（毫米波通信技术）作为5G移动通信的关键技术得到了迅速推广，物联网产业链中的硬件产业也随之得到了很好的发展。对于智能家居行业，采用5G移动通信技术，可以大大提高数据传输速率，减少延迟并扩大系统容量。因此，即使在现有基站密度下，物联网也可以支持多种智能家具和家用电器的通用使用，并且极大地提高其功能多样性、性能和安全性，激发消费者的购买意愿，推动整个智能家居行业迅速发展。针对建筑行业，在5G移动通信技术出现并得到应用后，物联网设备的控制精度会在高数据传输速率与低延迟的影响下得到较大提升，而通过施工设备精确控制来实现绿色建筑也会随之成为现实。对于医疗领域，5G技术带来了网络层的全面完善，在很大程度上满足了医疗实时性、高效性和稳定性的需求。在远程医疗中低时延、高传输速度、高稳定性等特点，使医生在远程诊疗过程中基本不必担心因信号质量问题而导致诊疗中断。当远程医疗设备反馈的图像和视频具有更高的清晰度后，医生也可以更及时、更准确地判断患者的病情。

六、雾计算

作为一种新的计算模型，雾计算将充分利用边缘网络设备的计算和存储功能，并将数据存储、处理和应用分散在位于网络边缘的设备上，而不是依赖于云。与云计算相比，计算能力和数据存储距离终端设备更近。

识别和解析技术是实现物联网物理网络空间映射一致性的前提。作为唯一的非编码和非结构化标识符，人脸在识别应用程序中具有独特的优势，随着基于面部识别的应用的增加，对计算、通信和存储容量的要求也越来越高。针对这一问题，He等提出了一种基于雾计算的人脸识别与分辨方案。人脸识别首先是由识别系统模型生成的个别识别，在此基础上基于雾计算的个体识别框架，将一些计算开销从云转移到网络边缘设备。最后实现了一个基于局部二值模式标识符的原型系统。实验结果表明，该方案可以有效地节省宽带，提高人脸识别的效率。在传统的云计算模型中，整个识别任务都在云上执行，原始的人脸图像数据传输到云上，而雾计算模型只将特征值传输到云上，以匹配人脸标识符数据库。这种机制大大降低了网络传输负载。特别是在宽带较差的情况下，该方案仍然能够提供高质量的服务。他们提出了一种新的人脸识别与分辨方案，主要贡献归纳如下：第一，提出了一种人脸识别系统模型，在物理—网络空间映射过程中，实现从物理空间中的个体人脸到网络空间中的人脸标识符的转换。该模型可根据应用场景灵活选择人脸特征表示算法。第二，提出了一种基于雾计算的人脸识别框架，用于人脸图像识别和获取身份信息服务。该框架可以显著降低网络传输量和分辨率总响应时间，有效解决云分辨率服务大规模接入带来的宽带“瓶颈”问题。第三，利用基于 LBP 的人脸标识符生成模型，实现了一个原始系统，验证了该方案在技术上的可行性，能够提供有效的分辨率服务。

七、物联网的发展

人工智能、自动驾驶和5G 技术已经落地，并开始快速成长。在未来 5 ~ 10 年内，物联网系统将吸纳全球绝大部分 AI 芯片，并将广泛部署在无人驾驶、智慧城市领域，同时，5G 技术也将直接投入物联网的应用中。物联网与传统产业、现代信息技术的融合渗透，催生许多新的业态和行业应用，在加快经济发展方式转变、促进传统产业转型升级、服务社会民生方面发挥着越来越重要的作用。

5G 网络的应用为一些垂直领域，如车联网、智慧教育、智慧工业等带来新的发展空间。联接是物联网发展的关键，目前联接的方式有 WiFi、蓝牙、蜂窝通信等。在未来联接将带来在线的概念，并产生更大的价值，成为物联网发展的关键。

边缘计算意味着数据存储在微中心而不是单一的云中，为数据处理提供了一种更便宜、更快、更高效的方法。部分数据通过相应的物联网设备存储在本地，以便在需要时立即可用，可以减轻网络和必要宽带的压力。在未来可能会看到从集中式云到边缘架构的转变。

传感器和通信技术的最新进展可以为物联网制造设施和机器世界与 Internet 应用程序的网络世界连接起来提供基础。耦合制造网络物理系统（M - CPS）是指利用先进的数据处理和仿真模型，在制造过程和系统运行两个层次上，处理物理世界中的实际操作，同时在网络世界中对其进行监控。基于已经开发的云业务解决方案，云制造有望提供改进的企业制造和业务决策支持。

在不久的将来，物联网有望连接我们周围的一切，从日常个人使用的物品、设备和移动系统到大大小小的工业设备。新兴的物联网技术使人类或自动化决策者能够与物理设备通信。在物联网框架内，每台设备都可以通过无线和云网络基础设施的通信技术收集、发送和接收数据。

第五节 物联网的应用

物联网最重要的功能是通过信息交互提供智能决策和服务。物联网智能决策是指基于物联网中的交互信息，通过数据挖掘和数据分析，为用户提供智能决策和服务的过程。

一、在校园信息化发展中的应用

物联网技术在教育领域的应用促进了智能校园的升级和发展，使物联网智能校园的对象相互连接，构建了智能化的教育教学环境，为师生提供了全面的服务。高校是较早投入使用的物联网领域，许多高校应用了红外激光、卫星定位、地址编码等 IT 技术。

（一）在信息化教学中的应用

智能教学资源是发展智能校园的前提，教学资源管理是发展智能校园教学的关键。智能教学资源主要来自基于网络共享的教学资源库，由资源管理系统和公共资源库组成。师生通过物联网获取教学资源，积极推进高校开放式教学新模式建设，以创建网络教学为核心，分布式存储资源，其特点可以在教学中长期使用。

物联网技术的应用，可以实现教学设备的无痕化。教师只要通过语音或发布相应的指令，就可以基于物联网技术控制操作设备，不仅可以减少教师在黑板上书写和准备教学计划的时间，还可以为学生提供一种新的学习方式，从而激发他们的学习兴趣。基于物联网的连接点、基站和射频识别技术可以在师生之间建立高效的信息沟通渠道。例如，在微课堂和远程学习中，学生只要使用移动设备随时随地学习，就打破了时间和空间的限制，充分利用了学生零碎的时间，有效提高了学习效率。在物联网技术的支持下，任何能联网的设备都可以用于教学，实现教学的智能化操作，这对职业学校的影响更为显著。

合理地将物联网应用于教学，可以实现教学信息化，提高教学的针对性。此时，教师可以利用智能标签有效识别学习对象，统计学生在学习过程中产生的学习记录，从而有针对性地调整学习内容。例如，在生物实践教学中，学生需要识别学校周围的植被。此时，他们可以把二维码标签贴在不同的植物上。通过观察，学生对植物有了初步的了解。此时，通过扫描二维码，可以获得更多的植被知识，提高教学效率。

随着智能图书馆和教学评价系统的应用，学生考勤管理通过网络反馈到系统中心。培训设备电子系统主要依靠传感器功能，实时监控设备的运行状态，出现问题时及时报警，实现对设备的有效管理。其中，图书馆可以通过红外传感器快速检测图书的位置，提高图书管理的效率。在监控学生教学设施利用率的过程中，可以在学生证上使用 RFID 标签，充分掌握学生的行动路线。同时，RFID 也可以用于图书馆管理，帮助学生及时掌握图书的位置，从而提高学习效率。

（二）在智慧校园建设中的应用

在校园管理中，物联网可以在安全管理、交通管理、车辆管理、校园生活服务、智能楼宇管理等方面得到充分应用。例如，在教室内安装控制器和光传感器后，可以根据学生的行为和室外光线的强度适当调整教室内的照明度。在控制器的应用过程中，可与窗帘导轨和投影仪集成，根据投影要求调节窗帘，进而调节室内光线强度。

1. 在校园管理方面的应用。

校园重点区域可安装摄像头和红外传感器，实现安全监控和自动报警功能。同时对进入校园的车辆及时进行定位检测，从而保证学生的安全。学校设备和重要物资都有相应的标签，可以感知和跟踪，确保设备的安全。此外，通过物联网技术，可以快速确认师生的身份，从而改善考勤管理，提高校园安全。

合理应用物联网技术，可以实现对学校能源的监控和管理，实现对水电等资源的有效监控，完成对资源消耗的实时动态智能管理。此外，使用相应的传感器还可以帮助学生更好地检测二氧化碳浓度，改善他们的学习和生活环境。

物联网技术在校园一卡通系统中的应用，解决了传统数字化校园建设中的数据资源整合和共享问题。通过校园一卡通可以自动识别身份，满足教学、科研、师生等基础信息的统一管理需求，实现信息资源共享和集中控制。满足与学校其他应用系统的兼容性和数据集成需求，兼顾学生餐饮消费的基本需求和设备借用及归还功能。同时，也为学校的财务资金管理和财务业务管理提供了便利。

2. 物联网在智慧教室建设中的应用。

物联网技术在多媒体教室中的应用，主要体现在多媒体教室电子设备之间的信息交换，通过感知技术和计算机网络技术对相关多媒体设备进行管理和控制。感知层通过感应终端和信号检测设备采集信息，以满足多媒体教室中电子设备的信息采集需求。网络层连接应用层和感知层，以满足多媒体设备之间的数据交换和管理控制连接的需要。应用层为用户提供管理和服务，其功能是处理数据和发送控制指令，以满足用户对多媒体设备使用的基本要求。

多媒体教室的智能化建设和应用是现代信息教育对多媒体教学的基本要求，物联网技术的应用可以实现多媒体教室中设备信息的互操作，并在设备管理和控制的同时，满足多媒体教室和电子设备资源整合的基本要求，有效实现设备的智能化控制。它能够更加准确、及时地获取数据信息，为建立有效的异构信息关联关系提供技术支持，能够有效连接架构中分散的信息，更好地服务于多媒体教学。

3. 在课堂教学中的应用。

物联网技术本身融合了数字技术和网络技术，在教学管理中引入物联网技术，可以丰富和完善组织体系、教学评价等，构建全面的教学质量监控体系。同时，可以进一步拓展学习空间，提高学生自主学习能力，为学生提供良好的学习平台。在完成建设智慧校园的目标时，教师可以通过互联网远程指导解决学生的学习问题，实现从课堂到课外的转变。此外，利用物联网将现实生活与课本知识联系起来，还原生活情境，在轻松活跃的学习氛围中掌握专业知识，提高学习效率，激发学习兴趣。

4. 物联网在协作学习方面的应用。

为学生搭建物联网技术的虚拟学习环境。在这种环境下，学生通过合作完成学习任务，获得大量的数据信息，提高实际操作能力，进一步理解合作的意义和作用，对提高学生的管理能力起着非常重要的作用。合作学习方法可以改善传统教学方法的不足，激发学生的学习兴趣，提高学生的创新意识和能力、团队合作能力和人际沟通能力。

5. 物联网在资源共享方面的应用。

通过智能设备终端对物联网技术进行管理，学校的实践课程和科研活动都可以在网络平台上进行。同时，学生也可以获得高质量的学习服务，将课堂理论知识与实际案例充分结合，可以有效提高课堂教学质量。利用物联网技术，可以及时联系校园里的教育与社会现实，实现学校和社会之间的交流和资源共享，从而创建一个新的移动教学模式，建立一个稳定的双向互动关系，促进多地区、多范围之间的互动，促进优质教学资源互补。

仪器借还系统通过电子手段实现仪器的采集、编辑、归档，以及仪器借还等信息的统计。可以与一卡通系统相连，实现业务数据的交换和处理，方便学生或教师借还仪器。使校园一卡通系统与仪器借用信息的交换和连接。在师生的终端上就可以查询仪器的借还情况，方便管理员对用户借用的仪器进行管理，提高教学仪器的使用效率。

资源永远都是有限的。利用物联网技术可以实现学校之间、学校与企业之间、学校与社会之间的资源共享，有效提高资源的利用率，为学生提供便利的条件，增加交流机会、开阔视野。跨区域交流与资源共享是职业学校未来发展的主要趋势，在学校之间开展远程实验和实践活动资源共享，为教学工作的开展提供更加便利的条件。

二、在智慧社区中的应用

（一）物联网在智能家居中的应用

物联网技术在安全防范、社区和室内可视对讲、家庭安全报警、家庭监控和家庭相关的社区一卡通等智能家居领域中有着广泛的应用。自动控制技术广泛应用于智能家居控制中心、主机等家用设备的自动控制模块中，对于家庭能源、家庭设备的科学管理具有非常重要的作用。智能家居让用户更容易管理他们的家庭设备，帮助他们更好地管理家庭并作出决策。

严萍等结合物联网的思想和多种无线传输技术，设计了一套由感知层、网络层和应用层三部分组成的多功能智能家居系统。感知层器件包括智能门禁、环境参数检测和家电控制。所有设备都支持 ZigBee 协议通信。网络层包括 ZigBee 网络、控制终端、全球移动通信系统和通用分组无线电业务网。控制终端与前端传感设备通过星形拓扑的 ZigBee 网络进行通信。控制终端作为协调器，前端感知装置作为通用半功能节点。应用层通过移动电话和 GSM 网络与用户进行交互。感知层设备检测到异常信息后，通过 ZigBee 网络将异常信息发送给控制终端，控制终端通过全球移动通信系统网络将异常信息发送给用户手机。用户还可以向控制终端发送短信，实现对家电或安防设备的远程操作。

智能家居的一个关键因素是智能电力调度算法的使用，它将为居民提供作出最优选择的能力，一个先验的选择如何使用电力，以减少能源消耗。信息技术与先进的通信和传感系统的结合，创造了各种新的潜在应用。新的先进概念，如普适计算或泛在计算，使计算无处不在，在智能电网中具有巨大的应用潜力。物联网的概念与智能计量相结合，有潜力将住宅、家庭和办公室转变为能源感知环境。将物联网范式纳入智能电网概念，特别是在智能家居解决方案方面的研究越来越受到关注。智能电网与物联网的融合将为电力管理带来新的视角，惠及各方。

（二）物联网在社区中的应用

物联网在智慧社区中的应用体现在很多方面，主要是社区架构和安防应用。在社区生活现场，包括人员、车辆出入、单元门出入控制、访客管理、停车场管理等。基于物联网的智能社区系统能够更好地管理社区，为决策提供支持，实现统一的数据聚合和管理。通过住宅小区智能安防系统的建设，提高技术防范和治理服务水平，帮助社区做好安防工作，提高居民的满意度和安全性。

宫艳雪等研究了物联网技术下的智能社区体系结构。根据社区建设的实际需要，提出了一种将无线传感器网络、视频识别、RFID 等技术应用于安全防范、社区服务、能源管理、车辆管理、远程医疗、智能家居等诸多领域的物联网体系结构。其主要包括智能社区的主体（居民、企业、社区组织、政府机构等）、智能社区的应用层次、中间件、网络（互联网、内部网、电信网、异构网络、广播电视网）、传感设备（Video、GPS、RFID、传感器）和智能资源（环境、人、车、楼、设备、空气、水等）。

通过智慧社区应用平台对社区资源和环境进行监控。传感装置用于感知智能资源环境中的温度、压力、光、速度等物理量，并通过收集到的信息对物体进行识别。其包括：在社区重点区域安装摄像头，实现安全监控；在小区入口安装门禁系统，实现安全管理；配备血压检测传感器，为孤寡老人等特殊群体提供定位跟踪服务，实现智能化管理；为图书馆提供图书附加 RFID 标签，安装读卡器快速查找书架；在住宅区内安装空气质素传感器和烟雾传感器；安装无线远程计量表，实现电、水、气的在线实时采集；利用 GPS 定位技术方便物业巡逻时间等数据的设置。物联网中间件集成平台以“物”架构技术为中心，实现感知信息的获取和转换，将分离的设备、功能和信息集成为相互关联、统一协调的系统，实现资源的充分共享。每个应用平台系统都基于通过传感手段获得的大量数据，提供更精准的管控，从而实现智慧社区的整体建设需求。

（三）物联网在智能建筑中的应用

2013 年 8 月，我国指出要对共用设施设备进行智能化升级改造，在财力、人力、物力等方面给予大力支持，进一步推进智能物流、电网、交通等工程建设步伐。2014 年，我国发布的《国家新型城镇化规划》里表示：推动新型城市建设的内容就是重点构建智慧城市，需要促进大数据、物联网、信息化等科技的应用和创新。智能建筑和不同形式、不同功能的建筑构成了智慧城市的基础。物联网的应用使建筑逐渐智能化、数字化，执行设备将智能建筑的信息与各种物联网技术相连接。物联网技术已广泛应用于建筑行业的各种建筑设计中，成为智能建筑发展的主要推动力，推动了传统技术的进步和发展。

汪海芳提出物联网在智能建筑中的应用具有智能化、信息化、可视化、人性化、便捷性和节能等特点。智能建筑中的物联网一般体现在五个方面：安全管理、智能家居、节能管理、环境监测、设备监测。家庭安全、视频监控、出入境监控等安全管理是生活中最常见也是最重要的，通常在厨房、大门等重要位置安装一些红外传感器和天然气泄漏传感器，有利于提高家庭安全指数。智能家居利用物联网技术控制和操作窗帘、冰箱、电视、空调等各种家居设备，在这些家具电器上安装智能控制芯片，并使用无线技术进行远程控制。节能管理利用物联网技术对建筑燃气、电力、水的消耗进行统计分析，为人们提供数据，节约资源。

三、在现代农业中的应用

农业物联网智能监测系统具有广阔的应用前景。近年来，食品安全被社会广泛关注，物联网应用于农业生产能够有效改善这个问题，可以建立一个基于物联网的农产品供应链质量监控系统，实时监控农产品从种植到收获的过程，并记录它们的信息。消费者可以了解农产品的生长和加工过程，实现数据共享和管理透明度，实现农产品全程可追溯，提高品牌建设水平，增加农产品附加值，确保农产品质量安全。

李瑾等指出农业物联网已成为我国战略性新兴产业的重要组成部分，信息感知与识别技术、自组网络部署与信息传输技术、安全监管与服务质量保证技术是农业物联网的关键技术。要加强农业物联网技术规范研究，加强关键核心技术产品研发，加强农业物联网技术集成平台建设、农业物联网产品检测、农业物联网应用布局，进一步优化和改善政策环境。物联网技术在农业中应用的关键环节包括：农业资源环境监测、精准田间作业、养殖信息化、畜禽精细化管理、园艺、物联网监测、农产品质量安全追溯。它与其他信息技术相结合，进入了一个新的应用和发展阶段。通过在农业系统中部署具有感知、计算和执行能力的各种信息传感装置和信息传输网络，实现了农业系统人—机—物的一体化、更加精细化、动态化的管理和控制，大大提高了农业系统的可操作性对农业动植物生命本质的认识，以及农业系统的复杂控制能力和农业应急处理能力。

翟凌宇、孙凯旋研究了基于云计算的智能农业物联网平台。他们依靠将各种传感器节点（土壤湿度、环境温度和湿度、二氧化碳等）部署在农业生产站点和无线通信网络，可以实现智能感知、智能决策、智能预警、农业生产环境的智能分析和专家在线指导，为用户提供准确的种植、可视化生产管理和智能决策。他们提出了集农业专家智能系统、农业生产物联网控制系统和农产品安全追溯系统于一体的智能农业物联网云平台（见图6－4）。系统采用云平台技术、音视频技术、物联网技术、云计算方法、移动通信技术等技术，实现农业信息数字化、农业生产自动化和农业智能化管理。通过在农业基地安装多种传感器设备，采集监测区域内空气温度、湿度、光照、土壤湿度、土壤温度、风速、实时视频等数据；数据通过网络传输到农业平台，农业平台对相应的数据进行分析和处理。当监测环境参数超标时，监测平台通过短信向种植户发送或报警。即使远在千里之外，人们也可以通过互联网和手机实时观察环境状况。用户通过手机或计算机登录系统后，可以实时查询监测区域内的各种环境参数、历史温湿度曲线、历史运行记录等信息，为用户处理监测区域的现状提供数据参考。

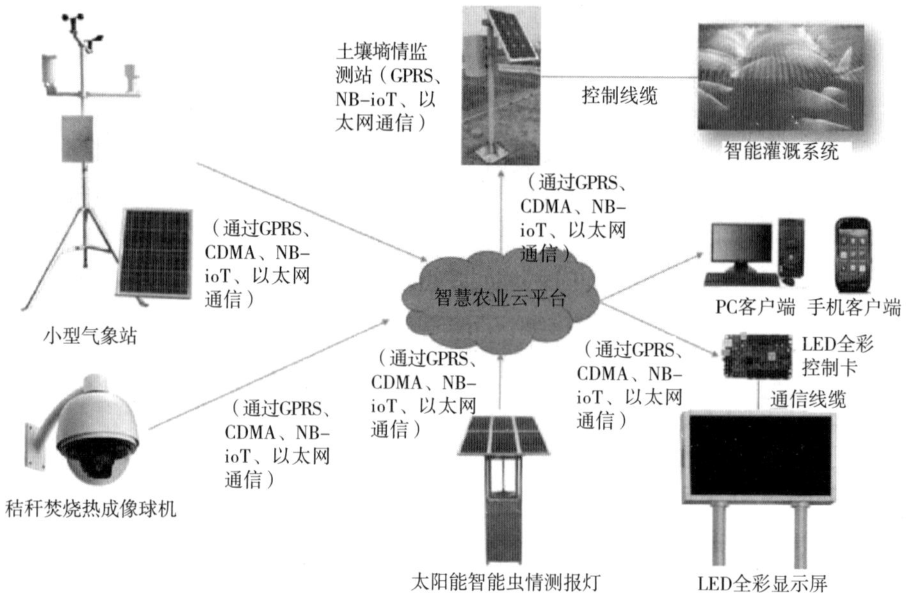

图6－4　物联网智慧农业云平台

资料来源：翟凌宇，孙凯旋．基于云计算的智慧农业物联网云平台［J］．软件，2020，41（1）：258－262．

四、在物流领域中的应用

这些年我国物流业的发展可以说是突飞猛进。起初，物流主要是单一的货物运输方式，但随着电子商务的发展，对物流的需求越来越大。原有的物流方式已不能满足企业和个人的物流需求。物联网的兴起使互联网与物流的集成成为可能，物流业开始走向智能化。其主要体现在物流信息技术的应用，包括射频识别技术、条形码技术、EDI 技术等，这些物联网信息技术可以帮助人们更好地管理包裹的流向，从而作出更好的决策，大大节省了人力物力的损失。

武晓钊分析了物联网技术在仓储流通领域的应用及前景。目前，物联网技术在仓储行业的应用主要包括自动控制技术、智能机器人堆垛技术、智能信息管理技术、移动计算技术、数据挖掘技术等，将无线网络通信技术、无人驾驶汽车、智能机器人集成到物联网存储中。在智能仓储中，采用传感器、RFID、条形码、激光、红外、蓝牙、语音视频监控等传感技术，实现对仓储物的传感、定位、识别、测量、分拣和监控。利用这些技术，实现了自动处理、自动叠加、自动识别和人工智能分类。在智能仓库管控系统中，物联网技术与仓储管理系统（WMS）的结合，实现了仓储行业的智能化和自动化，仓库物联网将实现互联互通。

肖亮研究了基于物联网技术的物流园区供应链集成管理平台的构建。系统在分析物流园区移动工作任务、集群协同分工、海量数据服务、敏捷知识服务等特点的基础上，通过物联网和云计算技术的应用，建立了具有综合感知、可靠传输、智能处理等特点的物流园区供应链管理平台。基于物联网技术的物流园区供应链管理平台，是指应用各种物联网技术，如传感器等终端数据采集设备、无线传感器网络等，实现对车辆等物流资源状态的全过程监控，并建立统一的货柜、仓储等多数据集成中间件。在此基础上，采用 SOA 平台架构构建园区供应链集成管理平台。支撑平台以 SaaS 软件模式为园区内外各物流服务主体提供应用软件系统服务，以 PaaS 平台服务模式为园区内外用户提供各种 Web 服务。在此基础上，建立园区供应链“云计算”公共服务中心，通过对园区供应链的数据挖掘，实现园区物流资源的优化配置。

根据对物流园区特点的分析，如移动任务、集群协作、大规模的数据服务、敏捷知识服务等，通过物联网和云计算技术的应用建立了具有全面感知、可靠传递、智能处理等特征的物流园区供应链管理平台。支撑平台以 SaaS 软件模式为园区内外物流服务商提供应用软件系统服务，以 PAAS 平台服务模式为园区内外用户提供各种 web 服务。在此基础上，建立园区供应链的“云计算”公共服务中心。通过对园区供应链的数据挖掘，实现园区物流资源的优化配置。

许红伟分析了物联网和大数据时代对我国物流业的影响和前景。目前，我国智能物流主要具有以下特点：相关物流信息透明、物联网方法体系典型应用、物流与电子商务有机结合、相关配送中心将成为物流的聚集地。我国物联网技术体系中的智能物流系统建设主要包括智能物流管理系统、智能交通系统和物流电子商务系统。近年来，随着我国移动支付平台的不断发展，物流电子商务系统逐渐成为物联网技术中智能物流的关键点，进一步实现了物流信息的电子化、网络化、虚拟化等交易方式，提高了物联网企业和智能物流产业的经济效益。物联网技术将极大地推动物流信息化的发展。

在技术应用过程中，物联网技术具体应用于托盘、货架等物流基础设施建设中，物联网技术应用于物流仓库、运输车辆、机械装卸等内部，进一步实现货物进出的自动传递，过渡过程中与物流相关的物流信息采集。物联网技术与物流活动相结合，形成信息化、集成化的物流信息管理系统，为相关物流企业带来长远的经济效益，提高企业及相关领域的整体信息化水平，从而达到带动整个物流业发展的目的。

五、在医疗领域中的应用

物联网技术对医疗信息产业的发展具有积极的促进作用。它不仅可以帮助医院实现人的智能医疗和物的智能管理，还可以满足医疗设备和用品、医疗卫生信息、公共卫生安全智能管理和监测等方面的需求，从而有助于解决医疗服务水平偏低、医疗平台支撑薄弱、医疗安全隐患等问题。物联网技术在医疗领域的应用可以帮助医疗行业进行决策分析：一是体现在人员的智能化管理上，实现了对患者的监控和跟踪，对医务人员的管理；二是在医疗过程中实现包括实时支付和在线诊断，以及挂号、检查、诊疗、手术、住院、出院、结算等功能服务，提高了医务人员的工作效率，节约了工作流程。

（一）物联网在医疗领域中的应用贯穿始终

物联网技术在医疗领域的应用涵盖了包括制药领域、远程监控和家庭护理、医疗信息化、医院急救、医疗设备和医疗废弃物监测、血液管理、感染控制等方方面面。俞磊等利用物联网技术对流通中的药品进行 RFID 标识，实时查询和更新药品的相关信息，同时对药品进行定位和跟踪。其采用了基于 RFID 的签名防伪方法，并选择了合适的加密算法以保证传输的安全性。在昂贵或危险的药品上贴上 RFID 标签，可以实时获取药品批次、储存时间、货架位置、数量、储存时间、去向、患者用药情况、医生用药情况等信息，实现药品的分类、储存、分发、审核和跟踪。远程监护和家庭护理也需要物联网技术，如婴儿监护、ADHD 儿童监护、医疗健康监护等。

（二）5G 网络推动物联网在医疗领域的应用

物联网技术在医疗设备的应用，使医生可以远程控制医疗机械手或便携设备完成远程诊疗，但由于4G 移动通信网络的信号质量不稳定，很容易影响诊疗的连续性，同时网络延迟问题还会使远程医疗器械的反馈及时性大大下降，因此远程医疗的实际应用仍然会受到很多限制。5G 技术带来了网络层的整体提升，在很大程度上实现了医疗的实时性、高效性和稳定性。在基于5G 网络的远程医疗中，移动通信网络具有低时延、高传输速度和高稳定性的特点。在远程诊疗过程中，医生无须担心因信号质量问题而中断诊疗。同时，远程医疗设备反馈的图像和视频清晰度更高，医生可以更及时、准确地监测患者的病情。由于网络延迟大大缩短，医生也可以使用高精度的远程医疗设备完成手术，这对医疗行业的发展非常重要。在5G 网络下，原始医疗数据可以实时存储、分析和归档，对提高中国乃至世界的诊疗水平具有重要意义。

六、在交通领域中的应用

智能交通建设在我国交通运输体系中发展迅速。电子传感技术和先进信息技术通过物联网、通信传输技术和控制技术的应用，将进一步提高交通系统的智能化水平。

（一）物联网技术对交通设施的有效整合

物联网技术在智能交通建设中的广泛应用，可以有效、合理地整合现有的交通设施，同时可以降低因道路交通超载带来的负面影响，还可以减少因生活条件改善而增加的交通工具带来的污染。

目前物联网技术在我国交通运输中的应用主要体现在以下几个方面：首先，它可以帮助交通管理人员更好地了解交通状况，对交通状况进行快速应急处理，为快速疏通交通作出决策；其次，可以实时监控交叉口的交通数量、距离和速度，动态调整和控制红绿灯信号，提高交叉口的通行率，提高道路的承载能力。智能停车和高速无感充电也依赖物联网技术的应用。通过安装磁感应、摄像头等设备，实现车牌识别、车位查询预约、自动支付申请程序等功能，实现车位资源的提升，减少人工操作，减少拥堵，提高交通效率，缩短车辆等待时间。

（二）物联网技术推动交通领域变革

物联网时代有以下几个显著特点：一是信息采集更加全面，通过嵌入式技术直接获取网络终端（人或物）的实时状态数据，数据采集方式由人工输入转变为直接感知，减少了主观因素的影响；二是信息传输更快，借助移动互联网、5G等信息技术实现随时随地的数据传输；三是数据处理能力更强，利用云计算和人工智能技术，实现多源大数据的快速融合处理，及时提取有助于决策的有效信息；四是终端可以实时控制，借助网络终端的执行器，可以实现人机对象的实时交互，实现对网络终端项的远程控制。从长远来看，物联网将为交通领域带来巨大变革，主要体现在以下几个方面。

1. 交通决策支持数据更加丰富多样。在交通领域已广泛应用的手机信令数据、交通IC卡数据、各类手机APP服务数据等基础上，大数据类型将更加丰富，除位置信息外还将包含人、运载工具及相关物品的实时状态数据，且不同来源渠道数据之间相互关联、相互印证，可更加全面地服务于出行者、运营商和管理部门决策。

2. 交通需求识别更加及时精准。交通管理及运营服务部门将有机会获得出行者的全方位信息（包括性别、年龄、健康状况、职业特征、出行习惯及偏好等），并且数据信息能实时更新，实现对出行者的全面画像精准识别差异化出行需求，为更好地满足人们日益增长的美好生活需求及交通运营服务和管理模式创新提供基础。

3. 交通出行习惯向有计划出行转变。未来出行者将减少因信息不对称导致的非必要出行（如目的地附近寻找停车位产生的绕行、因无法获知拟购商品的库存信息导致在商场之间多次出行等），出行习惯向预约式、精准时间出行转变，通过大量实时数据的采集分析确定什么时间出行可以更快捷地到达目的地，并可提前预约通过某一路段或到达目的地的时间，从而减少因盲目集中出行导致的交通拥堵，使目前交通系统面临的道路交通拥堵、路网流量分配不均衡、公共交通满载率过高的问题得到缓解。

4. 交通运营服务模式向需求实时响应转变。未来营运交通（如地面公交、班线客运等）将打破定点定线运输服务模式，向需求动态响应式服务模式转变，实现交通运力配置与出行需求之间的实时对接，更好地满足多样化、差异化出行需求。相应地，车型配置、车辆驻存等运营调度组织模式也将改变，或可降低对大规模集中式交通场站用地的需求。

5. 交通管理模式向规则和信用管理转变。借助物联网技术，交通出行者、运载工具与基础设施之间可进行实时交互，将极大提升交通运行效率并降低交通事故发生率。因此交通管理的重点将由具体事务管理逐渐转向后台监测及规则管理、信用管理，通过制定交通出行规则（如公交优先、行人优先等）、建立个人及运载工具出行信用档案（将违法、违章问题计入信用记录并纳入社会信用体系），来合理引导交通运行秩序。

（三）物联网背景下的智慧交通管理服务

1. 基于交通参与者的出行管理服务。

基于交通参与者的出行服务创新是对传统智慧交通系统构成要素中关于“人”的管理变革与调整，其主要研究内容是如何在“互联网+”背景下最大限度地提高城市交通参与者的出行效率以及如何提供充分的道路交通管理服务，具体包括以下三个方面：（1）一体化出行管理与服务。智能交通出行具有驾驶员出行行为随机多变、行人出行路径灵活自由、乘客出行选择复杂多样的特点。综合出行管理旨在满足不同交通参与者的出行需求，提高交通参与者角色从交通生成点到交通吸引点的稳定性，减少交通参与者在驾驶员、行人和乘客之间的身份变化，实现交通出行服务与交通参与者出行需求的高度协调，从而提高出行效率和出行满意度。（2）按需出行管理与服务。“互联网+”时代的特点是高效、方便，在智能交通出行方面，大大降低了出行的随机性，显著提高了目的性，特别是在一些具有特定功能的交通生成点和交通吸引点，生成的交通需求更为直接，从而出现了一种新的定制化出行方式和出行规则。按需出行管理与服务是系统规划定制化出行，建立完善的按需出行管理机制，提供完善的按需出行服务内容，以充分响应和满足城市有较强规律性的出行需求。（3）共享出行管理与服务。共享经济是在“互联网+”的背景下，各种资源为获得经济和社会的全面增值而发挥自身价值的一种新的经济模式。共享旅游作为共享经济最明显的体现，已经渗透到社会生活的各个环节。从共享汽车长途出行，到共享自行车解决城市出行“最后一公里”的问题，共享出行从根本上改变了传统的出行方式。各种共享交通工具的广泛使用是道路交通经济充分增值的表现，其核心是提高城市交通出行效率，节约有限的道路交通资源。因此，共享出行管理与服务应以此为目标，实现对共享出行的科学、合理、健全、完整的监管与保障。

2. 基于物联网技术的机动车管理创新。

机动车的智能化是汽车工业发展的必然趋势，也是道路交通管理服务必须面临的技术革命。目前，射频识别技术（RFID）已经在以交通运输客运车辆为代表的部分道路交通管理行业中进行了应用，未来，基于物联网技术将广泛运用于机动车辆的管理与服务，实现车辆与车辆之间、车辆与物品之间、车辆与智慧城市交通中枢之间的充分连接。

3. 基于道路基础设施的智能化应用扩展。

基于道路基础设施的智能化应用是将智慧工程相关设备进行智能化组网，

将其接入城市智慧交通控制中心，按照智慧交通管理与服务的需求进行系统分类，发挥不同类型智能道路基础设施的效能和作用，为智慧交通出行提供有效保障。一般情况下，承担管理作用的智慧基础设施包括路网视频监控终端、交通运行态势检测设备、交通违法自动抓拍装置以及行业运用的 V2X 车联网系统；提供服务作用的智能化智慧基础设施包括 ETC 不停车收费设备、智能化道路可变情报板、数字化道路交通标志标线以及无感知停车管理系统等。道路基础设施的智能化应用将大幅提高智慧交通管理和服务的科技信息化水平。

4. 基于云技术的智慧交通大脑构建。

“互联网 +”背景下智慧交通管理与服务与传统道路交通管理最大的不同是建立起以云技术为支撑的城市智慧交通管理大脑，其目标是构建出宏观智慧交通管理模式，建立交通安全管理与交通运输管理的深度融合、配合协作的运转机制。基于云技术的智慧交通管理主要包括主动交通安全保障和应急联动策略、区域范围内交通态势精确感知技术以及交通事故预防与安全隐患排查等内容的研究；基于云技术的智慧交通服务主要包括区域范围内交通信号智能控制、综合交通运输优化以及微观交通诱导综合信息发布等功能的扩展。由此可见，智慧交通大脑是构建基于交通参与者的出行管理服务、基于物联网技术的机动车管理服务以及基于道路基础设施的智能化应用管理三者之间信息共享的中枢，是解决智慧交通出行需求与供给之间不平衡矛盾的关键，也是实现智慧交通发展目标的源头性保障。

七、在电网领域中的应用

物联网技术在电力行业中具有突出的应用价值和广阔的发展前景。物联网技术可以有效促进电网向智能化方向发展，进一步保障电力系统运行的稳定性、安全性和可靠性，实现电网运行效益的全面提高，进一步帮助实现智能电网，帮助电网与用户智能交互，并实现智能决策，实现通信基础设施与电力系统基础设施资源的有效整合，进一步实现节能减排，提高电网能力和服务质量。

（一）物联网技术对电力系统运行状况的动态监测

基于物联网技术，电网部门可以对电力系统运行状况实现动态监测，结合系统反馈的相关数据判断系统运行正常与否，对于异常电网运行情况也能及时发现，并第一时间联系工作人员对电网故障问题加以解决。在高效应急处理方案落实下，保证电力系统实现稳定、安全的运行，减少电网故障带来的不良影响和经济损失。实现计算机物联网技术和电力系统的密切结合，能够更有效满足用户的高质量电网运行需求，同时还能促使电力系统设置更加科学、完善，进一步提升电能质量。

（二）物联网技术在配电网安全生产过程的应用

通过 RFID 及超微功耗传感器技术对“操作工单、操作班组人员、车辆工器具、配网设备、运行环境”等各生产相关的物理要素进行身份标识与操作流程识别认证，实现对操作环节与规程的精细化管理。

低功耗自组传感网络技术的应用。基于运营商的 GPRS/4G 骨干通信网络，通过 RFID/LoRa/BLE 低功耗自组网络通信技术，对操作人员身份、动态和生产工器具、配网设备、运行环境及其生产流程进行在线监测，实现生产过程安全管控的实时化监控。

三维人脸识别技术的应用。利用三维人脸识别与机器自学习技术，有效避免传统平面人脸识别系统的环境敏感性缺陷，提高系统的环境适应性，在户外自然环境和大自由度人体姿态下可以快速准确地进行人脸识别，实现对人员到岗到位的管控。

移动 GIS 技术的应用。基于移动 GIS 技术，为系统的扁平化、移动化、智能化作业管理提供有效的技术支撑，并可对多任务配网生产活动的时空信息并行掌控，进行时空大数据智能融合分析，实现配网生产的可视化、全局化管控。

基于物联网的现场安全生产监督应用对企业安全生产的隐患、危险点、危险源、安全措施、操作规程等进行监督检查，有效避免检查过程中出现的不按流程进行、漏检、无目的检查等问题（见图 6－5）。

（三）物联网技术在电网领域应用的效果

实现按需发电。家家户户的电表都是传感器，通过物联网技术的应用，可以建立实时的电力需求感知中心，即智能电网传感器网络中心。通过采集每家每户的电表信息，计算出一定时期内的动态生活用电需求，并及时反馈给发电企业，实现按需发电，同时避免了无效发电的成本浪费。

促进分布式发电。在传统的输电线路和配电设备上增加传感器，接入物联网，将给人们带来全新的用电体验。例如，在未来，家庭将普遍使用太阳能板为自己供电。他们产生的额外电力可以通过“智能电网”进入公共电网，他们还可以收到电力公司每月支付的“电费”。

确保传输安全。电力系统是一个复杂的网络系统，其安全可靠的运行不仅

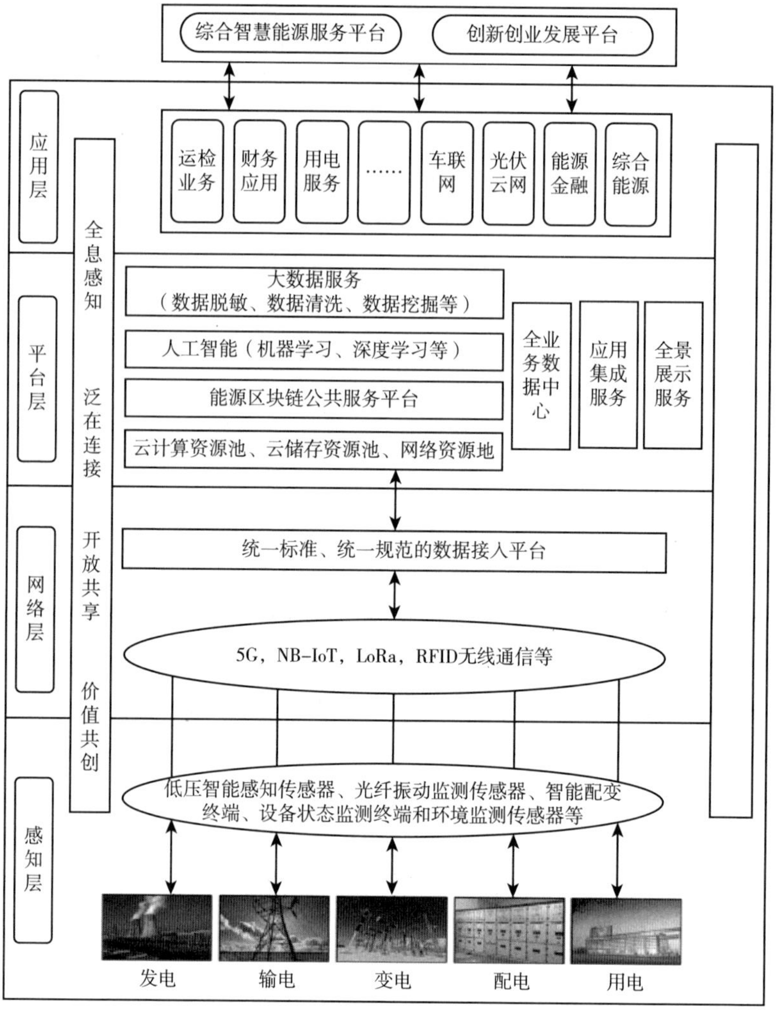

图6-5　泛在电力物联网体系架构

资料来源：郑毅等．基于物联网技术的电网安全过程控制系统［J］．集成电路应用，2020（1）：76-77。

能保证电力系统的正常运行和供电，避免安全风险造成重大损失，还是整个社会稳定发展的基础。物联网技术可以智能处理从发电厂、大坝、变电站、高压输电线路到用户终端的整个电力传输系统。强大的智能电网是通信信息平台的基础，通过智能控制，覆盖发电、输电、变电站、配电系统、电力、调度等各个方面，覆盖所有电压等级，实现“潮流、信息流、业务流”高度一体化，建设强大、可靠、经济、清洁、环保、透明、开放、友好的现代电网。

实现智能用电。智能交互终端是实现家庭智能用户服务的关键设备，通过先进的信息通信技术对家用电器设备进行统一监控和管理，对电能质量、用电信息等数据进行采集和分析，引导用户合理用电，调整电网高峰负荷，实现电网与用户之间的智能用电。通过在各种家用电器中嵌入智能采集模块和通信模块，可以实现家电的智能化和网络化，对家电的运行状态进行监测、分析和监控。

八、在煤矿安全生产中的应用

物联网技术的应用使煤炭企业安全生产管理发生了巨大变化。早在2011年，全国首个应用于煤矿的物联网示范工程——徐州市夹河煤矿感知矿井物联网示范工程就已竣工并投入试运行。2013年，我国启动了国家煤矿安全生产监管物联网技术应用示范工程等一批煤炭行业项目，不断引导煤矿物联网发展。随着各种终端感知技术的深入应用，煤矿行业的物联网已经发展成为集人员设备位置信息感知、井下人员标志感知、生产设备姿态感知等技术于一体的新型物联网平台。

（一）矿山物联网的应用

矿山是物联网应用的重要发展领域，矿井物联网将各种智能管理与煤矿技术、数据采集技术紧密结合，形成了基于人、物、物联网，将相互独立的作业系统连接成一个整体，并通过智能管理平台指导安全生产运行，提出决策建议，实现全矿可视化、数字化、智能化管理。

1. 矿山物联网的体系建设。

物联网的经典体系结构包括感知层、传输层和应用层3个层次。由于煤炭企业各种数据信息采集频率高、种类多，矿山物联网传输层受到了极大的压力。因此，在传输层获取数据之前，对感知层获取的数据进行解析，再转交到传输层，这样不但有利于缓解传输层的压力，还可以保障数据传输的安全性。此外，煤矿信息系统相对独立、系统多、数据结构也不尽相同，导致系统间不能很好进行互通。因此，在应用层之前加入数据服务接口进行数据处理，使传输层与应用层系统能够更好相互连接。矿山物联网的体系建设可分为感知层、解析层、传输层、处理层和应用层5个层次。

2. 矿山物联网的功能实现。

矿山物联网是在数字矿山体系结构的基础上搭建的，与数字矿山相比，重点在于执行阶段，在整个体系的运行中，矿山物联网的功能主要体现在能够进行智能化生产、智能化监控、智能化销售、智能化管理和智能化决策。

（1）智能化生产。利用物联网感知层实时采集井下采煤过程中各种机械设备的数据信息，并上传至处理中心进行统一管理和控制，同时各种服务子系统对数据信息进行实时处理计算，最后传输到中央数据库共享。这样管理人员和负责人就可以利用显示系统实时查看井下反映上来的数据进行生产调整和进度查看等。（2）智能化监控。煤炭企业最重要的是安全生产。在安全监测监控过程中，矿山物联网系统实时采集井下各种安全监控设备和机械设备传感器以及人员定位等数据信息，自动分析确定所处的工作环境和设备的安全状态，自动分析各种数据信息的变化趋势，预测其发展方向，找出潜在的安全隐患，给出相应的解决办法，如果有安全隐患，则自动启动相应的应急预案。（3）智能化销售。煤炭销售要经过装载、称重、进出煤矿等流程，最后形成一次完整的交易记录，矿山物联网系统可以对销售流程进行智能化管理。如智能识别进出煤矿装载车辆的信息，准确判断车辆装载情况以及自动记录称重信息等，形成无人值守的智能化销售环境。（4）智能化管理。煤炭企业的管理涉及企业经营管理、人力资源管理、生产过程管理、财务管理、物资管理、供销管理及后勤管理等多个方面。矿山物联网系统将煤炭企业的所有管理资源和信息进行整合兼并，最终实现统一智能化管理。（5）智能化决策。煤炭企业在实现了智能化的生产、监控、销售和管理后，最终完成了数据信息的实时共享互通，从而有效保证了数据的准确性。矿山物联网系统利用先进的数据存储和分析工具，采用合理的数据分析模型，对所采集的数据信息进行分析处理，将原来相互间没有联系的数据信息转换成决策建议，最终为管理层决策提供重要依据。

（二）煤矿物联网面临的信息安全威胁及防范措施

俞茜等研究了信息安全技术在煤矿物联网中的应用，分析了煤矿物联网面临的信息安全威胁：（1）传感节点的局部安全。物联网通过互联网将设备连接起来，这意味着设备大多是远程控制的，不需要人员监督，从而大大降低了劳动消耗，但它也为攻击者提供了机会。目前，煤矿企业在皮带运输、供电设备、安全环境监测、人员位置监测等方面均采用物联网技术。传感器信号干扰、篡改重要参数等是攻击者攻击的重要手段。（2）感知节点资源耗尽的问题。在物联网中，通常会布置许多体积小、能量低的传感器。这些传感器的存储容量有限，无法设计复杂的安全协议和有效地保护传感节点。如果通信是连续发送的，如采用错误的分组重传机制，则感测节点的能量资源可能被耗尽。（3）RFID 安全问题。RFID 是一种通信技术，它识别特定目标，并通过无线电信号读写相关数据，主要用于煤矿生产中人员和设备（车辆）的位置监测。RFID 技术包括标签、读写器和标签与读写器之间的射频通信通道。这种非接触式无线通信存在严重的安全隐患，如果读写器由于频率干扰而无法接收数据，则拒绝服务；阻塞信道并中断标签与读写器之间的通信；使用 RFID 系统安全协议、算法漏洞、删除或篡改标签数据等。(4) 信号干扰。物联网中使用了大量的传感设备，通过无线通信技术形成了各自的传感网络。一旦相关信号受到恶意干扰，可能造成重要物品丢失、重要信息丢失或被盗、篡改，对个人、企业乃至国家的信息安全构成极大威胁。(5) 恶意入侵。物联网是建立在互联网基础上的，互联网中存在的病毒攻击、黑客入侵、非法授权访问、恶意软件等危害信息安全的因素，也会对物联网造成危害。(6) 通信终端的安全性。通过 4G 无线网络，物联网与智能终端的结合，可以大大方便企业的生产管理，但同时，终端设备的安全也与物联网的安全息息相关。一方面，手机等终端设备的系统漏洞极易被攻击者利用，窃取相关信息；另一方面，如果手机设备丢失并解码，不仅会造成信息泄露，还会导致更严重的后果。

针对以上威胁，可采取以下防范措施：

通过数据加密进行安全传输。完整的数据传输过程必须包括加密，它一方面可以防止数据被盗，另一方面可以防止攻击者破解信息。由于物联网中传感节点多、资源有限，必须考虑一个或多个节点被操作对整个网络的影响，因此加密方法相对灵活。

加强认证和访问控制。通过对系统管理员和操作人员进行统一身份认证，向各终端和应用系统颁发数字证书，进行合法性验证，可以提高各节点的安全性。

访问控制基于身份验证。目前物联网的访问控制策略主要包括基于角色的访问控制模型和基于属性的访问控制模型等，由于物联网中传感器节点种类繁多，其功能、接口和控制方法不同，访问控制机制将更加复杂。

严格安全标准，严格执行网络安全等级保护制度。物联网信息安全不仅是技术层面安全防范措施的研究和更新，而且需要统一的安全标准。从政府监管的角度出发，尽快制订物联网安全框架、风险评估与防范、安全处置等方面的标准和规范。从产业发展的角度出发，将物联网产品生命周期的每一个环节、每一个模块都融入安全设计。从用户使用角度出发，严格执行网络安全等级保护制度，定期评估整改，积极跟进技术创新步伐，及时调整评估重点。

九、在其他方面的应用

除了以上各个方面的应用外，物联网的应用还涉及许多其他领域。这些应用在提高效率、效果和安全性方面起着积极作用，并且为决策者提供更加有效的决策辅助。

（一）在产品销售、溯源中的应用

自2017年小程序问世以来，小程序在不同行业、不同领域的应用爆发增长。小程序技术不断成熟，在短短两年的时间内积累了众多用户，为智慧零售提供了方便快捷的工具，助力智慧零售的发展。在物联网时代，小程序为智慧零售发展带来新机遇。但在线上线下的零售推广中，往往伴随“数据悖论”和“长尾悖论”现象的此消彼长，造成线上线下发展不均衡，制约智慧零售的创新发展。戴敏捷等基于此问题，分析了“数据悖论”和“长尾悖论”的特点，在“物联网+小程序”视域下，利用“长尾悖论”普惠整个零售业态，降低“数据悖论”影响，探究深度挖掘智慧零售数据价值的发展路径。

李宣、柳毅研究了基于双区块链及物联网技术的防伪溯源系统。在产品安全日益重要的今天，传统的产品溯源系统依旧存在中心化存储、数据可信度低、数据易篡改及责任人定位困难等问题。鉴于区块链技术能够凭借其分布式存储、链式结构、不可篡改和高容错性等特点，在信息的搜集、存储和共享等过程中实现数据溯源功能，并借助物联网技术保证区块链源头数据的真实可靠，实现对产品信息的实时跟踪。他们提出了使用双区块链和物联网技术的产品防伪溯源系统，分析了该溯源系统的安全性并通过仿真实验验证了该系统的可行性，对区块链技术和产品安全领域的进一步结合提供了参考和借鉴。所提出的基于双区块链及物联网技术的防伪溯源系统具备较强的安全性，其安全性主要体现在以下方面：（1）基于区块链本身具有的安全性，如去中心化、不可篡改和高容错性等。任何对产品溯源数据的修改，都将不可避免地破坏区块链链式结构，增加数据修改的成本与难度，保证溯源数据的真实可靠，同时也能在一定程度上督促企业在产品生产过程中不造假。（2）结合物联网技术，生成真实、客观的产品数据并传输到相关部门的产品数据中，封堵数据源头造假的可能，提高产品溯源数据的安全可靠性。（3）采用联盟链和私有链的双链结构能够保证区块链运行环境的高可信度。联盟链和私有链的建立、部署及运行本身基于一种可信的合作关系，所有的参与者在加入区块链网络之前就已经过审核，这将大大降低系统中出现恶意节点的可能，也就能够防范内部攻击，进一步提高系统的安全性。

（二）在公共安全管理中的应用

公共安全管理不仅包括突发公共事件的处置，还包括政府应对突发事件所采取的日常管理行动。公共安全管理分为预防、准备、应对和恢复四个步骤。

大数据和物联网技术可以对所有四个阶段产生积极影响。

在预防过程中，大数据和物联网技术能够产生的积极影响，包括以下两个方面：(1) 有利于实时监控，更及时发现风险问题和事件。一些突发事件在发生之前是有一些征兆的，如果能够及时发现这些征兆，就可能将突发事件防患于未然。通过物联网的前端传感器，可以实时监测某些环境下各种指标的异常，利用大数据技术把前端收集到的数据进行实时分析，如果某方面指标超过阈值，就能够第一时间让人们获知。物联网的实时监测，配合人工巡查，有利于相关工作人员第一时间发现异常，对异常做出紧急反应。(2) 有利于预警和减缓突发事件。面对无法避免的突发事件，人们依然能够通过一些方式做好防备工作，进行预警，减缓突发事件对承灾体的影响，以将自然灾害对人和财产的危害降到最低。而这方面的进展，主要依靠各种可以用于监测的传感器和后台分析系统，技术的进步可以在这方面做得更出色。

大数据和物联网技术对应急工作能够产生的积极影响是：有利于建立完备的应急平台，应急平台包含应急资源数据库、应急感知和通讯系统、应急指挥系统、资源储存和调度系统等，可以为后面的应急响应做更完备的准备。近年来各级相关的应急管理部门都建立健全了应急平台和相应的感知系统、通信系统和指挥系统，使应急准备能力得到加强。指挥者和相关专家在指挥中心就能实时掌握突发事件以及相关资源的情况，通过应急指挥系统将相关指令传达到相应的人员，有利于资源调度、应急指挥和决策。

大数据和物联网技术对事件响应工作的积极影响包括以下几个方面：(1) 有利于事件发生之后的自动响应或者人工响应。物联网技术传感器不仅可以在线监控，还可以根据一些数据指标做出相应的反应，这样可以在事件发生的第一时间就通过系统做出一些合理的应急措施，把突发事件产生的损失降到最低。(2) 有利于应急资源更快到位。通过包含应急数据库的应急平台，能看出哪些地方储存哪些资源，对这些资源和相关的地点进行分析，可以规划更合理的调度路径，迅速获取应急资源，方便调度。(3) 有利于辅助应急决策。传统情况下应急决策主要依靠指挥人员根据以往的经验结合现场获得的部分信息进行决策。而在物联网和大数据技术环境下，指挥人员有更多可以用于辅助决策的信息，这些信息经过模型计算、模拟等，能够帮助指挥人员和专家科学地进行决策。

大数据和物联网技术对恢复能够产生的积极影响包括以下三个方面：(1) 有利于事件调查。在事件调查过程中，大数据技术可以模拟出部分突发事件的发展过程，进而有利于辅助推断出突发事件的起因情况。例如，在不知道起火原因和地点的情况下，通过物联网现场感知的数据进行火灾模拟，就能大致推断出火灾起初发生的情况，有利于分析火灾起因。（2）有利于损失评价。在做损失评价时，如果有物联网和大数据技术的支持，就能够得到更多客观的损失情况，有利于让损失评价做得更科学合理。例如，很多自然灾害的损失评价可以通过遥感卫星或者遥感飞机采集的数据来进行评价，这样的评价更加科学合理、快速，既能节约成本又能避免靠地方上报导致的各种数据偏差。（3）有利于恢复的规划。全面恢复阶段，恢复不一定要按照原来的样子去做，可以有新的突破和发展，通过大数据分析和计算机模拟，有利于让人们对未来的发展趋势有一定了解，根据未来的发展趋势，做出具有超前性的恢复规划。

根据上述分析的物联网和大数据技术对公共安全管理的影响，物联网和大数据应用下突发事件的应急管理过程可以归纳为图6-6。

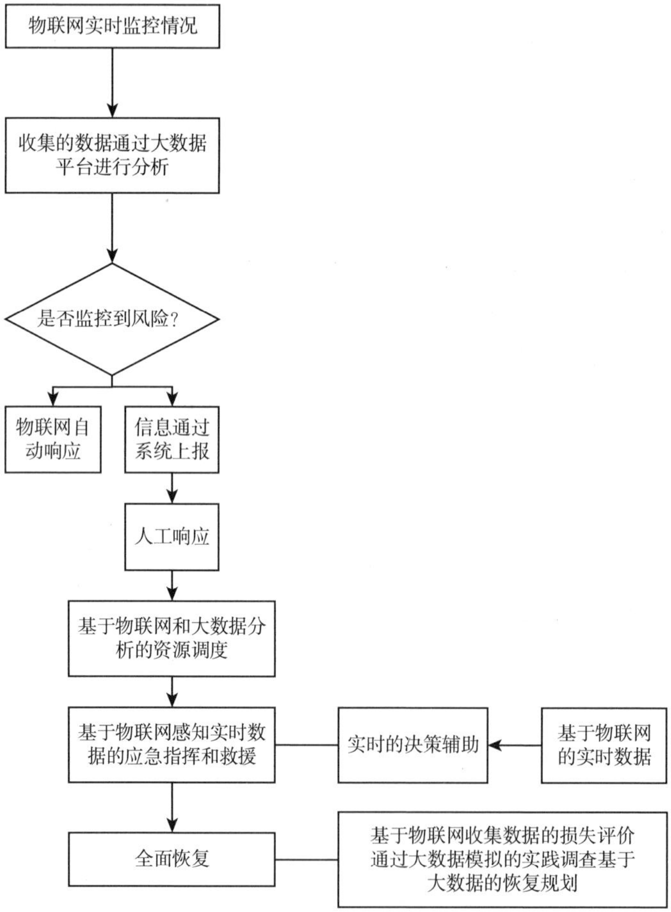

图6-6 物联网和大数据应用下的突发事件应急管理过程

第六节

物联网发展中存在的问题及发展的对策

一、物联网发展中存在的问题

目前，我国物联网技术仍处于发展的初级阶段，在应用和发展中还存在许多问题需要解决。一方面，我国目前缺乏物联网应用的相关政策法规，难以制约物联网的健康发展。基于此，国家法律部门需要重视物联网的长远发展战略，加快相关法律法规建设，在法律政策的指导下，促进计算机物联网技术的健康可持续发展。另一方面，目前物联网技术缺乏统一的协调机制和技术标准，各种新开发的物联网产品难以有效兼容，不利于物联网的长远发展。基于此，应加快物联网总体规划与技术标准的一致性建设，引导物联网产品向标准化发展。同时，成本和安全问题也是阻碍物联网技术发展的重要因素。有关部门应采取必要措施，降低技术开发成本，提高技术安全性能。

1. 应用需求仍有待提高。目前物联网的应用还处于比较低的层次。也就是说，物联网的应用需求市场还处于不发达状态，市场需求还需要进一步刺激。事实上，物联网是一个把“物”和“物”联系在一起的整体，它的涉及面会非常广。然而，物联网需要良好的信息基础，我国的信息获取与共享处于极其不平衡的状态，涉及信息保护方面的相关法律法规正在逐步建设过程中，信息基础设施建设还有待于进一步完善。

2. 核心技术的研发能力不足。物联网的发展要建立在互联网相对成熟的基础上，也就是说，需要信息化普及以及信息技术水平相对成熟。尽管近年来我国互联网技术研发能力有了显著提高，但仍落后于一些发达国家。因此，物联网发展的另一个“瓶颈”问题是：物联网技术本身的研发能力不足，暂时无法在物联网相关领域开发和应用类似技术。技术条件还不成熟，特别是在一些芯片技术和敏感器件技术上，存在一定的技术“瓶颈”。

3. 标准体系不统一。目前我国物联网的产业标准还不完善，制约了物联网的创新和发展。标准化是制约我国物联网产业发展的主要“瓶颈”。在发展物联网的过程中，欧盟首先制定的是统一的技术标准和行业标准。然而，我国尚未形成完整的物联网通用技术标准或规范。目前，物联网国家标准和行业标准正在逐步推进，但在推进过程中仍存在许多不足。如物联网标准化组织相继成立，但职责还不够明确，各标准化组织难以形成合力。交叉标准、矛盾和标准不统一时有发生，使物联网企业无所适从。一些行业标准缺失，如公园、照明、交通等行业。同时，也存在标准制定缓慢、宣传落实不够等问题，不能满足物联网产业快速发展和大规模应用的需要。

4. 商业模式不完善。目前不少物联网技术还处于研发阶段。很多企业在物联网上投入了大量的研发成本，然而，物联网商业模式的推广还没有完全打开，造成许多物联网公司持续处于亏损状态。因此，物联网发展的另一个“瓶颈”问题是推广难、盈利难，尽管在不少领域已经投入使用，但是经济效益还没有完全发挥出来，导致物联网发展遭遇了一定的发展阻力。

5. 安全隐私问题。物联网的另一个“瓶颈”问题是个人信息保护不够全面，许多安全和隐私问题暂时还无法合理解决。众所周知，物联网可以实现对“物”的全程跟踪，在这样的作用体系下，物联网必然会涉及大量的个人隐私信息。一旦信息保管不当，很容易引发一些社会问题。因此，要普及和发展物联网，必须把安全问题放在首位，而安全维护问题也是新时期物联网发展的瓶颈。

二、物联网发展的对策

物联网是在互联网高度发展之后诞生的。物联网的出现，真正地将世界连成了一个整体，在促进“人”与“人”之间交流的同时，也加强了“人物交互”。物联网具有十分乐观的市场发展前景，它的优势也同样是十分明显的。那么，在新时期物联网应如何发展呢？

1. 建设与完善产业技术标准体系。结合我国国情，加快制定物联网行业技术标准，坚持国际标准和国内标准同步推进，争取在世界物联网中拥有更大话语权。因此，有必要加强物联网共同标准的组织和建设，明确责任。简化物联网标准制定流程，协调国家标准与行业标准之间的关系。重视国际交流与合作，国家标准和国际标准并重，协调标准组织之间的关系，形成合力。加快相关标准特别是重点应用领域标准的制定，尽快建立参考标准目录，支持物联网大规模应用推广。同时，打造一批核心企业，带动互联网产业的优势，形成合力推动标准化进程。支持物联网龙头企业率先制订国家标准，充分发挥企业在标准创新和标准推广中的主体作用，同时充分发挥标准化组织和行业联盟的作用，让民营企业顺利参与标准的制订。

2. 加强物联网核心技术的研发。加强物联网核心技术研发，推动物联网产业跨越式发展，要掌握市场主动权就必须掌握物联网核心技术。一是积极引进国外先进技术，并根据物联网产业发展的需要，对于引进的技术和创新，形式不受他人控制、具有自主知识产权的核心技术，将物联网上市的主动权掌握在自己手中，提高我国互联网产业的国际竞争力。二是引进高素质人才，加强物联网核心技术研发，加大高端产业人才引进力度，推动我国物联网产业跨越式发展。三是挖掘内部潜力，加强产学研结合，充分发挥科研院所和高等学校的人才优势，建立物联网应用型评价体系，加快科技成果转化为应用技术。

3. 建立物联网安全保障体系。加强物联网技术安全的整体部署，尽可能保证物联网的安全能力。一是要强化安全防范意识，充分认识保障物联网技术安全的重要性。加快物联网安全标准体系建设，建立健全物联网安全防护体系。二是要尽快完善数据加密技术。保护物联网信息安全离不开数据加密技术，它能够有效地保护物联网信息在被泄露后不被解码。目前，随着物联网的快速发展，对物联网数据加密技术也有更高的要求。三是要查漏补缺，对物联网产品和系统的安全性进行全面评估、填补漏洞，确保涉及国计民生的产业、能源、电力、交通等系统的绝对安全。同时，国家司法部门要与时俱进，制订相应的法律法规，使物联网安全得到最大的保障。

4. 改善物联网企业投融资环境。目前，物联网行业仍处于整体亏损状态。因此，有必要改善投融资环境，鼓励物联网企业、银行和保险公司探索新的融资担保模式，并建立风险分担和利益共享的三方合作关系，为物联网企业的创新和发展提供金融保障。加大银行对物联网企业的信贷资金支持，帮助物联网企业在发展过程中获得充足的资金，尽可能避免企业资金链断裂，确保可持续发展。

第七节 案　例

一、基于 RFID 的酒类产品防伪追溯及仓储管理系统

［**研究目的**］制订基于 RFID 的酒类产品全生命周期解决方案，并应用到白酒企业中，从财务和管理方面论证和评价其效益，财务方面的估算侧重于成本、收益类别的量化，给出计算依据和公式。该系统在改变以往防伪技术缺陷的同时，整合了生产流通管理信息，提高了企业经营效率，增强了企业品牌和核心竞争力。

［**研究方法**］选取国内目前假冒现象猖獗，甚至危及老百姓生命安全的酒

行业，基于 RFID 技术，对酒类产品建立防伪追溯及仓储管理系统进行研究，并提出酒类企业产品防伪追溯及仓储管理系统建设需求，给出系统总体架构、功能、设计及特点（见图 6－7）。

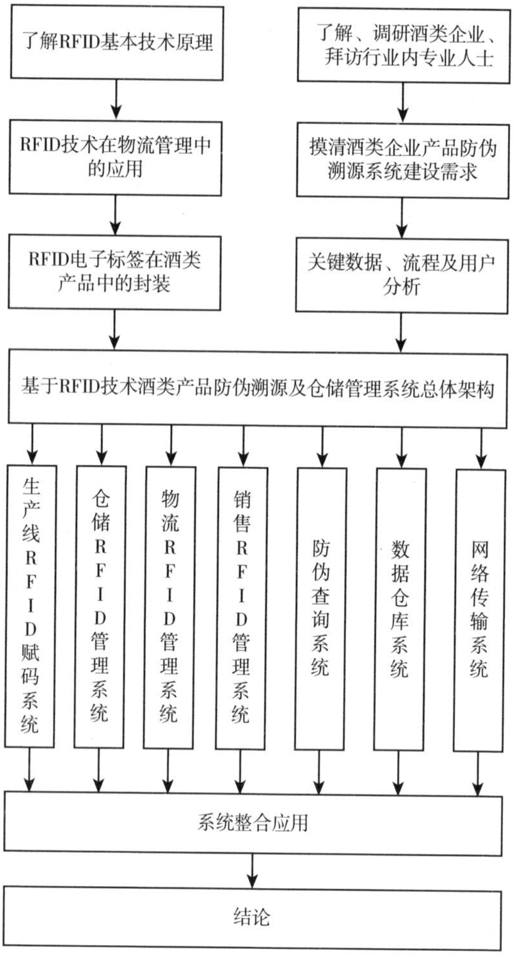

图 6－7　研究的方法

系统全生命周期管理解决方案主要由以下系统组成：生产线 RFID 系统、仓储 RFID 管理系统、物流 RFID 管理系统、销售 RFID 管理系统、防伪查询系统、数据仓库系统、网络传输系统。其中，生产线 RFID 系统、仓储 RFID 管理系统、物流 RFID 管理系统和销售管理系统与业务流程强相关，逻辑划分为业务系统。防伪查询系统、数据仓库系统、网络传输系统作为数据仓库、传输的后台支撑系统，逻辑划分为基础系统。物流 RFID 系统和销售 RFID 系统为可选系统，根据实际需要动态裁剪。

基于 RFID 技术酒类产品防伪追溯及仓储管理系统的实施，包括 RFID 电子标签内置瓶盖、生产线 RFID 赋码系统、仓储 RFID 管理系统、终端查询系统、数据库及服务器。

针对系统的应用进行评估。酒类企业基于 RFID 技术，解决了产品防伪追溯的问题，并应用于仓储管理，这些系统应用是协同存在的，它们共享同一个基础设施，这种资源共享带来总成本降低和效益的增加非常明显。

二、智能交通集成指挥平台的研发

[研究目的] 利用项目管理领域的信息系统建设方法及项目管理知识，旨在建立智能交通领域的大集成应用系统——智能交通集成指挥平台的业务模型，并提出一套可行的技术架构，以实现交通基础建设系统与各种交通信息的深度整合，实现在信息服务、提升管理效率、改善管理水平等方面发挥积极作用。

[研究方法] 通过对国内外智能交通系统进行研究分析，从业务模型、技术架构、系统实现等方面提出智能交通集成指挥系统的整体建设构想，使用项目管理技术中信息系统建设的标准过程进行研发管理以完成智能交通集成指挥平台研发。

集成指挥系统建立在交通管理系统之上，通过交通管理综合信息交换平台，从各子系统取得业务数据，同时该管理平台也是一个将其他各个子系统高度集成化的系统。集成指挥系统是交通策略的具体体现，以交通事件为驱动，通过分析周期性堵车管理策略、突发事件管理策略、特殊情况管理策略，确定各种交通模型，建立相应的计算机处理模型，解决各种交通问题。针对集成指挥系统人工调度，反应滞后的现状，提出建设一个快速反应的指挥调度体系，快速应对各种交通事件，增强交通的宏观指挥调度能力。同时，建立一个多级协调调度的指挥模型。

智能交通集成指挥平台主要分为四个部分：用户界面层、中间应用层、数据接口层、系统数据层。本系统物理结构分为流量检测系统、流量控制系统、流量诱导系统、视频监控系统、闯红灯抓拍系统和智能卡口系统等外场子系统及指挥中心平台。

[系统开发环境]

1. 数据库管理系统的基本要求：

a. 图形化的系统管理工具；

b. 支持简体中文；

c. 支持 TCP/IP 协议，支持双网卡的自动切换；

d. 支持远程数据复制镜像能力；

e. Oracle 11g 企业版。

2. 开发工具：

a. 消息中间件开发工具：VC ++6.0

b. GIS 开发工具：Arcinfo；

c. 数据库开发工具：Oracle11g；

d. 交通集成指挥平台开发语言：Visual C#

e. Web 开发语言：ASP. Net

f. Web 应用服务器：Micorosoft Internet Information Service（IIS）7.0，TOM-CAT6.0。

参考文献

［1］邵西己．物联网综述［J］．西部皮革，2016，38（18）：112.

［2］杜博．物联网产业发展趋势及我国物联网产业发展［J］．电子技术与软件工程，2019（24）：1－2.

［3］赵志毅．计算机物联网的应用与物联网的关键技术［J/OL］．电子技术与软件工程，2019（2）：123［2019－03－06］.

［4］邹承俊．物联网 RFID 技术下的供应链系统［J］．实验室研究与探索，2015，34（9）：265－268.

［5］顾晶晶，陈松灿，庄毅．基于无线传感器网络拓扑结构的物联网定位模型［J］．计算机学报，2010，33（9）：1548－1556.

［6］白蛟，全春来，郭镇．基于物联网的公共安全云计算平台［J］．计算机工程与设计，2011，32（11）：3696－3700.

［7］朱伟兴，戴陈云，黄鹏．基于物联网的保育猪舍环境监控系统［J］．农业工程学报，2012，28（11）：177－182.

［8］夏于，孙忠富，杜克明，胡新．基于物联网的小麦苗情诊断管理系统设计与实现［J］．农业工程学报，2013，29（5）：117－124.

［9］张月玲，李延晓．基于云计算与物联网的智能后勤系统设计［J］．计算机科学，2012，39（S1）：212－213，241.

［10］孟晓丽．物联网平台下基于云计算的智能家居系统设计［J］．科技通报，2016，32（6）：67－71.

［11］韩海雯，齐德昱，封斌．基于云计算与物联网技术的港口物流综合服务平台架构研究［J］．计算机科学，2013，40（S1）：232－235＋261.

［12］Rathore MM，Ahmad A，Paul A. Urban planning and buildings martcities based on the Internet of Things using Big Data analytics［J］．Computer networks，2016，101：63－80.

［13］陈海明，崔莉．面向服务的物联网软件体系结构设计与模型检测［J］．计算机学报，2016，39（5）：853－871.

［14］安健，桂小林，张文东，蒋精华，张进．物联网移动感知中的社会关系认知模型［J］．计算机学报，2012，35（6）：1164－1174.

［15］吕峻闽，缪春池，周启海，马常松．基于 RFID 和 SCOR 的物联网配送中心信息系统模型研究［J］．计算机科学，2011，38（12）：128－130，161.

［16］张丽丽．基于物联网技术平台的中小企业营销战略模型构建［J］．商业时代，2013（35）：54－55.

［17］熊杨婷．基于物联网的城市公共设施智能控制模型设计实现［J］．现代电子技术，2017，40（24）：131－133.

［18］Sun G，Chang V，Ramachandran M，et al. Efficient location Privacy Algorithm for Internet of Things（ioT）services and applications［J］．Journal of Network and Computer Applications，2017（89）：3－13.

［19］Shaikh F K，Zeadally S，Exposito E. Enabling Technologies for Green Internet of Things［J］．IEEE Systems Journal，2017，11（2）：983－994.

［20］Chen J M，Hu K，Wang Q，et al. Narrow band Internet of Things：Implementations and Applications［J］IEEE Internet of Things Journal，2017，4（6）：2309－2314.

［21］Palattella M R，Dohler M，Grieco A，et al. Internet of Things in the 5G Era：Enablers，Architecture，and Business Models［J］．IEEE Journal on Selected Areasin Communications，2016，34（3）：510－527.

［22］方璐．基于 5G 通信技术的物联网产业链发展［J］．电子技术与软件工程，2020（1）：9－10.

［23］He P F，Ning H S，Qiu T，et al. Fog Computing Based Face Identification and Resolution Schemein Internet of Things［J］．IEEE Transactions on Industrial Informatics，2017，13（4）：1910－1920.

［24］Babiceanu R F，Seker R. Big Data and virtualization formanufacturing cyber－physical systems：Asurvey of the current status and future outlook［J］．Computers in industry, 2016 (81): 128 – 137.

[25] 杨瑛霞. 教育信息化的转型: “互联网 + 智慧校园”的构建研究[J]. 吉林省教育学院学报, 2019, 35 (7): 115 – 118.

[26] 曾艳丽, 张文增. 基于物联网的智慧教室设计与研究 [J]. 电脑编程技巧与维护, 2019 (12): 65 – 66, 69.

[27] 李嘉. 基于物联网的智慧校园服务设计研究 [D]. 武汉: 湖北工业大学, 2019.

[28] 严萍, 张兴敢, 柏业超, 杜仲林. 基于物联网技术的智能家居系统[J]. 南京大学学报 (自然科学版), 2012, 48 (1): 26 – 32.

[29] Stojkoska BLR, Trivodaiev KV. Areviewof Internet of Things for smart home: Challenges and solutions [J]. Journal of Cleaner Production, 2017 (140): 1454 – 1464.

[30] 宫艳雪, 武智霞, 郑树泉, 丁志刚. 面向智慧社区的物联网架构研究[J]. 计算机工程与设计, 2014, 35 (1): 344 – 349.

[31] 汪海芳. 物联网技术在智能建筑中的设计和应用 [J]. 建材与装饰, 2020 (3): 111 – 112.

[32] 李瑾, 郭美荣, 高亮亮. 农业物联网技术应用及创新发展策略 [J]. 农业工程学报, 2015, 31 (S2): 200 – 209.

[33] 翟凌宇, 孙凯旋. 基于云计算的智慧农业物联网云平台 [J]. 软件, 2020, 41 (1): 258 – 262.

[34] 武晓钊. 物联网技术在仓储物流领域应用分析与展望 [J]. 中国流通经济, 2011, 25 (6): 36 – 39.

[35] 肖亮. 基于物联网技术的物流园区供应链集成管理平台构建 [J]. 电信科学, 2011, 27 (4): 54 – 60.

[36] 许红伟. 物联网和大数据时代对物流行业的影响及前景分析 [J]. 中国市场, 2020 (2): 162 – 164.

[37] 俞磊, 陆阳, 朱晓玲, 冯琳. 物联网技术在医疗领域的研究进展[J]. 计算机应用研究, 2012, 29 (1): 1 – 7.

[38] 白同舟, 张国伍. 物联网时代背景下城市群交通规划方法探讨 [J]. 综合运输, 2019, 41 (12): 54 – 60.

[39] 李亚军. 互联网 + 背景下智慧交通管理研究 [J]. 中国公共安全(学术版), 2019 (4): 20 – 24.

[40] 郑毅, 胡杨, 姜凯文, 肖阳春, 谢毅. 基于物联网技术的电网安全

过程控制系统［J］. 集成电路应用，2020（1）：76－77.

［41］牛璐杰，杜新宇. 物联网在智能电网中的应用分析［J］. 河北电力技术，2019，38（6）：28－30.

［42］马小平，胡延军，缪燕子. 物联网、大数据及云计算技术在煤矿安全生产中的应用研究［J］. 工矿自动化，2014，40（4）：5－9.

［43］赵新. 矿山物联网体系建设及功能实现［J］. 现代矿业，2018，34（8）：18－20.

［44］俞茜，张学林. 信息安全技术在煤矿物联网中的应用研究［J］. 能源技术与管理，2019，44（6）：165－167.

［45］戴敏捷，王美芳，洪金进，任晴晴，周莲琴. 基于“物联网＋小程序”视域下智慧零售发展路径研究［J］. 价值工程，2020，39（3）：39－40.

［46］李宣，柳毅. 基于双区块链及物联网技术的防伪溯源系统［J］. 计算机应用研究，2020，37：1－6.

［47］李婷. 面向物联网应用的人工智能技术［J］. 集成电路应用，2020（2）：54－55.

［48］迟菲. 大数据与物联网应用下的公共安全管理研究［J］. 智库理论与实践，2019，4（6）：85－91.

［49］于涵. 基于物联网概念的校园信息化发展［J/OL］. 电子技术与软件工程，2017（22）：223.

［50］吕晓艳. 物联网在智慧校园中的应用分析［J］. 科技风，2019（3）：77.

［51］黄彬. 论计算机物联网技术在物流领域中的应用与创新［J］. 市场论坛，2018（7）：46－48.

［52］张皓. 计算机物联网技术应用及发展研究［J］. 电子技术与软件工程，2016（22）：10.

［53］陈胜蓝. 新时期物联网发展的主要瓶颈问题［J］. 电脑迷，2018（11）：86.

［54］张干军. 我国物联网产业发展的瓶颈与对策［J］. 现代企业，2018，（12）：49－50. DOI：10.3969/j.issn.1000－9671.2018.12.026.

第七章

决策智能应用综合案例

第一节

生鲜物流同城速递路径优化算例分析

一、基本数据引入

杭州××公司成立于2012年，服务于整个杭州市，所配送的服务涵盖了常用的20多个大品类，主要包括新鲜的蔬菜、水果、肉类及制品、冻品、水产及制品、米面粮油、调料其他、酒水饮料等。客户分别为商家、个体商户以及普通购物用户。公司拥有自己的集货区，每天服务的商家在50家左右。由于服务点数量较多，此处只选取17个客户作为本书的对象，地理位置分布如图7-1所示。

图7-1 配送中心及客户分布

将公司配送中心编号为0，各生鲜食品需求门店编号为1，2，…，17。公司配送中心在执行生鲜食品配送任务时，首要目标是在客户规定的时间窗内将生鲜食品送达的前提下使该过程所产生的各种费用之和最低。若配送服务到达的时间超出了规定的服务时间范围，则不及时送达会产生一定的赔偿金。配送中心以及客户的地理分布如表7－1所示，客户的需求及送达时间要求如表7－2所示。

表7－1　配送中心及客户地理位置信息

编号	地理位置	经度	纬度
0	上塘路大浒东苑	120.156239	30.318963
1	环城东路97号檀香园	120.192983	30.260616
2	文二路391号西湖国际科技大厦	120.127214	30.287783
3	拱墅区莫干山路739号墨香苑	120.144459	30.303269
4	万塘路317号华星世纪大楼	120.129427	30.28698
5	潮王路45号东方豪园文豪阁	120.169661	30.29497
6	潮王路45号东方豪园俊豪阁	120.169246	30.294861
7	三墩镇厚仁路368号香港城	120.086011	30.337977
8	滨盛路1508号海亮大厦	120.21756	30.19064
9	学林街松合时代商城	120.319036	30.320734
10	体育场路588号建行宝石支行	120.156373	30.274541
11	大世界五金城	120.227652	30.338147
12	孔雀大厦三号楼	120.209214	30.172991
13	祥符街道嘉誉蜂	120.120924	30.304397
14	赞成太和广场8号楼	120.183762	30.222274
15	余杭塘路2159号	120.021445	30.293352
16	大关路绿地中央广场	120.150036	30.309933
17	杭行路185号富越香郡	120.127692	30.327469

表7－2　客户的需求及要求

客户 \ 条目	需求量（单位：吨）	客户要求的时间窗		客户接受的时间窗	
		早到时间	晚到时间	早到时间	晚到时间
P1	1.0	6：10	6：40	5：40	7：10
P2	0.4	6：40	7：10	6：10	7：40
P3	0.8	5：20	5：50	4：50	6：20
P4	0.8	7：40	8：10	7：10	8：40

续表

条目 客户	需求量 （单位：吨）	客户要求的时间窗		客户接受的时间窗	
		早到时间	晚到时间	早到时间	晚到时间
P5	0.5	5：00	5：30	4：30	6：00
P6	0.2	6：00	6：30	5：30	7：00
P7	1.0	7：10	7：40	6：40	8：10
P8	0.9	5：50	6：20	5：20	6：50
P9	1.2	5：30	6：00	5：00	6：30
P10	0.6	4：30	5：00	4：00	5：30
P11	0.4	6：10	6：40	5：40	7：10
P12	0.8	6：40	7：10	6：10	7：40
P13	0.5	5：50	6：20	5：20	6：50
P14	1.2	7：40	8：10	7：10	8：40
P15	0.5	6：40	7：10	6：10	7：40
P16	1.0	7：10	7：40	6：40	8：10
P17	0.6	6：10	6：40	5：40	7：10

二、配送模型的程序求解思路

配送路径优化模型的蚁群算法求解思路如图 7－2 所示。

定义参数：

move_count：表示当前探索城市的数量；

iter_num：表示迭代次数；

iter：表示迭代次数统计器；

city_num：表示城市数量（包含配送中心）。

初始化数据：

path = [ ]：表示当前路径列表；

urrent_load =0：表示 ant 当前载重量；

current_total_distance：表示当前路径总距离；

current_total_cost =0：表示当前路径总成本；

current_start_time = [0，0]：表示当前路径的车辆初始出发时间 [小时，分钟]；

current_city = delivery_center_id：表示初始城市为配送中心；

path. append（self. current_city）：表示更新 path；

open_city_state［self. current_city］=False：表示更新城市状态；

Refrigerated_truck =0：表示不使用冷藏车，为 1 表示使用冷藏车。

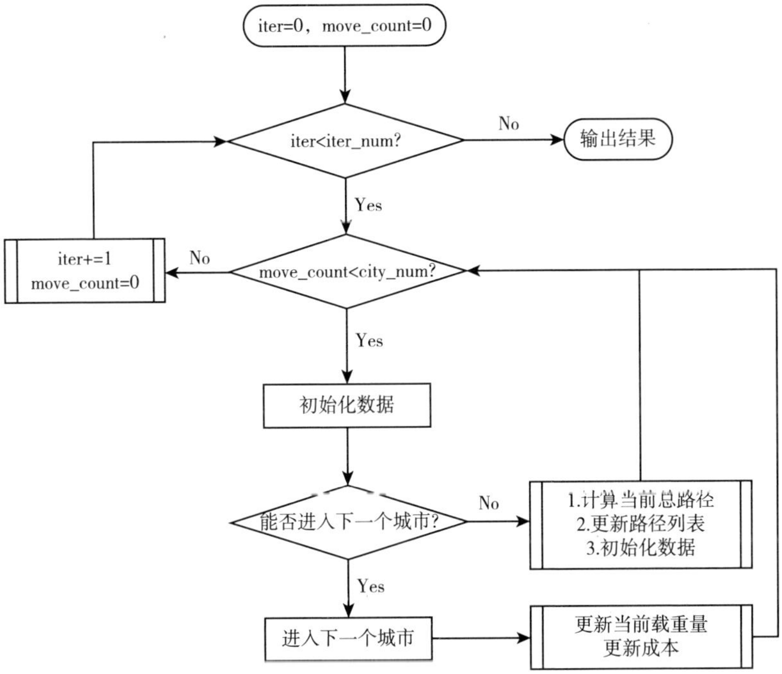

图 7 –2　配送模型蚁群算法求解思路

三、基本参数设置

针对杭州××公司的生鲜食品配送路径优化任务所需的基本数据如表 7 –3 所示。

表 7 –3　基本参数

参数名称	数值
车辆的固定成本（单位：元）（指车辆的每次出行费用）	pf = 250
车辆单位行驶里程的燃油费用（单位运输成本）	pc = 2
车辆的平均行驶速度（单位：公里/小时）	v = 15. 95
非冷藏车时间敏感调节因子	r = 0. 5

续表

参数名称	数值
冷藏车时间敏感调节因子	r = 0.8
产品保质期（单位：天）	T = 5
单位产品的价格即单价（单位：元/吨）	p = 5000
每小时的卸货率（单位：吨/小时）	Lt = 2.2
每小时的卸货损失	rs = 0.015
车厢体的裂化程度	a = 0.08
热传率	R = 2.49
车厢受到阳光照射的面积	S = 42
车的车厢体积（单位：立方米）	V = 12.55
车厢外的温度	Tw = 29
车厢内的温度	Th = 5
单位制冷成本（单位：元/小时）	c = 2
车辆早到的惩罚成本（单位：元/小时）	p1 = 90
车辆晚到的惩罚成本（单位：元/小时）	p2 = 90
信息启发因子	ALPHA = 1.0
期望启发因子	BETA = 2.0

对于表 7－3 的数据说明：车辆的固定成本是取平均的数据，实际每个城市、每个公司的车辆每次出行的固定成本不一样；车辆单位行驶里程的燃油费也是根据实际的取值去平均；车辆的平均行驶速度参考《杭州市典型道路机动车行驶特征研究》设定；对于产品的保质期、单位产品的价格、每小时的卸货率及损失率、配送车厢体的裂化程度以及体积、单位制冷成本、早到晚到惩罚成本都是结合该公司实际的数据设定；车厢内外温度是根据该公司实际运行数据的分布取值；信息启发因子和期望启发因子暂定表格中的数据，由于这两个数据的设定同样会影响模型的求解结果，因此在后面同样也会分析其影响效果。

四、三个角度实例分析

利用 Python 写代码设置上面的基本参数，从以下三个方法利用蚁群算法来求解生鲜食品配送模型优化结果如下。

（一）全部使用冷藏车策略

Refrigerated_truck = 1，表示全部使用冷藏车辆来进行配送，不论客户的生鲜食品是否一定需要进行制冷保鲜，一律对生鲜食品进行制冷保鲜操作。模型迭代后得到的最低配送成本散点图如图 7 - 3 所示（说明：为了便于成本数据的显示，本章散点图是根据一定迭代次数下所得的数据制作，最低成本是基于算法迭代次数的）。

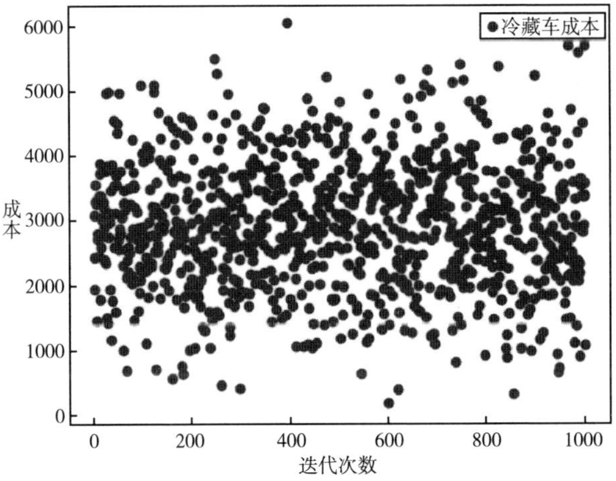

图 7 - 3　全部使用冷藏车成本散点图

此时得到的最低成本的优化路径如图 7 - 4 所示。

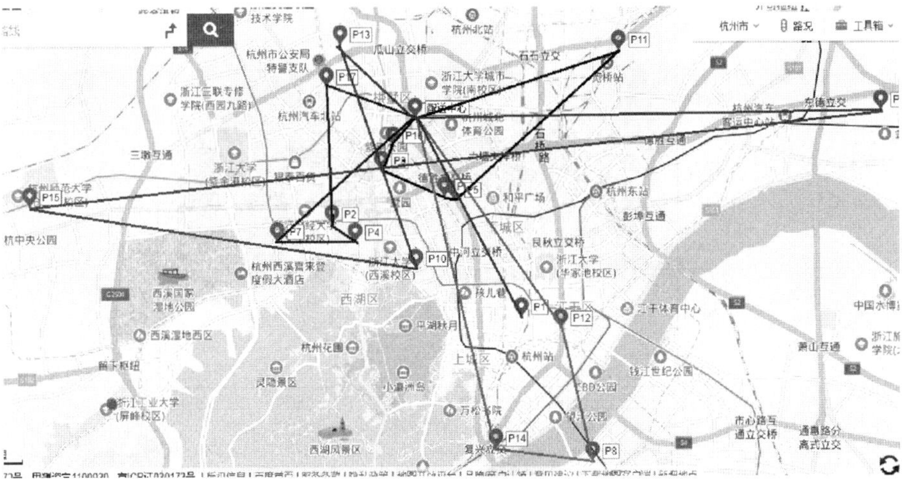

图 7 - 4　全部使用冷藏车最优路径图

此时可知当全部使用冷藏车，在迭代次数为599次时求得最低成本为54149.7元，对应的配送路径如下：

路径1：配送中心→P16→P3→P6→P5→P11→配送中心；

当前车辆的载重量为2.9吨，所行驶的距离为22.0公里，耗费10441.4元。

路径2：配送中心→P12→P8→P14→配送中心；

当前车辆的载重量为2.9吨，所行驶的距离为40.1公里，耗费11458.4元。

路径3：配送中心→P7→P4→P2→P17→配送中心；

当前车辆的载重量为2.8吨，所行驶的距离为26.85公里，耗费11457.4元。

路径4：配送中心→P9→P15→P10→P13→配送中心；

当前车辆的载重量为2.8吨，所行驶的距离为84.6公里，耗费12315.9元。

路径5：配送中心→P1→配送中心；

当前车辆的载重量为1.0吨，所行驶的距离为7.9公里，耗费7226.6元。

由于车辆固定成本的计算是根据实际派发车辆的数量来计算的，对于程序当中固定成本的计算是在每条路径得出来之后，而计算固定成本到总成本当中，因此前面的每条路径的耗费都应该加上车辆的固定成本250元。

（二）全部使用非冷藏车策略

设置 Refrigerated_truck = 0，表示全部使用非冷藏车辆进行配送，不论客户要求的生鲜食品是否需要进行制冷保鲜，一律对生鲜食品不进行制冷保鲜操作。模型迭代后得到的最低配送成本散点图如图7-5所示。

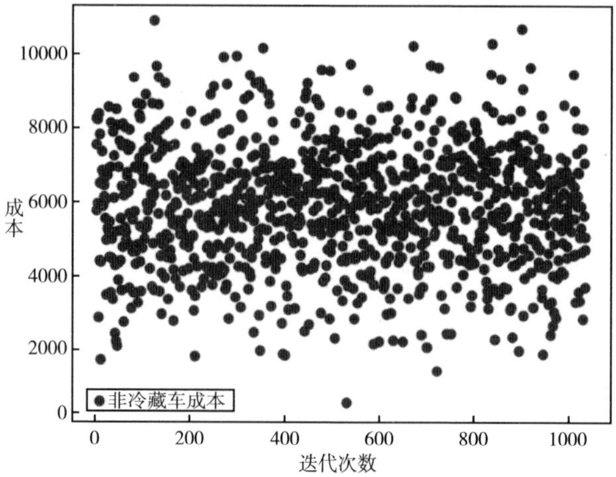

图7-5 全部使用非冷藏车成本散点图

此时得到的最低成本优化路径如图 7 - 6 所示。

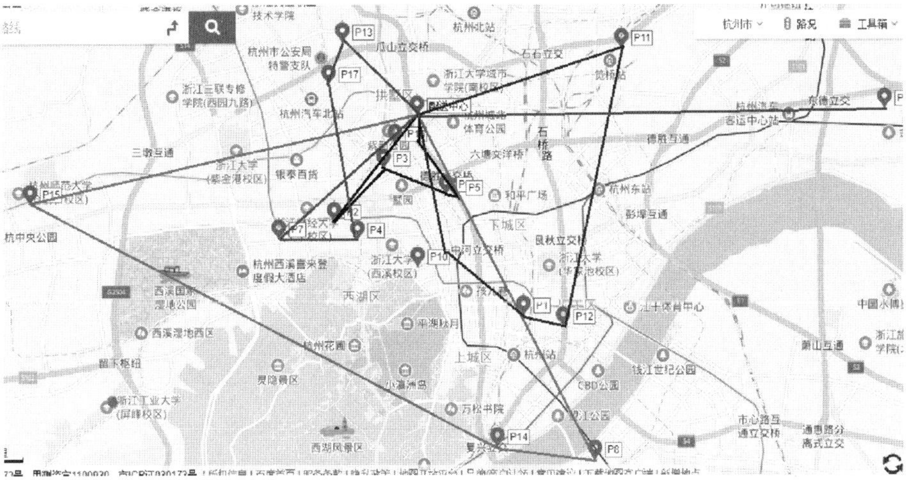

图 7 - 6　全部使用非冷藏车最优路径

可知当全部使用非冷藏车，在迭代次数为 534 次时求得最低成本为 29557. 3 元，对应的配送路径如下：

路径 1：配送中心→P16 →P5 →P6 →P3 →P2 →配送中心；

当前车辆的载重量为 2.9 吨，所行驶的距离为 16. 41 公里，耗费 4001. 7 元。

路径 2：配送中心→P8 →P14 →P15 →配送中心；

当前车辆的载重量为 2. 6 吨，所行驶的距离为 68. 4 公里，耗费 7966. 4 元。

路径 3：配送中心→P10 →P1 →P12 →P11 →配送中心；

当前车辆的载重量为 2. 8 吨，所行驶的距离为 41. 3 公里，耗费 6752. 3 元。

路径 4：配送中心→P7 →P4 →P17 →P13 →配送中心；

当前车辆的载重量为 2. 9 吨，所行驶的距离为 18. 8 公里，耗费 6375. 1 元。

路径 5：配送中心→P9 →配送中心；

当前车辆的载重量为 1. 2 吨，所行驶的距离为 28. 2 公里，耗费 3211. 8 元。

同上可知以上每条路径的实际耗费都需要增加 250 元。

（三）冷藏车和非冷藏车结合策略

实际情况下客户需求的生鲜食品中有一部分需要制冷保鲜而另一部分则不需要制冷保鲜，因此配送应该包括部分使用冷藏车和部分使用非冷藏车。表 7 - 4 是根据客户是否需要制冷保鲜的需求列表。

表 7-4　　客户需求分类

条目 / 客户	有制冷需求	无制冷需求	总需求（单位吨）
P1	0.6	0.4	1.0
P2	0.2	0.2	0.4
P3	0.5	0.3	0.8
P4	0.4	0.4	0.8
P5	0.3	0.2	0.5
P6	0.1	0.1	0.2
P7	0.5	0.5	0.5
P8	0.5	0.4	0.9
P9	0.8	0.4	1.2
P10	0.3	0.3	0.6
P11	0.2	0.2	0.4
P12	0.4	0.4	0.8
P13	0.3	0.2	0.5
P14	0.6	0.6	1.2
P15	0.3	0.2	0.5
P16	0.7	0.3	1.0
P17	0.3	0.3	0.3

此时对于需要制冷操作的部分初始化数据环节设置 Refrigerated_truck =1，反之设置 Refrigerated_truck =0。利用 Python 程序得到的成本散点图如图 7-7 所示。

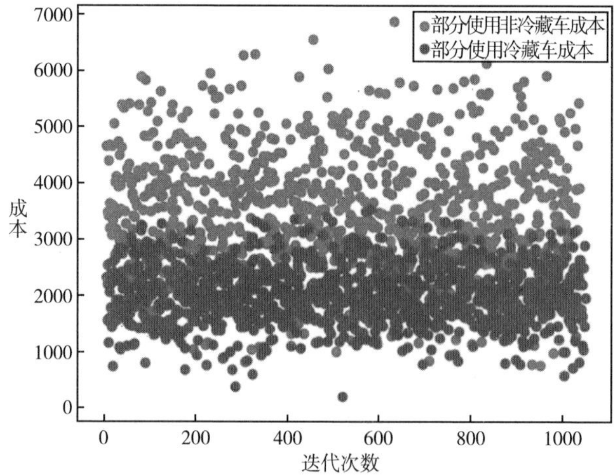

图 7-7　部分使用冷藏车部分使用非冷藏车成本散点图

为了能够更加清晰地表达模型运行结果，下面分别讨论部分使用冷藏车和部分使用非冷藏车的计算结果。

1. 部分使用冷藏车情况。

将需要制冷保鲜部分的生鲜食品集中在一起，使用冷藏车进行配送，可以仿照全部使用冷藏车的模型求解，所得结果如图 7－8 所示。

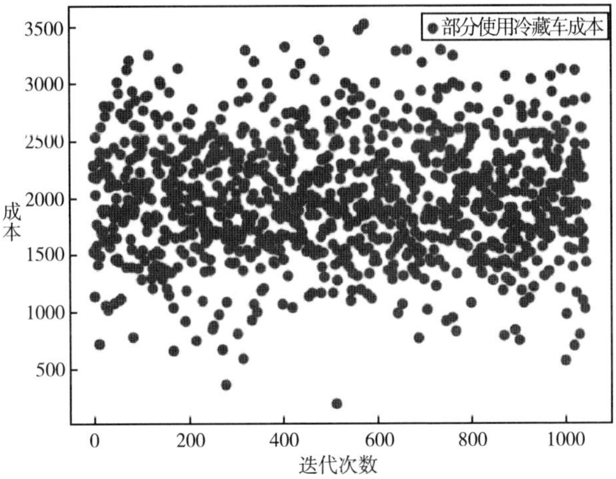

图 7－8 部分使用冷藏车的成本散点图

此时得到的部分使用冷藏车最优路径如图 7－9 所示。

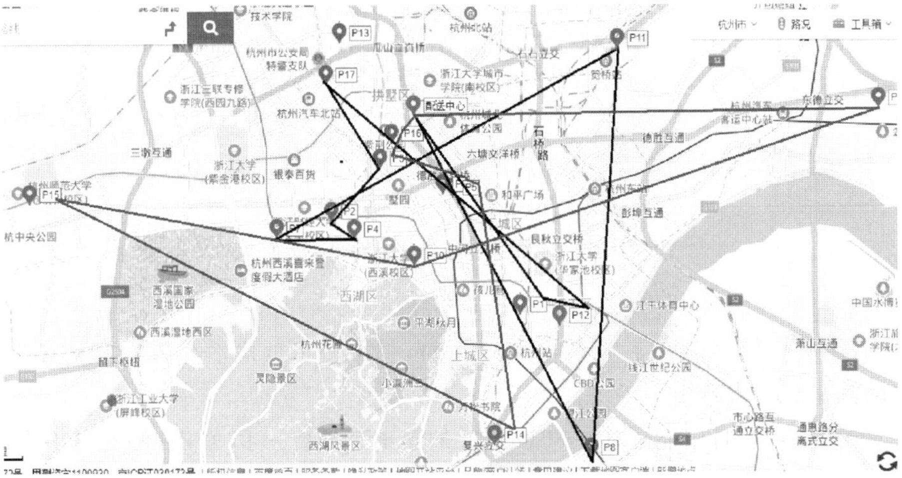

图 7－9 部分使用冷藏车最优路径

部分使用冷藏车，在迭代次数为 516 次时求得最低成本为 31186.6 元，对应的配送路径如下：

路径 1：配送中心→P8 →P11 →P7 →P4 →P2 →P13 →P17 →P12 →P1 →配送中心；

当前车辆的载重量为 3.0 吨，所行驶的距离为 94.95 公里，耗费 16080.9 元。

路径 2：配送中心→P16 →P3 →P6 →P5 →P14 →P15 →P10 →P9 →配送中心；

当前车辆的载重量为 2.4 吨，所行驶的距离为 91.91 公里，耗费 14605.7 元。

2. 部分使用非冷藏车情况。

同理可将不需要制冷保鲜部分的生鲜食品集中在一起，使用非冷藏车进行配送，同样可以仿照全部使用非冷藏车的模型求解，所得的结果如图 7－10 所示。

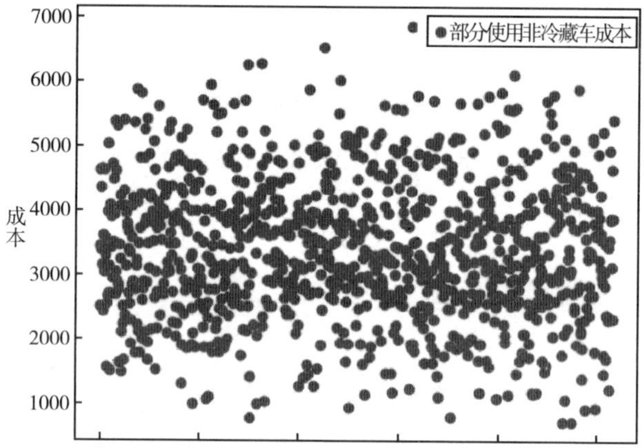

图 7－10　部分使用非冷藏车的成本散点图

此时得到的部分使用非冷藏车最优路径如图 7－11 所示。

部分使用非冷藏车，在迭代次数为 946 时求得最低成本为 22742.5 元，对应的配送路径如下：

路径 1：配送中心→P16 →P3 →P5 →P6 →P2 →P4 →P7 →P11 →配送中心；

当前车辆的载重量为 2.9 吨，所行驶的距离为 43.36 公里，耗费 7339.0 元。

路径 2：配送中心→P9 →P12 →P10 →P17 →P13 →P8 →P15 →配送中心；

当前车辆的载重量为 2.9 吨，所行驶的距离为 128.2 公里，耗费 10670.2 元。

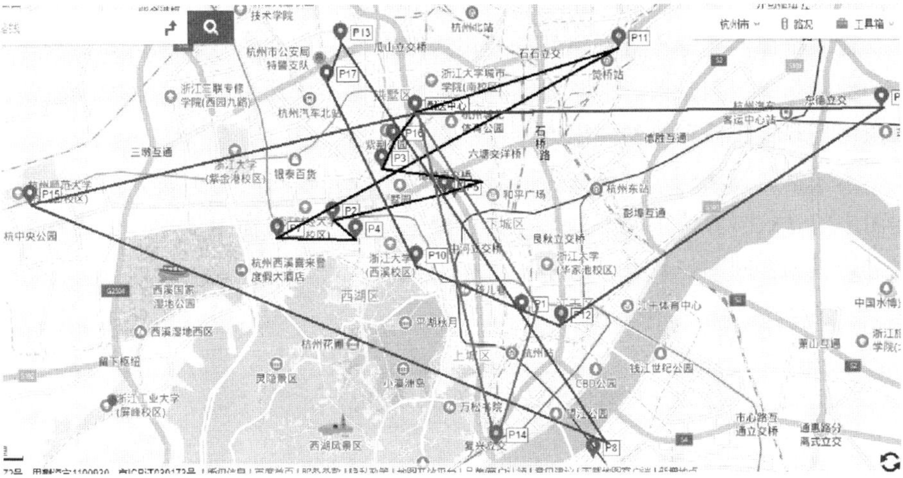

图 7－11　部分使用非冷藏车最优路径

路径 3：配送中心→P14 →P1 →配送中心；

当前车辆的载重量为 1.2 吨，所行驶的距离为 38.5 公里，耗费 3983.3 元。

五、小结

为了便于分析上述的实例分析，绘制表格如表 7－5 所示。

表 7－5　　　　数据分析结果汇总

条目 编号	使用车辆	最优路径数目	最低成本	总成本（单位：元）
1	全部冷藏车	5	54149.7	54149.7
2	全部非冷藏车	5	29557.3	29557.3
3	部分冷藏车	2	31186.6	53929.1
	部分非冷藏车	3	22742.5	

比较全部使用冷藏车和全部使用非冷藏车可知，两种配送方式的使用车辆数目相同，但全部使用冷藏车的最低总成本大于全部使用非冷藏车，其主要原因就在于当使用冷藏车的时候便开始了制冷的操作，产生制冷成本。

比较全部使用冷藏车和部分使用冷藏车部分使用非冷藏车可知，两种配送方法的派发车辆同样是相等的，且后者的总成本还小于前者，说明了对于生鲜食品配送方式的选择不能一律选择全部使用冷藏车。

比较全部使用非冷藏车和部分使用冷藏车部分使用非冷藏车可知，配送车辆的数量相等，但是前者的总成本在较大程度上小于后者，产生该种现象的主要原因还是在于冷藏车的使用上。

本案例通过实例对生鲜食品同城速递从三个角度进行了分析，同时绘制流程图来阐述蚁群算法求解配送模型的思路，使其通俗易懂，最后对上述各个角度进行了相互间的比较及总结。

第二节

连锁超市配送订单分配与路径优化

一、W 连锁超市背景简介

W 连锁超市成立于 1994 年，是我国发展较早、规模较大的现代流通企业之一，旗下拥有百安居、新华百货、美廉美、京北大世界等多个知名品牌，在华北、西北和华东等地区拥有各类商场 1000 多家，公司业务主要涉及零售贸易、电子商务、物流运输、互联网科技等多个业态。目前杭州市 W 连锁超市企业大约有近 27 家门店，经营时间范围为 8：00～22：00，每家门店负责各自 3 公里范围内的配送订单，图 7－12 显示了杭州市 W 连锁超市位置分布情况，可以看出目前 W 企业的门店在杭州市主要集中在江干区、余杭区。

W 连锁超市企业采用自建电商平台的方式开展 O2O 线上业务，末端配送业务主要依靠众包配送的模式，其自身并没有专业的配送团队。当消费者通过移动 APP 下单并填写收货地址时，系统会自动定位出能为消费者提供配送服务的附近门店，如果其超过 W 连锁超市能够提供配送服务的范围，消费者只能选择去该门店进行线下购买或者在线上进行下单后前往该门店自提。当消费者在 APP 上浏览其所需商品并下单时，可以在一定范围内自由选择配送到达时间，确保不会出现众包骑手已经将商品配送上门而消费者无法接收的情况。目前 W 连锁超市可供选择的送达时间段主要有：10：00～10：30、10：30～12：00、12：00～13：30、13：30～15：00、15：00～16：30、16：30～18：00、18：00～19：30、19：30～21：00，如果消费者的下单时间超过 19 点，则当天不能进行配送。W 连锁超市门店在接收到消费者的订单后，立刻根据消费者要求的送达时间来安排进行拣货、包装作业。

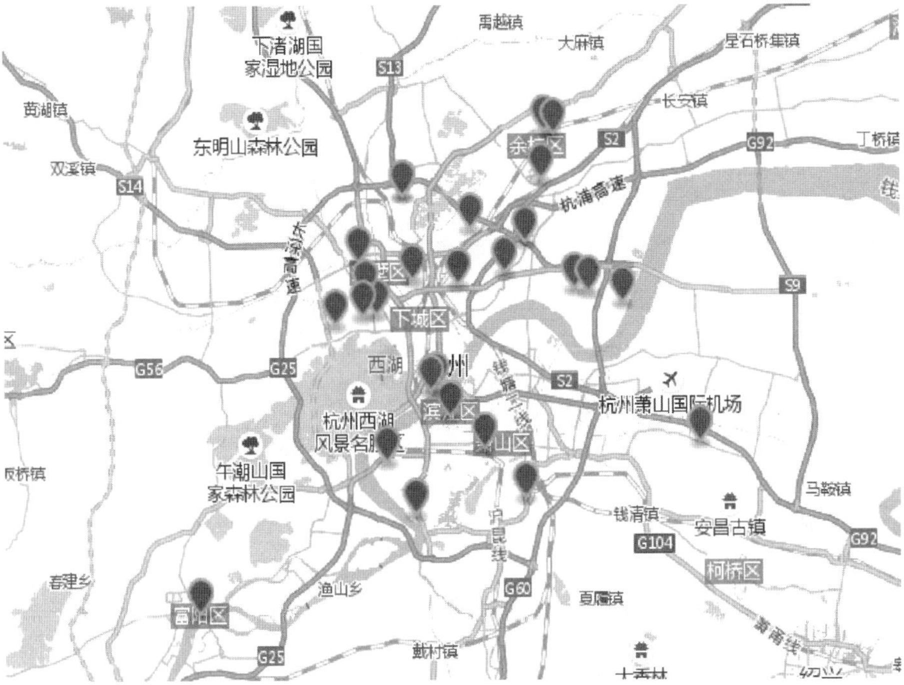

图 7－12　杭州市 W 连锁超市位置分布情况

本案例通过收集 W 连锁超市单个门店一整天的消费者订单数据，从中选取时间段 16：30～18：00 内的 151 条订单数据来验证数学模型和方法的有效性和可行性。

二、相关数据分析

根据 W 连锁超市单个门店单天在时间段 16：30～18：00 的 151 条订单数据信息，通过电子地图绘图软件可以画出 W 连锁超市单个门店及消费者位置分布图，如图 7－13 所示。

从图 7－13 可以看出，消费者地理位置分布呈现离散性的特点。由于连锁超市的末端配送对时效性方面要求很高，在对订单进行聚类分析的过程中考虑将消费者之间的距离远近作为主要的分类标准。因此运用百度拾取坐标系统，收集到 W 连锁超市单个门店及消费者位置坐标如表 7－6 所示，其中，序号 0 表示 W 连锁超市单个门店的位置坐标，序号 1～151 表示 W 连锁超市单个门店在时间 16：30～18：00 内下单消费者的地理位置坐标。

图 7 – 13　W 连锁超市单个门店及消费者位置分布

表 7 – 6　W 连锁超市单个门店及消费者位置坐标

序号	位置坐标	序号	位置坐标
0	(120.129254, 30.294442)	13	(120.134855, 30.298348)
1	(120.114964, 30.293565)	14	(120.134639, 30.292976)
2	(120.138789, 30.298746)	15	(120.134467, 30.297798)
3	(120.138553, 30.296312)	16	(120.134461, 30.293536)
4	(120.138091, 30.298358)	17	(120.134443, 30.294722)
5	(120.137943, 30.297645)	18	(120.134358, 30.291603)
6	(120.136034, 30.299308)	19	(120.134233, 30.293047)
7	(120.135967, 30.299992)	20	(120.134207, 30.293793)
8	(120.135546, 30.299771)	21	(120.134187, 30.297847)
9	(120.135383, 30.299999)	22	(120.134014, 30.292391)
10	(120.135147, 30.29325)	23	(120.133994, 30.298369)
11	(120.135006, 30.293824)	24	(120.133895, 30.299466)
12	(120.134901, 30.299449)	25	(120.133836, 30.292632)

续表

序号	位置坐标	序号	位置坐标
26	(120.133833, 30.298886)	58	(120.130306, 30.297922)
27	(120.133808, 30.291876)	59	(120.130261, 30.302408)
28	(120.133752, 30.295085)	60	(120.129966, 30.292382)
29	(120.133714, 30.293286)	61	(120.129864, 30.295717)
30	(120.133572, 30.291504)	62	(120.129826, 30.293487)
31	(120.133303, 30.297118)	63	(120.12982, 30.293158)
32	(120.133244, 30.291873)	64	(120.1298, 30.294931)
33	(120.133234, 30.303034)	65	(120.129725, 30.301546)
34	(120.13311, 30.291499)	66	(120.129669, 30.301942)
35	(120.132614, 30.303005)	67	(120.129657, 30.291342)
36	(120.132532, 30.303605)	68	(120.12951, 30.299678)
37	(120.132259, 30.302162)	69	(120.129457, 30.2968)
38	(120.131988, 30.291063)	70	(120.129444, 30.290421)
39	(120.131906, 30.290177)	71	(120.129403, 30.296007)
40	(120.131707, 30.29454)	72	(120.129305, 30.292899)
41	(120.131688, 30.29052)	73	(120.129245, 30.301468)
42	(120.131429, 30.298697)	74	(120.129115, 30.290951)
43	(120.131362, 30.295968)	75	(120.129054, 30.291274)
44	(120.131351, 30.303162)	76	(120.129042, 30.298045)
45	(120.131272, 30.294897)	77	(120.129021, 30.302233)
46	(120.131249, 30.291328)	78	(120.129018, 30.295179)
47	(120.131179, 30.295644)	79	(120.129006, 30.297667)
48	(120.131123, 30.292771)	80	(120.128969, 30.295962)
49	(120.130993, 30.290486)	81	(120.128912, 30.292511)
50	(120.130937, 30.291174)	82	(120.12886, 30.289606)
51	(120.130936, 30.296151)	83	(120.128618, 30.293326)
52	(120.130848, 30.291384)	84	(120.128591, 30.301849)
53	(120.130736, 30.296144)	85	(120.128575, 30.297153)
54	(120.130575, 30.292489)	86	(120.128224, 30.301156)
55	(120.130566, 30.292739)	87	(120.128206, 30.293182)
56	(120.130559, 30.301512)	88	(120.128106, 30.28927)
57	(120.130528, 30.299085)	89	(120.127874, 30.294366)

续表

序号	位置坐标	序号	位置坐标
90	(120.127753, 30.298691)	121	(120.122514, 30.290767)
91	(120.127671, 30.301647)	122	(120.12243, 30.291709)
92	(120.127648, 30.296179)	123	(120.122419, 30.292039)
93	(120.127471, 30.298249)	124	(120.122319, 30.294378)
94	(120.127326, 30.299074)	125	(120.122268, 30.295101)
95	(120.127057, 30.296462)	126	(120.121918, 30.292034)
96	(120.127042, 30.29463)	127	(120.121617, 30.290741)
97	(120.126997, 30.298678)	128	(120.121492, 30.288875)
98	(120.126891, 30.289344)	129	(120.12149, 30.291679)
99	(120.126885, 30.301806)	130	(120.120906, 30.290673)
100	(120.126719, 30.289579)	131	(120.120882, 30.288887)
101	(120.12669, 30.292815)	132	(120.119585, 30.288985)
102	(120.126539, 30.296703)	133	(120.119566, 30.294414)
103	(120.126426, 30.291763)	134	(120.119558, 30.288602)
104	(120.126176, 30.289507)	135	(120.119072, 30.294885)
105	(120.126124, 30.294589)	136	(120.11893, 30.289812)
106	(120.125952, 30.296428)	137	(120.11886, 30.294668)
107	(120.125908, 30.291896)	138	(120.118855, 30.288592)
108	(120.125836, 30.295551)	139	(120.117624, 30.289356)
109	(120.125592, 30.297656)	140	(120.117483, 30.294218)
110	(120.125457, 30.298533)	141	(120.11726, 30.289343)
111	(120.123915, 30.294367)	142	(120.117103, 30.294054)
112	(120.123813, 30.295151)	143	(120.117013, 30.294727)
113	(120.123337, 30.292061)	144	(120.116739, 30.294906)
114	(120.123317, 30.289691)	145	(120.116618, 30.289384)
115	(120.123075, 30.294397)	146	(120.116401, 30.289928)
116	(120.122884, 30.295388)	147	(120.116356, 30.294663)
117	(120.122825, 30.292182)	148	(120.116077, 30.294131)
118	(120.122811, 30.291895)	149	(120.115901, 30.295945)
119	(120.122602, 30.289256)	150	(120.115885, 30.295544)
120	(120.12256, 30.290221)	151	(120.115444, 30.293873)

由于消费者在网上下单时可以在一定范围内自由选择配送到达时间，因此本案例收集的151条订单中消费者满意的配送时间窗范围为16：30～18：00。

每条订单的商品总重量可以根据订单中商品规格进行估算，消费者下单商品种类及规格情况如图 7－14 所示。

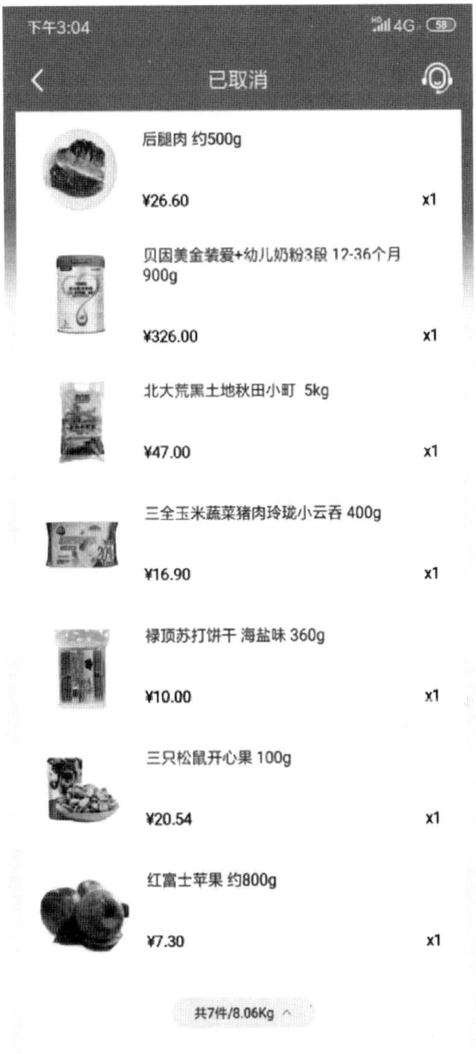

图 7－14　消费者下单商品种类及规格情况

三、案例求解与结果分析

（一）基于混合聚类算法的订单分析

首先利用 R 软件画出了 W 连锁超市单个门店在时间段 16：30～18：00 内

需要配送151个订单的消费者地理位置散点图，如图7－15所示。从图中可以看出消费者的地理位置集中分布在几个区域之内，如果只将配送订单进行随机分配，则会出现多个订单之间距离相距较远的情况，造成迂回运输的现象。

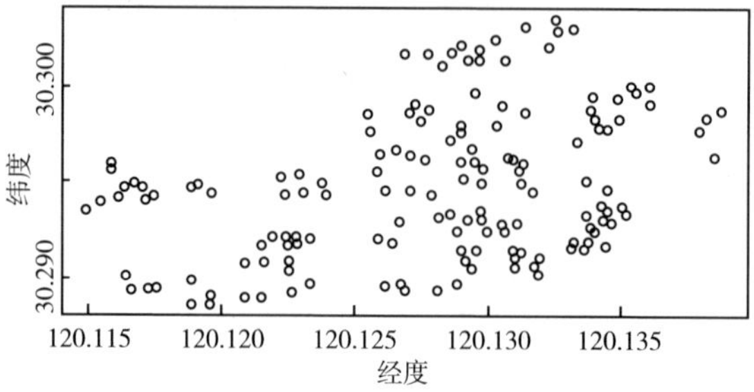

图7－15 消费者地理位置散点图

实验一，使用AP算法和PAM算法组成的混合聚类算法对配送订单按照消费者的地理位置坐标进行聚类分析。先运用AP算法求出151个样本数据点的聚类数目k值，得到聚类数目k值为10。将PAM算法中的k值设定为10，运用PAM算法对样本数据点进行聚类分析，具体的分类结果如表7－7所示。

表7－7 混合聚类算法的聚类结果情况

类别	消费者个数	消费者序号
1	13	1、151、133、150、135、149、137、148、140、147、142、144、143
2	16	2、31、3、26、4、24、5、23、6、21、7、15、8、13、9、12
3	16	10、34、11、32、14、30、16、29、17、28、18、27、19、25、20、22
4	17	33、99、35、91、36、86、37、84、44、77、56、73、57、68、59、66、65
5	21	38、87、39、83、41、81、46、75、48、74、49、72、50、70、52、67、54、63、55、62、60
6	18	40、89、42、85、43、80、45、79、47、78、51、76、53、71、58、69、61、64
7	8	82、107、88、104、98、103、100、101
8	14	90、112、92、110、93、109、94、108、95、106、96、105、97、102
9	20	111、123、131、113、130、122、114、129、115、128、116、127、117、126、118、125、119、124、120、121
10	8	132、146、134、139、145、136、141、138

实验二，使用K－means算法对配送订单进行聚类分析。为了更好地检验混合聚类算法的有效性，与传统的K－means算法进行比较。当设定聚类数目为

10 时，K－means 算法产生的具体分类结果如表 7－8 所示。

表 7－8　　K－means 算法的聚类结果情况

类别	消费者个数	消费者序号
1	8	82、107、88、104、98、103、100、101
2	13	6、42、7、31、8、26、9、24、12、23、13、21、15
3	17	10、40、11、34、14、32、16、30、17、29、18、28、19、27、20、25、22
4	10	128、146、131、145、132、141、134、139、136、138
5	19	111、130、120、112、129、113、127、114、126、115、125、122、116、124、117、123、118、119、121、
6	4	2、5、4、3
7	28	43、110、47、109、51、108、53、106、58、105、61、102、64、97、69、96、71、95、76、94、78、93、79、92、80、90、85、89
8	17	33、99、35、91、36、86、37、84、44、77、56、73、57、68、59、66、65
9	22	38、87、39、83、41、81、45、75、46、74、48、72、49、70、50、67、52、63、54、62、55、60
10	13	1、151、133、150、135、149、137、148、140、147、142、144、143

为了更好地评价两种聚类算法的有效性，引入平均轮廓系数指标作为聚类质量的评价标准，比较结果如表 7－9 所示。从表中可以看出混合聚类算法的平均轮廓系数指标值要比传统的 K－means 算法结果好，并且采用混合聚类算法对连锁超市的配送订单进行聚类分析的过程中，不需要人为对聚类数目进行设定，提高了其解决实际问题的能力。

表 7－9　　各算法的聚类质量情况

算法	平均轮廓系数	聚类数目
混合聚类	0.464	10
PAM	0.453	9
K－means	0.459	9
K－means	0.438	10
K－means	0.440	11

通过混合聚类算法对杭州市 W 连锁超市单个门店时间段 16：30～18：00 内需要配送的 151 订单进行聚类分析后，将这 151 个订单划分为 10 个类，使各个类内消费者的地理位置相对较近。

（二）基于节约算法的配送路径优化

将前面混合聚类算法产生的类 10 中的配送订单进行重新编号并根据消费者下单商品种类及规格情况统计商品的总重量，编号 0 表示 W 连锁超市单个门店的位置坐标，结果如表 7－10 所示。

表 7－10　　类别 10 消费者编号及商品重量情况

编号	位置坐标	商品重量（单位：千克）
0	(120.129254，30.294442)	
1	(120.119585，30.288985)	9.8
2	(120.119558，30.288602)	12.3
3	(120.11893，30.289812)	14.5
4	(120.118855，30.288592)	8.6
5	(120.117624，30.289356)	20.2
6	(120.11726，30.289343)	18.5
7	(120.116618，30.289384)	21.4
8	(120.116401，30.289928)	16.5

假设车辆的最大装载量 Q 为 80 千克；单位距离的行驶成本 C 为 10 元/公里；车辆行驶速度 V 为 10 公里/小时；每个消费者服务时间为 10 分钟。

具体计算步骤如下：

(1) 利用百度地图查询 W 连锁超市单个门店与消费者之间的最短行驶距离、各个消费者之间的最短行驶距离，具体结果如表 7－11 所示。

表 7－11　　门店与消费者及消费者之间的最短行驶距离　　（单位：公里）

	0	1	2	3	4	5	6	7	8
0	0	1.5	1.3	1.5	1.8	1.9	1.9	2.0	1.9
1		0	0.22	0.01	0.04	0.58	0.56	0.68	0.56
2			0	0.22	0.51	0.78	0.77	0.88	0.77
3				0	0.04	0.58	0.56	0.68	0.56
4					0	0.15	0.22	0.1	0.22
5						0	0.05	0.1	0.22
6							0	0.05	0.09
7								0	0.1
8									0

（2）据节约里程数计算公式，可以计算出节约里程数数值，节约里程数如表7－12所示。

表7－12　　节约里程表　　（单位：公里）

0	1	2	3	4	5	6	7	8
1	0	2.58	2.99	3.26	2.82	2.84	2.82	2.84
2		0	2.58	2.59	2.42	2.43	2.42	2.43
3			0	3.26	2.82	2.84	2.82	2.84
4				0	3.55	3.48	3.7	3.48
5					0	3.75	3.8	3.58
6						0	3.85	3.71
7							0	3.8
8								0

（3）根据表7－12数据可知，消费者6到消费者7的节约里程数最大，因此众包骑手从连锁超市出发后，首先对消费者6的订单进行配送，假设众包骑手到达消费者6处的时刻为16：50，接下来的配送顺序如表7－13所示。

表7－13　　第一条配送路径安排表a

到达时间 16：50	消费者	节约运输距离（公里）	节约运输成本（元）	商品重量（千克）	商品总重量	惩罚成本（元）	节约总成本（元）	是否选择
出发时间	1	2.84	28.4	9.8	28.3	0	28.4	否
17：01	2	2.43	24.3	12.3	30.8	0	24.3	否
	3	2.84	28.4	14.5	33	0	28.4	否
	4	3.48	34.8	8.6	27.1	0	34.8	否
	5	3.75	37.5	20.2	38.7	0	37.5	否
	7	3.85	38.5	21.4	39.9	0	38.5	是
	8	3.71	37.1	16.5	35	0	37.1	否

通过表7－13可知应将消费者7加入该配送路线，继续运算，结果如表7－14所示。

表 7-14　　第一条配送路径安排表 b

到达时间 17：01	消费者	节约运输距离（公里）	节约运输成本（元）	商品重量（千克）	商品总重量	惩罚成本（元）	节约总成本（元）	是否选择
出发时间	1	2.82	28.2	9.8	49.7	0	28.2	否
17：12	2	2.42	24.2	12.3	52.2	0	24.2	否
	3	2.82	28.2	14.5	54.4	0	28.2	否
	4	3.7	37	8.6	48.5	0	37	否
	5	3.8	38	20.2	60.1	0	38	是
	8	3.8	38	16.5	56.4	0	38	否

通过表 7-14 可知应将消费者 5 或者 8 加入配送路线，本章选择先配送消费者 5 的订单，继续运算，结果如表 7-15 所示。

表 7-15　　第一条配送路径安排表 c

到达时间 17：12	消费者	节约运输距离	节约运输成本	商品重量	商品总质量	惩罚成本	节约总成本	是否选择
出发时间	1	2.82	28.2	9.8	69.9	0	28.2	否
17：24	2	2.42	24.2	12.3	72.4	0	24.2	否
	3	2.82	28.2	14.5	74.6	0	28.2	否
	4	3.55	35.5	8.6	68.7	0	35.5	否
	8	3.58	35.8	16.5	76.6	0	35.8	是

通过表 7-15 可知应将消费者 8 加入配送路线，此时车辆的装载量为 76.6 千克，经过计算可知，车辆如果继续配送剩余订单，将超过其自身的装载量，故第一条配送路线的配送顺序为 0-6-7-5-8。按照上述的方法可以求出剩余消费者的配送路线的配送顺序为 0-1-4-3-2。

根据前面的配送路线求解结果可以发现，从 W 连锁超市门店出发，分别向 8 位消费者进行配送，优化后得到两条配送行驶路线。计算可知该配送方案的总行驶里程数为 4.07 公里。经实地调研知，在未使用优化之前的配送方案是派单员凭借着自身经验将 8 个订单随机分配给 3 位众包骑手进行配送。第一条配送路线的配送顺序为 0-7-4-2，第二条配送路线的配送顺序为 0-5-1-6，第三条配送路线的配送顺序为 0-3-8，计算可知该配送方案的总行驶里程数为 7.71 公里。改进后的配送方案与未改进的配送方案相比，配送总行驶里程数减少了 47%，从而有效降低了配送成本，并且订单能够在消费者满意的时间窗内送达。

改进后的配送方式能够对众包骑手的行驶路线进行合理规划，大大减少派单员的工作量，并且能够在一定程度上减少总行驶里程数，从而降低末端配送成本。对众包骑手而言，改进后的配送方式能够在满足消费者配送时间窗和最大装载量约束下，尽可能多地接收配送订单，提高其接单的积极性。

四、基于灰色关联度法的众包骑手优选

将前面产生的两条配送路线上消费者订单安排给服务质量好的众包骑手，众包骑手土页如图 7 – 16 所示。

图 7 – 16　W 连锁超市众包骑手主页

通过查看自身及周围朋友的手机内 W 连锁超市 APP 上的订单情况，收集了 5 位众包骑手的历史数据，具体情况如表 7 – 16 所示。

表 7-16 众包骑手历史数据

评价指标	众包骑手 1	众包骑手 2	众包骑手 3	众包骑手 4	众包骑手 5
姓名	杨某	张某非	刘某峰	李某周	汪某松
消费者满意度/%	86	88	92	94	82
商品完好率/%	86.3	83.9	93.2	95.4	81.6
服务价格（元）	6.5	6	5.5	7	5
及时交货率/%	86.1	94.8	96.3	98.2	93.5
服务次数	56.37	29.60	45.60	35.26	65.34
服务终止率	19	8	15	12	26

在 W 连锁超市用户端 APP 上可以直接得到的评价指标值有服务价格、服务次数、及时交货率三个指标。消费者满意度可以根据顾客的评价标签中的“送货上门”“32 个赞”“配送及时”“风雨无阻”等好的评价标签数量占总评价标签数量的比率进行估算。商品完好率可以根据顾客的评价标签中的“商品缺失”等评价标签数量占总评价标签数量的比率进行估算。服务终止率可以根据顾客的评价标签中的“未送达”等评价标签数量占总评价标签数量的比率进行估算。

根据灰色关联度法和层次分析法挑选出合适众包骑手的具体计算步骤如下：

（1）将各评价指标最优值组成参考数据列 $X_0' = (94, 95.4, 5, 98.2, 6534, 8)$；

（2）将各评价指标实际值进行无量纲化处理，得到决策矩阵：

$$(X_1, X_2, X_3, X_4, X_5) = \begin{pmatrix} 0.91 & 0.94 & 0.98 & 1.00 & 0.87 \\ 0.90 & 0.88 & 0.98 & 1.00 & 0.86 \\ 0.77 & 0.83 & 0.91 & 0.71 & 1.00 \\ 0.88 & 0.97 & 0.98 & 1.00 & 0.95 \\ 0.86 & 0.45 & 0.70 & 0.54 & 1.00 \\ 0.42 & 1.00 & 0.53 & 0.67 & 0.31 \end{pmatrix} \tag{7-1}$$

无量纲化后的最优参考数据列：$X_0 = (1.00, 1.00, 1.00, 1.00, 1.00, 1.00)$。

（3）计算每个比较序列与参考数列对应元素的关联系数，其中分辨系数 p 取值为 0.5，得到关联系数矩阵：

$$\xi = \begin{pmatrix} 0.419 & 0.520 & 0.765 & 1.000 & 0.333 \\ 0.412 & 0.368 & 0.778 & 1.000 & 0.333 \\ 0.387 & 0.460 & 0.617 & 0.333 & 1.000 \\ 0.333 & 0.667 & 0.750 & 1.000 & 0.545 \\ 0.663 & 0.333 & 0.478 & 0.374 & 1.000 \\ 0.373 & 1.000 & 0.423 & 0.511 & 0.333 \end{pmatrix} \tag{7-2}$$

（4）采用层次分析法求得众包骑手配送服务质量评价指标：消费者满意度、

商品完好率、服务价格、及时交货率、服务次数、服务终止率的权重值分别为：

$$W=(0.296, 0.184, 0.107, 0.183, 0.063, 0.167) \quad (7-3)$$

（5）计算五位众包骑手的配送服务质量综合评价结果。

$$R=W\xi=(0.406, 0.581, 0.674, 0.808, 0.485) \quad (7-4)$$

根据上述众包骑手配送服务质量综合评价结果可知，将配送订单集合指派给众包骑手的优先顺序依次为骑手4、骑手3、骑手2、骑手5、骑手1。因此，将前面产生两条配送路线上的订单集合分别指派给众包骑手4和众包骑手3，如果出现没有接单的情况，再将订单集合按照优先顺序指派给剩余的众包骑手。通过挑选出配送服务质量好的众包骑手来完成配送任务，可以有效地提高配送服务质量，并且提升众包骑手接单的积极性。

第三节

基于 openEHR 的临床医疗数据仓库实践

一、解决方案

本案例利用数据仓库多维数据模型高性能查询的优势，解决了查询数据量大、查询条件复杂多变的中药信息系统查询性能低的问题。由于基于 openEHR 规范两层建模方法实现的医疗信息系统的特殊性，传统的数据仓库构建方法并不能很好解决这一问题。因此，综合考虑各种因素后，提出了如图 7－17 所示的解决方案。

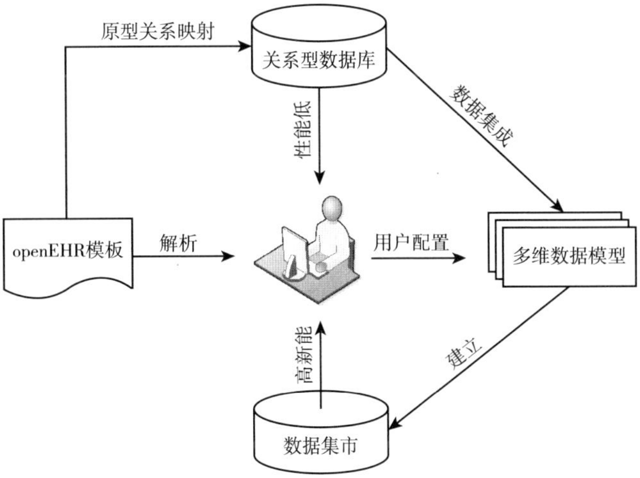

图 7－17　基于 openEHR 的临床医疗数据仓库构建方式

openEHR 原型和模板通过对参考模型分散的信息进行有效关联来实现信息的语义约束。OpenEHR 原型通常是临床知识的完整定义，但是在实际医学环境中，没有必要记录此类完整而详细的信息。根据实际临床需要，OpenEHR 模板是多个原型的合理组合，这对引用的原型造成了进一步的语义约束，并且不对引用的原型强加任何新的语义。基于 openEHR 规范两层建模思想实现的医疗系统，在系统运行时刻，特定的模板和原型会被激活，模板对应于具体表现层和数据持久化层，模板的制作取决于系统将要实现的功能。本案例研究了从模板到动态数据仓库数据存储模型的映射方法，可以更有效地满足医务人员的本地化和个性化需求。

基于 openEHR 原型关系映射方法的医学信息系统可以显著提高数据持久性的性能，使医学信息系统适应医学信息需求的快速发展和变化，提高医学信息系统的适用性。由于 openEHR 的 AQL 仅定义了数据查询操作的 SELECT 语句，并且没有数据更新，删除和插入操作，因此研究人员扩展了 AQL 语言以添加相应的数据更新，删除和插入语句，从而使其具有更完善的数据操作功能。目前，这种构造方法被广泛使用。在这种情况下，选择基于 openEHR 原型关系映射方法的关系数据库作为构建数据仓库的数据源。

该方案利用了 openEHR 规范的特点，使用户可以根据自己的个性化需求建立数据仓库的多维数据模型，并建立数据集市以实现对数据的高效查询。该方法的核心是实现从模板到数据仓库多维数据模型的映射。

二、MVC 模式

MVC 模式指的是模型（model）、视图（view）、控制器（controller）。三者间的关系如图 7－18 所示。

MVC 模式的目的是实现动态程序设计，以利于程序的后续修改和扩展。此外，MVC 模式使程序各部分的重复利用成为可能。此外，该模式通过简化复杂性使程序的结构更直观。同时，给出了每个基本部分的功能。

模型：允许开发人员在模型中编写系统程序，数据库专家可以进行数据库设计和数据管理相关的工作。

视图：界面设计人员设计图形界面。

控制器：负责转发请求和处理请求。

视图服务于前台界面，用户通过视图进行操作。MVC 模式的优点是它可以为应用程序处理大量不同的视图，但是在实际运行的软件中，视图层中没有实

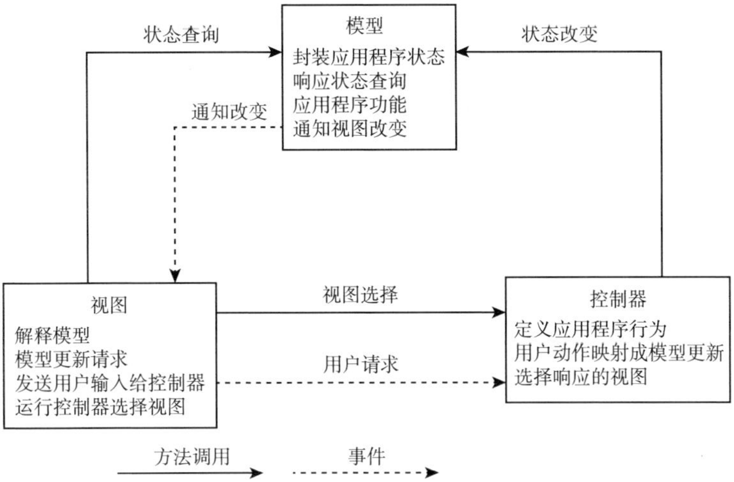

图 7-18　MVC 组件类型的关系和功能

际的处理，视图仅提供数据供用户进行交互操作。

企业数据和业务规则由模型表示，在 MVC 模式三个部件中，模型处理的任务最多。数据处理并返回的数据相对中立，模型与数据的格式无关，这种特性的显著优点是模型可以为多个视图提供数据以减少代码重复。

控制器的功能是处理前台界面返回的操作请求，在后台调用模型和视图去完成请求。这种设计模式使控制器在响应操作请求时不需要输出任何内容，只是根据接收到的请求决定调用相应的模型构件去处理请求，然后确定显示返回数据的视图。

本案例采用 ASP. NET MVC 3.0 开发实现。数据库管理系统采用 Microsoft SQL Server。

三、模板到动态数据仓库多维数据模型映射方法

基于 openEHR 的临床医疗数据仓库构建方法的技术路线，如图 7－19 所示。

通过对 openEHR 模板的分析，建立了映射模块。用户使用映射模块建立满足个性化需求的多维数据模型，并收集部分元数据信息和映射路径。然后，从数据源中对数据执行 ETL 过程以构建数据集市。

映射模块中从模板到动态数据仓库存储模型的映射方法的实现步骤如下：通过对模板的分析，生成相应的树形结构。通过选择树状结构中有价值的节点，

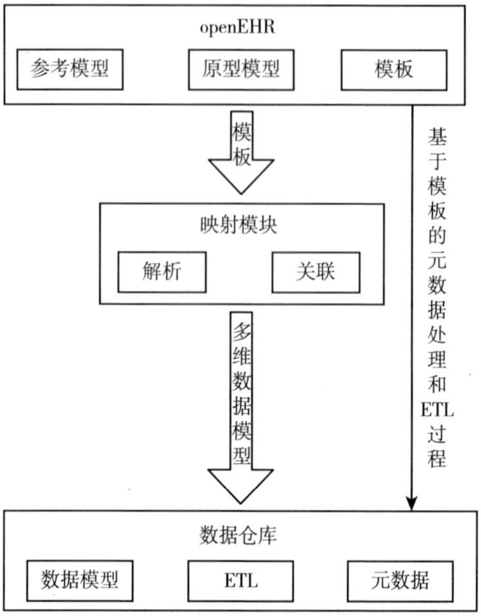

图 7－19　技术路线

用户可以将他们所需的事实表和维度表结合起来，以生成多维数据模型，并根据信息收集模板与多维数据模型之间的映射关系以及必要的元素。

四、模板解析

模板遵循 TOM（Template Object Model）定义，原型由 ADL（Archetype Definition Language）定义。openEHR 模板是根据实际需求对若干原型的合理组合，在模板解析中，需要访问模板引用的原型。openEHR 参考模型和原型定义了大量的类和属性，以及类之间的关系，尤其是参考模型，它不仅定义了 openEHR 的上层组织结构，而且对 openEHR 中各类信息的组织结构，以及数据类型、数据结构等都进行了详细定义。因此，直接访问完整的参考模型和原型的实施将会是一项非常庞大的工程。目前国际上已经出现了多个 openEHR 规范实施项目，其中比较有代表性的是瑞典 Linkoping 大学 RongChen 等组织开展的 openEHR Java 开源参考实施项目。目前该 openEHR Java 参考实施项目已经对 RM 和 AM 进行了比较完整的实现，因此本案例 RM 和 AM 的实现部分直接基于此 Java 参考实施项目。根据实现需要，采用该项目的模块 ADL－parser 、模块 XML－serializ 和模块 ADL－parser 实现 ADL 文件到 AOM、AP 对象的解析，模块 XML－serializer 实现 AOM、AP 对象到 XML 文件的序列化。通过以上两个模块可以将 ADL 文件转化为既方便计算机处理且具有一定的可读性的 XML 数据文件。Java 类文件并不能直接在 ASP. NET 下直接运行，IKVM. NET 是开源的基于 . NETCLR 的 Java 虚拟机，该项目虽然在安全性上有待改进，但实现了 Java 程序在 . NET 下的运行。本案例通过引用以上两个模块和 IKVM. NET，将 ADL 文件转化为方便计算机处理并且具有一定的可读性的 XML 数据文件。

作为一种轻量级的数据传输格式，JSON 可以在多种语言之间进行数据交换。JSON 易于阅读和编码，并且是 JavaScript 规范的子集，可以由支持 JavaScript 的浏览器进行解析。与 XML 相比，它减少了解析引起的性能和兼容性问题。这些性质使 JSON 成为理想的数据交换语言。此案例使用 JSON 作为数据交换语言。在实现中，主要是从 XML 文件到 JSON 对象的转换，这是通过使用 XML2JSON 插件完成的。模板解析技术的实现路线如图 7－20 所示。

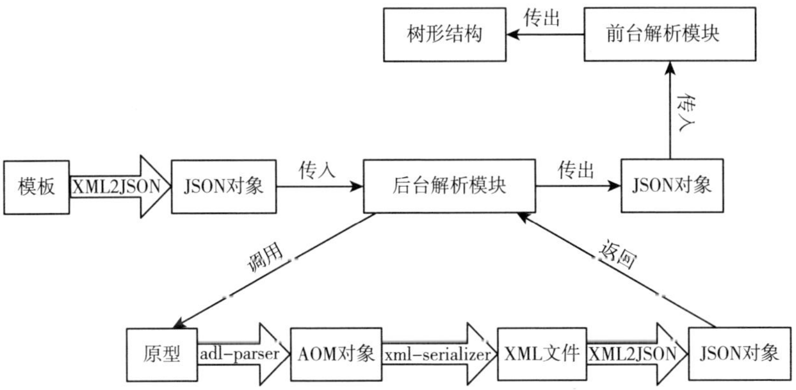

图 7－20　模板解析路线

将模板转换为 JSON 对象后，将其传递到后台解析模块。后台解析模块依次调用所需的原型。原型运行结果将转换为 JSON 对象，并返回到后台解析模块。解析模板生成一个 JSON 对象，该对象真正反映了模板的内部结构。它被传递到前台解析模块。前台解析模块遍历 JSON 对象并生成模板的相应树形结构。

本案例将基于 openEHR 原型关系映射方法生成的关系型数据库作为构建数据仓库的数据源，为了真实地反映数据源中数据结构信息，根据原型关系映射规则，对树形结构中的可选项进行了筛选，原型关系映射规则如下：

1. 每个原型都映射到一个关系数据库表，并且数据库表名称就是原型名称。

2. 每个基本类型的原型属性映射为一个关系数据库表字段，字段名为属性名，字段类型为属性数据类型，字段长度为属性数据长度。

3. 每个集合类型的原型属性映射为一个单独的数据库表，数据库表名为“原型名_集合类型属性名”，包括主键字段，字段名为“原型名_集合类型属性名”；关联到原型对应的数据库表的外键字段，字段名为原型名，字段类型与原型对应的数据库表的主键字段类型相同；集合类型属性对应的字段，字段名为集合类型属性名，字段类型为集合类型属性数据类型，字段长度为集合类型属性数据长度。

4. 每一个 archetype slot 类型的原型属性映射为一个单独的数据库表，数据库表名为“原型名_archetype slot 属性名”，包括主键字段，字段名为“原型名_集合类型属性名”；关联到原型对应的数据库表的外键字段，字段名为原型名，字段类型与原型对应的数据库表主键字段类型相同；archetype slot 类型属性对应的字段，字段名为“archetype slot 类型属性名”，并关联到目标原型对应的数据库表。

根据上述原型关系映射规则，可以映射到关系数据库表的字段名称的节点是可选项，而其他节点则不是。

在树结构中，每个节点 name 根据其是否可选均具有不同的命名方法。不可选项 name 为对应模板层次结构中节点的属性名，可选项 name 由对应模板层次结构中节点的属性名、属性数据类型、该属性节点在模板中的完整路径三者拼接而成，以方便信息的传输。

五、用户的可操控配置

个性化需求是复杂且可变的，并且模板包含满足实际应用的信息。用户在分析模板生成的树形结构中选择满足需求的节点，并将它们组合到事实表和维度表中以满足个性化需求，并构建数据集市的多维数据模型。具体的实现方法如下：

根据数据仓库多维存储模型的定义，允许用户在构建数据集市时创建一张事实表和多张维度表。在创建表的过程之中，用户手动输入表名，并检查唯一性，以避免重复表名。通过在树形结构中选择有价值的节点，用户可以将选中项的 name 信息传送到对应表，以生成相应表的行信息。用户可以指定已创建表中的某一行为主键或某些行组合成复合主键，并可以对已经创建好的事实表和维表进行主/外键关联操作，组合成多维数据模型。

为了促进数据集市的管理和使用，在创建数据集市时向用户收集数据集市的面向对象及数据集市的唯一性命名等元数据信息。用户的可控配置主要与表示层的逻辑处理有关。

六、数据库的生成

该模块的主要功能是根据用户建立的多维数据模型生成数据库并收集一些元数据信息。

用户输入的事实表名和维表名有可能不符合实际数据库表名的命名规则，需要进行解析并转换为符合命名标准的表名称。分析用户配置生成的事实表和维度表的行信息，以获取属性名称，属性数据类型和属性节点的完整路径。解析后的属性名称和属性数据类型主要用于生成数据库表字段，并且属性节点的完整路径可以提供 AQL 查询。通过属性节点的完整路径，可以在原型中找到该节点生成的对应表字段的信息，并将其与原型关系映射方法生成的关系数据库中的表字段相关联，方便数据集成处理。

解析的属性名称不能直接用作对应表的字段名称。需要对其进行解析并使其唯一以生成对应表的字段名称。字段类型是相应的属性数据类型。然后，收集主/外键关联信息以生成用于创建关系数据库表的 SQL 语句。在数据库中创建事实表和维度表，并记录生成的数据集市名、数据集市对象、表名、表字段、表字段对应的属性节点的完整路径等元数据信息，方便数据集市管理。

七、系统实现

系统总体包含底层数据库、构建管理和历史管理。数据库存储系统需要的模板、原型及元数据等信息，以及用户构建的数据集市。构建管理实现模板到动态数据仓库多维数据模型的构建及相应的元数据采集。历史管理实现对已经构建的数据集市进行管理。系统数据库采用 Microsoft SQL Server 数据库管理系统，为了便于管理，将模板、原型以及元数据等数据存储在独立数据库中，构建的数据集市存储在其他的数据库中。两者一起为系统服务。

构建管理包含三个模块，分别是 openEHR - 模板模块、创建操作模块、创建管理模块。

openEHR 模板模块实现界面如图 7 - 21 所示。

前台界面调用系统解析模块，依次生成模板相应的树形结构，采用了 zTree - JQuery 树插件显示树形结构，可选项采用 Checkbox。父节点展开后包含子节点信息。例如，图 7 - 21 展开的模板 openEHR - DEMOGRAPHIC - PERSION. Persion - patient. v1. 1 为制定的病人信息模板，Patient 节点展开后包含 details、identities、

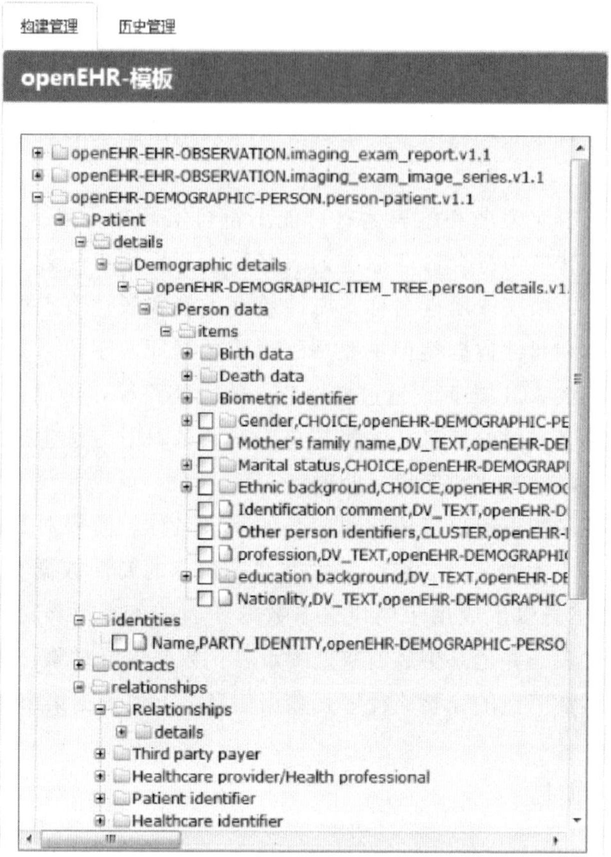

图 7－21　openEHR－模板模块

contacts、relationships 等节点信息，details 节点展开后又包含其子节点信息。

含有 Checkbox 的节点为可选项，选中可选项，其下各个子节点也将被选中，反之，取消选中，其下各个子节点也将取消选中状态。根据原型关系映射规则，各个节点采用了不同的命名方式，不可选项 name 为对应模板层次结构中节点的属性名，可选项 name 由对应模板层次结构中节点的属性名、属性数据类型、该属性节点在模板中的完整路径拼接而成，以 details 下底层节点为例，该节点 name 为：Identification comment，DV_TEXT，openEHR－DEMOGRAPHIC－PERSON. Person － patient. v 1. 1/at0000. 1/details/at0001/ openEHR － DEMOGRAPHIC－ITEM_TREE. person_details. v 1. 1/at0000/items/at0035。

用户通过对 openEHR 模板模块中有价值节点的选择，将选中项信息传入，创建操作模块，如图 7－22 所示。

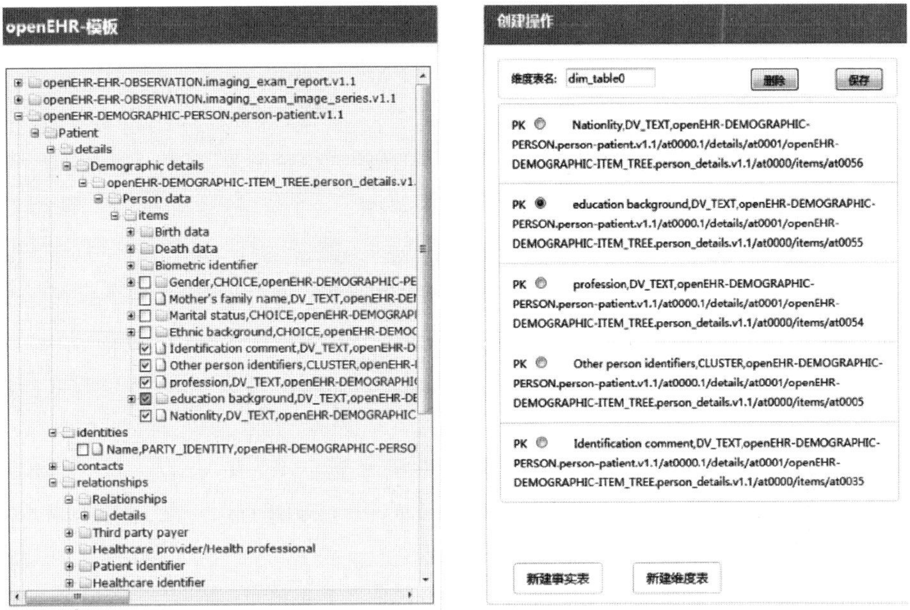

图 7－22　创建操作模块

在构造操作中，用户一次只能创建一个事实表或维度表，允许创建一张事实表和多张维表。图 7－22 显示了创建维度表的实现过程。维表由用户手动输入，并指定当前表主键。用户可以删除正在创建的表，删除当前表的所有信息，并清除 openEHR 模板模块中节点的选中状态。当用户保存操作时，系统首先检查表名，避免表名重复，然后清除 openEHR 模板模块中节点的选定状态，并将当前表信息传输到创建管理模块（见图 7－23）的已创建表模块中（见图 7－24）。

图 7－23　创建操作模块

图 7－24 已创建模块

用户已经创建好的事实表和维表存储在已创建表模块中，该模块实现对已创建表的管理，包括主/外键关联操作、删除操作。删除操作可删除当前表信息，主/外键关联操作在两表间建立关联并将信息传入外键关联信息模块，如图 7－25 所示。

允许用户删除主/外键关联信息。用户创建多维数据模型后，将从用户那里收集多维数据模型的唯一命名和对象信息。当用户构建数据库时，会收集多维数据模型的信息，并检查它们是否符合标准。验证后，将在后台生成相应的多维数据存储模型。

数据库的生成过程在后台完成，主要包括数据表表名、列名、数据类型的解析及生成，映射路径，多维数据模型相关信息的收集工作。构建管理完成后，系统读取数据库存储数据，在前台生成历史管理模块，实现界面如图 7－26 所示。

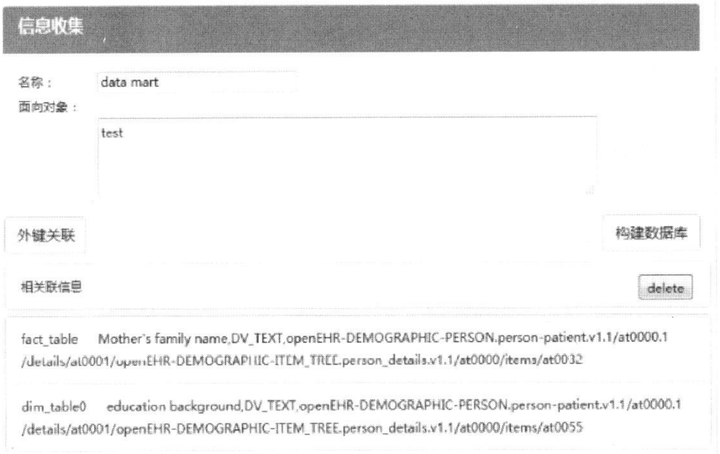

图 7－25 外键关联界面

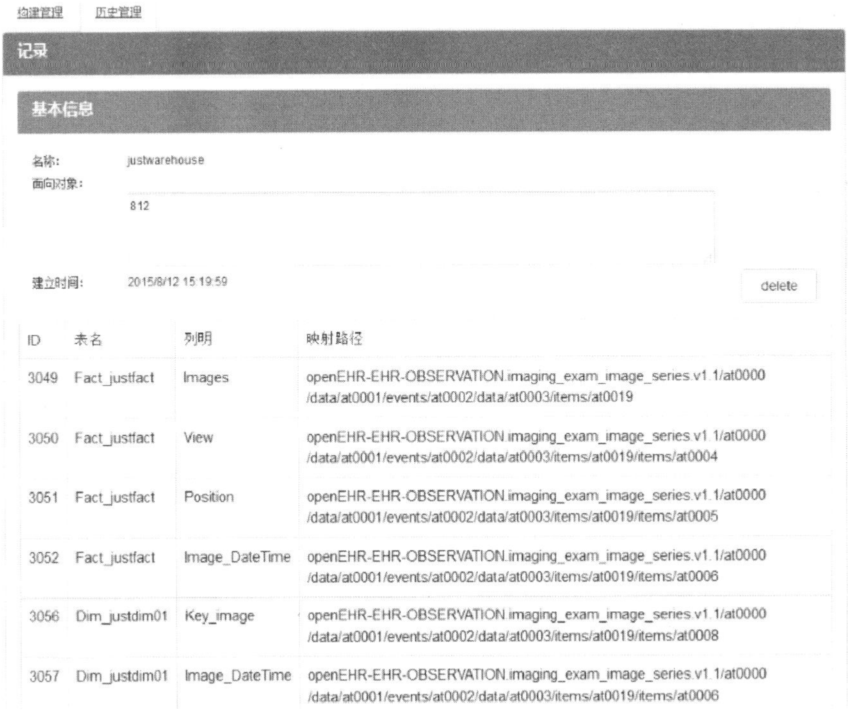

图 7－26 历史管理界面

历史管理模块主要实现对创建的数据集市的管理，包括命名信息、面向对象信息、创建时间信息、事实表、维度表和映射路径，它还提供删除功能。

八、系统验证

为了验证该方法的可行性，本案例针对查询检验信息的相关报表中存在的性能问题，根据模板到动态数据仓库多维数据模型映射方法构建了满足需求的多维数据模型，通过专业的 ETL 工具 SSIS（Microsoft SQL Server Integration Services）对数据进行了集成处理，建立数据集市，希望通过改变底层数据存储结构，提升查询性能，实现数据仓库的快速构建。并与基于原型关系映射规则生成的系统底层数据库、与用传统方法构建的数据集市做性能对比，验证有效性。

（一）检验流程及其数据存储结构

医学检验是指运用现代物理化学的方法和手段来进行医学诊断的相关分析，主要是利用实验室技术、医疗仪器设备为临床诊断、治疗提供依据。图 7－27 为浙江省某大型医院的检验流程。

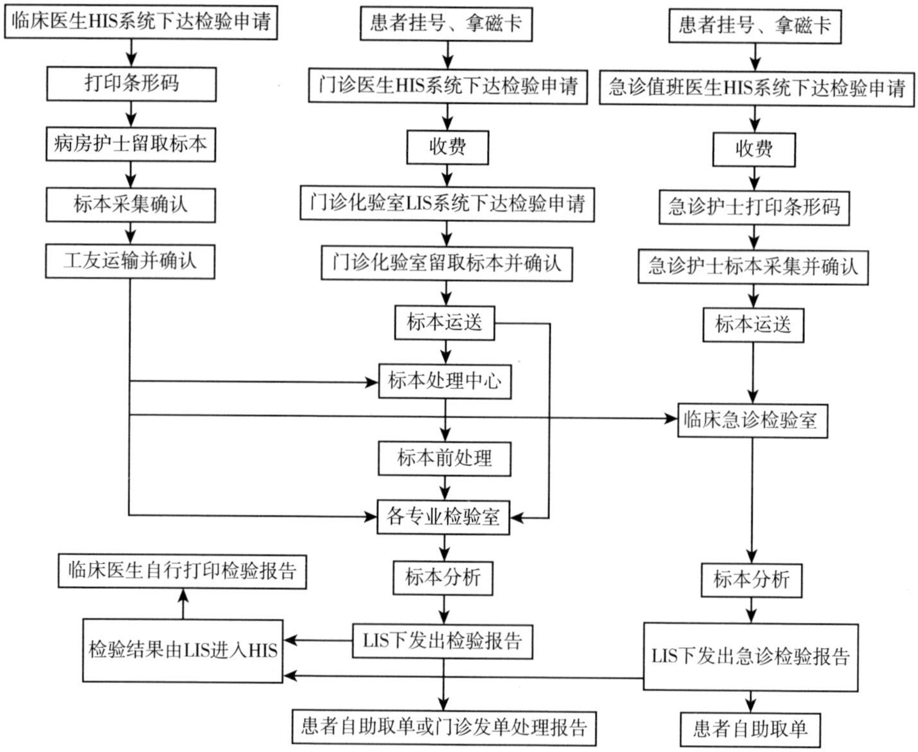

图 7－27　检验流程

本案例选取某医院基于 openEHR 原型关系映射实现的医疗信息系统现有检验相关数据作为本次验证的数据源。

根据实际需要制定检验相关模板，模板中包含的原型主要包含以下几个：

• 患者基本信息原型 openEHR - DEMOGRAPHIC - PERSON. person. v1，定义了患者基本信息，如病人 ID、姓名、性别、年龄、出生日期、家庭住址、电话、邮编等。

• 就诊管理原型 openEHR - EHR - ADMIN - ENTRY. care_admin. v1，定义了就诊管理信息，如门诊号、住院号、就诊时间等。

• 检验申请信息原型 openEHR - EHR - INSTRUCTION. request - lab_test. v1，定义了检验申请应该包含的信息，如检验名称、检验项目、样本类型、检验科室、申请时间、申请医生、申请状态、接收时间、检验医生等。

• 检验记录原型 openEHR - EHR - OB SERVATION. 1ab_test. v1，定义了检验结果应该包含的信息，如检验名称、检验项目、检验条目、检验结果等。

基于原型关系映射规则，与检验相关的数据库表如下：

• 病人基本信息表 Demo_Patient，主键为 Patient Identifier_Identifier。

• 就诊信息表 Admin_PatientAdmission，主键为 EncounterIdentifier。

• 检验申请表 Inst_LaboratoryTestRequest，主键为 RequestorIdentifier。

• 检验报告表 Inst_LaboratoryTestReport，主键为 TestReport ID。

• 检验状态表 Action_LabTest，主键为 UID。

• 检验数据表 Inst_LaboratoryTestRequest_TestItem，主键为 UID。

各个表包含的表字段以及表间关联关系如图 7 - 28 所示。

（二）构建数据集市

根据系统检验相关模板，采用模板到动态数据仓库多维数据模型映射方法，构建多维数据模型。针对检验报表查询需求对检验相关信息进行了整合，构建的多维数据模型为星形模型，包含一个事实表和三个维表。各表的相关信息如下：

事实表 FactLaboratoryTest，存放了检验结果的相关数据，复合主键为 TestReport_ID、ItemOrder。

维表 DimPatient，存放了病人基本信息的相关数据，主键为 Patient Identifier_Identifier。

维表 DimAdmin_PatientAdmission，存放了病人就诊的相关数据，主键为 EncounterIdentifier。

维表 DimInst_LaboratoryTestRequest，存放了检验申请的相关数据，主键为 R

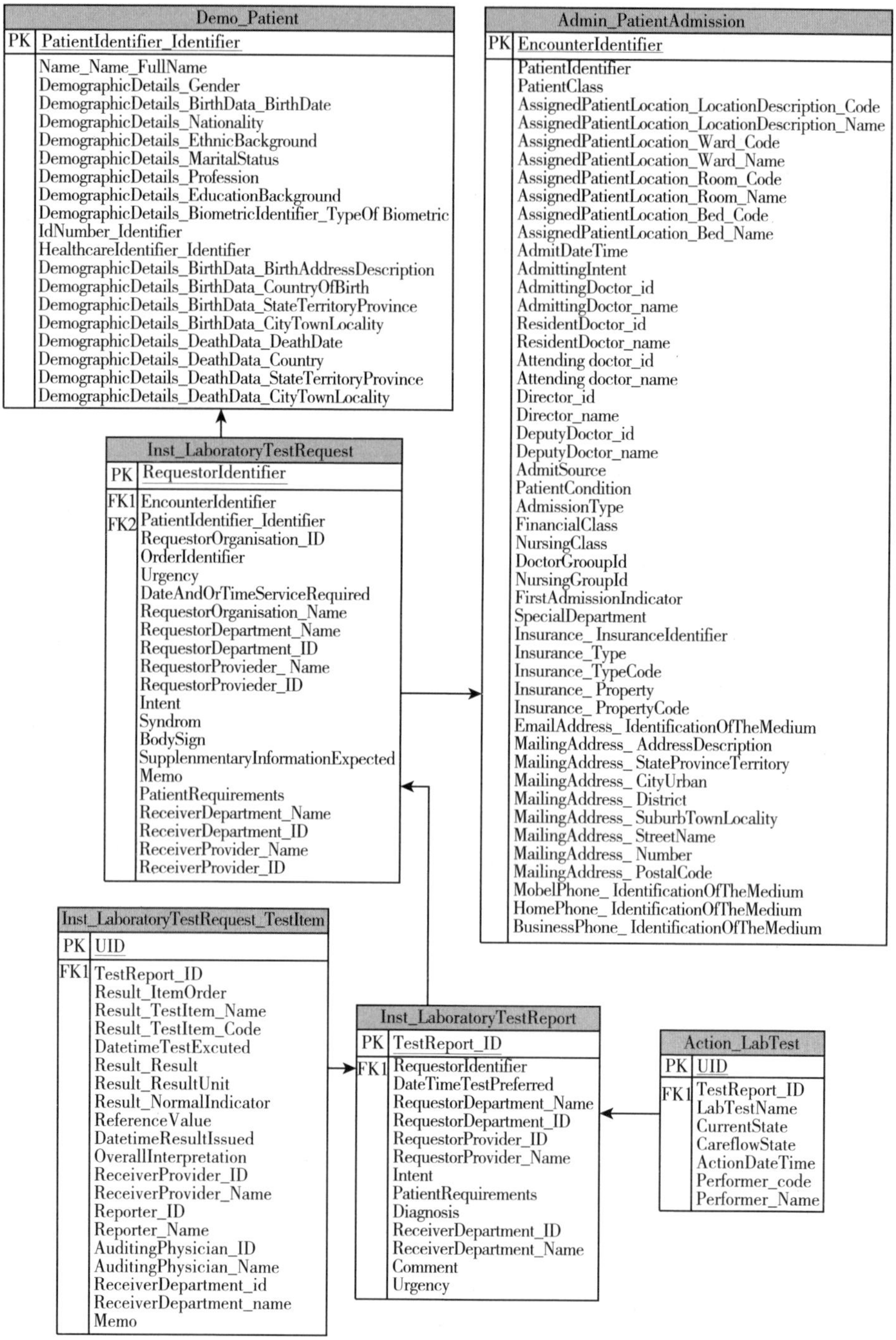
Demo_Patient
PK PatientIdentifier_Identifier
Name_Name_FullName
DemographicDetails_Gender
DemographicDetails_BirthData_BirthDate
DemographicDetails_Nationality
DemographicDetails_EthnicBackground
DemographicDetails_MaritalStatus
DemographicDetails_Profession
DemographicDetails_EducationBackground
DemographicDetails_BiometricIdentifier_TypeOf Biometric
IdNumber_Identifier
HealthcareIdentifier_Identifier
DemographicDetails_BirthData_BirthAddressDescription
DemographicDetails_BirthData_CountryOfBirth
DemographicDetails_BirthData_StateTerritoryProvince
DemographicDetails_BirthData_CityTownLocality
DemographicDetails_DeathData_DeathDate
DemographicDetails_DeathData_Country
DemographicDetails_DeathData_StateTerritoryProvince
DemographicDetails_DeathData_CityTownLocality
Admin_PatientAdmission
PK EncounterIdentifier
PatientIdentifier
PatientClass
AssignedPatientLocation_LocationDescription_Code
AssignedPatientLocation_LocationDescription_Name
AssignedPatientLocation_Ward_Code
AssignedPatientLocation_Ward_Name
AssignedPatientLocation_Room_Code
AssignedPatientLocation_Room_Name
AssignedPatientLocation_Bed_Code
AssignedPatientLocation_Bed_Name
AdmitDateTime
AdmittingIntent
AdmittingDoctor_id
AdmittingDoctor_name
ResidentDoctor_id
ResidentDoctor_name
Attending doctor_id
Attending doctor_name
Director_id
Director_name
DeputyDoctor_id
DeputyDoctor_name
AdmitSource
PatientCondition
AdmissionType
FinancialClass
NursingClass
DoctorGroopId
NursingGroupId
FirstAdmissionIndicator
SpecialDepartment
Insurance_ InsuranceIdentifier
Insurance_Type
Insurance_TypeCode
Insurance_ Property
Insurance_ PropertyCode
EmailAddress_ IdentificationOfTheMedium
MailingAddress_ AddressDescription
MailingAddress_ StateProvinceTerritory
MailingAddress_ CityUrban
MailingAddress_ District
MailingAddress_ SuburbTownLocality
MailingAddress_ StreetName
MailingAddress_ Number
MailingAddress_ PostalCode
MobelPhone_ IdentificationOfTheMedium
HomePhone_ IdentificationOfTheMedium
BusinessPhone_ IdentificationOfTheMedium
Inst_LaboratoryTestRequest
PK RequestorIdentifier
FK1 EncounterIdentifier
FK2 PatientIdentifier_Identifier
RequestorOrganisation_ID
OrderIdentifier
Urgency
DateAndOrTimeServiceRequired
RequestorOrganisation_Name
RequestorDepartment_Name
RequestorDepartment_ID
RequestorProvieder_ Name
RequestorProvieder_ID
Intent
Syndrom
BodySign
SupplenmentaryInformationExpected
Memo
PatientRequirements
ReceiverDepartment_Name
ReceiverDepartment_ID
ReceiverProvider_Name
ReceiverProvider_ID
Inst_LaboratoryTestRequest_TestItem
PK UID
FK1 TestReport_ID
Result_ItemOrder
Result_TestItem_Name
Result_TestItem_Code
DatetimeTestExcuted
Result_Result
Result_ResultUnit
Result_NormalIndicator
ReferenceValue
DatetimeResultIssued
OverallInterpretation
ReceiverProvider_ID
ReceiverProvider_Name
Reporter_ID
Reporter_Name
AuditingPhysician_ID
AuditingPhysician_Name
ReceiverDepartment_id
ReceiverDepartment_name
Memo
Inst_LaboratoryTestReport
PK TestReport_ID
FK1 RequestorIdentifier
DateTimeTestPreferred
RequestorDepartment_Name
RequestorDepartment_ID
RequestorProvider_ID
RequestorProvider_Name
Intent
PatientRequirements
Diagnosis
ReceiverDepartment_ID
ReceiverDepartment_Name
Comment
Urgency
Action_LabTest
PK UID
FK1 TestReport_ID
LabTestName
CurrentState
CareflowState
ActionDateTime
Performer_code
Performer_Name

图 7-28 数据结构模型

equestorIdentifier。

三个维表通过主键与事实表 FactLaboratoryTest 建立关联。详细信息如图 7-29 所示。

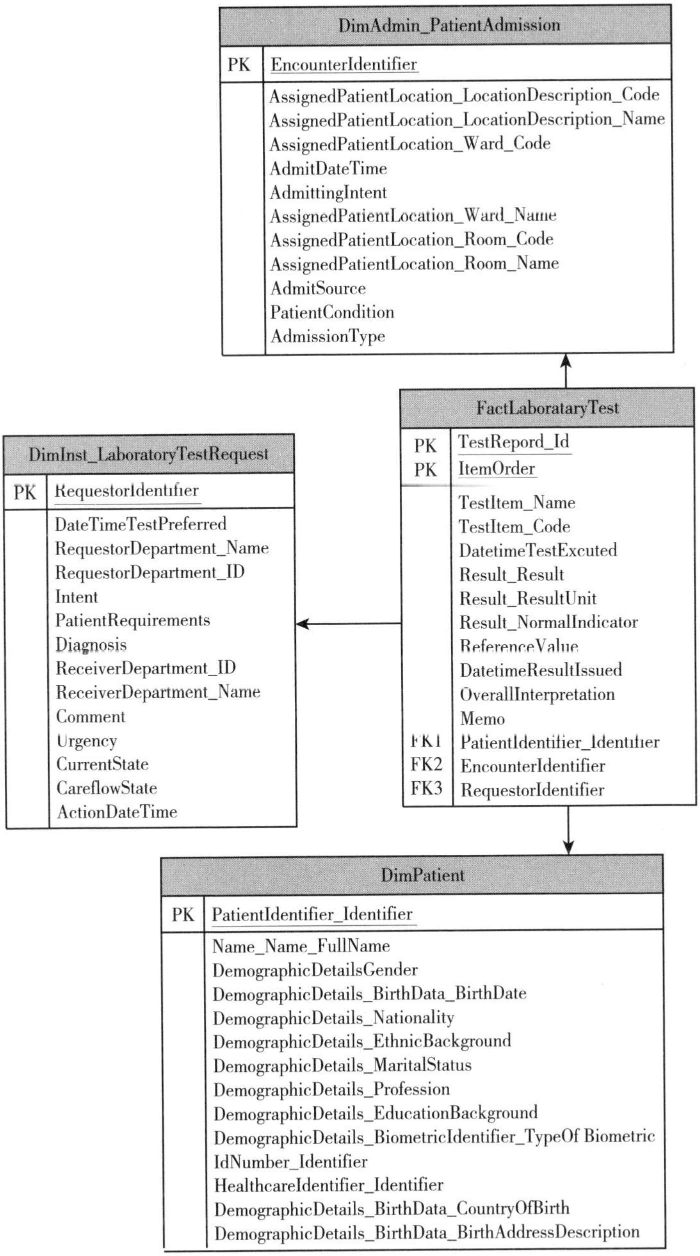

图 7-29 多维数据模型

本案例采用微软公司 SSIS 作为 ETL 工具，SSIS 是 Microsoft SQL ServerIntegration Services 的简称，是生成高性能数据集成解决方案的平台。主要服务于数据仓库的数据抽取、数据转换以及数据装载的过程。SSIS 虽然本身已经拥有较多的数据清洗的功能，但它还支持第三方的控件来扩充功能，用户可以通过 Visual Studio. NET 开发自定义的控件，具有较高的兼容性。SSIS 与 SQL Server 报表服务（reporting services）之间能够无缝集成，即 SSIS 包能作为报表服务的数据源。

在 ETL 过程的实现中，采用了如图 7 - 30 所示的逻辑结构。

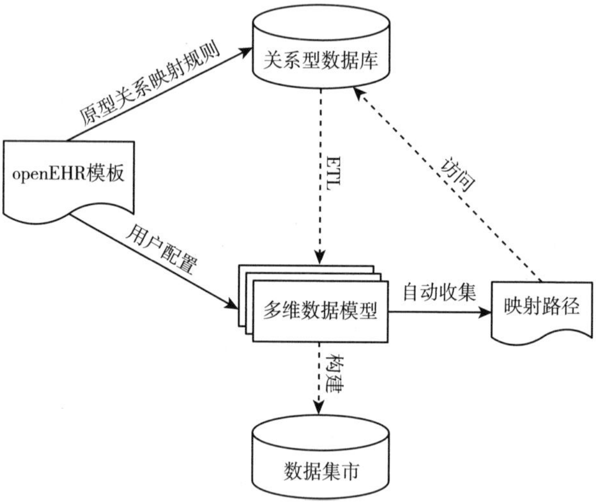

图 7 - 30　逻辑结构关系

基于 openEHR 原型关系映射生成的关系型数据库为数据源，利用构建多维数据模型时收集的表字段的完整路径与基于 openEHR 原型关系映射生成的关系型数据库中的表字段进行关联，查询多维数据模型表字段在关系型数据库中的对应信息，实现快速的定位。

在此基础上，进行数据整合处理。根据源数据库系统的承载能力，将数据提取频率设置为每天一次，并且提取策略采用完全提取。在 ETL 引擎中完成数据清理和转换工作。通过批量装载来加载数据，建立数据集市。

（三）性能对比

为了测试查询性能是否有所提高以及是否可以满足实际需求。在基于模板到动态数据仓库多维数据模型映射方法建立的数据集市、基于原型关系映射生成的关系型数据库和基于传统方法建立的数据集市间进行查询性能对比，从这三项数据中选出一部分作为测试数据集，包括 57465 例患者的基本信息、1210798 项检查申请记录、840746 项检查报告记录、10861522 项检查结果记录。

分别在三者中对 X 病人的病人相关信息、26 条检验申请记录、24 条检验报告记录、329 条检验结果记录。Y 病人的病人相关信息、21 条检验申请记录、20 条检验报告记录、199 条检验结果记录。Z 病人的病人相关信息、30 条检验申请记录、28 条检验报告记录、478 条检验结果记录进行了查询。测试电脑配置 CPU 为 Intel（R） Core（TM） 2 Duo CPU，内存为 4GB，操作系统为 Windows 7. 1 Enterprise32，数据库为 SQL Server 2012 Enterprise 32。对 X 病人分别进行 3 次查询所花费的时间以及各自平均查询时间结果如表 7 - 17 所示。对 Y 病人分别进行 3 次查询所花费的时间以及各自平均查询时间结果如表 7 - 18 所示。对 Z 病人分别进行 3 次查询所花费的时间以及各自平均查询时间结果如表 7 - 19 所示。

表 7 - 17　　X 病人数据查询时间

数据库	T1/(ms)	T2/(ms)	T3/(ms)	平均时间/(ms)
基于模板到动态数据仓库多维数据模型映射方法构建的数据集市	276	261	287	274
基于传统方法构建的数据集市	268	249	279	265
基于原型关系映射生成的关系型数据库	1515	1452	1593	1520

表 7 - 18　　Y 病人数据查询时间

数据库	T1/(ms)	T2/(ms)	T3/(ms)	平均时间/(ms)
基于模板到动态数据仓库多维数据模型映射方法构建的数据集市	214	221	237	224
基于传统方法构建的数据集市	216	219	229	221
基于原型关系映射生成的关系型数据库	1498	1449	1581	1509

表 7 - 19　　Z 病人数据查询时间

数据库	T1/(ms)	T2/(ms)	T3/(ms)	平均时间/(ms)
基于模板到动态数据仓库多维数据模型映射方法构建的数据集市	288	289	291	289
基于传统方法构建的数据集市	289	282	290	287
基于原型关系映射生成的关系型数据库	1527	1538	1553	1539

查询结果表明，在基于模板到动态数据仓库多维数据模型映射方法建立的数据集市中对 X 病人、Y 病人、Z 病人的检验相关信息进行 3 次查询所花费的时间与基于传统方法建立的数据集市相比，分别是 0.97 倍、0.99 倍、0.99 倍，基本持平。与基于 openEHR 原型关系映射生成的关系型数据库相比，基于模板到动态数据仓库多维数据模型映射方法构建的数据集市在性能上分别是其的 5.6 倍、6.7 倍、5.3 倍，性能大大提高，可以满足实际需求。

基于 openEHR 两层建模方法的医学信息系统很好地适应了医学信息的变化和更新。原型关系映射方法生成的关系数据库通常需要关联多个表才能完成个性化查询时的查询操作。查询性能低下，无法满足用户的性能要求。建立数据集市以满足个性化需求是一个很好的解决方案。由于基于 openEHR 两层建模方法的医学信息系统的特殊性，典型的医学信息系统通常包含上百个原型，这些原型以及原型之间的复杂关系会映射生成上百个关系数据库表。系统持久化层不仅结构复杂，并且会伴随领域知识的改变而发生变化。这给数据仓库的开发带来了一系列困难。使用传统的数据仓库构建方法需要技术开发人员和用户之间进行大量沟通以阐明开发要求。该过程耗时、费力容易出错，并且用户参与度低。

方法充分利用了 openEHR 规范域知识驱动的优势，为医疗行业提供了一种可控、可扩展、真实反映用户需求的数据仓库构建方法。

用户参与数据仓库中多维数据模型的设计既有优点也有缺点。用户临床医学知识和计算机操作水平的差异将影响多维数据模型的质量，直接影响数据集市的服务水平。本案例从模板到动态数据仓库多维数据模型的映射方法提出了一个折中方案。用户需要在技术人员的指导下设计模型，并使用专业的 ETL 工具实现数据集成。